21st

新编中外服装史

陈东生　甘应进　主　编
陈衍夏　陈建伟　副主编

中国轻工业出版社

图书在版编目（CIP）数据

新编中外服装史/陈东生，甘应进主编．—北京：中国轻工业出版社，2023.1

21世纪高等服装院校教材

ISBN 978-7-5019-3388-4

Ⅰ．新…　Ⅱ．①陈…②甘…　Ⅲ．服装－发展史－世界－高等学校－教材　Ⅳ．TS941－091

中国版本图书馆CIP数据核字（2007）第012744号

责任编辑：刘忠波　　责任终审：孟寿萱　　封面设计：崔　云
版式设计：刘　静　　责任校对：李　靖　　责任监印：张京华

出版发行：中国轻工业出版社（北京东长安街6号，邮编：100740）
印　　刷：三河市万龙印装有限公司
经　　销：各地新华书店
版　　次：2023年1月第1版第19次印刷
开　　本：787×1092　1/16　印张：17.25
字　　数：414千字
书　　号：ISBN 978-7-5019-3388-4　定价：39.00元
邮购电话：010－65241695
发行电话：010－85119835　传真：85113293
网　　址：http://www.chlip.com.cn
Email：club@chlip.com.cn
如发现图书残缺请与我社邮购联系调换
221706J1C119ZBQ

前　言

为了适应我国高等服装教育的发展，适应全国服装高等院校的专业调整与课程设置改革，建立和完善符合我国国情的服装学和服装教育学体系，满足21世纪我国高等服装教育用书之需，在中国轻工业出版社的大力支持下，我们策划并编写了这套新编服装系列教材。

作为这套21世纪高等服装院校系列教材之一的《新编中外服装史》，凝集了诸多院校专家学者长期积累的服装教学和服装设计经验，归纳和总结了国内外的服装史最新研究成果，博采众长，集思广益，采用科学的体系结构，以历史学的研究方法考察了服装发展的基本状况，用精辟的文字探讨了服装变迁的普遍规律。中国服装史部分着重阐述先秦社会至今各个朝代的服饰状况以及沿革演变的基本脉络，外国服装史部分主要以西欧各国服装发展为主线，重点讲叙古代至现代西方服装的变迁过程。同时，从人类文明的角度，在本书的第四篇将中国和外国服装文化有机地联系在一起，进行了跨文化的对比阐述。本书内容丰富，图文并茂，突出重点，注重系统性和科学性，既可作为普通高等服装院校专业教材，也可作为高等服装职业技术院校教材，同时可供广大服装爱好者阅读参考。

这套21世纪新编服装教材由吉林工学院、大连轻工业学院、无锡轻工业大学、青岛大学、四川大学、安徽机电学院、吉林职业师范学院和长春工程学院等院校共同参与和策划，并得到了中国轻工业出版社的大力支持。全套教材的编写大纲由主编及主编院校提出，经多所院校多次提出修改建议，并几易其稿。本书《新编中外服装史》，第一章和第二章由白越执笔，第三章和第四章由欧阳静执笔，第五章由徐慧明执笔，第六章由雒薇燕执笔，第七章和第八章由王大光执笔，第九章由姜岩执笔，第十章和第十一章由安毓英执笔，第十二章和第十三章由高岩执笔，第十四章和第十七章由赵甫与陈东生执笔，第十五章和第十六章由丁玮与钱晓农执笔，第十八章由安毓英与陈东生执笔，第十九章由张永宁执笔，第二十章由王建刚执笔，第二十一章、第二十二章和结束语由陈东生执笔。本书最后由主编统稿，并进行内容调整和修改润饰。在本书的策划和编写过程中，作者参考和引用了国内外的大量文献，谨此一并表示感谢。鉴于作者的学识有限，书中如有错误与不妥，恳请 Email 至 ds@chen. com. cn。

21 世纪高等服装院校教材编写委员会主任
工学博士、教授
陈东生
2001 年夏

目　录

第一篇　绪　　论

第一章　服装发展史课程 ……(2)
　第一节　服装发展史课程的研究对象 ……(2)
　第二节　服装发展史课程的学习方法和要求 ……(2)
第二章　服装的起源 ……(4)
　第一节　服装的始创 ……(4)
　第二节　服装的起源 ……(9)

第二篇　中国服装发展史

第三章　上古服装 ……(12)
　第一节　原始社会服装 ……(12)
　第二节　中国服装制度的形成与完备 ……(16)
　第三节　春秋战国的服装融合 ……(24)
第四章　秦汉服装 ……(28)
　第一节　概述 ……(28)
　第二节　男子袍服与冠履 ……(29)
　第三节　女子服装与佩饰 ……(34)
　第四节　秦汉时期服装的材料和工艺 ……(35)
第五章　魏晋南北朝服装 ……(37)
　第一节　概述 ……(37)
　第二节　男子服装与佩饰 ……(39)
　第三节　女子服装与佩饰 ……(40)
　第四节　军戎服装 ……(41)
　第五节　北方少数民族服装 ……(42)
第六章　隋唐服装 ……(44)
　第一节　唐代女子的服装 ……(44)

第二节 唐朝男子服装 ……(52)
第三节 唐代多彩的材料与精湛的染织工艺 ……(54)
第四节 唐朝文化艺术对服装的影响及对外交流 ……(57)
第七章 宋、辽、金、元服装 ……(62)
第一节 概述 ……(62)
第二节 宋代服装 ……(62)
第三节 女子服装 ……(66)
第四节 辽、金、元服装 ……(70)
第五节 宋元服装材料工艺及对外交流 ……(73)
第八章 明代服装 ……(75)
第一节 概述 ……(75)
第二节 男子官服与民服 ……(75)
第三节 女子冠服与便服 ……(80)
第四节 明代服装材料工艺及对外交流 ……(83)
第九章 清代服装 ……(85)
第一节 概述 ……(85)
第二节 男子服装 ……(86)
第三节 清代女服 ……(93)
第四节 军事服装及太平天国服装 ……(98)
第五节 清代服饰的衣料……(100)
第十章 近现代服装……(102)
第一节 概述……(102)
第二节 辛亥革命后期服装的基本类型……(103)
第三节 五四运动对近代服装的影响 ……(104)
第四节 中华人民共和国建国初期的服装……(105)
第五节 改革开放时期的服装 ……(111)

第三篇 外国服装发展史

第十一章 古代社会服装 ……(120)
第一节 概述……(120)
第二节 古埃及服装……(120)
第三节 古代西亚服装……(121)
第四节 古代希腊服装……(123)
第五节 古代罗马服装……(124)

第十二章 中世纪服装 ……(126)
第一节 概述……(126)
第二节 中世纪艺术对服装的影响……(126)
第三节 拜占庭帝国时期服装……(128)
第四节 罗马式服装……(129)
第五节 哥特式服装……(130)
第十三章 文艺复兴时期的服装 ……(137)
第一节 概述……(137)
第二节 16世纪服装特征 ……(137)
第三节 16世纪的男装 ……(142)
第四节 16世纪的女装 ……(145)
第十四章 17世纪的欧洲服装……(148)
第一节 概述……(148)
第二节 17世纪的荷兰样式 ……(150)
第三节 法国巴洛克式男服……(155)
第四节 17世纪的欧洲女子服装 ……(159)
第十五章 18世纪的欧洲服装……(164)
第一节 概述……(164)
第二节 18世纪的法国男装 ……(165)
第三节 18世纪的女装 ……(169)
第十六章 19世纪的欧洲服装……(178)
第一节 概述……(178)
第二节 19世纪的法国男装 ……(179)
第三节 19世纪的法国女装 ……(185)
第十七章 20世纪的欧洲服装……(196)
第一节 概述……(196)
第二节 20世纪男装种类 ……(201)
第三节 20世纪女装 ……(207)

第四篇 中外服装文化的比较

第十八章 中外服装文化的变迁特征 ……(240)
第一节 中国服装文化的变迁特征……(240)
第二节 外国服装文化的变迁特征……(241)

第三节 人类服装发展的共同规律 ……(243)
第十九章 中外服装的穿着观念 ……(245)
第一节 概述……(245)
第二节 讲究修饰与崇尚显露 ……(246)
第三节 注重内省与注重表演 ……(247)
第四节 重装饰讲和谐与重造型讲对比 ……(248)
第二十章 中外服装的设计造型 ……(251)
第一节 平面结构与立体结构 ……(251)
第二节 封闭含蓄造型与开放显露造型……(255)
第三节 偏重色彩伦理与偏重色彩感情……(256)
第二十一章 中外服装的材料工艺 ……(258)
第一节 丝绸与毛料 ……(258)
第二节 工艺装饰与立体塑型……(258)
第三节 静态制作与动态制作……(260)
第二十二章 中外服饰文化的比较 ……(261)
第一节 服饰的板块缝制与缠绕披挂 ……(261)
第二节 盛唐和文艺复兴时期的服饰 ……(263)
第三节 服饰的精细巧妙与雍容华贵 ……(265)
结束语 ……(267)
参考文献 ……(268)

第一篇 绪论 XULUN

第一章　服装发展史课程

第一节　服装发展史课程的研究对象

把服装的历史进程记录下来，就是服装发展史，简称服装史。它是一定地域的社会集团的风俗史，即生活风习的变迁史，是人类生活史、文化史的一个重要组成部分。在研究服装发展的历史进程以前，首先需了解服装的意义。

服装在人类发展的历史长河中始终占据着举足轻重的地位。从原始时代开始，人们就出于各种目的有意识地改变自己肉体的本来形象，以各种手段用自身以外的材料来包裹和装饰身体。而其他动物则没有这种意识和欲求。这就是人与其他动物的最大区别之一。日本著名画家平山郁夫曾经说过：在衣食住三大生活支柱中，衣是最有创造性的。因为食和住对于其他动物来说也是谋求生存的本能。由此可见，服装是人类为了生存而创造的一种物质条件，以满足人类在不同环境下的生存需求。同时，服装也是人类在社会性生存活动中依赖的一种重要的精神表现要素，它作为非语言性的信息传递媒体，反映着服用者的人格，并把其社会地位、职业、所承担的社会责任、文化水平、个性等有关其他性格的信息传达给他人。因此服装于个体而言，是有关心理和社会的重要象征。

从自然科学和社会人文科学角度来研究服装的形成与发展，结果表明服装不仅是个体日常生活用品中必要的组成部分之一，同时服装现象也是一种社会行为的结果。追溯到远古服装的起源时期，若没有当时最简单的社会群体，就不可能产生今天形式各异的服装。而在服装的发展演变过程中，服装的社会性表现得越加鲜明且集中。不同社会的政治、经济、文化影响着服装的发展和存在形式，反之，服装的发展及形态又表征着特定的社会因素。

因此，服装发展史不仅仅是描述服装造型或材料的历史，更是一部研究人与人之间、人与自然之间、人与社会之间的关系，即衣生活的历史。从而明确了服装发展史是以人类历史中一切服装现象及其发展、演变的规律作为研究对象，主要任务就是分析不同时期与地域条件下，社会政治、经济、文化、教育、宗教及审美情趣等因素对服装发展的作用与影响，探讨服装发展过程中继承与创新的关系，研究具体服装现象在服装发展中的地位、作用及意义。

第二节　服装发展史课程的学习方法和要求

一、服装发展史课程的学习方法

服装发展史作为服装科学体系中不可缺少的一个分支，主要从历史的角度具体地考察服装发展的状况与变迁的规律。通过对历史的研究，能使我们跨越时间的局限，追溯悠久的文化和社会的渊源，而历史地看待一定时期内反复出现的规律和波动，有助于我们更好地解释和预测社会变革对服装的大致作用，从而对现代服装现象进行透彻的分析和对未来发展趋势进行准确的预测。因此服装发展史的研究目标就是要分析服装是“如何变化”和“为什么这样变化”的，即探讨服装变迁的一般规律。

对服装发展史的研究要运用客观比较、突出重点的方法。服装的发展变迁规律表现了服装行为的共性和差异性。认识服装行为的共性可以帮助我们理解人类行为的有序性和可预测性。而对广泛存在的服装文化差异性进行比较分析，则有助于我们超越自身风俗习惯和立场观点的局限，避免情感的偏见和曲解，客观地研究服装发展的规律，把服装行为引导向更为理性化的模式方向。

纵观服装发展的历史，它也是一部人类文化的发展史，涉及的范围相当广泛，内容也极为丰富，仅文字记载的部分就有五六千年。因此，要在短短几年内掌握服装发展的规律，正确认识影响服装发展的重要因素，就必须采取突出重点的学习方法。划分几个特征性强的时代，着重研究这些时代最有代表性的服装现象，略小而存大，举重以明轻，理顺脉络，划分主次，在众多影响因素中突出主要的、重点的环节因素，这样才能正确清楚地认识其对服装的影响。

二、服装发展史课程的学习要求

在漫长的世界历史进程中，人类的服装变化总是有着明显的自身文化特征和造型、色彩、工艺特征。服装发展史课程的教学内容主要包括：服装的创始与起源，即研究人类从何时穿衣与为什么穿衣；中国服装发展史，其中特别是先秦及封建社会各朝代的服装状况及其演变脉络；外国服装发展史，主要以西欧各国服装发展进程为主线，重点讲叙古代、中世纪及近、现代西方服装的变迁过程；通过服装发展的东西方文化比较，探寻人类服装发展的共性模式。

充分地认识历史，有利于更好地创造未来。中国服装发展史是在一个相对固定的地理环境中随文明的进展和朝代的更迭而变化的，它记录了“衣冠王国”的灿烂服装文化，也反映了中国政治和经济的发展历程。西洋服装发展史是服装跨越亚、非、欧三大洲，最终落脚于欧洲而产生的文明与进步。

本课程要求学生正确对待“继承与发扬”、“批判与吸收”，“古为今用”、“洋为中用”，既要弘扬古老中华民族优秀的服装文化，又要学习全人类服装文化的宝贵经验。通过对各个时期、不同地域服装的发展特点的了解，认识服装发展变化的规律，开拓视野，提高修养，增强对服装发展趋势的分析和预测能力的培养。

第二章　服装的起源

服装作为一种历史文化，有着自身的起点，即所谓的服装的起源。研究人类服装的起源是服装最本质的内涵。

人类从什么时候开始穿衣，为什么要穿衣，这一直是理论界争议的问题，也是服装的起源所要研究的问题。我们现在的文明社会是从蒙昧野蛮的原始社会发展而来的。作为文化与社会的产物——衣生活，也起源于那个遥远的时代，并随着人类的发展而发展。服装就像一条贯穿整个历史的金链，联结着蛮荒的原始人群与现代的文明社会。研究服装的起源问题，对于理解人类过去和现在的衣生活行为很有帮助，同时对于我们探寻服装的历史、理解服装的本质也是必不可少的。

关于服装起源的问题，专家们一直众说纷纭，各种理论很难统一。但随着考古学、人类学的发展，我们对服装的起源必定会有更加深入的了解与更加准确的认识。

第一节　服装的始创

服装的始创与人类的起源是紧密联系在一起的。根据达尔文的进化理论，结合历史上的考古发现及古人类学的研究成果，可以确定，类人猿在经过与自然界漫长的斗争后逐渐进化成人类，从此开始了人类的历史，同时意味着服装历史的开始。而服装的出现并非是突然形成的，它的始创同样经历了漫长的发展过程。我们将按照人类的进化过程来研究分析服装的起源现象。

一、裸态生活阶段

原始人类的发展经历了猿人、古人、新人三个阶段，最后才进化发展成为现代的人。在大约距今 2.257 亿 ~ 1.700 亿年以前，即地球的中生代时期，巨大的爬行动物恐龙、鱼龙、翼龙等横行于灌木茂密、温暖潮湿的沼泽地带。为了躲避这些巨大动物的伤害，在远离这个环境的不毛之地，偷生着一些小动物，即哺乳类的祖先。长期以来，为了在恶劣的环境中生存下去，这些小动物就逐渐产生出了体毛，向着适应这种寒冷的方向进化。中生代末期的白垩纪，地球发生了巨大变动，导致了恐龙类大型爬虫动物的灭绝。但哺乳类动物却依靠体表的毛皮度过了这种危机，生存下来，并在地球上占据了主要位置。

进入新生代第四纪（距今约 300 万年以前），哺乳类中高度进化的灵长类逐渐分化出了最早的人类——猿人。原始群时期大致处在第四纪的早更新世和中更新世两个阶段。根据古人类学猿人分类方法，按时间先后可分为南方古猿（纤细种，图 2－1－1）、早期猿人（已发现的化石有坦桑尼亚的能人、中国元谋人等）和晚期猿人，亦称直立人（其代表是爪哇人、海德堡人、北京人等，图 2－1－2）。这一时期相当于旧石器时代早期，距今约 300 万 ~ 10 万年前后，猿人不仅在生理特征上出现了许多巨大变化，而且能够制造和运用简单的石器，即最原始的砾石石器，并开始学会使用火。在我国云南省元谋县上那蚌西北的褐色黏土层中，发现了距今约170万年的古代元谋人牙齿化石；后又发现了大批石器和炭屑等文化遗物，据考证元谋人已会使用火了。

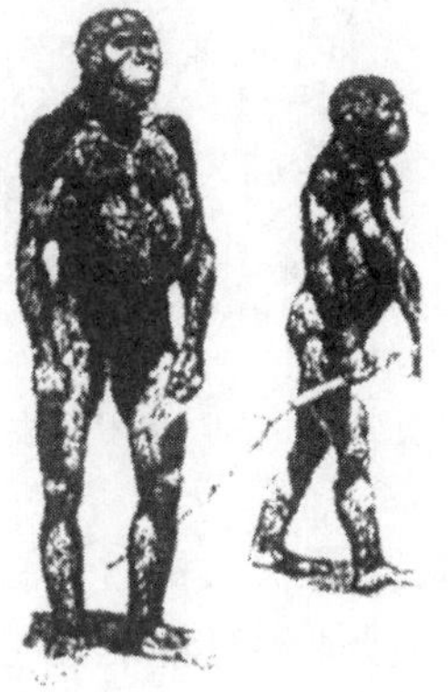

图2-1-1　南方古猿

图2-1-2　北京猿人

继早期猿人之后，出现了距今约80万～40万年前的爪哇猿人（发现于爪哇岛中部梭罗河流域）和北京猿人（发现于北京西南的周口店洞窟中）。他们创造了粗制的石器，发明了钻孔技术，佩戴钻孔的贝壳。北京猿人也已经能使用火了。

在这期间，地球上经过了三次冰河时期，年复一年没有夏天的寒冷冰河期持续了几十万年。尚没有发明任何防寒用具的猿人与其他兽类一样，靠自身的体毛抵御寒冷，裸态生活了200多万年。这一阶段尽管没有任何关于衣物的现象出现，然而却是服装发展过程中不可或缺的一部分。

二、原始衣物阶段

依据间接证据和理论考察可以推测，最初衣物出现的目的应该是御寒。考古学家在法国尼斯附近发现了最初的人类残留的痕迹，从化石和砂中，可以看出有切肉的切痕，那么剩下的毛皮一定曾被用来做过什么。根据这个发现，学者们推测，那时毛皮就以某种形式做包裹身体用。

这个时期，出现了属于现代人种的“古人”（也称旧人），即尼安德特人（因1856年在德国杜塞尔多夫尼安德特河流域附近，首次发现了10万年前的旧人遗骨化石而定名，图2-1-3）。当时正值第四纪冰河期，人类的体毛开始退化，从而失去了“外衣”。为了御寒，他们开始把作为食物捕获来的动物的皮包裹在身上。虽然在尼安德特遗址中并没有发现实际的衣物，但根据出土的石器工具和遗骨等直接资料和现在终年居住于北极的爱斯基摩人的衣生活习惯这种间接的资料，学者们对最先使用毛皮这种衣物的尼安德特人的衣生活状况作了推测：尼安德特人当时居住于欧洲中部，随着第四纪冰河期的到来，天气越来越寒冷，他们用石刀和骨制的刮刀把吃剩的兽皮上的脂肪和肉刮掉、

图2-1-3　尼安德特人

晒干，再用手揉搓或用牙咬软后裹在身上御寒。后来又发明了骨针，就像现在的爱斯基摩人那样，以动物的筋腱作线，将毛皮缝合起来，便于服用。因而最简单的、最初的衣物大概就是把未经处理的兽皮像斗篷似的裹在身上。

这种推测最终得到了证实，在前苏联北部莫斯科附近的冰冻岩层中，发现了10万年以前旧石器时代的遗体。遗体身上穿着皮裤和皮上衣，脚上穿着用串珠和毛皮做里子的长筒靴。同时，还发现了用当时仍然生存着的新生代猛犸象的牙做成的箭和矛，还有制作精巧的骨针。研究证明，尼安德特人的脑容量与现代人大致相同，已经能够制造基本的衣着和式样进步的工具，并制作简单饰物（图2－1－4）。另外，从发现的红色和黄色颜料推测，当时已有了身体装饰，这种色彩的使用是向身体装饰发展的起点，也是服装发展过程中一个必不可少的环节。

图2－1－4　尼安德特人的饰物

约4万年前，到了旧石器时代末期，出现了现代人类的直系祖先克罗马农人（1868年发现于法国南部多这尼地区维吉尔河流域峡谷中的一个叫克罗马农的岩洞里，（图2－1－5）。他们被称为“新人”，其文化远远超过尼安德特人，因此也被称为智人。这时的石器、骨角器也进步了，毛皮衣料的制作已发达到一定程度。在莫斯科附近发现的距今约3.3万年的新人遗址中，有经过缝制的皮裤和套头毛皮上衣，还有用猛犸象牙做成的手镯串珠和北极狐狸牙齿做的项链。这些证据表明克罗马农人的衣生活已相当发达。

图2－1－5　克罗马农人

虽然克罗马农人仍过着以狩猎为生的穴居生活，但他们已能利用智慧和技术，根据不同用途发明了比以前先进得多的各种器具，如制作皮革衣物用的切削石刀和裁断器具，雕刻用的小巧刀具，还有尖利的骨针、骨锥、海叉、投矛等工具。在法国的克罗马农人和同期中国的山顶洞人的遗物中都发现了骨针，它作为一种原始缝纫工具，说明当时已经有了缝制行为。在装饰品上也体现了自己的主张和个性，把鱼骨、兽骨和牙齿用皮绳串起作为颈饰，将象牙雕刻成手镯，用着色的串珠来装饰衣服。

克罗马农人的岩画生动写实地表现了当时人们的生活习惯、生产水平和男女的姿态，女的穿吊钟状裙子或系扎着腰蓑类服饰，男的穿半截裤。在北非塔西里岩壁画中，还可以看到各种头饰、颈饰、腰饰等装饰品，所用材料是革、树皮、鸟羽，甚至可看到彩色画身和文身的痕迹。（图2－1－6～图2－1－9）。

克罗马农人除了洞穴壁画等艺术活动外，还遗留下许多雕像（图2－1－10），大部分只有10～20厘米，最大的不过30厘米。有圆雕、浮雕，材料为石、骨、象牙和土等。这些女性雕像几乎全是裸体的，手脚很小，且不完整，却把胸、腹、臀这几部

图 2-1-6　西班牙东部崖壁画中“母与子”的形象

图 2-1-7　西班牙东部崖壁画中“围着腰布的女人”

图 2-1-8　西班牙东部崖壁画中“穿半截裤的男子”

图 2-1-9　北非中部塔希里岩壁画中“戴面罩的女人”

分加以强调和夸张。考古学家们将这些雕像冠以“石器时代的维纳斯”的美称(图 2-1-11)。有少数雕像可以看出刻有腰绳和腰蓑的痕迹，据推测，这大概是象征丰饶多产的女神、地母神像。

图 2-1-10　克罗马农人遗物中的女性雕像

图 2-1-11　石器时代的维纳斯

远古时代的实证资料虽然不很充分,但可以推断在大约 40 万~4 万年前的旧石器时代，人类就开始穿用衣服装扮自身了，到了距今 4 万~1.5 万年前的旧石器时代后期，原始衣物已经相当发达，这一点是毋庸置疑的。

三、纤维衣物阶段

第四纪冰河期结束之后，地球逐渐转暖，“新人”随着自然环境的变化，从原始依靠狩猎、采集的生活转而进入了定居的农耕生活时代。石器得到进一步的加工打磨，各种石器石磨、石杵、石刀、石锄等被广泛使用，标志着人类开始进入新石器时代，并有陶器和建筑的出现。距今5千~3千年前，新石器时代晚期，出现了冶铜术，这段时期又被称为“金石并用期”。

从世界各地的古代文明发展，虽然各有先后，但在进入新石器时代的定居农耕生活阶段后，都已出现了纤维的制造与使用，从此揭开了人类纤维衣料的历史，也开始了真正意义的衣服发展历程。由于在此之前，人类已经在漫长的年月中积累了丰富的使用类纤维材料的经验与技术，如将兽皮割成皮条，把树皮拧成绳，再经过编结制成网、篮、席、袋和狩猎采集用的物品。后来发展到利用生长期比较短的细长植物的茎和韧皮，经过长期的使用和淘汰，最为有用的被保留下来，这就是至今人们仍在使用的麻类，如亚麻、苎麻、大麻和黄麻等。1854年在瑞士湖底发现的亚麻布残片，是世界上最古老的亚麻织物。另外，在美国俄勒冈州的一洞窟中，发现了一双用山艾蒿的皮织成的布做的凉鞋，据测，这双凉鞋已有9千年的历史了。居住在欧洲、地中海沿岸的古代民族使用亚麻的例子很多。古埃及用来包裹木乃伊的就是亚麻织物。在壁画中也有关于栽培亚麻，取其纤维，用来纺线和织布等生活场面。在尼罗河上游著名的法幼姆遗址中，还发掘出保留在土器中的亚麻种子和织物残片，据鉴定产于公元前4500年。

在南土耳其发现了距今8千年前的毛织物残片，由于织物所覆盖的尸体被埋葬在粘土中，而未与空气接触，所以没有腐烂，但外界建筑物的烧毁导致织物原形炭化，就这样原封不动地保存了8千年之久。经专家鉴定，这块毛织物的纱线纺的很好，粗细均匀，纤维表面光滑，没有因技术原因而造成的布面粗糙起毛现象。它的经纬密度和今天的粗纺毛料织物是同样的，经30根/cm、纬38根/cm，说明当时的纺织技术已相当发达。

在我国五六千年前的仰韶文化时期的遗址中，出土了许多与服饰相关的纺轮、骨针、骨笄、纺坠等实物，还有不少纺织物的残留痕迹。动物纤维中蚕丝的利用以我国为首，至少在4700年前就有了质量较好的丝织物。

棉花的原产地是印度，在古印度文明遗迹莫汉交达洛出土过公元前3000~2500年前的棉织物残片。而在南美安第斯西海岸的瓦卡普利埃塔遗迹中出土了公元前2500年前后的棉制品。这说明棉花在很早以前就分布在世界各地了。

总而言之，大约在距今40万年前的旧石器时代，人类就开始穿用毛皮等制成的衣物。到了距今10万~5万年前的尼安德特人，已经有了缝制的毛皮衣物。到距今4万~1万年前的克罗马农人时期，毛皮衣物已相当发达。之后，随着新石器时代的到来，人类开始了定居的农耕生活，开始使用纤维，一起延续到今天，在此一万年时间内，人类的衣料主要依靠天然纤维来织造。而在当今服装同样占据举足轻重地位的人造纤维，是在1883年发明出来的。纵观人类衣生活的历史，人类度过了200多万年的裸态生活，40多万年的原始衣物即毛皮生活，1万年的纤维衣物阶段。

第二节　服装的起源

起源动机和形成学说，由于国内外有关专家和研究学者的立场和出发点不同，所得出的结论也不一样。尽管说法不一，关于服装起源的学说不外乎有保护说、装饰说、遮羞说等几种。

一、保 护 说

持保护说观点的专家认为，服装的起源是人类为了适应外界环境、抵御寒冷和潮湿，或为了保护身体不受外界侵害，而由长期的裸态生活逐渐进化到用自然或人工的物体来遮盖和包装身体，不断完善人类的衣着。

显然，尼安德特人就是这一学说的最佳例证。10万～5万年前，尼安德特人为了适应第四纪冰河期的寒冷环境，开始使用毛皮衣物，因此保暖、御寒是服装的目的，也是服装的起因。而今居住在地球最北部的爱斯基摩人就过着毛皮的衣生活。

另一方面，服装用来保护身体的作用还体现在防晒和减少汗液的蒸发。居住在非洲沙漠地带的民族，其服饰形式是用衣料从头到脚遮盖起来的，这与当地的气候条件有关。沙漠地区温度很高，平均日照温度高达40～50℃，而湿度却只有15%～20%，有时甚至接近0%。在这种环境下，人体的水分蒸发相当厉害。因此这里的人穿衣服是为了防止汗液蒸发，同时避免强烈的日晒。

这种学说是从生理角度出发，认为人类衣生活的行为是为了适应外界环境而对自身进行的一种保护措施。在我国各类相关史书中也会找到同样的观点。《释名·释衣服》称："衣，依也，人所依以避寒暑也。"柳诒徵在《中国文化史》中说："衣裳之原，起于气寒。"《中国原始社会史》中写道："衣服的起源，其根本原因是出于实用。"马克思主义也认为"那些原始民族用作装饰的东西，最初被认为是有用的，或者是一种表明这些装饰品的所有者拥有一些对于部落有益的品质的标记，而只是开始显得是美丽的。使用价值是先于审美价值的。"

二、装 饰 说

服装起源装饰说认为，服装的起因来自于人类想使自己更富有魅力，想创造性地表现自己的心理冲动，这其中包括护符说、象征说、审美说和性差说。

1. 护符说

原始人在自然崇拜和图腾信仰中，相信万物皆有灵，视精神独立于肉体之外而存在。认为灵魂有善恶之分，给人类带来幸福和欢乐的是善灵，带来灾害和疾病的是恶灵。为了使恶灵不能近身，同时为了得到神的保护，用绳子把一些特定的物体，如贝壳、石头、羽毛等戴在身上，以示保佑和避邪。这些护符后来就以某种衣物或装饰品的形式存在，这种穿戴护符的行为发展到后来就是人类的衣生活行为。至今仍存在着这种为护身而采取的行为，如我国解放前小孩佩带的长命锁，银项圈等，都属护符。

2. 象征说

象征说与护符说的立场类似，它认为人类的衣物最初是具有某种象征意义或标识功能的。人类用颜色鲜艳、便于识别或稀有的物体装饰自身，用以象征自己的力量和权威，如猛兽的牙齿、贵重的玉石等。随着人类文明的进步，这些标记性物体逐渐引起审美的感觉，发展为装饰品。正如现代女性手上戴的戒指，用来装饰或表明身分 。我国古代封建统治阶级的冠服制度，规定只有帝王一人穿黄色衣服，并且帝服上绘有日、月、星、辰等图案，象征着可以主宰整个世界。

3. 审美说

这种学说认为，服装的起源是人类为了美化自身，是一种美的情感的表现。这种动机较易为人们所接受。人类，甚至比较高等的动物，对美的事物都有本能的好感，诸如对优美旋律、鲜艳色彩、芳香气味都会不自觉地接受。但是只有人类，才能把这种潜在的好感，上升为自觉的审美意识，并在后天实践中，随着事物的刺激不断增强。而事实上，从古至今，虽然有不穿衣服的民族，但绝没有不装饰的民族。人类运用各类方法进行装饰的历史可以追溯到新、旧石器时代，原始民族用美丽的羽毛、闪光的贝壳来装饰自己，用彩色文身、疤痕、毁伤肢体、人体变形等肉体装饰方法来满足审美的需要。

4. 性差说

亦称吸引异性说。专家们认为："人们所以要穿衣服，并不单纯为了保护身体、遮掩羞涩或装饰。因为原始人在几十万年的漫长岁月中，一直是不穿衣服的，所以上述种种观点并不是促使服装产生的根本原因。实际上，由于原始人对'性'、'性感'以及'性爱'的追求，为了吸引异性才产生服装。"

性差说强调性的表现和两性特征的区别。出土文物克罗马农人时期的"石器时代的维纳斯"小雕像就夸张地突出了女性的第二性征，强调与男性的区别，并且"蔽后"不"蔽前"，据说这是当时的女性"用来吸引男性的，这就是最初的而且是本来的衣服之目的"（《着装的历史》R. BROBR-JOHANSEN）。因此有人认为：对性的崇尚是构成服饰产生的直接原因，要获得性的刺激和吸引异性的好感是服饰最基本的功能。

三、羞耻说

与性差说观点截然相反，它认为人类之所以穿衣，以各种方式遮盖身体，是出于道德感和羞耻心。随着人类智能的不断发达，逐渐开化文明，懂得了礼仪和羞涩，于是产生了用以遮身的服装。我国自古就特别强调服饰的伦理意义，班固在《白虎通义》中这样解释："衣者，隐也，裳者，障也，所以隐形自障闭也。"

然而，越来越多的考古发现和社会心理学研究证明，羞耻感并不是服装产生的起因和动机，而是服装产生后的一种后果。在原始民族，甚至今天的土著部落，男女两性都过着绝对的裸体生活。有的民族虽然在腰间挂着用植物或动物皮做成的围裙，但围裙都是很小或被撕成又小又窄的碎条，不足以作为遮蔽之用。确切地说，是为了装饰。

社会心理学的研究表明，人类对裸体的羞耻感并不是与生俱来的。幼童裸体的快感要比羞耻感更原始。

综上所述，关于服装起源的动机有很多说法，除羞耻说外，都有各自的依据，并有一定的合理性。这些多元的起因归纳起来不外乎自然本能的人体防护和社会性的装饰观念两个方面。前者是为了维持生存之必然，后者则是集团生活中的对他意识的发现。

中国服装发展史

第二篇 ZHONGGUO FUZHUANG FAZHANSHI

第三章 上古服装

上古服装一般是指先秦服装，其时间跨度很大，从我国境内发现有远古人类云南元谋人活动的公元前170万年到我国奴隶社会向封建社会转化的公元前221年，它经历了原始社会漫长的旧石器时代、新石器时代和奴隶社会的形成、发展、瓦解及封建社会的初建时期。在此期间，中国服装由原始的萌芽状态进入到初期发展阶段，并逐步形成和奠定了中国服装的基本形制。因此可以说中国服装历史就是于此时起源和发展的。由于这一时期距今年代相当遥远，遗留的实物资料极少，当时人们的衣着状况就只能根据少量的考古发现和古书记载的传说来加以分析推测。

第一节 原始社会服装

中国原始社会的年限可断为公元前170万年到公元前21世纪，其发展经过了旧石器时代和新石器时代两个阶段，其中旧石器时代相当长，人类由直立猿人向智人演化，最终成为现代人，生活从开始能制造简陋石器、会使用火到懂得用兽皮来护身御寒，最后发明并使用骨针来缝制兽皮衣服，都是在这一漫长的时代中逐步完成和掌握的。新石器时代，人类逐渐开始了定居的生活形式，从最初的采集、渔猎经济发展到原始的畜牧、农业、手工业经济，制衣材料也随之由原始的兽皮草叶进化为麻葛丝毛织物，从此人们摆脱了兽皮裹身，揭开了中国服装发展史的第一页。

一、旧石器时代

旧石器时代是一个漫长的时代，约占人类全部历史的99%，其中可分为旧石器时代早期、中期和晚期。早期延续时间较长，占旧石器时代的70%。我国是世界上古人类发源地之一，距今170万年境内就有直立猿人元谋人生存。考古发现，元谋人已经会制造简陋的石器，还知道用火。而这就为我国远古人类创造服饰拉开了序幕。因为服饰历史长河的源头就是从人类的直立行走和火的使用开始的。而在这之前，远古人类和动物毫无两样，靠全身长满的体毛来蔽体保暖，过着长达100多万年之久的裸态野蛮生活。只有当人类直立行走，有了手脚分工，学会了烧烤食物、取暖等火的使用之后，才大大加速和促进了自身智力的进化发展。

在旧石器时代中期的50万年前的北京人时期，穴居的生活方式和对火的使用，增强了他们抵御严寒、对抗自然的能力，智力已大为发展。当体毛退化以后，他们自然会懂得用兽皮羽毛或茅草树叶来“蔽体”“遮身”，以弥补生理机能的不足。考古发现，到了距今10万年前的旧石器中期的智人阶段，如我国山西许家窑人、丁村人已能用锐利的石器和骨器切割兽皮，用来披裹身体御寒。这种有意识地改善自己生活条件的情形，符合“褰裳茹皮以御风寒，绹发冒首以去灵雨”的古籍记载，也与《白虎通义》中记载的“太古之时，衣皮韦……”，《通典·礼嘉·君臣服章制度》称“上古穴处衣毛”相符。在这一史载“食草木之实鸟兽之肉，饮其血茹其毛”的年代，尽管这一行为只是人类开创服饰迈出的第一步，其服饰也仅仅处于萌芽雏形状态，却在根本上使人类与只靠自身皮毛护体的动物明显区别开来。

旧石器时代晚期的人类已进化为现代人，在不断与自然抗争的生产劳动实践过程中，他们制作石器骨器工具的水平不断提高，发明创造出了原始的制衣工具——骨针，来对披身兽皮加以改进，使之能适合人体各部位的形状，满足护体要求。我国迄今发现年代最早的骨针是在距今35000年的辽宁小孤山遗址出土的。在25000年前的北京山顶洞人遗址中也发现了一枚骨针，针长82毫米，略长于今天的缝被子针，最粗处的直径仅为3.3毫米，与现代的缝绒线针相仿。这枚骨针只在针孔处残损，其余保存完好，针身稍弯，针尖较锐，针孔细小，刮磨得十分圆滑光洁(见图3－1－1)。此外，在山西峙峪人、河北虎头梁人等遗穴里也发掘出用各种兽角或兽骨磨制的骨针。这些骨针的发现，足以证明远在几万年前的旧石器时代晚期，我国远古居民就逐渐懂得了缝纫原理，并初步掌握缝纫技术了。骨针的发明使用，成了我国远古居民缝制衣服的发端，它标志着中国服装史已进入到发祥期。即从这时起，我们的祖先就结束了赤身露体的生活，并能将石器切割的皮片根据需要用骨针缝制成合体的形状，这就使服装脱离了萌芽雏形状态，而成为真正的服装了。只是服装的材料在这一时期依然是最原始的兽皮树叶。从骨针的形状尺寸和其出土遗址中的其他出土实物来看，这时还未曾有纤维纺织品出现，人们自然也不会织布，正如《韩非子·五蠹》所言："古者，妇人不织，禽兽之皮足也。"无论人们生存活动的地理气候环境如何，这个时期护体的衣料均仅限于羽皮草叶，这可以《礼记·王制》载"中国戎夷，五方之民，皆有性也，不可推移。东方曰夷，被发文身；南方曰蛮，雕题交趾；西方曰戎，被发皮衣；北方曰狄，衣羽毛穴居"为据。

图3－1－1　北京山顶洞人的骨针

旧石器时代晚期是中国服装史的发祥期，这时人们不仅能用骨针来缝制兽皮衣服，还能用饰物来装扮美化自己。从出土实物看，大多是用各种不同质料制成有孔的小块饰品，有的在蚌、蚶、螺、贝等水生软体动物的介壳上直接打孔，也有的将砾石、兽牙、兽骨等磨制加工成圆形或扁圆形的有孔珠子，这些饰物无疑是佩戴在脖颈或手腕、脚腕上的串饰。在北京山顶洞人遗穴里出土的饰物以穿孔的兽牙为多，另外，还有穿孔的骨管、骨珠、石珠、砾石和蚌壳(见图3－1－2)。其中有些用赤铁矿粉染成了红色。在我国先民的心目中，红色是血液的象征，生命的象征。可见远古人类的最初审美意识含有原始的宗教意味。

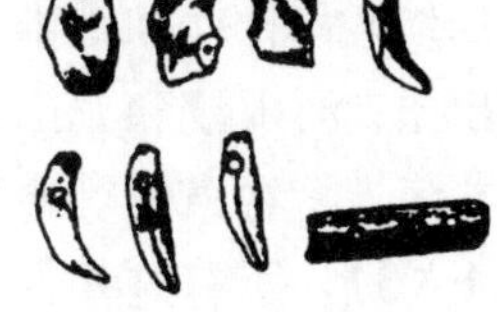

图3－1－2　北京山顶洞人的串饰

二、新石器时代

大约在距今一万年左右，我们中华祖先运用在漫长的旧石器时代积累的经验，在石器工具的制造上出现了钻孔、磨光、刮削、对称造型等较大变化。工具的改进，促进了生产力的提高，使原始人类的衣食生活基本得到满足，居所也相对固定了，并逐步由洞穴改为房屋。定居的生活开创了原始的农耕畜牧、种植和养殖的生产劳动，一改过去人类向大自然被动觅取生活资料为主动生产衣、食、住及其他生活资料，这被认为是由旧石器时代进入新石器时代最明显的标志。

先民们在长期的采集和渔猎活动中，常和各种植物打交道，开始对它们有了一定的认识，如细长的树皮、草茎、藤条可用来编结筐篮，搓制线绳。再往后，又发现某些植物干茎上的表皮可以剥取下来，它们特别长，还能被撕分得很细，可用以编织渔网。从用细长材料搓捻绳索发展到用植物韧皮编织渔网，即为《易·系辞下》所说的："结绳为网罟，以畋以渔"。编成细致紧密的网，还可做网衣来取代原始的草叶衣服，这就是最早出现的织物衣料。

第一个被用作纺织衣料的植物纤维是麻、葛韧皮类天然纤维。在河南三门峡庙底沟、陕西西安半坡和华县泉护村等新石器文化遗址中出土的陶器上，曾发现带有麻布纹的印痕。浙江余姚河姆渡曾出土6900年前的麻绳和麻织物残片。在江苏吴县草鞋山新石器时代遗址中，还发现了三块距今5400年前的葛布残片。此外，在我国已发掘的较大规模的新石器时代文化遗址中，几乎都有石制或陶制的纺轮、骨针和骨锥等纺纱缝纫的原始工具出土。河姆渡和龙山遗址还曾发现过骨梭、木纬刀、卷布辊等原始织机的构件(见图3-1-3)。所有这些都能证明在距今6000多年前的新石器时代中期或更早，我国劳动人民就已在衣着生活中开始利用天然纤维，发明了最初的纺织工具，掌握了原始的纺织技术。

图3-1-3　刻花骨梭

我国古代劳动人民在长期的纺纱、织布和缝纫实践中，从手工编织织物到机织织造织物，经历了一个漫长的过程。刚开始他们先从麻、葛植物茎上剥下韧皮纤维，用手将其捻成纱线后，再将经线平行排列，纬线横穿于其中，最后再把经纬线绷直拉紧。正如《淮南子·纪轮训》所云："余伯之初作衣也，緂麻索缕，手经指挂，其成就网罗。"用这种原始的手工纺织技术编织成的麻布或葛布，外观粗糙稀疏，花纹简单。如前述的庙底沟、半坡和泉护村遗址中出土陶器上的麻布印痕，其经纬线密度均为每厘米10根，麻线很粗，而且劳动强度大，编织效率低，布面质量差。为改变这一状况，我们智慧的祖先在手工编织的基础上，创造出了加捻纤维的纺轮(见图3-1-4)和织造织物的腰机(见图3-1-5)。这些原始纺织工具的运用，减轻了劳动强度，提高了生产效率，丰富了织物花纹，能织出较复杂的几何花纹，布面又较紧密均匀，大大提高了织物质量，有力地推动了这一时期纺织技术的向前发展。如上述在草鞋山遗址发现5400年前的三块葛布残片，其中有一块据专家分析研究，其经线密度每厘米约10根，纬线密度每厘米约26~28根，织物表面的暗花回纹和条纹是用扭绞加缠绕织法织成的，这表明原始的机织物比手工编织物细密美观。浙江湖州钱山漾新石器时代遗址曾出土4700年前的麻织物残片，其麻线纺捻得较细，织物经密已达每厘米约30根，纬密每厘米约20根。这样较精细的加工，得益于这个时期纺纱织造水平的进步。由此可见，是纺织工具的发明和利用，促进了纺织技术的产生和发展。这才出现了纯粹的、质量不断改善的纺织衣料，从而使我国先民的衣着生活进入到真正的纺织物时代。

在当时的纺织品中，除有用天然植物纤维麻、葛制成的麻布、葛布外，还有用动物纤维丝、毛制成的丝织物和毛织物。特别值得一提的是，与其它织物相比，质地细滑轻柔的丝织物是由我们中华祖先所创。我国是蚕丝的发源地，是世界上最早发明植桑养蚕、缫丝织绸的国家，而且自新石器时代起至后来相当长的时间内，一直独占这项发明，其特有的丝织技术在古代世界独树一帜，显示了我国古代劳动人民的高超技艺和聪明才智。

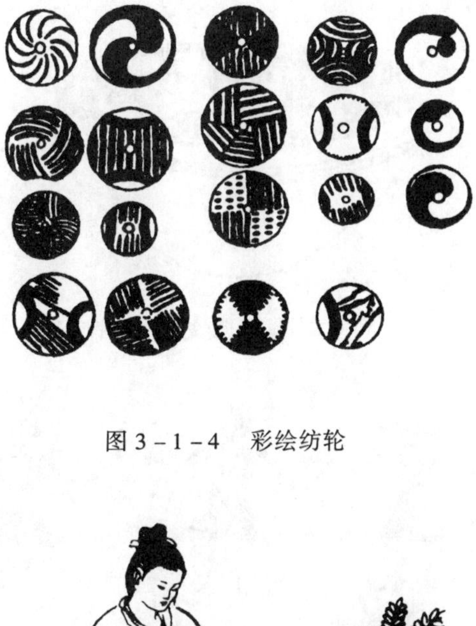

图3－1－4　彩绘纺轮

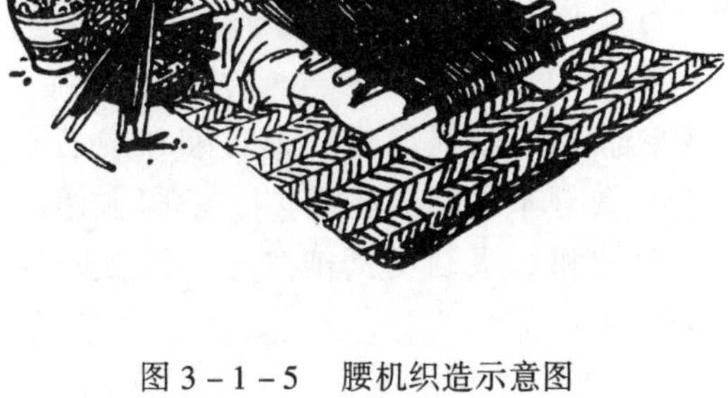

图3－1－5　腰机织造示意图

蚕丝究竟何时发明？史料无确切的时间记载，已无法考定。我们只能根据历史传说和考古发现来推断。据说黄帝元妃嫘祖是丝织物生产的发明传播者，是她“始教民育蚕，治丝茧以供衣服”。而黄帝的生存年代大约是在仰韶文化时期的新石器时代中晚期。由此可推断，我国古代劳动人民发明育蚕制丝技术最迟当在新石器时代中期，而且也已为考古发现所证实。

河姆渡遗址曾发现一件6900年前的刻有形象鲜明的蚕纹象牙盅（见图3－1－6）。在距今4000多年的山西夏县西阴村新石器时代仰韶文化遗址中，曾发掘出了半个被人工切割的蚕茧壳。在钱山漾遗址中，又发现了用家蚕丝织成的平纹绢残片，其经密每厘米为52根，纬密每厘米为18根，还有已炭化但仍具有一定韧性的丝带、丝线等。经考证距今已有4700多年的历史。这些出土实物更进一步证明了我国丝织衣料源于新石器时代，至少在5000年前就已发明了养蚕和丝织，这与根据神话传说推定育蚕制丝的年代大体相合，也同《魏台纺议》中“黄帝始去皮服布”和

图3－1－6　蚕纹象牙盅

《礼记·礼运篇》中“昔者……未有麻丝，衣其羽皮……后圣有作，治其麻丝，以为布帛”所记的年代基本一致。

至于以兽毛为原料的毛织物，可能是它在纺织加工、原料来源、气候环境等方面的缘故，使用比例较其他纤维稍低，而且多在古代游牧民族地区使用。在我国的青海、新疆曾发现过新石器时代的羊毛布和羊毛毯残片。

各种植物纤维、动物纤维的发现和应用，大大丰富和扩展了服装材料，使我国古代人民的衣料由皮羽进步为布帛，服装也从以羽皮草叶披裹围系的原始形态发展到以麻葛植物韧皮纤维编结的网衣，进而又发展为以手工搓捻麻纱葛纱编制的布衣，最终创造出了以各种天然纤维纺织缝制的成形服装。这是在原始社会发展的漫长时期中，中国服装由原始状态向古代服装迈进的一大步，标志着我们中华祖先的创造性劳动在衣着生活上取得的重大成就，它使我国先民的衣着发生了巨大的变化，使中国服装从发祥期开始走向繁荣期。

新石器时代晚期，随着《商君书·画策》中“男耕而食，妇织而衣”的社会经济分工格局的形成，各种纺织衣料的生产技术不断发展，大大提高了这一时期人们的衣着水平，服装逐渐向整体配套上完善，产生了发式、帽子、衣裳、鞋子、首饰等从头到脚、被覆全身的完整装束，基本改变了我国原始人类的穿着装扮面貌，为以后的服饰形制及其典章制度的确立奠定了基础。

青海大通县孙家寨出土的彩绘陶盆上的三组舞蹈人形，其发型均为束发式样（见图3-1-7），这是原始人为了便于活动和相互交流语言、表情，由原先的披发演进而成的发式。在仰韶文化和龙山文化遗址中，都有用于固定发髻的陶笄、骨笄、骨簪出土。束发挽髻后，为挡风御寒，又产生了帽子。在甘肃辛店出土的彩陶盆上的人物形象中，其中一人头戴锥形帽，服装式样都是系腰带的长袍（见图3-1-8）。这一时期还有用石、骨、陶、玉、蚌壳、螺壳、象牙等不同材料制成的头饰、颈饰、耳饰、手镯等各种首饰，与服装及其配件一起，全面完整地形成了中国的原始服饰。

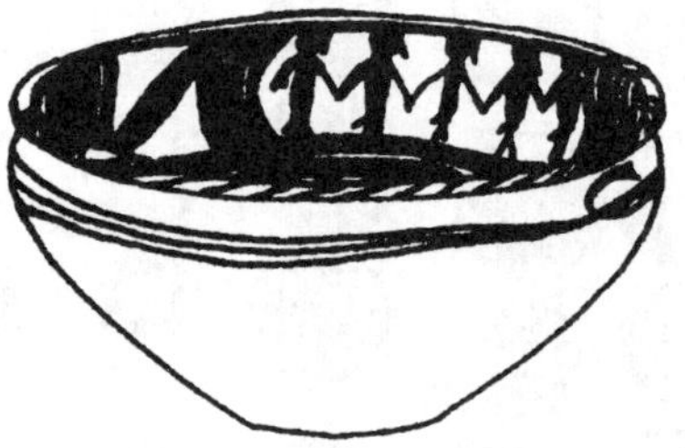

图3-1-7 彩绘陶盆上的舞蹈人形

图3-1-8 彩陶盆上人物的着装与发型

第二节 中国服装制度的形成与完备

中国古代服装制度诞生在原始社会进入奴隶社会的历史剧变时期，从中国服装制度开始形成到其逐步完备，前后共长达千余年之久，其间经历了中国历史上奴隶社会初步建立的夏代、形成发展的商代和成熟鼎盛的西周，这三个时期在中国服装史上具有非常重要的地位，中国古代的服装形制和冠服制度就是在这一历史时期中建立并完善的。

一、夏——服装制度的形成

在距今约4000年前，我国渐渐进入了父系氏族社会，农业生产已经成为社会生产中的主要劳动内容。随着农业和畜牧业的不断发展，生产力日益提高，物质也逐渐丰富并开始有了剩余。这时出现了攫取剩余物质的上层人物和进行剩余商品的交换行为，导致产生了私有制。在父系氏族社会后期，有了阶级分化。到公元前21世纪，原始社会解体，奴隶制社会建立。

夏代是我国历史上第一个从原始社会跨入奴隶社会的朝代。随着这一时期生产技术的日渐进步，促进了社会的分工，手工业已从农业分离出来，生产的陶器、玉器、铜器已具有一定水平。从商代早期遗址中出土的文物来看，商代初期已出现了较高水平的文化。

有关夏代的服装式样和纹样，至今尚未发现形象资料，只能根据史籍记载来推测。《易·系辞下》中"黄帝、尧、舜垂衣裳而天下治，盖取之乾坤"的记载，说明了当时可能较典型的服式是上身为衣，下身为裙的上衣下裳制。这种服装形制的出现，直接反映了当时人们的观念和信仰。在生产力水平和人的认识水平都十分低下的社会中，人类还没有足够的力量与自然相抗衡，也不懂得自然界运动变化的规律。当对自然灾害、意外伤害、疾病、死亡等自然现象和不幸事件无法以科学的态度方法去认识解决时，他们就认为是广泛存在于人类赖以生存的天地之间有某种神秘、不可知的力量在主宰着一切，于是常常企求于一种虚幻的超自然的力量，以实现自己的愿望，这就是一种原始的宗教信仰观念。这种观念对与人类生存活动、延续繁衍有密切关系的天地、祖先等都非常尊崇。对天地的尊崇具体体现在服装上就是确立了上衣下裳的形制和玄衣黄裳的服色。因为表为乾的天在未明时为玄色，故上衣象征天而用玄色；表为坤的地为黄色，故下裳象征地而用黄色。《通鉴·外纪》云："(黄)帝……元衣黄裳，以象天地之正色，旁观翚翟草木之花，变为五色为文章而著于器服……"由此可知，衣裳上的纹样也是由天地间万物的形态色彩概括提炼而成的。《虞书·益稷》中也载："予欲观古人之象，日月星辰……以五采彰施于五色作服汝明。"根据上述文献史料的记载，在黄帝、尧、舜时代就已有比较定型的服装样式和纹饰了。

当社会物质生活处在极其低下的时期，黄帝、尧、舜正是靠穿着与众不同、象征统治者权力和乾坤秩序的上衣下裳制，才使社会有了稳定的秩序，人们才能有条不紊地进行各种社会活动，避免了杂乱无序，达到了天下太平的治天下目的。可见夏代已有的一套服装制度及其形式、色彩、纹样均源于对天地的尊崇和对乾坤秩序的追求。

史传夏代第一位国王禹，生活节俭，不重视平时的衣着，但在祭天祭祖等祀礼时，却非常重视服装，要事先精心安排，穿着美化讲究，以示对天地对祖先的尊崇。这出自《论语·泰伯》中"子曰，禹，吾无间然矣，恶衣服而致美乎黻冕"。黻冕是祭祀典礼时帝王穿的服装，属礼服。这说明在夏代已经逐步形成了以帝王的祭服——冕服为中心的服装制度。

二、商——奠定服装发展的基础

商代是我国奴隶制社会逐渐形成并不断发展的时期。农业在夏代的基础上又得到了进一步的发展，手工业生产的分工日趋精细和专业化，金属器已被大量生产和广泛使用。商代后期是中国青铜时代的鼎盛期，出现了高度发展的青铜器文化，在商代遗址中曾出土了大量铸造精美的青铜器。玉器的生产规模和制作水平也达到了相当的高度，用雕琢镂刻工艺制成的各种人物和动物造型的玉佩饰品非常精美。

商代桑蚕业的发展也很快，《书序》和《史记·殷本记》中均言“桑谷共生于朝”，意思是桑与商代主粮之一的谷共同生长。甲骨文中也有“蚕示三牢”的字句，意为用三头牛祭蚕神。可见商代对植桑养蚕的重视。这就促使当时的丝织生产水平迅速提高，人们已经较熟练地掌握了育蚕、缫丝、织绸的技术，而且还对织机进行改造，使之能适应提花织物的生产要求。在河南安阳商代墓葬中出土的铜钺上，曾发现世上最古老的丝织菱形花纹遗迹——雷纹绢印痕，另有丝织物的残片，这说明商代能够生产出提花织物，丝织技术已经比较成熟，这从甲骨文出现的桑、蚕、丝、帛等字样和与它们有关的100多个文字中，可略见一斑。

图3-2-1　商代奴隶主的服式

商代后期，随着社会生产力的发展，奴隶制日趋完善，奴隶主王权不断加强，《商书》中有“王曰：格尔众庶，悉听朕言”的告诫，表明帝王权力至高无上。甲骨文中还有王、臣、牧、奴、夷、王、令等文字，说明社会间的阶级等级制度已经形成。这些等级区别在当时服装的质料和装饰上都有明显反映，集中表现为：奴隶主贵族丝帛绣衣，装饰讲究；而庶民粗布褐衣，装饰简陋；奴隶则更是衣不蔽体，毫无装饰可言。商代服装的形制，可从河南安阳等地商墓出土的玉、石、陶制人像中得到一些直观的参考资料。这些人像既提供了奴隶主贵族的衣着状况，也为奴隶形象提供了实物依据。

图3-2-2　商代奴隶的服式

商代奴隶主贵族的服式概况为，头戴巾帽或帽箍，身穿交领或圆领或翻领的右衽窄袖衣，腰束带，前系韨，衣长至膝上下，下穿裙裳，裹腿，脚穿翘尖鞋或圆头鞋。在衣裳的领口、袖口、下摆口、帽箍、腰带等处均有边饰或纹饰（见图3-2-1）。其中冠、韨、纹饰是表明奴隶主、贵族身分地位的标志性装饰物。而免冠露首、着圆领衣、手腕带梏的陶俑无疑是社会中的奴隶形象（见图3-2-2）。

从商代出土的雕镂复杂精美的骨梳、玉梳来看（见图3-2-3），人们已有美发意识，过去简单的束发大多已改为辫发。在出土玉人的发型中，有向脑后梳的，也有向头顶梳的；有编一条辫子的，也有编成两条的；辫子编后有的下垂于肩头背后，还有的上盘于头顶等等，可谓形式多样。此时广泛使用的发饰是发笄，开始主要出于实用目的，固定束发挽成的发髻，后来又加入了装饰的成分。笄头是装饰的主体，其形状和雕刻具有明显的装饰作用（见图 3－2－4），制作材料也由骨、蚌、陶扩大到象牙、玉、铜，笄质料的不同反映了使用者身份的不同。此外，这一时期的头上装束还有冠、巾，冠多制成帽箍式样，也有称额箍、额带的。它源于原始人的枝条或竹片束发用具，商末逐渐从实用性向装饰性转变。

图 3－2－3 商代玉梳和骨梳

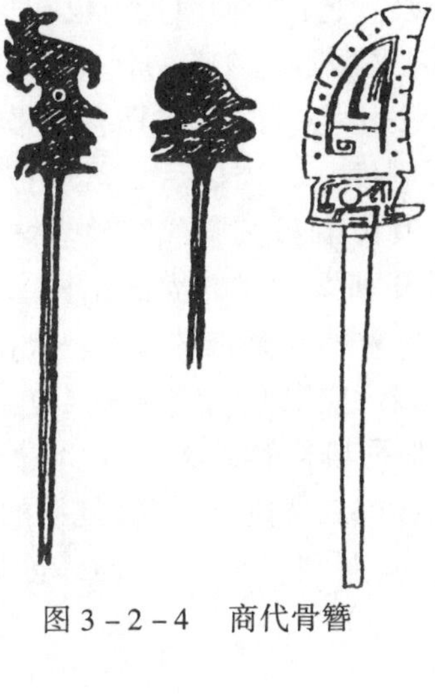

图 3－2－4 商代骨簪

商代人很注重佩饰，有骨、角、蚌、玉、铜等各种佩件，其中以玉佩最多。商代盛行佩玉习俗，男女贵族身上均佩玉。奴隶主贵族对玉石饰品的普遍使用，使其产量和数量都很大。武王灭商时，商纣王用玉四千环身自焚，周兵在其都城得玉十几万块，说明当时奴隶主阶级对玉的重视程度。

作为我国文明史的重要阶段，商代在政治、经济、文化等方面的发展对后代产生了重大的影响，其服饰除仍具有前代实用美化的物质精神内涵外，更具有阶级内涵，服饰等差别的出现为后代——西周服饰制度的完备奠定了基础。

三、西周——服饰制度的完备

（一）概述

奴隶制度在经历了商代几百年的发展之后已日趋完备，奴隶制国家政权也日益巩固。公元前 11 世纪，武王伐纣，灭商建周，又进一步强化了奴隶主阶级的统治。西周时期是我国奴隶制社会的鼎盛时期，其政治思想和物质生产都比商代有更大的发展，从而使夏商时期建立形成的冠服制度在此时得以逐步完善。

周代在政治方面推行分封制，明确等级制，以顺天合礼的思想来维护奴隶制度的统治，稳定奴隶主阶级的内部秩序。统治者将残酷虐待庶民奴隶的暴行归为天意，将维系调整奴隶主贵族间的等级关系定为礼仪。为能体现和强调顺天合礼的阶级等级制这一政治思想，必须有一个外显的物化标志，而其最直观的视觉传达载体就是服装。就这样服装被赋予了阶级内涵，作为礼仪的重要内容和表现形式，从属于统治阶级为稳定阶级社会等级秩序的政治需要，而成了他们区分尊卑贵贱的工具。从此以后，上自帝王公卿，下至庶民百姓，都规定出一整套严格的等级分明的章服制度，任何人都不得僭越，并一直影响后世几千年，直至封建社会后期才被废除。

西周时期的物质生产尤其是纺织服装及其制品的生产，在品种、产量、质量等各方面都提高得很快，这是由于服装成为区分身份等级的标志而受到统治阶级重视的结果。周初，朝廷就开始对纺织手工业实行全面管理，包括从原料、染料和成品的征收，纺、织、染的生产加工到服装缝制以至最后制成品的分配使用，都受到了奴隶主阶级的严格控制，尤其是对较高级的染织品、刺绣品和装饰品。朝廷还设置庞大的官工作坊，专门从事有关服装材料的生产。《周礼》中将主管纺织的“典妇功”与王公、士大夫、百工、商旅、农夫等并列，合称“国之六职”，可见纺织手工业生产在社会上的重要地位。这时的纺织生产不仅是社会生产的主要形式，也是国家赋税的主要来源，每家每户都得纺纱织布，一来为自己穿用，二来向奴隶主贵族纳贡。妇女们从事大量的蚕桑和纺织活动的情况，可从记录西周社会生活的诗歌总集《诗经》中的许多描写反映出来。丝织技术水平在西周继续发展提高，周代生产较多的主要丝织品种是绮，还能生产出比较细薄的丝织物，并出现了经锦和刺绣一类的高级材料。经锦是由多种色彩的经线起花的一种丝织物，色彩烂漫，价值昂贵，是我国古代丝绸织花技术取得的重大成就。在辽宁朝阳、陕西宝鸡等地的西周奴隶主贵族墓葬中都曾发现一些用来包裹铜器的经锦残片和保留在泥土上的刺绣残痕以及带有菱形花纹的丝织物，尤为引人注目的是，这种花纹是用提花机具织成的，表明了周代丝织技艺有了较大的进步。

纺织工艺技术的进步，使西周服装材料的产量、质量大为提高，品种不断增加，服装种类也随之增多起来，这为周代统治阶级衣着生活的奢侈享受提供了物质条件。同时分封制的社会政治特点，使阶级间的等级秩序森严，各种礼仪上的尊卑差别，又给周代服装的等级区分提出了明确要求。上述两方面的因素必将导致服装等差系统化、制度化，最终逐步建成了一套完整详备的衣冠服饰制度，用以适应不同礼仪，稳定社会秩序。周代将繁缛庞杂的礼仪归类为“五礼”，即吉礼——祭祀之礼、凶礼——吊丧之礼、军礼——军事之礼、宾礼——往来之礼、嘉礼——贺庆之礼。每类礼仪还可细分项目，其中又包括多种内容。在这些不同的礼仪场合中，天子、诸侯、大夫、士以及庶民等所有人的穿着必须与礼制相符，即由礼仪内容来定其服饰。如祭祀时要穿祭祀服，朝会时要穿朝会服，兵事时要穿从戎服，凶葬时要穿吊丧服，婚嫁时要穿婚礼服等等。无论天子庶民，尊卑与否，当从事各种礼仪活动时，都得有相应的服装与之适应。由于礼仪和服装的名目众多繁杂，这时从《周礼·春官》记“司服掌王之吉凶服，辨其名物，与其用事”来看，周代已专设“司服”之位，其职能是，区分典礼仪式的类别，负责帝王百官的穿着，掌管衣冠服制的实施。在适应各项礼仪活动的服饰制度中，最重要的组成部分就是礼服制度，而礼服制度主要为冕服制。

（二）服装

1. 冕服

冕服是中国古装种类中最重要的礼服，即为古代帝王卿相在举行祭祀活动中所穿用的祭服。它在夏商时期就已初具形制，到西周时，冕服形制在前两代的基础上变化发展，最终定型，并形成具有严格等级差别的冕服制度。自周以后，冕服被历代传承相袭，其形制虽按各代统治者之意略有变更，但其基本形式却大同小异，尤其是显示阶级等差的内涵始终未变。从孔子“服周之冕”来看，应以周代冕服为典范。冕服共有六种，根据典礼的轻重大小、祭祀的不同对象分别选用。就典型而言，冕服的组成部分为冕冠、冕服和带、韨、绶、舄等冕服配件（见图 3－2－5）。

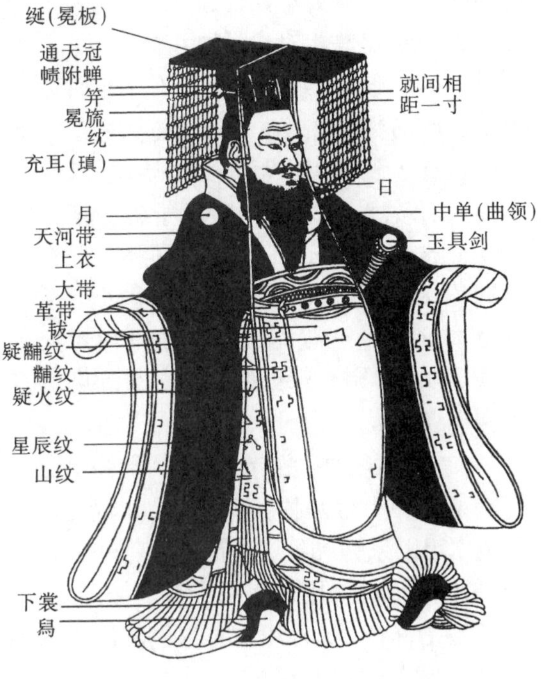

图 3-2-5 皇帝冕服示意图

(1) 冕冠：冕冠是帝王卿相在祭祀典礼中头上戴的最尊贵的冠类首服。其基本形制是在冠顶覆盖一块称为“綖”的长方形木板。冕綖尺寸多为一尺六寸长，八寸宽。形状为前端略圆，后端方正，象征着天圆地方。颜色是上面玄色，下面纁色，也是天地的象征。装在冠上的綖板，后面比前面略高一寸，呈前倾低俯状，有提醒帝王不能居高骄矜、妄自尊大的含意。冕綖的前后两端垂有用五彩丝绳贯穿而成的若干串珠玉，名叫“旒”。冕旒可为十二旒、九旒、七旒、五旒、三旒不等，每旒穿玉有十二颗、九颗、七颗、五颗之分，质料有白玉、青玉、黑玉之别，这由礼仪轻重和官职高低决定。因此，冕旒和珠玉的数量及色彩是区分身份地位等差的重要标志。其中以十二旒为贵，每旒玉珠十二颗，按朱、白、苍、黄、玄五彩顺序排列，每玉间隔一寸，每旒长度十二寸，共计用珠 288 颗，此乃为帝王专用。垂旒之意在于明示君主应明断是非，正直公道。冕冠的左右两侧各开有一小孔，玉笄从一侧小孔穿进，穿过发髻，再从另一侧小孔穿出，将冠与发髻相插固定。又在笄的一端系上一根丝带，从颔下绕过，再系于笄的另一端。另在两耳附近，还各垂一颗珠玉，称作“黈纩”，也有叫“充耳”的，此珠悬挂于耳边，用以提醒戴冠者不要听信谗言，这和上述冕綖的前俯形状及其两端悬垂的串串冕旒一样，均含帝王要有德行之意。

(2) 冕服：规定戴冕冠者都要与冕服配套穿用。冕服的形制为上衣下裳制，衣裳的颜色是上玄下纁，即青黑色上衣、黄赤色下裳，用以象征天地及其色彩。玄衣纁裳上都有纹样相配，纹样多取自然景物，共有十二纹章。据《虞书·益稷》的记载，其图像依次为日、月、星辰、山、龙、华虫、宗彝、藻、火、粉米、黼、黻(见图 3-2-6)。玄衣纹章一般用彩绘，纁裳纹章通常用刺绣，上下绘绣的纹章章数随祭祀内容和职别高低而定，其中以十二纹章最为尊贵，它专用在最高等级的祭祀典礼中的帝王冕服上。十二纹章的图案都有其各自不同的深刻含意和象征意义：

日、月、星辰取其照临，象征帝王如三光明耀天下；山取其能云雨或镇重的性格，象征王者安镇四方或为人所仰；龙取其变化，象征君王善于随机应变；华虫，属雉，即华丽的鸟，取其纹彩，象征帝王有文章之德；宗彝，是一种画有虎蜼的祭祀礼器，取其忠孝，象征王者有勇有智；藻，即水草，取其洁净，象征人君冰清玉洁之意；火取其明或炎上，象征率领百姓归附君王之意；粉米取其洁白滋养，象征有济养之德；黼，为斧形，取其断割，象征王者处事决断之意；黻，为两已相背，取其明辨，有背恶向善，见恶改善的含意。

由此可见，十二纹章不仅是帝王贵族操行的象征，更是统治阶级权威的标志。作为奴隶制社会的精神文化之一，这十二种纹样与其说具有装饰美化的审美价值，还不如说具有巩固王权的实用价值，正因为其在思想

图 3-2-6　冕服十二纹章图案

意识上的政治功能，才使之在奴隶社会解体后，仍一直被历代封建统治阶级相传承袭。

在最隆重的场合下，帝王必须穿着绣绘十二纹章的冕服。除此之外，帝王冕服上的纹章数均依礼节大小而递减，一般冕服上的纹章数与冕旒数相对应，如九旒七章、七旒五章，依次类推。纹章数是指在十二种纹样中从后向前数的图案个数。纹章数和纹样的不同就有了衮冕、鷩冕、毳冕、絺冕、玄冕等其它几种冕服的区别，以用于各种不同的场合。群臣陪帝王祭祀也用冕服，但有明确的等级规定，依身份等级九章、七章、五章而递减。这些冕服制的基本内容充分体现了具有严格等级区别的章服制度的系统和完备。

(3)冕服配件：由带、韨、绶、舄等组成。带有革带和大带两种。革带由二寸宽的皮革制成，用以系韨和绶；大带为有边饰的阔丝带，较革带为宽，用以束衣束腰。韨即蔽膝，在冕服中称芾。这种用长方形熟皮制成的围在腹上膝前的蔽前形式是远古时代最早的服式，其被保留下来并成为冕服的附件，含有不忘古、不忘祖之意。其制一般上宽一尺，下宽二尺，长三尺，天子用纯朱色，绘龙、火、山三章；诸侯黄朱，绘火、山二章；大夫赤色，绘山一章。蔽膝系于革带下，垂于膝前。革带上挂绶佩玉，天子玄组绶佩白玉，诸侯朱组绶佩山玄玉，大夫佩水苍玉。舄是一种复底的鞋履，绸面木底，穿冕服时，天子、诸侯同用赤舄。

周代冕服制是中国古代章服制度的核心，作为奴隶制国家制度的一部分，其庄重威严的服装形制，充分体现了森严的等级制度，成为后代统治者礼服定制的范本，对中国古代服装的发展产生了深远的影响。

2. 弁服

弁服在古代是仅亚于冕服的一种礼服。弁服与冕服的相同之处是冠服配穿，上衣下裳；不同之处是衣裳上不施纹章。根据弁服和服色的不同，又有爵弁、皮弁、韦弁之别。爵弁是呈爵头色即暗红色的无旒、无前低后高状的冕冠，较之冕冠次一等，配以不加纹章的玄衣纁裳和赤黄色蔽膝，为士陪王祭祀时所穿的礼服。皮弁用白鹿皮分片缝合拼制而成，其形如两手相合呈上锐下宽的尖状，与后代的瓜皮帽相似(见图3－2－7)。在其皮片的缝接处缀饰若干颗玉珠，以玉珠的质、色和数量来区分身份等级。天子饰以十二颗五彩玉，配穿白衣朱裳，诸侯群臣也有相应的皮弁与其衣裳配套，一般作帝王百官朝会议政的朝服。韦弁是一种赤色皮帽，形制如皮弁，配用赤衣赤裳，在兵事活动时如出征所用。

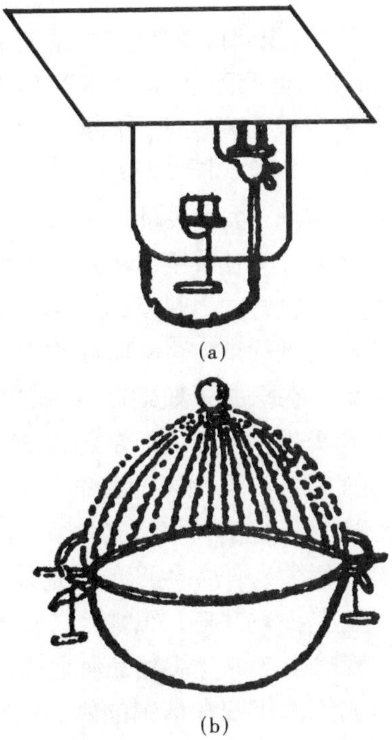

(a)

(b)

图3－2－7　爵弁(a)和皮弁(b)

西周的祭服和朝服均承袭了商代的服装形制，为上衣下裳。从出土玉人来看，周代的上衣比商代稍宽松些，衣袖多为窄袖，衣长至足踝。服色的采用是上衣为正色，下裳为间色。正色是青、赤、黄、白、黑五色，象征高贵，用于尊贵者的礼服、上衣和面料。间色是由正色两色相混而成，象征卑贱，只能作为卑贱者如妇女、平民及便服、下裳、内衣、衬里的服色。上可兼下，下不可用上。由于这时还没有纽扣，上衣用丝条系结后，再在腰间束以丝制大带，或称“绅带”。仕宦上朝时，此带还可用来插笏。“绅士”一词便由此而来，后来就成了乡邑贵族或官吏的代名词。腰带上还要垂挂玉制饰物。周代统治阶级以玉衡量人品，“君子比德于玉”，“君子无故玉不去身”，可见玉佩是奴隶主贵族服装上很重要的饰物，成为他们道德人格的象征。因而当时士以上的官员规定都要佩玉，并以玉质的精粗来区分佩玉者的身份。

3. 玄端和深衣

冕服和弁服是在特定场合下穿用的礼服，玄端和深衣则是一般日常用的礼服，用途十分广泛。玄端自天子至士都可服用，为国家的法服。天子平时燕居，诸侯祭礼宗庙，大夫和士早上入庙，叩见父母都穿玄端。其以玄色、端正、无纹饰而得名。

深衣盛行于西周后的春秋战国时期，其不同于西周以前的衣裳分属制而为衣裳连属制。自天子至庶人都可穿着，它是比朝服次一等的礼服，百姓则将其作为吉服。

4. 袍和裘

袍以深衣为基础，衣裳相连，属有夹层的冬便服，至秦汉发展为男子礼服。

裘即皮衣，一般将毛面向外穿着，大夫以上者在裘外要披罩衣，天子白狐裘的罩衣用锦，诸侯、卿大夫上朝时再外穿朝服，士以下者无罩衣。

5. 命妇服装及其副、编、次

周代命妇的服装也有制度规定，且有“内司服”专门负责管理。王后的礼服采用衣裳相连的袍式，意为妇人专一不二，并与帝王的六种冕服对应，也有六种不同的用途。即袆衣、揄狄、阙狄、鞠衣、展衣、褖衣。这六种服装在形制和材料上无大差别，主要在颜色和纹样上不同。前三种为祭服，袆衣为玄色加彩绘五色山雉；揄狄为青色作褕翟；阙狄赤色作阙翟；鞠衣为黄绿色，在亲蚕礼仪上用；展衣白色，为礼见帝王和宴见宾客之服;褖衣黑色,是平时燕居便服。命妇服装也各有等差。宫内嫔妃等内命妇的服装规定为九嫔服鞠衣,世妇服展衣,女御服褖衣。受册封而有尊号的官员母妻即外命妇的服装,随其子、夫的地位而定。

副、编、次均为贵妇首服,即头上的装饰物,如假发、假髻、首饰等各种发式和头饰。

6. 舄、屦

周代设有专管王与后足服的称之为"屦人"的官吏。按规定,舄与冕服配套穿用,帝王与诸侯的舄分为三个等级,即赤舄为上等,白舄、黑舄次之。王后的舄也有玄、青、赤三等。舄是以木为底、丝绸为面的双底鞋,可用来防潮。而屦则为单底,与王后的鞠衣、展衣、褖衣相配,其屦色都与所服裳色一致。葛屦、麻屦适用于夏天,冬则以兽皮制之。

第三节 春秋战国的服装融合

一、概 述

公元前 770 年,西周暴虐无道的幽王被游牧民族犬戎杀死后,由平王继位,将国都从丰镐迁至洛邑,史书上称迁都后的周朝为东周。东周是我国历史上奴隶社会向封建社会转化的重要时期,是政治思想异常活跃的时期,也是列国兼并战争迭起的时期。这一时期由于更大规模的社会分工,繁荣鼎盛的青铜文化和铁器工具的出现使用,极大地推动了社会经济的发展,生产力得到迅速提高。各据一方的诸侯国为争抢地域,扩充势力,纷纷开荒拓地,积极发展农业生产。粮食和桑、麻的大力发展,导致各国国力不断增强,开始逐渐摆脱了对周王朝的依赖,进而不再受其控制。各诸侯国在经济上的自强、自立、自主,致使各侯王的权势也逐渐强大起来,而周天子的王权却被大大削弱了。从而中国历史就进入了东周列国争雄称霸的春秋战国时期。周朝王室的衰亡,标志着奴隶社会的政治体制已经崩溃解体,这就为战国时期封建制度的基本确立创造了条件。国家政体的重大变革,势必导致这一时期的社会、经济、思想和文化发生急剧的变化。

前已述及,西周奴隶主阶级对纺织和服装手工业从生产到分配都实行严格的控制,并设官营作坊,以确保奴隶主统治阶级对各个不同品种的丝帛和精细麻布等高级服装材料享有专用权。春秋战国时期,由于各诸侯国纷纷变法争雄,周室日趋衰微,作为各国积极提倡耕织、大力发展农业和手工业生产的必然结果,这时城镇已出现了商贾的手工业作坊,与农村的男耕女织一起,初步形成了封建经济的模式。这一时期饱受奴隶主奴役的人们,在挣脱了奴隶制的枷锁后,提高了生产积极性,生产了许多优质的纺织原料和服装面料。齐鲁地区的精细丝绸、吴越地区的细密麻布尤为著名,成为当时的纺织生产中心。随着纺织品生产的迅速发展,纺织手工业更是蓬勃兴旺,织绣技艺也愈加精巧完美,当时生产的丝织物品种已多达十几种,还有高级的织锦和精细的麻布,这些充分显示了纺织手工业取得的辉煌成就。从湖南、湖北、河南等地的战国楚墓中,曾先后出土了一大批织绣文物、丝织品和服装及白色苎麻布残片,其中苎麻布残片的细密程度比今天的白细布还要高,而服装面料的品种就有绮、绢、绨、纱、罗、锦等多种,技艺水平极为高超。

纺织原料和纺织手工业的兴旺发达,反映了春秋战国时期社会经济的蓬勃发展,在此基础上产生了各种不同的思想意识,形成了诸子百家。各家在哲学、美学等问题上展开激烈争鸣，在衣冠服饰上也全力阐述自家的主张和观点。如儒家提倡“宪章文武”，推崇周礼，维护西周的等级制，认为所有言行包括服饰行为在内都应“约之以礼”。荀子也持“冠弁衣裳，黼黻文章，雕琢刻镂，各有等差”的观点，与维护旧礼教，克守等级制的儒家主张如出一辙。而墨家却提倡“节用”，主张生活中一切服饰及器物，只要“尚用”，不必过分豪华。并认为“食必常饱，然后求美；衣必常暖，然后求丽；居必常安，然后求乐”。战国末期的法家韩非子则提倡服装要“崇尚自然，反对修饰”，支持墨家观点。由于诸子百家在衣冠服饰上各执已见，论争纷纭，因而影响到了当时各国各族人民的衣着生活，加之各国的地理条件和风俗习惯的不同，也使服饰风尚存在着很大的差异。据《墨子·公孟篇》载：“昔日齐桓公，高冠博带，金剑木盾，以治其国，其国治。昔日晋文公，大布之衣，牂牂之裘，韦以带剑，以治其国，其国治。昔日楚庄王，鲜冠组缨，缝衣博袍，以治其国，其国治。昔日越王勾践，削发文身，以治其国，其国治。”由此可见，这一时期诸侯各国的衣冠服饰在发式、冠帽、服装、佩饰等各方面确有明显不同。

二、服 装

春秋战国时期，在服装上的明显变化是深衣的盛行和胡服的出现。

(一) 深衣

深衣创始于周代，流行于战国期间。它不同于上衣下裳，是上下衣裳连在一起的服装，这是中国古代服装的又一形制，即上下连属制。其特点为：方形领、圆形袖、下摆不开衩，“续衽钩边”，即将右面衣襟接长，接长后的衣襟形成三角，穿时绕至背后，再以丝带系扎。上部合体，下部宽广，长至踝间。领、袖和下摆的边缘都饰有素色或绣绘滚边（见图 3－3－1）。

图 3－3－1　楚墓出土穿深衣的木俑

此衣名的由来是因为穿着时能拥蔽全身，将人体掩蔽严实的缘故。《五经正义》中也认为：“此深衣衣裳相连，被体深邃。”且具体形制的每一部分都有极深的含意，而“深意”的谐音即为“深衣”。如在制作中，先将上衣下裳分裁，然后在腰部缝合，成为整体长衣，以示尊祖承古。深衣的下裳以十二幅裁片缝合，以应一年中的十二个月，这是古人崇敬天时意识的反映。采用圆袖方领，以示规矩，意为行事要合乎准则；垂直的背缝线以示做人要正直；水平的下摆线以示处事要公平（见图 3－3－2）。

深衣面料多为白布或麻布，其束腰的腰带原先用称作大带或绅带的丝带。战国时期，受到西北游牧民族的影响，以皮带配钩制成带钩，由于其结扎便利，所以逐渐取代了丝带。《史记》载“满堂之坐，视钩各异”，说明当时带钩的形式多样，已普遍使用（见图 3－3－3）。

由于深衣式样新颖，穿着舒适便利，且裁制简便省工，所以很快流行开来，一直到东汉，成为社会上最盛行的服式。上自天子，下至庶人，无论男女，不分阶层都可以穿用，正如《深衣篇》中所云：“故可以为文，可以为武，可以傧相，可以治军旅，完且弗费，善衣之项也。”使用范围极其广泛。尽管深衣在魏晋之后已不再流行，但这种上下衣裳连属的整合式长衣对后代服装有极大的影响。唐代的袍下加襕，元代的质孙服和腰线袄子，明代的曳撒，现代的连衣裙、旗袍、藏袍等都可以说是上下相连的深衣遗制。

（二）胡服

胡服是战国时期西北地区少数民族的服装。它既不同于衣裳相连属的深衣形制，也不同于衣裳不相连属的上衣下裳制，而是属于上衣下裤制。其基本特征是短衣、长裤、革带、革靴，与中原地区汉族的宽衣大袖服装相比，服装窄袖紧身，短小利落，便于活动（见图3－3－4、图3－3－5）。

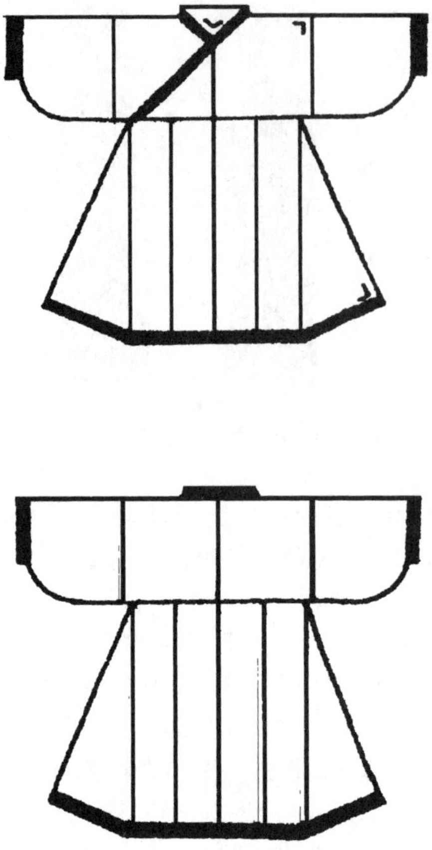

图3－3－2　深衣前、背平面图

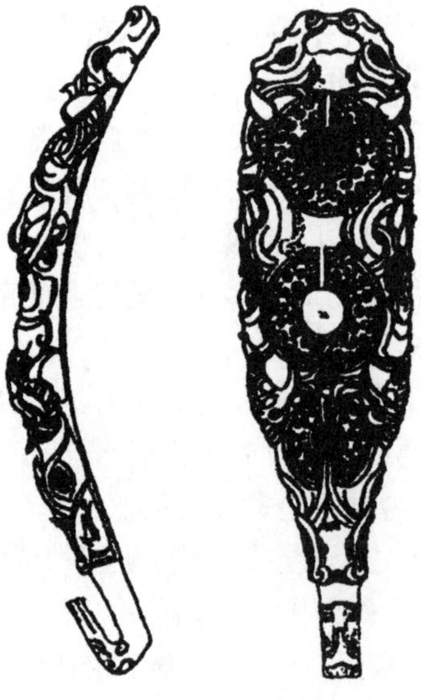

图3－3－3　包金嵌玉银带钩

图3－3－4　山西出土的战国陶俑

图3－3－5　洛阳出土的战国铜俑

战国时期，邻国之间战事不断，位于西北的赵国经常与其相邻的胡人发生军事冲突，在频繁的交战中，赵武灵王发现，汉族惯用的车战不适应崎岖的山地，必须运用灵活快捷的骑兵才能取胜。而汉人传统的上衣下裳或深衣是不能适应骑射需要的，于是想用短衣长裤的胡服，以便学习骑射。据《史记·赵世家》记载，赵武灵王与大臣商议：“今吾将胡服骑射以教百姓，而世必议寡人，奈何？”朝中年长的重臣肥义说：“王即定负遗俗之虑，殆无顾天下之议矣。”使他坚定了变服的决心。由于这时的中原地区早已习惯并崇尚传统宽大的长裙长袍，使这一重大的服装改革阻力重重，面对保守派的“不合先王礼法”的反对，赵武灵王驳斥道：“先王不同俗，何古之法？帝王不相袭，何礼之循？”坚持下令“法度制令各顺其宜，衣服器械各便其用”。果断实行“胡服骑射”，从而大大促进了赵国的强盛。这是中国服装史上一次重大的改革，它对汉族兵服和民服都产生了巨大的影响，胡服从此盛行于中原地区。在这一时期的出土文物中，既有穿着长至膝上的窄袖短袍和紧裤的中原兵士形象，又有身穿短衣长裤及齐膝长袍的汉族民间男女形象（见图3－3－6）。

图3－3－6　铜壶上穿窄袖短袍的武士

第四章　秦汉服装

秦汉时期是从秦始皇统一中国的公元前221年起到东汉灭亡的公元220年止，共历时四百余年。这一时期是中国封建社会处于初步巩固发展的时期。在此期间衣冠服饰经历了从秦代不用旧制，不守周礼到东汉重定服制，遵循礼教的转变过程，充分显示出儒家思想及冠服制度在政治上的强大向心作用，这对后世封建社会服装的形成、发展、成熟产生了重大影响。

第一节　概　　述

秦国国君嬴政，十年内灭六国，完成统一大业，结束了封建诸侯割据称雄的分裂局面，建立了中国历史上自周以来的第一个统一的多民族的中央集权制的封建国家。秦朝"兼收六国车骑服御"，在吸收融合春秋战国时期诸侯各国文化的基础上，制定了许多制度，其中包括冠服制度，进一步丰富和完善了这一时期的服装文化，极大地促进了后来汉代文化的多元发展，从而使之成为中华古文化之源。秦朝虽仅存15年，但其独特的历史地位及意义却相当大，为日后汉民族经济文化的繁荣发展创造了条件，奠定了基础。

公元前202年，刘邦灭秦，称帝建汉，定都长安，西汉历史自此开始。西汉初年，面对经济的凋零，秦末战争的重创及国力衰竭、百姓穷困的状况，汉高祖刘邦废除了秦朝实行的苛政，采取了休养生息的政策，很快恢复了农业和手工业生产，巩固了汉初政权，发展了社会经济，逐渐使汉代成为中国历史上第一个强大的封建王朝。汉武帝时，达到了西汉建国后军事、政治、经济、文化强盛的顶点。

随着国家经济的蓬勃发展，带动了纺织手工业的兴旺发达，也促进了文化事业的日益进步，内外交流空前活跃，社会一片繁荣景象。这时着装风气由俭转奢，人们对精美服装的需求大为增加，衣着水平不断上升，装扮开始讲究，服饰日趋华丽。不但京师贵胄穿着的衣料已超过了王室的高贵面料，而且富商大贾的着装都以穿丝为常，甚至连他们的屋壁和奴婢也都用上了过去只属王公贵族独享的丝绸。这一方面说明了汉代丝织技术水平的提高和丝绸纺织的普遍，丝绸锦绣的产量之多使之已非昔日统治者专用了。另一方面也说明了汉代衣冠承秦旧制，除祭服外，对一般服装的服式和服色未规定详细的制度，也无严格的禁令，直到东汉永平二年，即公元59年才重新制定了一套较为完整系统的衣冠服饰制度。

西汉时期人们的着装几乎无限制，穿着的自由随意折射出了当时社会环境的相对宽松，全国上下都在致力于发展经济，增强国力。汉武帝时，西汉已成为亚洲最繁荣强盛的国家，并与亚洲许多国家及国内少数民族都建立了广泛的联系，积极开展内外经济文化交流。随着内外交流活动的日益频繁，汉族与国内各少数民族之间、中国与各邻近国家之间的相互影响和贸易往来也在不断扩大，极大地刺激了高档面料及其服装的社会需求，迅速推动了汉代丝绸纺织技术更进一步的发展。大量精美的中国丝绸和许多古老的中国文化就是在此时通过“丝绸之路”这条连接中原与中亚、西亚及西方各国的陆路通道，被传到了国外。经济上的贸易与文化交往，增进了中原地区与国内少数民族及其他国家人民之间的相互了解与联系，加强了彼此间的团结和友谊，从而促进了汉王朝的继续繁荣与发展。

第二节 男子袍服与冠履

秦始皇灭儒轻礼，废除周代冕服制，仅保留其中最轻最低的玄冕做祭服礼服，百官朝会都穿黑色朝服，官宦士庶的衣冠较简，没有规定较完整较系统的冠服制度。汉代衣冠服制大体保存秦代遗风，至汉明帝时才恢复古制，始有一套完备的衣冠服饰制度。

一、冠、巾、帻

冠、巾、帻均为秦汉男子首服，在服装中地位特殊。它们既具有裹头束发的实用价值，更具有区分年龄、职务、身份、地位的象征价值，因而首服作为秦汉服饰中最重要的组成部分，备受人们重视。

秦汉时期，男子首服造型独特，样式丰富，品种繁多，有冠、巾、帻三大类，而每一类又有许多不同的名目，其中多数形制基本相同，仅在高低大小和装饰多少上有所差异，且首服多承袭于古代，只有少数属于新创。各种首服的使用因人、因时、因地而异，佩戴时都有严格规定或定式。

（一）冠

汉代的冠是区分等级差别的重要标志之一。据《后汉书·舆服志》记载，有冕冠、长冠、委貌冠、皮弁冠、爵弁冠、通天冠、远游冠、高山冠、进贤冠、法冠、武冠、建华冠、方山冠、巧士冠、却非冠、却敌冠、樊哙冠、术士冠、鹖冠等 19 种之多。这些冠式，除在史籍中曾有描述外，在汉代砖石人物图像中也曾有刻画，其中较典型者为：

1. 冕冠

大夫以上的贵族官僚参加重大祭祀典礼时所戴的最贵重的礼冠，以冠上的旒数及其质料区分等级。汉代冕冠形制与周代大体相同（见图 4－2－1）。

图 4－2－1 汉代冕冠

2. 长冠

官员在一般祭礼时所戴的礼冠，以竹皮制成。相传曾是汉高祖刘邦早年使用，故称刘氏冠，又称斋冠。其形制与长沙马王堆汉墓出土的木俑头上所戴的扁平细长冠式相似（见图 4－2－2）。

3. 通天冠

源于战国时期的楚国，在汉代月正百官朝贺时帝王所戴，以后相袭至明代，作为皇帝的朝冠。冠梁用铁皮制成，冠前饰有山坡形金板，其上加饰浮雕蝉纹（见图 4－2－3）。

4. 远游冠

为汉代诸王佩戴，形制如通天冠，只是冠前无装饰，以示与君有别（见图 4－2－4）。

图 4－2－2　长冠

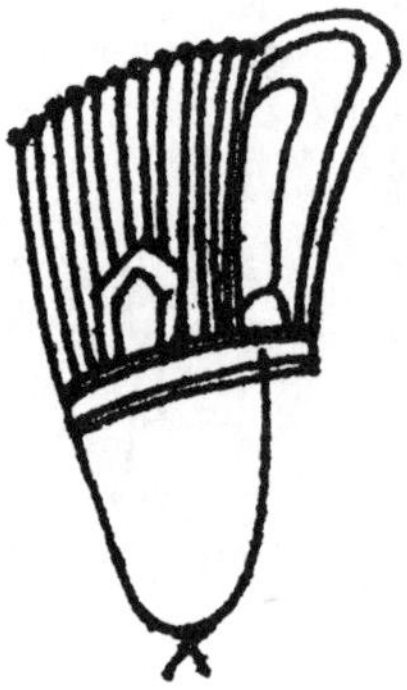

图 4－2－3　通天冠

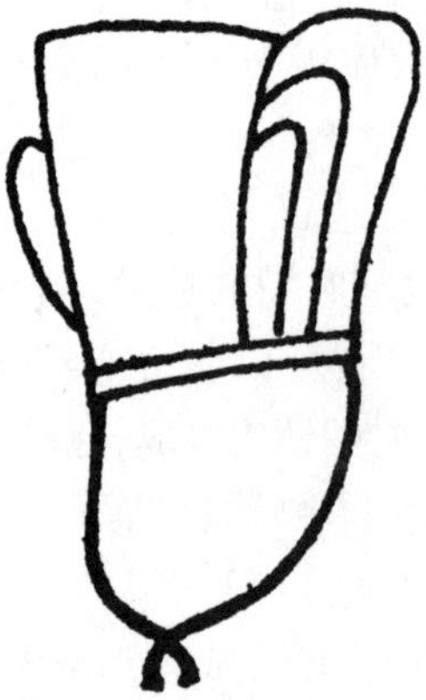

图 4－2－4　远游冠

5. 进贤冠

是文官儒士入朝礼见时戴用的冠，冠上有梁，所以又叫梁冠。以梁数的多少来区别戴者身份等级的尊卑贵贱，有一梁、二梁、三梁之分（见图 4－2－5）。

图 4－2－5　进贤冠

6. 法冠

原本是楚冠，秦灭楚后，将其赏赐给执法近臣御史使用，秦汉时成为执法者的冠饰。此冠又曰獬豸冠。传说獬豸是一种性格忠诚、能明辨是非曲直的独角兽，因此取其独角之形为冠饰，以象征执法者的正直，执法时的公正和清明（见图 4－2－6）。

图 4－2－6　法冠

7. 武冠

武将之冠，也叫鹖冠。它是武官在外及近卫武官的装饰。原为胡人装束，据传赵武灵王也戴之，秦始皇灭赵之后，将此冠赐近臣。其形似簸箕状，两侧插饰双鹖尾。鹖是一种鸟类，属小型猛禽，性善斗，斗时必置对方于死地方才罢休。将其尾羽插于冠之左右，以示勇猛善斗，所以秦汉时为武将戴用。戴在巾帻上的武冠又称武弁大冠，这是武官朝会礼见时戴的礼冠。跟随皇帝的侍从及宦官也戴之，并在冠上加饰金珰蝉纹，后插饰貂尾，谓之貂蝉笼冠，或曰以赵武灵王之子赵惠文的名字命名的赵惠文冠（见图 4－2－7）。

(a)鹖冠

(b) 武弁大冠

图 4－2－7

(二) 巾

《释名》云："巾，谨也。二十成人，士冠，庶人巾。"可见巾是古时男子成年的标志，男子到 20 岁，士以上身份的贵族须束发加冠，士以下的庶人则束发覆巾。巾多以三尺长、二尺二宽的长方形布帛制成，故又曰幅巾，用来裹头约发，夏日还可用其遮阳擦汗，冬日用作挡风御寒。这种头巾是庶民百姓的常用首服，因其运用的普遍性，使之成为下层平民百姓的代名词，如秦汉时称以黑巾或青巾裹头的庶人仆隶为黔首或苍头。然而这种庶人巾却因其缠裹系扎方法的不同，能佩戴出各种不同的样式，丰富多变的造型赢得了士以上阶层的喜好，在汉末成了上层社会的流行首服，王公仕宦均以戴裹幅巾为雅（见图 4－2－8）。

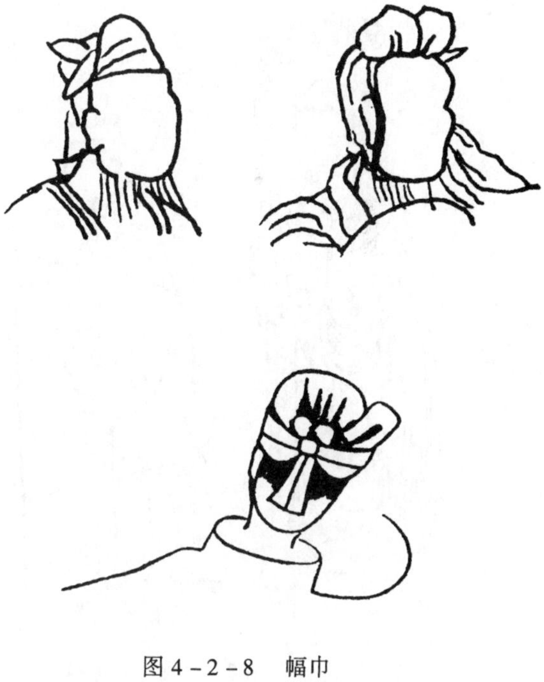

图 4－2－8　幅巾

(三) 帻

帻实为巾的一种，最早源于商周以前武士系于前额的箍发巾帕，战国时期箍帕仍为秦国武士武官沿用。以后逐渐加宽，以裹束头发，防止鬓发下垂散落，蒙脸遮眼，有碍行动。秦时还用绛帕颁赐武将，与冠并用，但只限军中，民间不用。至西汉末，传说王莽头秃，为掩盖缺陷，先用特意制成形如便帽的帻包复头部，再在帻上戴冠。一时上行下效，帻始流传风行，得以普及并逐步完善，成为秦汉男子的基本首服，不分贵贱均可戴用，但在使用时有一定规矩，必须依据佩戴者的身份、地位、职务而定。如规定庶民百姓和身份低微的卑贱执事只能单独戴帻而不能戴冠；官员平日燕居可免戴冠单戴帻，但在上朝或行事公务等正式场合下须戴帻戴冠，即在帻上加冠。而冠下衬帻也要按规定，冠帻不能随便相配。文官戴的进贤冠下要配衬顶端隆起似屋顶状的介帻，武官戴的武弁大冠下则配以顶部呈平顶状的平巾帻（见图4－2－9）。

(a)　　　　(b)

图4－2－9　介帻(a)和平巾帻(b)

二、袍

袍服是秦汉时期最流行的服装样式，无论男女，不分贵贱，均可穿用，而男子更是多穿袍服，并以此为雅。袍服起源于上古时期，《中华古今注》云：“袍者，自有虞氏即有之。”其形为上下连属的深衣式，但与上下分裁、腰部缝合的深衣不同，采用上下连裁，故而其腰间没有接缝。内有衬里或加絮的宽大直筒带袖长衣，是袍服的典型特征。由于袍服有夹里或夹絮，较为厚实，故属春秋冬季服装。

周代的袍服要加罩外衣穿用，因它只作便装内服，不作礼服。秦始皇时期，袍外无需再加罩衣，便可直接穿着，袍服已逐渐发展成了外衣，并有“三品以上绿袍，庶人白袍”的规定。到了汉代，发达的社会经济，频繁的对外往来，使古老的袍服在形制、色彩、质料、纹饰等各方面均有新的发展和变化，这种新颖简便的服式普遍受到社会各阶层人士的喜爱，因而得到了广泛的运用，且在汉代四百年中还一直被定为男子礼服，袍色以红为上，青绿次之。无论帝王百官，还是文人墨客都以袍为贵，于朝会或礼见时穿着。

汉代袍服的基本形制多为宽衣大袖，肥大袖身称为“袂”，紧小袖口称为“祛”，宽肥的衣袖可用“举袂成幕”来形容。袍服的衣领为大襟斜领，领口低开为敞袒鸡心式，从中能露出称为中单的内衣短禅衫。袍服一般在衣领、衣袖、衣襟、衣裾等边缘部位缀有花边装饰，花边的色彩及纹样要比袍身面料素些，以菱纹、格纹等几何纹样最常见。袍服的下摆有的打一排密裥，有的裁成月牙弯曲状。根据袍服襟摆形式的不同，可分为曲裾袍和直裾袍两种类型。

（一）曲裾袍

曲裾袍承袭流行于战国时期的深衣样式，即穿时将接长的前襟绕身曲转于后，多见于西汉早期，至东汉时男子服用已少见。

（二）直裾袍

直裾袍是直襟衣，也称襜褕。其形制是衣长较曲裾袍为短，从领部曲斜至腋下的前襟直通于衣摆。直裾样式出现于西汉，盛行于东汉。最初属于便服，不能作为礼服在祭礼、朝见等重要正式场合穿用。《史记·武安侯传》云："衣襜褕入宫，不敬。"记载了武帝元朔三年即公元前126年，武安侯田恬因穿襜褕入宫，犯下不敬之罪，而被革除爵位之事。

襜褕这种长而宽大的直裾衣式在西汉中期之前不能作为正式"礼服"，大约与其内的裤形有关。当时的裤子似今日幼儿的开裆套裤，即为无裆无腰的管裤，穿时仅用两只裤管套在膝下的小腿上，再用带子系在腰间。《说文》称其为胫衣。此裤式自然为内衣，必须要以长外衣掩蔽之，若遮挡不实，使裤管外露，则有失雅观，这在当时被视为不敬，因而此时出现的上衣较短、衣襟垂直开到底边的直裾样式只能作为便服，而主要流行曲裾绕襟的深衣式袍服，并以此为礼服。西汉以后，开始有合裆裤，由于裤子形制得到了改进，使原用于遮严内衣的较长绕襟曲裾服渐失其用，故在东汉男服中已不多见了，代之而起的是直裾衣襜褕逐渐普及，并由便服上升为礼服，在朝见、燕居等各种正式或非正式场合下均可穿用。

在袍服形制中有一种无衬里的服式，称为禅衣，即为今日之衫。它与袍的根本区别就在于以单层布制成，也有曲裾、直裾之分及长短之别。曲裾禅衣多为女子穿用。长禅衣也叫襜褕，汉时很流行，与直裾袍相同，初为便服，东汉可作礼服。较短的禅衣称作中单，秦始皇时期谓之衫。单衣既可作为平时家居便服穿在外，也可用作祭服、朝服内的衬衣穿在袍内，当时叫中衣，长、宽均不如袍大。

衣身衣袖略窄的质粗短袍及长裤，一般为秦汉劳动人民所服，以便于劳作。

三、履

履即足服，是古时鞋的通称。秦汉时期的足服有舄、履、屦、屩、屐、靴等式，它们在各种场合的穿着上，都有许多定制。

（一）舄

为绸面木底，配祭服穿用。

（二）履

以丝线编织成的丝履，有的在鞋面上还绣上各种花纹。鞋头呈高头或分叉的歧头状。配以礼服如朝服穿用。也有以葛、麻制成方口方头浅底布履。

（三）屦

汉以前履的称谓，汉以后称履。多指草鞋，但也可夏用葛、冬用皮制，为居家燕服的薄底便鞋。

（四）屩

草编鞋，外出行走穿着轻便。

（五）屐

木制鞋，底装二齿，可在泥地上走，适于出行用。

（六）靴

多以皮革制成高筒式，靴随胡服传入中原，汉时常为军中骑兵和猎人所穿（见图4－2－10）。

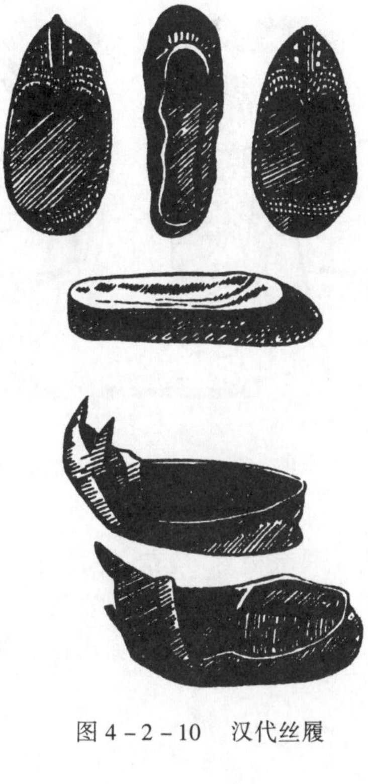

图4－2－10　汉代丝履

第三节　女子服装与佩饰

秦汉时期的女装大体承袭以前服式，以深衣为礼服，襦裙为常服。发式以髻为主，以高髻为习尚。佩饰也承袭古制，最兴步摇。

一、深　衣

深衣是汉代妇女的礼服。据《后汉书·舆服志》记载，命妇入庙助蚕之服皆“深衣制”，以曲裾为主。与战国时期的深衣相比，汉代的深衣在形制上多为单层，下裳裁成十二片以应十二月；在外观上，衣襟更长，缠绕层数更多，下摆增大呈喇叭状，衣长曳地，行不露足；在穿着上，腰身通常紧裹，腰带系扎在缠绕的衣襟末端，以防松散（见图 4－3－1）。由于这种深衣的斜领领口很低，能露出其内的多件里衣衣领，因而得名为“三重衣”。其袖型有宽窄两种，袖口大都镶边（见图 4－3－2）。

图 4－3－1　帛画上穿绕襟深衣的妇女

另有一种被称为“袿衣”的服式，形似深衣，只是在其底部有衣襟曲转缠绕而形成的上宽下窄、呈刀圭形的两个尖角，是贵妇的常服。

图 4－3－2　穿三重领深衣的陶俑

二、襦　裙

襦裙是汉代妇女的常服，属上衣下裳制。上衣襦是一种长至腰间的短衣，衣身较窄而合体，衣袖多为宽袖。下裳裙是一种上窄下宽、长垂至地、不施边缘的“无缘裙”。此裙常以四幅素绢拼接而成，并在绢条制成的裙腰两端缝上带子，以便系结。上襦下裙的服式在战国时期就已出现，它作为历代妇女常服的主要形式，一直沿袭到清代。在长达两千多年的时间中，尽管这种服式的长短宽窄及色彩纹饰时常变换，但其基本形式却始终如初，无大变化（见图 4－3－3）。

图 4-3-3　襦裙

妇女下裳除穿裙外，还穿裤，大多只有两只裤管，上端以带系住，外用裳掩之。

三、佩　饰

汉代妇女的发型，较少梳成辫式，而多挽成各种髻式，如有的发髻侧在一边，有的则盘在头顶，还有的却梳在脑后。梳髻时一般先从头顶中央分开头路，再将两股头发梳至脑后编成一束，最后从下向上反搭，挽成各种式样。在汉代的各种髻式中，高髻普遍为贵妇所用。"堕马髻"曾盛行一时，这是一种偏髻，发髻歪向头的一侧，稍带倾斜，形似人的堕马之势，故而得名。另有一种称为"垂髾"或"分髾"的发型，是在盘成各种不同样式的髻后垂下一撮头发，此发型直到魏晋时仍在沿用，并作为妇女的主要发式。

汉代妇女除发式考究外，还追求华美首饰。贵族妇女常头戴假髻，其制作是以缠上黑丝条的金属丝为圈，外编假发，再用左右两侧的长簪与头部固定。并在簪上、发上加插以金银、宝石、翡翠、珍珠等贵重材料制成的各种饰物，十分奢华。其中以步摇最为时兴。这种首饰以金银丝制成花枝状，并在其上缀以金玉花兽，还垂挂以五彩珠玉，装附在簪钗上，随人行步，垂珠摇动，因其步则摇，故名曰"步摇"。此外，贵妇首饰还有珠翠花钗。劳动妇女不用步摇，头饰较少，一般多扎巾或做不加包饰的露髻式。命妇头饰所有的"副笄六珈"制度，通常与礼服配套使用。

汉代首服制度因袭古制，而佩绶制度却有所发展，它是以前代的佩玉、佩剑、佩韨等佩饰制度为基础，用佩绶来具体区分官吏的等级身份。因为在秦汉时期无法通过衣服的样式和颜色来区别身份，首服虽有划分等级的功能，如文官所用的进贤冠，可以一梁、二梁、三梁来区别等级，但毕竟每级跨度太大，仅凭冠是不可能将等级细分的。故以不同颜色、尺寸、疏密、织纹来辨别身份高低的绶就成了贵族阶层袍服上的佩件，从帝王后妃至各级官吏都有挂组佩绶的礼俗，挂组佩绶也因此而成为汉代服饰中的一大特点。所谓"组"是一种用丝带编成的饰物，可用以系腰；而"绶"则是指官印上的条带，因此又称"印绶"。这种系结官印的印绶是汉代官吏权力的象征和标志，以不同质料的官印和不同色彩、长短、织法的绶带来表现佩戴者的身份，由朝廷统一发放。汉代制度规定，平时官员在外必须随身携带官印，官印要放置在挂在腰间的鞶囊中，还要将连结在官印上的绶带悬垂于囊外，以示身份。汉代佩绶制度据文献记载：皇帝佩黄赤绶，长二丈九尺九寸，太皇太后、皇太后、皇后同。诸侯、王佩赤绶，长二丈一尺，长公主、天子贵人同。公、侯、将军佩紫绶，长一丈七尺……可见地位越高，所佩绶的尺寸越长，为不使其下垂拖地，通常在佩挂时，将绶带打成回环，剩余部分任其自然垂下。

第四节　秦汉时期服装的材料和工艺

汉代经济的繁荣昌盛，促进了纺织业的兴旺发达，纺织技术已达到较高的水平。优质的织物、丰富的花色、华美的纹样，为秦汉时期服饰的精巧多样和讲究装饰提供了物质基础。

汉代的丝绸生产十分发达，不仅产量高，而且种类多。湖南长沙马王堆汉墓出土的一百多件丝织品及服饰，就充分反映了汉代丝绸生产的发展水平，较完整地集合了汉代丝织品的主要品种。从这些出土实物来看，当时已有了较复杂精密的织布机和提花机，能织出的丝绸品种有绮、纱、绢、缟、缣、纨、素、绫、缎、锦、罗等。其中有一段长 45 厘米，宽 49 厘米的纱料，仅重 2. 8 克。另有一件衣长 128 厘米，袖长 190 厘米，并在领口和袖口都有镶边的素纱单衣，仅重 49 克。如此轻薄的材质，可见当时加工的精细程度。还有一种经线起花的彩色提花织锦，不仅花纹生动，而且还在锦上织绣文字。另外又有一种在前代极少见，被称为绒圈锦的起绒锦，由绒圈构成的花纹层次分明，立体感强，外观具有浮雕效果，非常华丽。这些实物均为当时面料之精品，足以证实汉代丝织工艺水平的高超。

秦汉时期的服装材料除称为帛的丝织品外，还有称为布的麻、葛织品。其品种也较多，吴、越地区生产的细麻布和细葛布，质地细密匀洁，在质量上甚至可以与丝织罗、绮相比。新疆民丰东汉墓中发掘出的棉织品，说明当时棉花已传入我国，并用于衣着，这就使服装材料更加丰富多样起来。

在纺织生产技术飞跃发展并获取较高成就的同时，秦汉服装面料的印染刺绣工艺也得到了长足的进步，达到了相当的高度。各种各样色彩的运用，大大丰富了服装面料的装饰手段，进一步提高了服装的表现力。如马王堆汉墓出土的丝织品颜色就多达一二十种，有朱红、深红、绛红、绛紫、墨绿、深棕、棕黄、金黄、浅黄、绛、棕、茶、褐、青、绿、黑、白、灰等。墓中的凸版印制图案还说明当时已出现了蜡染。而且也有了棉织印染业，这可从新疆民丰东汉墓中发掘的蓝印花布得到证明。此时的刺绣也十分发达，针法精巧多样，花色精美绚丽。

秦汉服装的材料和工艺不断发展，除体现在服装染织工艺的提高，还体现在其服饰纹样的丰富表现上，各种以织、绣、绘、印等技术制成上服饰花纹图案独具特色，极富装饰美。纹样题材以动物、植物、卷云、山岳、游猎、神话、吉祥文字等为主。花纹类型有云气纹、卷草纹、鸟兽纹、几何纹、人物骑猎纹、文字图案等。这些纹样的形象表现，善于抓住对象的大结构，以对称均衡、动静结合的手法，反映了现实生活场面和方士神仙思想，形成了汉代强调和夸张动势及力度的装饰风格，具有健旺活力、宏伟气势、古拙朴质的艺术特点（见图 4－4－1）。

图 4－4－1　麒麟纹锦和涡纹印花绢

第五章　魏晋南北朝服装

第一节　概　　述

一、政治局面

魏晋南北朝在中国历史上是一个很有特色的历史时期，朝代更迭频繁。自东汉末年，当兴起的豪强镇压了黄巾军的起义后，接着就冲破了皇室统一的中央集权统治。但在他们之间又发生了一次规模极大的混战，最后形成了魏、蜀、吴的“三国”局面。直到晋武帝（司马炎）才统一了中国。公元304年，刘渊起兵反晋，公元316年，西晋王朝覆灭。从此，以反晋为名的战乱，便转入匈奴、鲜卑、羯、氐、羌五个少数民族豪酋的混战。酿成了历史上所谓的十六国的局面。在南方，当西晋覆灭，司马睿占有长江流域，在建康（南京）建立东晋王朝。此后，又发生相继篡位，即为宋、齐、梁、陈，与长江以北的北魏、北齐、北周相对峙，在历史上被称为南北朝时代。在中国历史长河中，魏晋南北朝是一个多变的曲折的阶段，它走的是一段充满急流险滩、峰回水转的航程。仿佛万里长江中的三峡，那里有鬼啸猿啼，神州仙人，那险象环生的峭壁悬崖，那一泻千里的激流狂澜，给勇者以选择，给智慧者以力量。因此，就宏观而言，魏晋南北朝使西汉以前的古老的中国文明得到了新的发展，又为更昌盛的隋唐时代的中国文明的发展奠定了基础。

二、魏文帝的改革与民族大融合

（一）魏文帝的改革

魏晋时期，据文献记载，仍用秦汉旧制。在南北朝，各少数民族初建政权时，仍按本族习俗穿着，但以后受到汉族文化的影响，羡慕汉朝的典章制度及帝王百官峨冠博带的一套“威仪”，也穿起了汉族服装。其中最著名也最有代表性的是北魏孝文帝的改革。北魏为鲜卑拓跋族政权。太和十八年，孝文帝自平城迁都洛阳，为加强对中原地区的统治，全面推行汉化政策，改革内容如下：

(1)鼓励鲜卑族与汉族通婚。

(2)禁止30岁以下的官员说鲜卑话。

(3)把鲜卑复音的姓氏改为音近的单音汉姓，皇族包括皇帝自己改姓元。

(4)服饰上令“群臣皆服汉魏衣冠”。改原来的夹领小袖为宽衣博袖。这次大规模的改革，史称“孝文改制”。由于北方统治者对汉族文化的重视和提倡，传统的冠冕衣裳被保存下来，并一直延续至明代。

（二）民族融合

民族大迁徙和民族大融合，是魏晋南北朝时期的又一个特点。由于长期战争，加上饥荒、天灾与疫病，迫使广大北方人民离乡背井，向南迁移。通过这次大规模的迁徙，成千上万的少数民族入居中原，在魏晋南北朝近400年间，继春秋战国以后掀起了一次更为波澜壮阔的民族迁移和民族融合浪潮。魏晋南北朝时期存在过几十个少数民族。他们在先进的汉族文化影响下，自觉或不自觉地接受汉化和封建文化，这不仅有利于边远地区和落后地区的经济开发，同时也使汉族吸收了不少新鲜血液，大大地增强了以汉族为主的中华民族的活力。具体反应在服饰上，包括：

(1)在这个时期，服饰经历了极大变化。《抱朴子·讥惑篇》记："丧乱以来，事物屡变，冠履衣服，袖袂财制，日月改易，无复一定，乍长乍短，一广一狭，忽高忽卑，或粗或细，所饰无常，以同为快。"

(2)北方少数民族改穿汉服。

(3)南方人民在原来汉服的基础上，也吸收了北方各少数民族服饰特点，将服装裁制的更加精美，更加称身合体。

(4)传统的服装样式(包括深衣之制)在民间逐渐消失。胡服则成了社会上普遍的装束。

(5)纹样上也发生了很大变化，枝蔓缠绕，行云流水式的汉制纹样已逐渐被大量的具有塞外风情及西域特色的装饰纹样所取代，如葡萄纹、狮子纹、卷草纹、莲花纹、忍冬纹等。

总之，孝文帝的改制和长期的民族融合，使得这一时期的服饰文化形式丰富多彩，百花齐放。

三、文化艺术上的辉煌成就及对服装的影响

魏晋南北朝是我国历史上第二次"百家争鸣"时期，实际上这一时期思想文化的收获，远比春秋战国时期更要深刻和丰富得多。在人们的思想意识及其关系结构这一文化最高层次上，人们已冲破了两汉时期独尊儒学的思想束缚，转而更深入地研究和探讨"天人之际"的相互关系。儒家的伦理济世之学，玄学家的宇宙本源之学，佛学家的思辩哲学，道教徒的养生之学等不同的意识形态和学说，经过冲突与较量，改造与糅合，逐渐形成了以儒学为主体的"三教同源"的新学说。

在文学、艺术等方面，这一时期的成就也十分突出，以"三曹"、"七子"为代表的"建安风骨"、田园诗、山水诗和"宫体"诗，为唐代律诗的繁荣奠定了坚实的基础。敦煌莫高窟、大同云冈石窟和洛阳龙门石窟，大多开凿于这一时期，成为举世瞩目的我国三大艺术宝库。

在这一时期出现了许多享有声誉的画家和书法家，如曹不兴、卫协、张墨、顾恺之、陆探微、张僧繇、刘魏、曹仲璞、徐德祖、"书圣"王羲之等等。这些文化艺术上的成就，在中国历史上闪烁着耀眼的光芒的同时，也对当时的服饰文化有着较深远的影响。

衣冠服饰是社会风尚的表现形式之一。各种思想意识和习俗都会在服饰上有所反映。在老庄学说基础上形成并风靡一时的魏晋玄学，和逐渐传播开来的佛教、道教，对当时的服饰有很大影响，主要表现在突破旧的礼教，不但衣着宽博，且有袒胸露脯的习俗。最能说明这时期服饰特点的当然要数在南京西善桥出土的"竹林七贤"砖刻。"竹林七贤"是魏晋政权交替之际的七个名士的合称，他们是阮籍、嵇康、山涛、向秀、王戎、刘伶和阮咸。这些人在正始末年和永平初年，曾在山阳(今河南修武县)"作竹林之游"，故以为名。表面上看他们是一伙飘飘然的人物，性嗜酒，能长啸，善抚琴，好赋诗，放浪形骸，遨游于山水之间，恍恍乎若神仙之化身。表现在服饰穿着上，都穿宽畅的衫子，衫领敞开，袒露着胸怀，其中七人赤足，一人散发，三人梳丫髻，四人裹幅巾，反映了当时服饰的典型情况。其实，"竹林七贤"并不都是甘于寂寞的隐逸之士，而是才华出众有理想抱负的人。其中嵇康因坚持自己的思想，拒绝同司马氏合作而遭杀害。

总之，服饰文化的发展，既有历史的传统性，又与当时的大的社会环境紧密相关。为了寻求这一时期服饰文化的特点，以上大概描绘了一下这个时期的政治局面、孝文帝的改制、民族融合以及文化艺术等方面对服饰的影响，下面我们就这时期服饰的具体特点予以详细论述。

第二节　男子服装与佩饰

一、大袖衫

大袖衫，也称"大衫"，袖口宽敞，领和袖都缘边，右衽，束大带（图5-2-1）。魏晋衫子有单、夹两种，喜尚白色。文人受佛道影响兴玄学，衣着突破礼法，敞领宽衫袒胸露怀成为习俗。由于不受衣袪等约束，魏晋服装日趋宽博。"凡一袖之大，足断为两，一裙之长，可分为二。"并一直影响到南朝服饰，南朝王公、名士、百姓都以宽衫大袖褒衣博带为时髦。

图5-2-1　大袖衫

二、其他服饰

"小衫"、"短儒"，衫多为身量短窄，袖子宽大；襦为窄袖短袄，也有宽袖的。以长裙、肥裤配合成套。晋时兴"上俭下丰"的套服。士庶男子好着窄衣宽裙，仕宦文隐以"宽衣长裙"为雅。庶民"袍服"高领右衽，衣长至膝，"长裤"配套。

三、首　服

（一）巾

《宋书、礼志》称："巾以葛为之……今国子太学生冠之，服单衣以为朝服，执一卷经代手板。居士野人皆服巾焉。"魏晋南北朝有数种类型的巾帽：

幅巾　承汉末而时兴，以全幅绢自额上包发向后系缚。

白巾　仕宦名用"白巾"，以显名士风流。

纶巾　是幅巾的一种，一般认为以丝带织成。因传说为诸葛亮服用，故又叫作"诸葛巾"。"羽扇纶巾，谈笑间，樯橹灰飞烟灭。"这是苏轼《念奴娇》中的名句。"羽扇纶巾"，一说指周瑜，一说指诸葛亮。在当时流行红白两色。

缣巾　缣帛是一种质地细密的丝绢，能染成各种颜色，以此裁成的幅巾，又称为"缣巾"。

折上巾　至北周武帝时，将帛巾裁出脚向后幞发，名"幞头"。即包头帕加长四脚，前两脚包过前额向后系住，后两脚自系压处翻起向前系在髻前。因系缚方法又叫"折上巾"。

帻　耳短者称"平上帻"，为武吏所戴。耳长者曰"介帻"，为文吏所戴。承汉代而后部加高，中呈平形，体积渐小至头顶，称"平上帻"或叫"小冠"。

除此之外，魏晋有折角巾、菱角巾、紫纶巾等。

（二）冠

笼冠　在"小冠"上面加以笼巾，即成"笼冠"。其制"平顶"，两边有耳垂下，戴时罩于"小冠"之外，下用丝带系缚。笼冠是魏晋南北朝时期主要冠饰，男女皆可服用。因以黑漆细纱制成，又称“漆纱笼冠”。

白高帽　“其制不定。或有卷荷，或有下裙，或有纱高屋，或有乌纱长耳。”(《隋书·礼仪志》)

荷叶帽　圆顶中竖一缨，宽帽檐翻卷似荷叶。

北周盛行“突骑帽”，“胡帽，垂裙复带”(《隋书·礼仪志》)，或谓“风帽，垂肩护项，绕额扎一带，一为冲突军阵，一为冬装避风”。

另外，魏晋时代有一种帽式叫合欢帽。晋束皙《近游赋》说：“老公戴合欢之帽，少年着蕞角之巾。”

第三节　女子服装与佩饰

一、深　衣

深衣制到了魏晋南北朝，已不被男子采用。但在妇女中仍有使用，其形式与汉代早期相比有明显差别。总体特征为“上俭下丰”式。比较有代表性的服饰为“杂裾垂髾”服。在顾恺之的《女史箴图卷》、《洛神赋图卷》、大同司马金龙墓漆画及朝鲜安岳冬寿墓壁画中，都有明确反映。服装的衣身比较简单，右衽，领袖俱施边缘，袖子宽敞肥大。服装特点集中表现在下摆部位。通常将下摆裁制成三角，上宽下尖，层层相叠，即所谓“髾”，“襳”，指的是从围裳中伸出的飘带。由于飘带拖得较长，走起路来牵动着下摆的尖角如燕子飞舞，故有“华带飞髾 ”的形容。到南北朝时期这种髾襳去掉了长可曳地的飘带，而将尖角的“燕尾”加长，使两者合成一体(图5－3－1)。

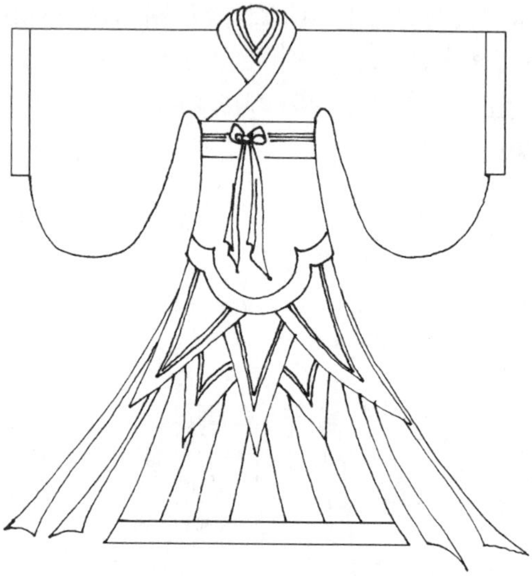

图5－3－1　深衣

二、襦　裙

魏晋南北朝除了穿着深衣外，还有衫、袄、襦、裙等。多用对襟，领袖施缘边，腰间着一围裳或抱腰，亦称腰采，外束丝带。下着条纹间色裙(图5－3－2)。当时女子的服装式样，有窄身与宽博之别，如南梁庚肩吾《南苑还看人》诗云：“细腰宜窄衣，花钗巧挟鬟。”咏其窄式。梁简文帝《小垂手》诗云：“且复小垂手，广袖拂红尘。”吴均《与柳恽相赠答》云：“纤腰曳广袖，手额画长蛾。”则是咏其宽

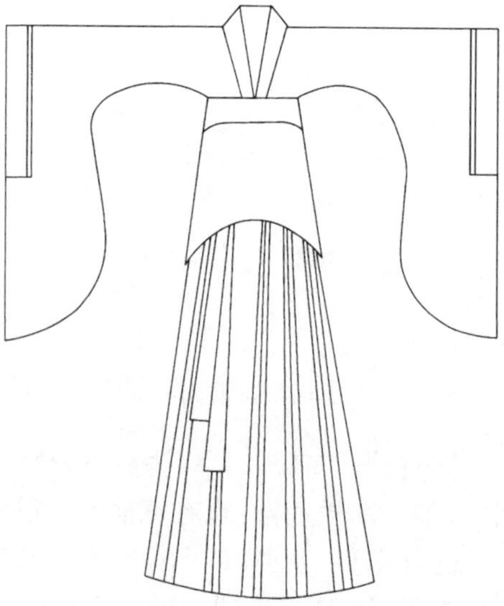

图5－3－2　襦裙

衣的。当时,女子的下裳除穿间色裙外,还有其他裙式。晋人《东宫旧事》记太子妃之服装,有绛纱复裙、丹碧纱纹双裙、紫碧纱纹双裙、丹纱杯文罗裙等各色。另外,当时还流行"羊肠裙",魏晋贵族中最为时髦,"用布一匹","弯缩如羊肠",窄瘦而皱褶卷边,俗称"羊肠裙"。南北朝时"裥裙",为多幅。可见女裙的式样在当时已名目繁多。

三、发　饰

魏晋南北朝时,世家大族子弟和贵妇人,除涂以面脂、口脂和敷粉施朱以外,对于发式也十分讲究。当时盛行假髻,也称"蔽髻"。《晋书·五行志》载:"太元中公主、妇女,必缓鬓倾髻以为盛饰,用发既多,不可恒载,乃先于木及笼上装之,名曰假髻,或曰假发。至于贫家,不能自办,自号无头,就人借头。"《晋书·陶侃传》说:"侃早孤贫,为县吏。鄱阳孝廉范逵尝过侃,时仓卒元的侍宾。其母乃戴发得双髻(假发),以易酒肴。"贵妇人甚至贵假发而贱真发。《北齐书·幼主纪》云:"妇人皆剪别以着假髻,而危邪之状如飞鸟,至于南面,则髻心正面。始自宫内为之,被于四远。"晋成公《蔽髻铭》曾作过专门叙述。其髻上镶有金翠首饰,有严格制度,非命妇不得使用。普通妇女,除将本身头发挽成各种式样之外,也有借用假髻者。不过这种假髻比较随便,髻上的装饰也没有蔽髻那样复杂,时称"缓鬓倾髻"。由于发髻越束越高,假髻无法竖立,及披发于额,仅仅露出眉目,两鬓垂下的头发也往往掩住双耳,有些还下垂至肩。

这时期的发饰种类繁多,在杂记中,魏有灵蛇髻(据《朱兰杂志》记载,乃甄后效蛇蟠形态所梳成的一种变化多端的髻),此外,还有反绾髻、百花髻、芙蓉归元髻等;晋有缬子髻、堕马髻、介子髻、流苏髻、翠眉惊鹤髻;宋有飞天髻;梁有四心髻、归真髻、郁葱髻;陈有凌云髻、随云髻;南朝有飞天髻等。

第四节　军戎服装

魏晋南北朝战争频繁,这时期的军戎服装,在原来服装的基础上有了较大的发展。比较有代表性的服装包括筩袖铠、裲裆铠及明光铠。

一、筩袖铠

筩袖铠是在东汉铠甲的基础上发展而成的新型铠甲。到了西晋,已成为军队中的主要装备。这种铠甲一般都用鱼鳞纹甲片或龟背纹甲片穿缀成圆筩状的身甲,并在肩部装有掮肩的筩袖,所以叫做"筩袖铠"。穿筩袖铠时头上戴有兜鍪,兜鍪两侧有盖耳,额头中间下突尖形与眉心相等。盔顶大多竖有长缨(图5-4-1)。

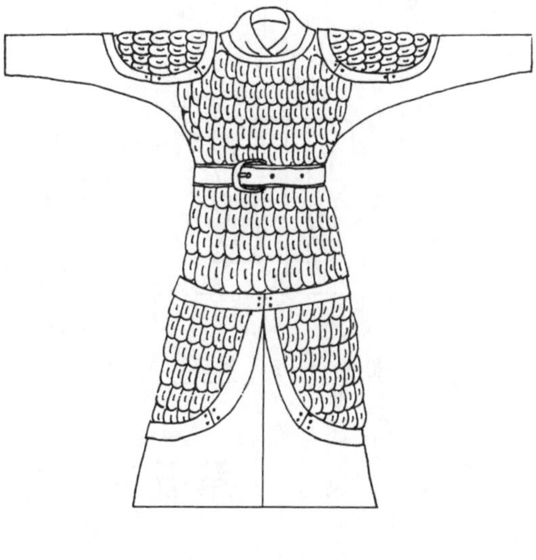

图5-4-1　筩袖铠

二、裲裆铠

裲裆铠是南北朝时期的主要军戎服装。魏晋南北朝时期的“裲裆”有两种含义。一种是服饰制度中的“裲裆衫”，一种是指武士穿的“裲裆铠”。两者的区别主要在材质上。裲裆铠的材料，以金属为主，也有用兽皮制作的。铠甲的甲片有长条形和鱼鳞形两种。比较常见的则是在胸背部分采用小型鱼鳞纹甲片，以便于俯仰活动。为了防止金属甲片损伤皮肤，在裲裆铠里面需要衬有一件厚实的裲裆衫。其颜色多为紫色或绛色。穿裲裆铠时除头戴兜鍪以外，身上还需穿袴褶(图5－4－2)，在史籍中有不少记载。如《隋书．礼仪志》记当时武卫服制，左右卫将军侍从“平巾帻，紫衫，大口袴，金装裲裆甲”；直阁将军等侍从“平巾帻，绛衫，大口褶，银袴装裲裆甲。”

三、明光铠

“明光铠”一名的来源，据说与胸前和背后的圆护有关。因为这种圆护大多以铜铁等金属制成，并且打磨得极光，颇似镜子。在战场上穿此，由于太阳光的照射，将会发出耀眼的“明光”，故名。这种铠甲外形完整明确，性格感极强，使用效果也好。《周书·蔡祐传》称：“祐时著明光铁铠，所向无前。”从宁熙墓、元邵墓出土的陶俑中可见，这种铠甲的胸背部分，都装有左右两块圆形（或椭圆形）的护镜。腰间束以革带，下穿大口缚裤。这种铠甲到了北朝末年使用更加广泛，并逐渐取代了裲裆铠的形制（图5－4－3)。

图5－4－2　裲裆铠

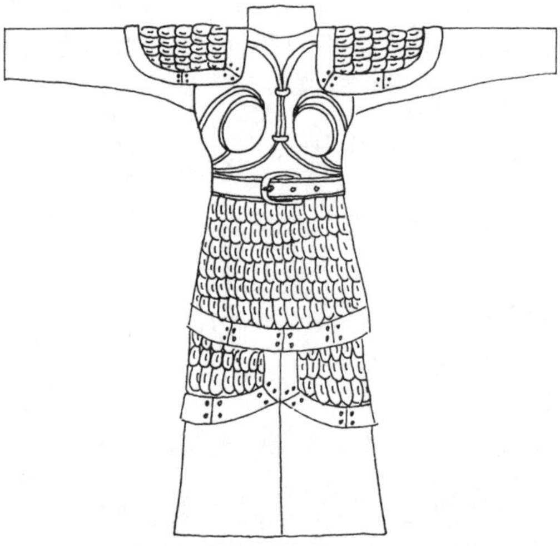

图5－4－3　明光铠

第五节　北方少数民族服装

北方民族，泛指五胡之地的少数民族。这个时期的北方民族服饰主要有袴褶之制。《释名》称：“袴，跨也。两股各跨别也。”《急就篇》称：褶，重衣之最，在占者也。其形若袍，短身而广袖，一曰左衽人之袍也。袴褶一名，虽然起自汉末，但作为这类服装的基本样式，其实就是战国时期赵武灵王引进的胡服。经过长期的改革加工，使之不断完善。汉魏之际，主要在军旅中穿着，魏晋以后，被广泛用于民间。其形制犹如汉族长袄，对襟或左衽，腰间束革带，裤管宽松，下长及足。袴褶的质料，可以用布缣绣彩，也可用锦缎织成。还有用野兽毛皮制作的，大多用于官员临戎戒严和畋猎出征，这种服饰方便利落，显露出粗犷之气。袴褶虽然轻便，但用于礼服，毕竟对列祖皇上有不恭之意。于是，在此基础上又加长其袖管与裤管，以增大效果，而复取翩翩之风。但过于博大，有碍于活动，为兼顾两者，又派生出一种新的服装——“缚裤”。据《宋书》、《隋书》等史籍记载，凡穿缚裤者，多以锦缎丝带三尺为一段，在裤管的膝盖之处紧紧系扎，以便行动，符合汉族“广袖朱衣大口裤”的特点(图 5－5－1)。

在这时期，除了裤褶之外，还有裲裆。《释名·释衣服》称：“裲裆，其一当胸，其一当背。”《释名·疏证补》：“今俗谓之背心，当背当心，亦裲裆之人也。”一般为前后两片，质地以布帛，肩部以皮制褡襻联缀，腰间用皮带系扎。这种服饰一直流行到唐宋以后。

裲裆虽为男子服饰，但妇女也可服用。开始时穿在里面，以后才将它穿在高领衫之外。

受北方民族习俗的影响，再加上民族之间的融合，使得在服装上相互影响，不仅兼有广、狭两种形式，还演变出一些新的服装款式。如上衣紧身、窄袖，下裳宽敞博大，东晋学者于宝在《晋记》中称其为“上俭下丰”。

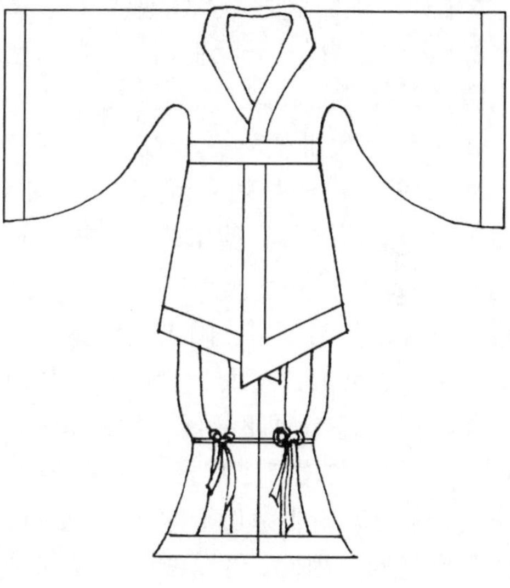

图 5－5－1　缚裤

第六章　隋唐服装

公元618年，唐王朝建立后，政权日益强大。当时地域辽阔，经济发达，人们生活殷实富足、安居乐业。唐朝的文化在诗歌、绘画、舞蹈也达到鼎盛时期。出现了史学家们褒誉的“贞观之治”、“开元盛世”之势。形成我国南北大统一的局面。而对外交流日益频繁，每年都有大批的学者和商人往来于长安。在武则天时，阿拉伯人侨居广州、泉州、杭州等诸地达数万人。德宗时，中亚来的客商近四千人，居长安达四十多年之久。以唐代诗人王维诗句为证“万国衣冠拜冕旒”描写的就是各国使者、商人、学者来长安朝会的空前盛况。这与唐朝奉行开放政策有关，从而使中西方文化有了广泛的交流与借鉴的机会，使得唐朝成为几千年来我国封建社会的鼎盛时期。因此，可以说唐朝服饰对中国历史文化及世界的服饰文化都产生了深远的影响。

唐朝服饰的式样是沿袭了秦汉、继承了隋制的基础上在款式的造型上更加复杂化。可见唐朝服饰的特点是袒胸、长裙、宽衣大袖，没有纽扣而系腰带；裙子的线条流畅而优美。在初唐时期是以窄袖为主，盛唐则流行紧衣窄袖，至晚唐时期从宽袖又变为半宽袖。色彩上沿袭了南北朝的遗风以红、紫色为主。在白居易《秦中吟》的诗中就有：“红缕富豪女，金缕刺罗襦”的诗句。另外，在宫廷中也开始流行黄色并为宫廷内廷官服，后来唐高祖禁止臣民穿用，它成为历代封建最高统治者的专用服装。据说杨贵妃最喜爱一种黄色的长裙，现在看来黄色受到皇帝及贵妇们的宠爱决非偶然。因为黄色给人以“富丽堂皇”及光明、高贵的象征 ，因此，达官贵族最宠爱黄色是和当时唐朝的政治强大、经济文化繁荣是相贴切的，最能够体现出皇帝的那至高无上尊贵的地位。

由于服装的发展，手工业生产也大大超过以前的各个朝代，当时的丝绸面料品种花色繁多，有彩锦、绛丝等。其印染与织造等工艺技术也达到鼎盛时期。在中国历代服装服饰史中唐朝无论是以款式的多样、色彩的丰富、装饰的豪华、面料的富丽等都可堪称精美之极。

第一节　唐代女子的服装

隋唐五代时期的女子服装是中国服装史中最为精彩的篇章，传统的儒道互补的哲学思想继续并得以在唐朝发扬和深化。在唐朝时女子的服装继续沿袭着宽松、离体的造型方式，到了晚唐时逐渐趋于华丽和繁琐。另外，蒙古族这一少数民族服饰也对唐朝服饰影响极大并相互交融。更加表现出唐朝大国的雍容、包容的气度。其服饰的总体风格：款式上丰美华丽、雍容华贵；装饰上奇异纷繁簪花樱落缀满头上，又配以大朵的吉祥富丽的牡丹花，女子多以肥胖为美。同时伴随着诗歌、绘画、歌舞和音乐的空前繁荣。如唐代周昉的《簪花仕女图》是一幅艺术水平极高的工笔重彩画。画中表现的是华丽奢艳的缤妃们在庭院中戏嬉的场面。她们的服饰艳丽多姿，体现出贵妇们在宫廷雍容华贵、奢侈的生活情景，从画中可见唐朝女子服装在历代的服饰中已达到鼎盛时期，其宫廷女子的服饰虽沿袭南北朝的遗风，但在款式上更加宽松飘逸，裙腰高至胸部并袒胸露肩、薄纱绕臂、长裙曳地，线条飘逸流畅，其形象婀娜多姿、妩媚动人。为了歌舞、音乐时舞姿更加优美动人，往往袖长过手犹如天女下凡，天女散花的形象流传至今。今在敦煌莫高窟158窟的壁画中还有绚丽多彩的飞天散花，天乐自鸣的优美形象，飞天身着飘带，头、颈、腕配饰簪花璎珞，其上身赤裸，体态丰硕，是唐代以肥为美的典型形象。

唐朝统治近300年，从唐初至中、晚唐女子服装在不同时期与不同的风格可分为两个阶段：一种是襦裙服；另一种女着胡服或着男装。

图6－1－1　唐朝的襦服

一、襦裙服

是指唐朝女子上衣着短襦或衫、袍、下着裙及回鹘服装。

（一）襦服

主要为上着短襦或衫，下着长裙，腰系带，肩披巾，领型多以圆形、方形为主，上襦较短，足着高头鞋。衫襦有对襟和斜襟两种均为窄袖，袖长至腕，已成为唐代女子的常用服装，而年轻的女子穿着其颜色多以红、紫最为流行，见图6－1－1。

而到盛唐时期还有一种以袒领襦服为主，尤其受到宫中的舞伎、侍女的青睐，均为窄袖，袖长至腕或过手，衣身短窄仅及腰部，这种衣服开始仅在宫廷内流行，后来不分官庶百姓竞相效仿，成为当时的一种时髦的装束，见图6－1－2。

图6－1－2　唐朝舞伎穿窄袖的衫襦

（二）衫

古代的衫可分为尊卑两种，一种为“中单”，另一种为“布衫”。中单为贵族官宦阶层穿用，而布衫则是平民百姓的日常便服。所以说中单和布衫是两个不同阶层的服式。而到了唐朝它是一种无袖的单衣，领为对襟，腰束长带、袖为上窄下宽的样式。据说袖长约四尺,较襦长，多是指丝帛单衣。一种是作为内衣；另一种为夏季穿用，后来为历代女子所穿用。妇女用衫一般采用轻薄较软的面料制作，如罗绫等丝织物，见图6 -1-3。

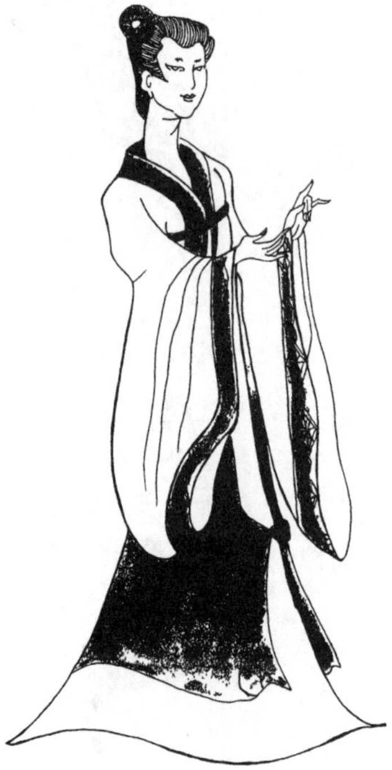

图6 -1-3　唐朝的大袖衫

图6 -1-4　唐朝的舞裙衫

衫以内外区分有两种，外用的衫叫“褙子”,“褙子”是有里子的对襟夹外衣,用于遮挡风尘。在唐代古诗中记述“藕丝衫子柳花裙”。唐衫上多绣有凤凰、孔雀、鸳鸯等图案花纹。当时歌舞伎人为充分表现舞姿，如拓技舞、字舞等都以衫的装饰来表现舞蹈的内容,见图6 -1-4。

半袖衫在唐朝女子中也较为流行，袖长齐肘，衣身很短，也有无袖的，款式贴身，上着衫襦下穿长裙，在胸部打结，一般穿在窄袖衫的外面。从隋代开始流行，至宋代时袖子延长，并有大襟与对襟之分，见图6-1-5。

图6-1-5　唐朝的半袖衫

另外，在唐朝时还流行半臂衣，是从南北朝以来上襦发展而来，它是一种无领或翻领，对襟、合领、无袖的长衣或套头的短外衣，前胸也打结并穿在衫襦的外部，衣长过膝，不分官庶百姓均可穿着对襟或套头的短外衣。它的显著特点是身长至腰，短袖或无袖，着半臂袖与窄袖内衣和高腰长裙相搭配，脚穿软底透空锦靴。后来明代的李渔评论“半臂”：“妇人之体宜窄不宜宽，一着背褡(指半臂)，则宽者窄，而窄者愈显其窄矣”。可见半臂衣的魅力。它也是中晚唐时期中原地区最为流行的服饰之一。从出土的泥木俑着装来看，西域女子半臂下面多配条纹长裙以显民族特色。半臂衣的面料采用当时西域最为流行的联珠纹锦，见图 6－1－6。

图 6－1－6　唐代的半臂衣

(三)袍

袍作为正式的服装登堂入室始于东汉。在东汉袍、深衣、禅衣共为朝服。至唐朝袍服才得以普及，由“贵人”的私服升为礼服，袍由内衣演变成为外衣。那时的袍服多为内层附有棉絮。所以，多改用直裾。后来又逐渐去掉其中的衬絮演变成单衣。袍服一般采用交领、直裾、下长至踝，袖子在臂肘处十分肥大，形成圆弧。至唐朝太宗贞观年间诏定除元旦、冬至大朝会及大祭一般均用衫袍，这时袍的应用更为广泛。袍服的形成在历代均有不同的变制，并且受到异域民族的影响，见图 6－1－7 。

图 6－1－7　唐代的袍服

在唐朝时这种大袖翩翩的袍服，造型十分优美，但北方民族地区却不适合，于是出现了盘扣、窄袖、腰身略收的袍服。窄袖的流行是受胡服的影响。正如李贺诗云：“青山小袖调鹦鹉，越罗小袖新青青。”随着丝绸之路的通行，南北风俗互相渗透，这种袍服被中原地区广泛流传并风靡一时。到元代还基本维持着唐朝的服饰制度

图 6－1－8 唐代受胡服影响的袍服

与特点，见图 6－1－8。

（四）裙

当时是女子非常重视的下裳。面料多采用丝织品，受到南北朝遗风的影响，多穿长裙，裙腰高至胸部，有的可以掩胸或上身仅穿抹胸，长裙曳地，裙身贴体。裙的颜色多以深红、杏黄、绛紫、绿色等色彩。其中有一种黄色的长裙最受杨贵妃的喜好，后来受到宫中的贵妇及仕宦之家女子的宠爱而逐渐流行起来。

在唐朝女子中流行下裳多为裙的样式，如隋唐时期画家阎立本的《步辇图》，它是一幅以写实风格的艺术作品。记录了唐朝女服的一种典型服装——高腰掩乳裙装。在《步辇图》中的宫女皆着高腰掩乳女装。它的特点是高腰线位于乳高点之上，从视觉上讲，高腰裙线有异色裙腰，加上裙襦之间的色彩质地差异，所以对比更显著更明显。可见这种裙装是隋唐时期非常重要的一种流行款式，并具有一定的发展过程，即由初唐时期的简练平直演变成宽博浑圆风格。这种造型上的变化，反映出女性理想形象的变化——由质朴无华变得雍容华贵 。高腰掩乳裙装的造型在整个唐朝的历史演变中可概括为三个阶段。

第一阶段从隋到初唐时期，其造型主要特点为纤长平直的造型，平直纤长近似现代设计中的筒形或 A 形造型，更宜塑造出一种娟秀的女性形象；筒衣袖紧窄并长至手，裙长及地或略短。其女性的体貌修长娟秀。一般穿着者为侍女或身份较低者，见图 6－1－9。

图 6－1－9 唐初女子穿窄袖衫与长裙

第二阶段为盛唐中唐时期，其造型特征以 O 形为主，穿着者给人以丰满浑厚、凝重瑞丽之感，一般以贵妇居多，其款式风格穿袒胸的窄袖衫，裙身更宽，裙长曳地，见图 6－1－10。

图 6－1－10　袒胸的窄袖衫

图 6－1－11　袒胸的大袖衫

第三阶段为晚唐时期：其造型仍以 O 形为主，但裙身更宽松，裙长增长，使 O 形演变为悬钟型。此时的衣袖十分宽大，裙身更长，其服饰十分的繁杂、华丽，给人以丰腴浑厚、凝重瑞丽的美感，以贵妇穿着居多。如敦煌晚唐诸窟画中的供养人形象，见图 6－1－11。

（五）回鹘服

由于少数民族与汉族服饰的长期并存与影响，大唐盛世广纳西域文化，使得独具特色的唐朝服饰文化得以纯粹的向经典方面发展。在唐朝的中、晚唐时期流行一种回鹘服。"高昌回鹘"或"西周回鹘"都是史书上对于回鹘自漠北西迁后，在天山东部建立政权的称谓。今位于吐鲁番、吉木萨尔一带。至今从那荒山野谷中的石窟壁画中还清晰可见。如今在位于吉木萨尔县城北的回鹘佛寺遗址所画的壁画中的王后像，王妃面部丰满圆润、修长的却月眉与福相的长耳、挂着叶纹形的耳饰。身穿圆领内衣，外着翻窄袖红色齐脚长裙袍，头后拖一红色绢带，在臀部处打花结垂至地面，面料采用唐代最为流行的小团窠纹锦，见图 6－1－12。

图 6－1－12　回鹘皇后服饰

在敦煌壁画中就有回鹘人供养像。如曹仪金夫人、于阗皇后半部像就是此服饰的代表形象。曹仪金夫人身着上窄下宽的窄袖石榴红落地长裙，领部呈V型，露出红色小圆领、锦衣外翻的青果领上绣唐卷草纹，足登翘头软锦鞋，见图6-1-13。

图6-1-13　敦煌壁画中的回鹘女装

另外于阗皇后是曹仪金夫人的女儿。由于她一直喜欢钟爱于汉代的着装风格与习俗。因此，在她的服饰上最能体现出汉、回合璧的风格与韵味，她的发髻饰品是以桃型为主的造型，呈双层莲花状，上方由缀满绿色宝石的叶纹式花朵纹组成，圆领内衣外着一高领宽袖的紫色长衫裙，她长裙曳地，面妆为当时最为流行的"花钿妆"花型为凤纹造型，花纹与众不同地贴在眼的下部，肩披薄纱加泥金绘，足登圆头履鞋，身着艳丽的彩锦。可见当时贵妇的服装是多么的奢侈华丽。见图6-1-14。

图6-1-14　于阗皇后像

唐朝女子服装款式常见有三种：窄袖短袖衫配长裙，衫短而窄及腰，对襟或右衽斜领，窄袖长至腕部，着拖地长裙，束腰高抵胸部，此款为百姓常服；袒胸窄袖且衣袖过手的衫襦为宫廷女子或宫廷舞伎穿着；袒胸大袖衫，一般为贵族女子穿用，袖口宽大肥阔并袖有很宽的花边。女子常穿的衣着有衫、襦、袍、半臂、披肩、裙等，下衣以裙为主。衫主要在夏季穿着，一般用罗、纱等轻薄织物，襦为冬季穿用。

二、唐朝女子着男装与胡服

（一）女着男装

唐朝就有男女同服之俗。这种全身效仿男装的装束已成为唐朝女子服饰的特点。可见当时男女在服饰上差异不大，与唐朝的经济文化较开放有关。唐朝女子很喜着男子的服饰，其风格于秀美与俏丽之中，别有一种潇洒英俊的风度。女子着男装上身多为圆领窄袖的长袍衫，腰束革带，足着黑皮靴，头戴软脚襆头，见图 6－1－15。

图 6－1－15　唐朝女子着男装

（二）胡服

初唐到晚唐时期，胡服装束便于骑马狩猎又利于务农，最早为我国的北方游牧民族匈奴、契丹等民族的服饰，后来这些民族与中原交往甚多，因此对唐代臣民影响很大，争相效仿并吸取胡服这一民族服饰中的精华，又结合符合当时的时代气息注入到中原传统的汉服中，创造了令唐代女子耳目一新的“改良”胡服。要说影响之深、涉及面之广、流行时间之久当属发生在隋唐时期的胡服。

女着胡服的装束为头戴高顶毡帽，身穿折领窄袖长袍，腰束皮带，下着窄口裤子（今伊朗裤），脚穿绣花鞋或半高的软靴。如在陕西乾县永泰公主墓出土的石刻、陶俑中，就有很多穿胡服的妇女形象。其款式为头戴浸绣浑脱帽，翻领窄袖袍、条纹小口裤和透空软锦靴，短衣齐膝，窄袖金钩，上佩刀剑饰物，看起来英姿飒爽、威风凛然，见图 6－1－16。

图 6－1－16　唐朝女子着胡服

以上可见，胡服在中原地区流行的广度与深度，胡服在变革中既保留了民族传统又充满了时代所特有的风格，具有时代感的服饰带动了生活方式的改革，富有民族情感的服饰增强了社会的内聚力，促进了民族的大团结，它也是中原服饰文化和各少数民族服饰文化长期碰撞融合的产物，汉人着胡服打破了中华服饰史中的固步自封的陋习，走上了兼容并蓄的开放之路。可见，唐王朝以其博大的胸襟融合了我国多民族的灿烂文化。为促进中华服饰不断的改进、丰富和发展做出积极的贡献。

第二节　唐朝男子服装

唐朝男子服装，有朝服、常服（便服）之分。朝服为上朝、行礼、祭祀时用。而男服常用服为团领衫。

一、朝　服

唐代官定的服装有祭服、朝服、公服、常服四种，又以紫、朱、绿、青等四种颜色区分官员等级的大小。历代皇帝按官品来规定服色，用服色的"尊卑定上下"可谓是封建统治者的一大创造。如唐高宗时颁布了《品色服》，采用服装的色调来区别贵贱尊卑，象征品级职位的标制。以法律条文的形式确定了朝服的格式颜色与着装及场合，这是官服制度的一大特色称为"品色服"：一二三品，朝服为紫色，为了显示尊贵用大科绫罗缝制，玉做钩；四五品为朱色，以小科绫罗缝制；六七品绿色丝布交替缝制；八九品青袍用布缝制，以石做钩。

这里服色不但反映了阶级、等级的区别，而且体现出强烈的民族观念、心理习惯和时代特色，也说明在封建社会服色的流行因素，即取决于上行下效与民族意识所形成一个朝代的风尚。

至武则天时，则颁布了异文袍，因武则天为中国历史上第一任女皇帝，继而遭到了各种势力的反对，为了拉拢当朝大臣们，在袍上绣"德政唯明、职令思平、清慎思勤"等诗句赐给三品以上的官员，从而以示对其忠心的嘉奖。

朝服中最有代表性要数皇帝穿的黄龙袍。唐太宗时，认为天无二日，世无二主，服制十分的严格，君主的服色应是赤黄色。隋唐时期比较流行黄袍，就为赤黄色款式为右襟宽袍大袖，袍长至膝下。黄色具有明亮、高贵、富丽堂皇之感，同时，在袖及襟处均有装饰边缘，绣有龙凤、狮、麒麟、虎、豹、鹰、鹿等动物的图案。由于黄色最能体现皇帝至高无上的尊严，因此，后唐高祖禁止贫民百姓穿着，黄色只能由皇帝一人享用。从此以后它成为历代封建最高统治者的专用服装。也就是我们后来经常提到的黄龙袍，见图6-2-1。

图6-2-1　唐朝的黄龙袍

在朝服中还有挂于腰间一种鱼袋佩饰，即鱼符和鱼袋。三品以上的官员以金做为装饰。四品、五品用银加以修饰。鱼符鱼袋，其形似鲤鱼。以"鲤"与李氏王朝之姓的谐音，是为维护封建的法制巩固自己的政权。到武则天时,曾改为龟袋。在符的左右各有两半,左半在朝,右半是随身佩挂。官员面君或应诏进京时,必须交验随身佩挂并与之相吻合方得入内。

二、一般常用服装

唐朝男子服装多以袍衫为主,

(一)团领衫

一般为圆领、右衽、窄袖,领、袖、襟、边缘等处都绣有花卉。衣长至膝下,文官的衣长至踝骨,武官的稍短,衣袖有宽窄之分。衣长略短的袍衫是一般庶民百姓穿用,便于劳作或行军骑射,颜色以黄与白色为主,见图6-2-2。

图6-2-2 唐朝的团领衫

中唐至晚唐时期,由于传统的佛教、道教的儒道互补的哲学思想在继续,并在唐朝时得以发扬与深化,贵族中流行宽袍大袖,一些文人雅士与隐士野老,穿着合领、对襟形如道袍并带有缘边的大袖衣,叫直掇或裰。直到宋朝还继续沿用并影响着襕衫的形成,如图6-2-3。

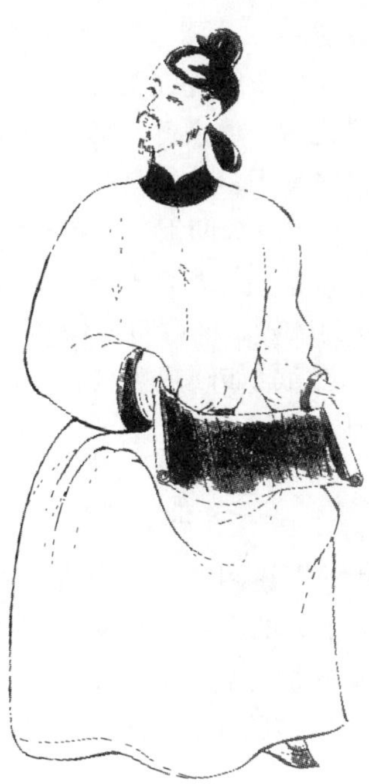

图6-2-3 唐朝文人雅士的宽袍大袖衫

唐朝还出现跟宋代的襕衫款式差不多的长袍,也为圆领、右襟、大袖腰间有褶裥的长袍,只是袖稍窄些而已,见图6-2-4。

图6-2-4 唐朝男子的长袍窄袖衫

(二)幞头

用一幅帛布缠绕在头上，是一种非常低矮的头部装饰。后来逐渐形成为用丝葛、藤草等编织的帽子，犹如假发髻，至高宗和武则天时，幞头分为两掰，在幞头的两角用柔软纱罗来缠裹，看似带子，自然垂下，至颈或肩部，称为软翅，也可叫软脚幞头。中唐时期，幞头之角犹如硬翅并富有弹性，又可称之为硬脚，见图 6－2－5。

三、军　服

唐代的军事制度十分严格，对军中的大将及各级士兵的衣着均有明确的规定。对作战时所着的护身铠甲的规定就有十三种之多。如《唐六典》记：一曰明光甲，二曰光要甲，三曰细鳞甲，四曰山文甲，五曰乌锤甲，六曰白布甲，七曰皂绢甲，八曰布背甲，九曰步兵甲，十曰皮甲，十一曰木甲，十二曰锁子甲，十三曰马甲。

铠甲的制作原材料也是相当的广泛；有铁制、铜制、以及犀牛皮、水牛皮、布绢、木制等材料。在历史中至今流传下来的军服中以明光铠最具艺术特色，它是由金属片层层压制而成，在胸部左右两边各安一个圆护，在腹部上也有圆护，由金属亮片叠压，光泽耀眼，英气逼人。作战时头上戴兜鍪是古代武士头上的帽盔，肩上加披膊，臂上带“射 鞲”是用以束衣袖以便打仗骑射，下面着有甲裳，腿部有吊腿，下登革靴，见图 6－2－6。

图 6－2－5　唐朝男子的幞头

图 6－2－6　唐朝男子的军服

第三节　唐代多彩的材料与精湛的染织工艺

自秦汉至隋唐是封建社会的繁盛时期，作为封建经济的重要支柱之一的纺织业得到了全面的发展。唐朝纺织业十分发达，为唐朝乃至后来的各个朝代服饰文化的发展奠定了基础。唐初，由于统治者采取"休养生息"的政策，使老百姓过上安居乐业的生活，同时，由于政治上稳定，经济繁荣，促进工商业的发展，从而加速了先进的纺织技术及设备在唐朝得以推广与使用，使科学技术迅速转化为生产力，从而使得唐代的纺织品达到相当精美的程度，多种多样的纺织品层出不穷。据《新唐书·地理志》的记载，仅江、浙地区所生产的纺织品就不下一二十种。可见，在唐朝的鼎盛时期，我国的丝绸和织、印、绣等工艺技术得以极大的发展。因此，对绘画、敷彩、染色、印花、织绣的工艺要求极高，这些丝绸品通过陆上和海上丝绸之路传播到亚欧非各国。

一、唐朝精湛的面料工艺

（一）缭绫

唐朝的面料多采用以罗绡及绫罗绸缎制成，其中以缭绫最为精美。诗人白居易就有诗称道"缭绫、缭绫何所以，不似罗倚与纨倚；应似天台山上明月前；四五十尺瀑布泉"。可见缭绫的精美高雅致极。采用缭绫缝制的衣物价值甚高有千金贵之说。它在染织工艺及面料的外观上十分追求其华丽的色彩效果。

（二）百鸟裙、花笼裙与石榴裙

1. 百鸟裙

由于唐朝的生产技术、社会风尚的不断发展变化，也带动了裙式的变化。裙的质地、色彩样式均大大的超过以前，可为群芳争艳、瑰丽多姿。唐代记载就有"上仙初翠霞裙"、"荷叶罗裙一色裁"等诗句，最为流行的是花笼裙与百鸟裙，它们均和安乐公主有关。据说安乐公主衣着奢靡，在唐代可谓空前绝后的。当时的百鸟裙是用很多羽毛捻成线加丝一起织成的裙子，其色彩五光十色非常艳丽，款式多以较宽松的多褶裥裙为主，无论从哪个角度观赏此裙均能产生不同的光泽效果。《唐书·五行志》称"正视为一色，旁观为一色，日中为一色，影中为一色，而百鸟之状皆可见"。可见该裙的色泽非凡，工艺精湛，引得权贵富室们纷纷效仿，于是在唐代社会上层形成一股不小的百鸟裙热。

2. 花笼裙

是永乐公主再嫁武延秀时四川所献礼品的一种花裙面料。花笼裙是用一种较轻软细薄透明的丝织品单丝罗制成的一种花裙，即单丝碧罗花笼裙，裙上有用细如发丝的金线绣成的各种形状的花鸟，鸟虽只有米粒般大小，然而眼、嘴、爪等一点也不少，可想而知此裙的做工是何等的纤细精美。它是罩在长裙外边的短裙，裙的腰部均装饰着重重叠叠的金银线所绣的花纹，工艺十分讲究。在唐诗中就有"裙腰金缕压"及"罗裙金缕腰"的描述。

3. 石榴裙

裙腰极高，是一种高胸掩乳裙的式样，且裙长曳地，与短小的襦衣形成鲜明的对比，长裙外型酷似石榴形，多为团花图案构成，其图案工艺精细纤巧，色泽艳丽华美。有诗为证"两人抬起隐红裙"、"新换霓裳月色裙"。在《燕京五月歌》就有"石榴花发街欲焚，蟠枝屈朵皆崩云，千户万户买不尽，剩将儿女染红裙"的诗句。

二、织造与印染工艺

（一）织造工艺

1. 织锦

是我国古代丝织品中最有成就的传统品种之一。面料的种类很多，其中以织锦最著名，它是用纬线起花，再用两层或三层的经线来织成。形成一种经祛纹组织。

唐朝的织锦以丝绸为主，织锦上的图案精美华丽且赋予美好的寓意。纵观丝绸发展的漫长的历史，人们希望通过服装来表达对于美好生活的向往，因此，在丝绸图案设计上赋予很多美好的寓意。几乎达到有图必有意，有意必吉祥的程度。在图案纹样中多运用动物、植物、和几何纹样来表现美好吉祥的愿望。再用金、银及其他丰富的色丝织成，成为一种高贵华丽的上等面料。

2. 缂丝

它是我国古代流传下来的手工花纹织物，由于织造技术独特而精湛，因此，被誉为“织中之圣”。它织造的方法采用通经断纬的方法，采用缀织法织成，织物的组织结构是平纹组织。正是通过通经断纬的织法在纹样中形成正反效果是相同的。在材料上采用“生经熟纬”的方法。因此，经纱具有坚韧度，反之纬纱用柔软的熟丝制成，它比一般的绸缎耐磨和不易变形的优点。唐朝缂丝是以粗犷见长，设色以平淡块面为主，无晕染。如新疆吐鲁番（就是当时回鹘人生活的地方）发现唐朝的几何菱纹缂丝带。在日本还保留着唐朝缂丝的残片，其工艺纯熟纹样精美。在敦煌的藏经洞中还发现蓝地的如意吉祥花纹的缂丝。至宋朝回鹘民族迁移到内地，同时也把缂丝技术传授给汉民族。

(二)染织与印染工艺

唐代的染织工艺很发达。在当时有专门管理生产的染织署并且分工十分明确。据《唐六典》记载：“织衽之作有十，组绶之作有五，绸线之作有四，练染之作有六。”这些民间的染织、丝麻染织工艺生产几乎遍及全国，且产量很大。

唐代的染织工艺在色彩上追求华丽的效果，丝织的品种很多。其中以织锦为著名，可称之为“唐锦”。它是用纬线起花，用两层或三层的经线来织成形成一种经袿纹组织，它能织出复杂的装饰花纹和华丽的色彩效果。

在当时的唐朝是最为发达的一种品种，由于多种丰富的艺术特色而产生不同的艺术效果，其方法是丰富多彩的。其中有蜡缬、夹缬、绞缬、碱印、拓印等多种形式。蜡缬就是现在所说的蜡染工艺，先用蜡在织物上画好纹样，然后进行漂染，由于蜡具有防染的作用。可在面料上保留住原来的色彩，且留

图 6－3－1　唐朝的蜡染团花图案

出的白色花纹有十分自然随意的效果，见图 6－3－1。

夹染是指用两块雕镂同样花纹的木板，将织物夹在两板的中间，然后进行漂染的工艺。它在视觉上形成对称平衡的布局。绞染犹如今天的扎染一样，它是先将织物用扎、窜、绞、折的扎制技术，把花纹扎紧成所需要的纹样图案，再用干染、湿染、连染、混染、碰染等工艺进行印染，使“扎紧”及“折迭”之处产生空白，由于缝线的手劲松紧不同在染色中就形成了不同深浅的纹样而形成自染花纹。而碱印是碱对染料产生的物理与化学的作用，而拓染有如印染一样。

这些纹样图案分别在服装的领、袖、门襟、下摆、裙边等部位，穿着后使唐朝女子更显端庄华丽。

第四节　唐朝文化艺术对服装的影响及对外交流

唐朝是我国封建社会经济和文化艺术的鼎盛时期，而唐代的图案纹样同样也因具有丰富的艺术特色而成为历代的精典之作。就中国服装史它所表现的图案纹样来看，多运用大自然中一山一石、一草一木美好的事物，运用写实、写意、抽象或具象的不同风格。中国的民俗是喜好运用吉祥的纹样来表现美好的愿望。从秦汉至今，高贵的绸缎到民间的印花布多采用吉祥纹样，如龙凤、麒麟、鸳鸯等纹样，分别象征着富贵、和美、仁义、恩爱，或采用文字的谐音借用，如“莲”、“鱼”等象征年年有鱼的意喻。唐朝织锦的图案正是利用这一象征的手法来采用文字并结合云气、动物、人物、花草、几何形、甚至山水楼亭等众多吉祥纹样，使得花卉纹样日趋成熟完美。运用最广泛的是唐卷草纹，它一直影响着宋、元、明、清图案的风格的形成与发展，在今天的花卉图案中还能经常见到。

一、唐朝最为流行的图案

有：联珠纹、陵阳公样、团窠纹、宝相花、缠枝花等

（一）联珠纹

这种纹样早在原始社会的半山与马厂型的彩陶中就有，直至商代的青铜器、北魏的铜杯和石砚上，在当时的隋唐五代的敦煌的藻井与织锦上均有此纹样，是唐朝时期曾盛行的一种流派。

所谓联珠纹即是以圆图形相接缀联成圆，围成一个近方似圆的空间，它是由一个圆形的适合纹样的周边来组成的，边缘纹样中布满了连接的小圆形，因此称它为联珠纹样。其风格清新、富丽华美。多以鸟兽、人物、花草等素材填充其内，并以此为基本单位，或横向或竖向联成条状边饰，或上下左右加辅助纹样构成四方连续图案。联珠纹样中心的主题图形有两种构成形式；一是内置单独纹样，强调活泼的动感，形象鲜明单纯之感；二是布局以对称形的图案，呈旋转或左右对称，它给人以庄重、稳定的美感，见图 6－4－1。

图 6－4－1　唐朝牡丹鸾凤锦的联珠纹

（二）“陵阳公样”

即采用对称形式构成的纹样，据说最早的创作者姓窦，后被派往四川的陵阳主管皇家的织造用物。他在丝织的工艺时多采用“宫陵”花纹，后来人们称他为“陵阳公样”。特点是丰满富丽、端庄大方，在设计时按照画面意境的需要选择镜面式的对称方法，在视觉心理上给人以稳重、庄严、确定感，在艺术上给人以特殊的艺术效果。唐朝的官服上多用鸟雀衔花为题材，图案以本色花绫，依照不同的品级以不同颜色和格调来表现，见图 6－4－2。

（三）团窠纹

唐朝流行的一种花卉纹样。以一种或几种花卉采用对称或平衡的形式，组合成近似圆形的单独纹样，做四方连续的构成，其中

图 6-4-2 “陵阳公样”的对称纹样

以一个基本单位中放置两个或多个大小不等的团花进行连续。以团花为核心的织锦，在面料中处于核心位置，给人以形象饱满、花团锦簇、层次分明、富丽堂皇之感。在色彩上多采用大红、粉白、墨绿、黄、宝蓝等色彩，见图 6-4-3。

图 6-4-3 唐朝彩云锦中的团窠纹

（四）宝相花

在晚唐时期，出现了一种以花草植物为主的纹样主流，是我国劳动人民创造的一种花卉纹样，它以写意手法为主，以莲花为基础，吸收了其他花卉的特点而成。它富有富贵宝气之相，花繁叶茂、丰满、肥硕、大方的唐韵，是自然美与理想美的完美的结合，极具生命力，体现了大唐的风范和典雅华贵的高尚气质，见图 6-4-4。

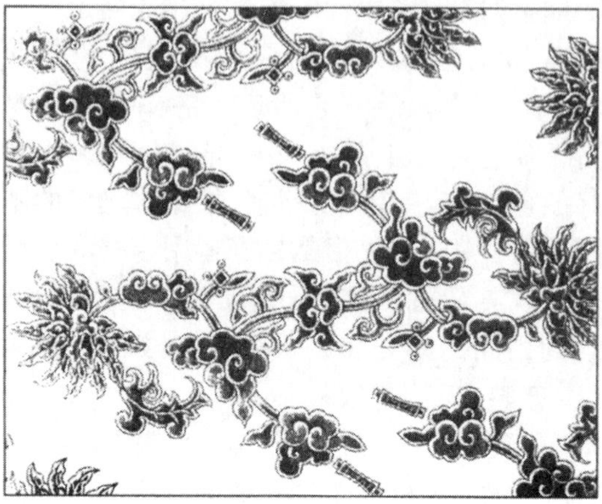

图 6-4-4 宝相花纹样

（五）缠枝花

它是由忍冬花转变而来的。忍冬为金银花蔓性小灌木，在夏令季节开喇叭型的花。忍冬纹样充分展示该植物蔓性可卷曲缠绕的特点，依不同的空间走势组合、添加，按一定的骨架构成节奏明快富有律动的视觉效果。在唐朝流行的半臂袖的面料中首选缠枝花的织锦面料，这种纹样后传入日本，又称之为“唐卷草”纹样，见图 6-4-5。

图 6-4-5 “唐卷草”纹样

唐朝的金属工艺十分精湛，其中以铜器和金银器最为突出。铜镜的制作十分考究，整个工艺技术集中在铜镜的制作上。它在当时作为献礼和馈赠的高级礼品。铜镜上纹样装饰精美，有传统纹样，也有当时所创的菱形纹样、葵花纹样等花纹式样。唐朝的纹样在构成的骨架上也有极大的创新，在继承传统纹样的基础上更强调赋于变化的不对称式，给人自由、生动活泼的视觉效果，在唐镜中就有海兽葡萄纹、双鸾衔兽纹、花鸟纹等。另外金银器中也有许多精美的花纹，其造型多种多样，有碗、盘、杯、壶等，如五马衔银壶，在纹样中有一匹马，颈上系彩带作舞蹈状，正如唐诗所说"屈膝衔杯赴节，倾心献寿无疆"。

二、唐朝女子的发形饰物与妆饰

唐朝女子的发式多为回鹘髻、斗翻髻、反绾髻、乐游髻、双环髻、愁来髻、归顺髻、倭堕髻等。

（一）回鹘髻

头梳高髻，发髻分为四缕，呈蝴蝶状分列于头两侧，插遍步摇、翡翠、云纹片的簪钗。头顶高悬面积大于面部的一花瓣形金属饰品，在高耸的回鹘髻上插满了珠宝及金银打制的花形簪钗，这些饰品中镌刻着精美的花纹，见图6－4－6。

图6－4－6　唐朝的回鹘髻

在唐朝饰物中有文记载，幂罗、帷帽、浑脱帽与披帛。

（二）幂罗

幂罗在唐朝女子出门时用纱罩于头部或全身，称为"幂罗"，饰物在吐鲁番地区曾出土。女子头戴黑色的幂罗呈锥形包裹头部直到肩部，两边各有垂直肩部的带子。据说这种装扮主要用于抵御西部干燥风沙的天气，在当时成为中原地区一种时髦的装束。如今在西北一带女子还保留着用大头巾包头或遮体的习惯。幂罗由于诸多不便，后来被"帷帽"取代。

（三）帷帽

此帽为高顶宽檐笠帽，帽檐下一圈透明纱罗制成。它是在硬胎笠帽下垂网，长及肩部。这种帽子也有防风尘、避人窥视和装饰的多种功能，见图6－4－7。

图6－4－7　唐朝的帷帽

（四）浑脱帽

北方游牧民族为打仗骑射的便利，常戴浑脱帽和胡服来搭配使用，它已作为一套胡服的重要组成部分。帽顶呈尖形，一般采用锦缎或乌羊毛制成，在帽上一般采用小团窠花纹，见图6－4－8。

图6－4－8　唐朝女着胡服、头戴浑脱帽

（五）披帛

它是唐朝女子用于肩部的一种装饰品。一般由轻薄的罗纱制成，长约两米，上印有色彩斑斓的图案纹样，故又称为画帛。披帛的使用为唐朝之女更是添锦如彩，更显轻盈飘逸。

（六）“花钿妆”

唐朝的妇女好面妆，画眉之饰也颇具特色，以“花钿妆”梅花妆为最流行。

女子的花钿妆多呈凤纹造型，面部施粉、唇涂胭脂，额施鹅黄，就是要在额上涂黄色月牙状饰面，在眉宇之间，以金、银、羽翠制成的“花钿妆”是必不可少的。面部丰满圆润，修长的却月眉与窄小而斜长的双眼相映成趣，高而细的鼻梁下是樱桃小口，粉脂颜面十分好看，见图6－4－9。

图6－4－9　唐朝女子的“花钿妆”

在女子妆饰中画眉就有近十种之多：有鸳鸯、小山、三峰、垂珠、月棱、拂云等并贴在眼的正下部位。其中时世妆就为后人传颂，“时世妆、时世妆，出城传四方”就是对它的称喻，而眉间饰以花钿的梅花妆（又称奉阳妆）也很受欢迎。

（七）梅花妆

相传南朝时寿阳公主在含章殿下，有一梅花落颊而挥之不去，而引起宫女们竞相效仿。女子在双眉的外侧抹两道红胭脂，即两鬓描“斜红”，同时在面颊两侧，以丹青朱砂点出圆点、月形、花卉、小鸟等纹样。可见唐代女子的妆饰已达到登峰造极的程度，乃至对现在妇女的发饰及化妆都有相当大的影响,见图6-4-10。

综上所述,在一定政治经济基础上形成的社会意识形态,是影响社会及衣冠服饰的一个重要的原因。服装不仅是人们对美的追求的外在形式,也是一定社会政治气候的晴雨表。只有经济发展、政治稳定才能促进服饰文化的发展。一千多年前的唐朝实行的对外开放政策,使灿烂的中华服饰文化传向世界各地。可见,唐装对周边各国的影响是巨大的,这些主要体现在日本的和服和朝鲜的高腰裙上。同时唐装也吸收了世界各国的不同风格,服饰更加绚丽多彩、鲜艳夺目。

图6-4-10 唐朝女子的梅花妆

第七章　宋、辽、金、元服装

第一节　概　　述

公元 960 年，后周禁军赵匡胤发动“陈桥兵变”，夺取后周政权，建立宋王朝，基本上完成了中原和南方的统一，定都汴京（今河南开封），史称北宋。宋王朝的建立，结束了安史之乱以来长期变乱的局面，出现了一段承平时期，经济、文化都有所发展，都市的商业经济也比较发达。宋代画家张择端的《清明上河图》生动地描绘了北宋首都汴京的繁荣兴旺景象。当时，我国西北地区尚有契丹族建立的大辽、党项族建立的西夏等几个少数民族政权。公元 1127 年，东北地区的女真族利用宋王朝内部危机，攻入汴京，掳走北宋徽钦二帝。钦宗之弟康王赵构南越长江，在临安（今浙江杭州）登基称帝，史称南宋。自此，我国又形成南北宋金对峙局面。与此同时，北方蒙古族开始崛起于漠北高原，成吉思汗统一蒙古各部，并开始东征和统一全国的活动。成吉思汗及后辈先后灭各少数民族政权，进而灭亡南宋，统一全国。1260 年成吉思汗之孙忽必烈登上汗位，于 1271 年迁都燕京（今北京），国号为元。自宋起至元末共经历四百余年。

同唐代富丽、明艳、丰满的服装相比，宋代服饰总的来说比较拘谨和保守，式样变化不多，颜色清淡，线条简洁。由于“程朱理学”的“存天理，去人欲”的官方哲学统治着人们的思想，封建专制制度进一步强化，思想禁锢愈加深重，在这种情况下，人们的美学思想也相应变化。在建筑上出现了白墙黑瓦为主体，楹枋梁栋，不设颜色，只用木的本色。在绘画上，常采用清秀简洁的水墨画和淡彩画的形式。在服饰审美意识上反映更为明显，服饰不过分华丽，而崇尚俭朴，尤其是妇女服饰更应“惟多洁净，不可异众”。如绍兴五年高宗对辅臣说：“金翠为妇人服饰，不惟糜货害物，而侈靡之习，实关风化。已戒中外及下令不许入宫门。今无一人犯者，尚恐士民之家未能尽革，宜申严禁，乃定销金及采补金翠罪赏格。”各朝皇帝也曾三令五申，多次饬令服饰“务从简朴”、“不得奢华”。宁宗嘉泰初年，更诏示官民务从俭朴，并将宫廷中妇女的金翠首饰放到街上焚烧作为警示。尽管种种禁令不施于帝王后妃，但在理学和禁令的作用之下，宋朝服饰形制简单，色彩单调，民服日趋简单。

第二节　宋代服装

一、官　服

宋代官服是以“存天理”为借口而拟定的，它依然体现出古代官服一贯的等级性。宋代建国后，承前代制度，制定了上自皇帝、太子、诸王及各级品官，下及士庶等各类服装。就其官服的类别来说，可分为祭服、朝服、公服、时服、戎服以及丧服等。

1. 朝服　宋代官员朝服式样仍沿袭传统的袍制，为朱衣朱裳及绯色罗的袍和裙，里面衬以白花罗的中单，腰部束以罗料大带，并有绯色罗料蔽膝，配挂锦绶、玉佩、玉剑。用中单、佩剑和锦绶区别不同的官等，六品以下不着中单。方心曲领在宋代朝服上广为应用，这种套在衣领上的上圆下方，形似缨络锁片的饰物，能够起到压贴衣领的作用。着朝服时必须戴“进贤冠”(一种涂漆的梁冠帽)、“貂禅冠”(又名笼巾，是以藤丝编织成型，表面涂漆的冠帽)或“獬豸冠”(属进贤冠一类，只是头顶饰有角形饰物)，脚着白绫袜和黑皮履，见图 7－2－1、图 7－2－2。

图 7－2－1　朝服、方心曲领、蔽膝示意图

图 7－2－2　方心圆领，穿朝服、戴通天冠、佩蔽膝的皇帝(南薰殿旧藏《历代帝王像》之一)

2. 公服　公服又称丛省服，仍承唐代之制，以曲领大袖，腰间束革带为主要形式，另有窄袖式样，其颜色体现着森严的等级制度。黄色仍为皇帝专用服色，宋开国皇帝赵匡胤在陈桥驿发动兵变时即是黄袍加身而称帝。三品以上官员服紫，五品以上服朱，七品以上服绿，九品以上服青。公服与朝服的区别在于，公服无蔽膝、剑、绶。礼重时用朝服，礼轻时则用公服。

3. 佩鱼制度　凡是服色用紫或绯者，都要加金银装饰的鱼袋，官员职位的高低以鱼袋加以明显的区别。在唐代鱼袋内盛鱼符，鱼符上刻职官姓名以作出入宫廷的证件。到宋代则在袋上用金、银饰为鱼形而佩在公服上，系在革带间而垂于后，用于区别贵贱。在宋朝能够穿紫佩鱼是一种很高的荣誉。所谓“赐金紫”就是佩金饰的鱼袋和着紫色的公服。凡服紫绯者皆佩金银鱼，称之为“章服”。与唐代章服之制不同，在于不用鱼符，单用鱼袋。

4. 时服　宋代仍沿袭唐代按季节赐发给官臣衣物的制度。在每年端午、十月初一等时节颁赐诸臣。初期仅限于将相、学士及禁军大校等，建隆三年以后赐发的范围更加广泛，上至将相、大将，下至侍卫步军，赐发的品种有袍、袄、衫、裤等。这种赐服大部分是以织有鸟兽的锦纹衣料做成，其品种类别、纹样装饰各官有别。

二、一般服饰

宋代因袭五代遗制，以着衫为习尚，出现了紫衫、凉衫、帽衫及襕衫等名目，士庶百姓用作常服，文武官吏则作为便服。

1. 襕衫　襕衫又称襕袍，属于袍衫，以白细布制成，圆领大袖，腰间有襞积，下长过膝，在衫下摆的膝盖部位，则要加接一幅横襕，始见于唐代，流行于宋代。

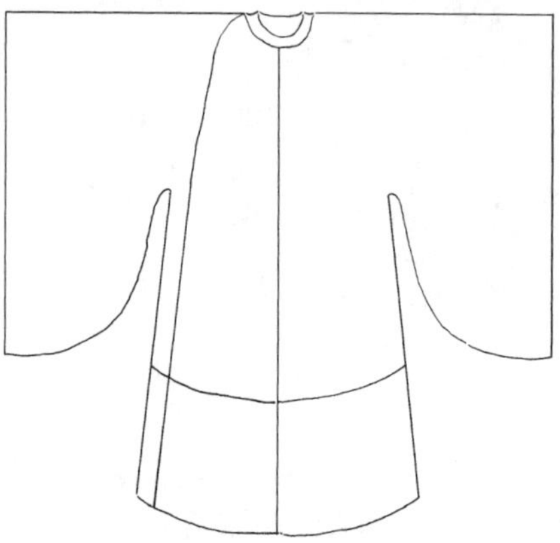

图 7－2－3　大袖圆领襕衫

图 7－2－4　穿襕衫的男子
（梁楷《八高僧故实图》）

2. 直裰（或作“直掇”）　也是宋代男子的常用服式，是一种比较宽大的长衣，一般以素布为之，对襟大袖，衣缘四周镶有黑边，最初多用作僧人和道士之服。宋代赵延卫《云麓漫钞》谓：“古之中衣，即今僧寺行者直掇。”

宋代劳动人民服式多样，但大都短衣、紧腿、缚鞋、褐布，以便于劳作。其工商各行均有特定服饰，素称百工百衣。孟元老《东京梦华录》记：“有小儿着白虔布衫，青花手中，挟白瓷缸子卖辣菜……其士、农、商诸行百户衣装，各有本色，不敢越外。香铺裹香人，即顶帽，披背。质库掌事，即着皂衫角带，不顶帽之类，街市行人便认得何色目。”

三、首　服

宋代男子首服主要有幞头和各式幅巾。

1. 幞头　幞头发展到宋代已成为宋人主要首服，应用广泛。上至帝王，下至百官，除祭祀典礼、隆重朝会需服冠冕之外，一般都戴幞头。幞头在唐代以后的五代十国时期就有所变异，到宋代已发展为各式硬脚。宋元时期，出现了各种造型之脚的幞头，典型的有直脚幞头、曲脚幞头、交脚幞头、高脚幞头等。其中直脚为某些官职朝服，其脚长度时有所变，初时两脚尚短，以后两脚逐渐伸长，据说是为了防止臣僚们在上朝站班时窃窃私语。

交脚、曲脚幞头为仆从、公差或卑贱者服用。高脚、卷脚幞头多用于仪卫及歌乐杂伎。另有取鲜艳颜色装饰，即在幞头上簪以金银、罗绢之花，其花、枝多采用红、黄、银红等色的丝线制成，多作为喜庆场合时戴用。南宋时期的临安风俗即有婚前三日，女家向男家赠紫花幞头的习俗。

2. 幅巾　由于幞头逐渐演变成帽子，并成为文武百官的规定服饰，所以，这时的一般文人雅士，又恢复起古代的幅巾制度，以

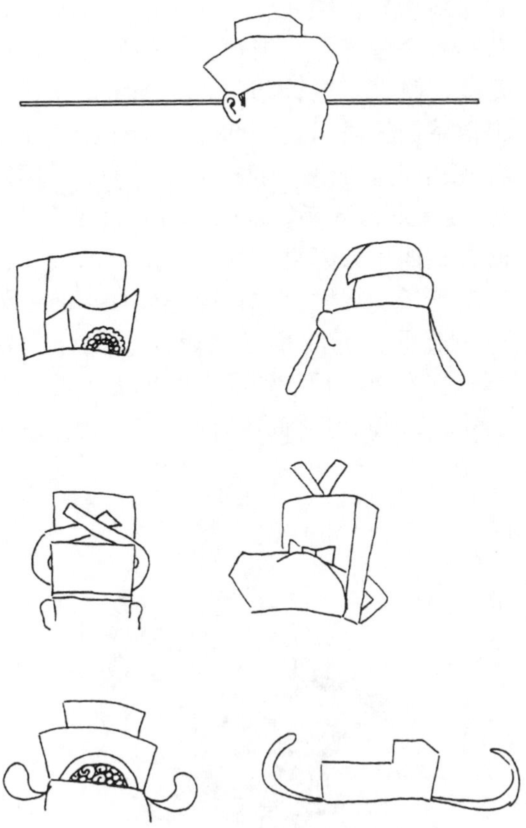

图 7－2－5　各种幞头

图 7－2－6　戴直角幞头穿圆领襕衫的皇帝
南薰殿旧藏《历代帝王像》之一

图 7－2－7　戴曲脚幞头的男子
（据河南禹县宋墓壁画）

裹巾为雅，因可随意裹成各式，于是形成了以人物、景物等命名的各种幅巾，如相传为大文学家苏东坡创制的“东坡巾”，还有“程子巾”、“逍遥巾”、“高士巾”等。身份不同的人，往往采用不同的头巾，一个人走在街上，人们只要看一看他的头巾，就可大致知道他

图 7－2－8　以幅巾束发的男子
南薰殿旧藏《历代帝王像》之一

从事的职业。宋人吴自牧《梦粱录》记载:"士农工商、诸行百户衣巾装着,皆有等差……街市买卖人,各有服色头巾,各可辨认是何名目人。"裹巾的风习一直到明代有增无减。

四、军　服

宋代军服有戎服和铠甲。戎服是宋军平时防卫巡逻时所着的战袄、战袍,袍和袄都是紧身窄袖的便捷装束,只是长短有别。而官兵作战时通常要穿铠甲。《武经总要前集》:铠,"有铁、皮、纸三等。其制有甲身,上缀披膊,下属吊腿,首则兜鍪、顿项。"据《宋史·兵志》记载,宋代全副铠甲的甲页可达1000片,重达50斤左右,铁甲内多加衬,以防止划伤皮肤。欧阳修在《晏太尉西园贺雪歌》中写到"须怜铁甲冷彻骨,四十余万屯边兵"。皮制的战衣也叫皮笠子、皮甲。宋代有一种特别的铠甲——纸甲,为战事发生时应急制作的甲衣,它是用一种特别柔韧的纸加工的,叠三寸厚,在方寸之间布有四个钉,雨水淋湿

图7-2-9　铠甲示意图

图7-2-10　穿铠甲的武士(敦煌莫高窟彩塑)

后更为坚固,铳箭难以穿透。

第三节　女子服装

一、一般服饰

宋代女服大都沿袭唐代的形制,款式要比男服多,服装种类也多,一般有襦、袄、衫、背子、半臂、背心、抹胸、裹肚、裙、裤等等。其中以背子最具特色,男女皆可穿,在女服中尤为盛行。

1. 背子　又作褙子,其制以直领对襟为主,两腋开衩,下长过膝,衣袖有宽窄二式,可罩在襦袄之外。上至后妃,下及平民百姓、奴婢妓妾均可穿着,既舒适合体又典雅大方,一般作为常服,不能作为正式服

装穿用。

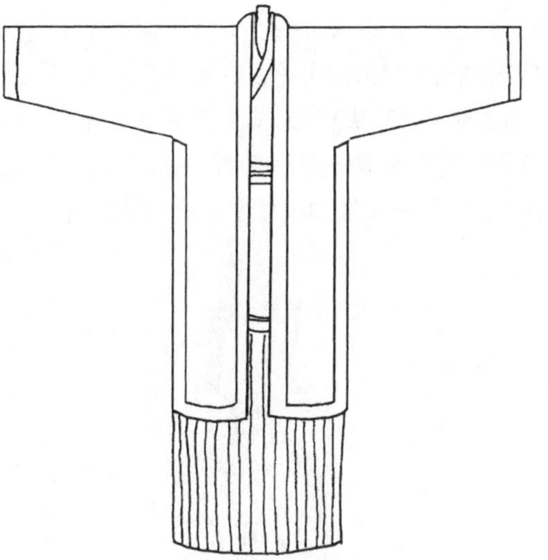

图 7-3-1 背子示意图

图 7-3-2 穿背子的妇女
（宋人《瑶台步日图》局部）

2. 襦 窄袖短衣，战国时已出现，唐代妇女也喜穿着，宋代承袭唐代风气，但多见于下层妇女。贵妇虽然也穿这种服装，但多作为内衣应用，穿着时外面再加上其他服装。

图 7-3-3 穿襦的妇女（据宋《茗园赌市图》）

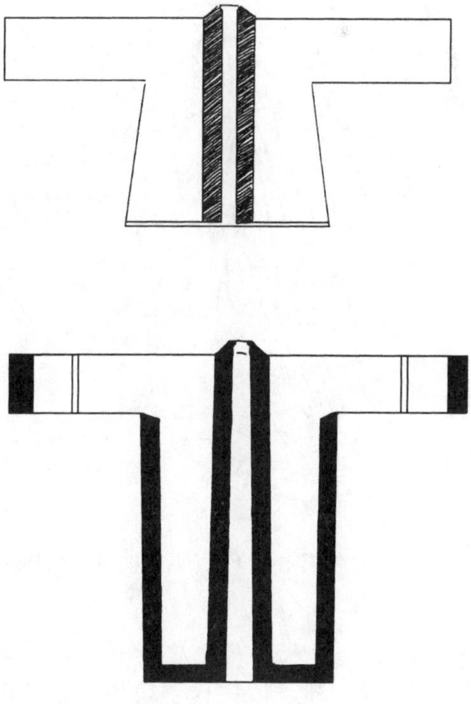

图 7-3-4 袄

3. 袄　比襦长，其形式与襦相似，但腰身与袖口都比较宽松，颜色风格比唐代要淡雅质朴。

4. 衫　以轻薄质料、素淡颜色为主，如粉紫、葱白、淡绿等，为夏季穿着，袖口敞式，长度不一致。在宋代诗文中可见"薄罗衫子薄罗裙"、"轻衫罩体香罗碧"、"轻衫浅粉红"一类描写衫的轻薄及淡雅色彩的词句。

5. 半臂　原为武士服，因袖短称之为半臂，袖子长至肘间，便于活动，多见于普通妇女及侍女奴婢。宋代男子着于内，女子着于外。

6. 背心　无袖之衣，即裲裆。连同半臂、背子等皆为通对襟，只能裹覆胸前后背。现代服装中的背心，就是由此演变而来的。

图 7－3－5　穿背心的妇女(据宋佚名《耕织图》)

7. 裙　为宋代妇女常服下裳，保留晚唐五代的不少形制。宋代上层妇女有的用郁金香草浸染裙子，使其阵阵飘香，俗称为郁香裙。裙子宽度多在六幅以上，多达十二幅，中间细裥，形成"百迭裙"、"千褶裙"。宋代女裙以长裙居多，裙腰已从腋下降至腰间。穿着时在腰间加以绸带，并配有绶环垂下。裙色很多，有红、绿、黄、蓝、青等色。妇女外出骑驴，则着旋裙，前后伸开胯，以便骑乘。旋裙始于京城女妓，后为士大夫家所效仿。

图 7－3－6　穿襦裙、大襟半臂、梳朝天髻的女子
(山西太原晋祠圣母殿彩塑之一)

8. 裤　宋代妇女可在裙内穿裤，也可单独穿在外面。穿在裙内之裤可开裆，便于私溺。穿在外面的裤则要合裆(即满裆)。1975年在福建浮仓山出土的南宋时期的墓葬中发现了三种长裤，即开裆的单夹裤、开裆的丝绵裤和满裆的右侧开片(缝)裤。开裆裤的带子缀在腰部正中，开片裤的双带缀于右侧。

9. 抹胸与裹肚　实为女子内衣，抹胸略短，与今之乳罩相似；裹肚略长，与肚兜类似，颜色多用鲜艳的红色。福州出土的抹胸，表里均为素绢，双层，内絮少量丝绵，腰间各缀薄带以便系扎。

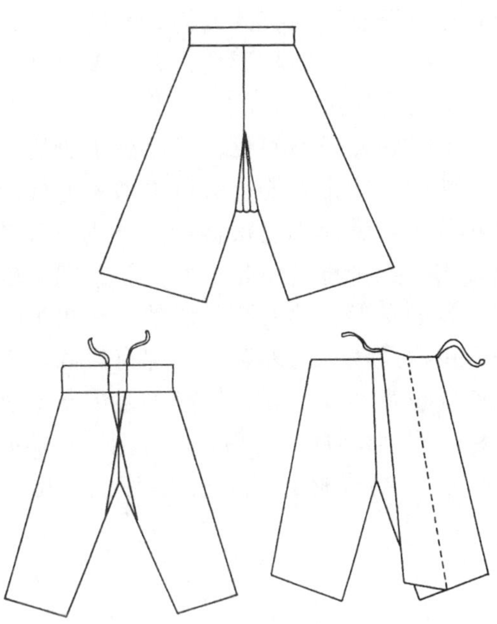

图 7-3-7 开裆裤和满裆裤示意图

图 7-3-8 戴盖头的妇女
（据宋李嵩《市担婴戏图》）

二、首服及面妆

1. 盖头　宋代受程朱理学影响，对妇女束缚日深，要求妇女无故不出中门，有事出中门要用布蒙面，出门要戴盖头。当时的盖头有两种形制，一种是在唐代风帽的基础上改制而成，即用一块帛巾，把覆盖头部的部分缝制成一个风兜，戴时套在头颅上，露出脸面，多余部分则披搭在背后。另外一种盖头的形制则比较简单，是一块五尺左右见方的帛巾，女子出门时可遮面，后成为女子出嫁时的必着首服，多为红色。

图 7-3-9 戴花冠的女子
（南薰殿旧藏《历代帝后像》）

2. 花冠　花冠始于唐，宋代在唐及五代的基础上又加以发展，有的用金银珠翠制成花鸟状簪钗梳篦插于发髻之上，有的用绢、罗、金、玉、玳瑁制成桃、杏、荷、菊、梅等花卉形状一同簪在发髻上，谓之“一年景”。

3. 冠梳　所谓冠梳是北宋时期妇女发髻上最有特点的一种装饰。一般用漆纱、金银及珠玉等制成两鬓垂肩式高冠，然后在冠上插以数把长梳。这种装饰始于宫

图 7－3－10　戴冠梳的妇女
（敦煌莫高窟宋代壁画）

中，后普及至民间，并成为妇女的一种礼冠。宋代女子的冠梳形象，在敦煌壁画中反映得比较具体。

宋时妇女仍饰面妆，但已少于唐代。始于南朝宋武帝时期、流行于隋唐五代的梅花妆，到宋代仍然很盛行。宋代妇女讲究画眉，无论皇后还是宫女，常常把眉画成宽阔的月形，然后在月眉的一端用笔晕染，由深及浅，向外散开，别有风韵。宋代妇女也带耳环，江西彭泽宋墓中出土过一种“S”形耳环，使用金丝打造，一端成尖状，一端成薄片状，在包片上浮雕花卉。

第四节　辽、金、元服装

一、辽代服装

辽为契丹族政权，契丹族是生活在我国辽河和滦河上游的少数民族。五代初，由于汉族人避乱涌入边境，加之采取一系列的积极措施，使其很快强大起来。公元 916 年阿保机在临潢（今内蒙古赤峰市巴林左旗附近）自立皇帝，定国号为“辽”。开始骚扰中原，由于宋王朝腐败无能，导致北宋每年要向辽进贡金银、丝绸、粮食等。1125 年，辽为女真所灭。

辽代男子有髡发习俗，就是将头顶部分的头发全部剃光，只在两鬓或前额部分留少量的余发作装饰，不同年龄有不同发式。女子发式比较简单，少时髡发，出嫁前留发，嫁后梳髻，一般为高髻、双髻和螺髻，也有披发的，额间以带系扎。另有一种圆顶小帽，戴时也用巾带系扎，并垂于脑后。辽代妇女崇尚黄粉涂面的习俗，俗谓“佛妆”。辽代除皇帝臣僚等具有一定级别的官吏可以戴冠以外，其他人皆不许私戴，甚至连头巾也不许系扎。中小官员及平民百姓只能磕头露顶，即使是在寒冷的冬天也是如此。

图 7－4－1　髡发的男子（宋人《还猎图》）

契丹族服装样式比较单一，以长袍为主，一般为左衽，区别于汉族的右衽，圆领窄袖，袍上有疙瘩式袢扣，袍带在胸前系结，下垂至膝，下穿套裤，裤管塞在靴筒内，腰上系带。男袍较短，露出革靴。长袍颜色大多比较灰暗，黑色、紫色、绀色比较常见，纹样装饰较为朴素。女式袍衫有直领和左衽两式，名为团衫。女子在袍内着裙，穿长筒皮靴。女子长袍一般长度曳地，因北方寒冷，袍子大多为兽皮，如貂、羊、狐等，以挡风寒，其中以银貂裘衣最为贵重,多为贵族所服。

辽国在北方同北宋对峙，两国之间在民族矛盾对立的同时也有广泛的经济文化交流,汉文化对辽国服制产生了巨大的影响。如辽国官员分为南北两班，皇帝和南班汉族大臣们穿用汉服，太后和北班契丹大臣们穿用国服。国服即契丹本族的服饰,契丹族的钓墩也曾在宋代妇女中广为流行,影响甚大,以至于北宋朝廷多次发诏书禁止妇女穿钓墩（即现代妇女的连裤袜)。

二、金代服装

女真族是中国东北地区历史悠久的少数民族之一，生活在黑龙江、松花江流域和长白山一带。10世纪时,女真族在辽的统治下。1115年,完颜部首领阿骨打在会宁(今黑龙江阿城市)建立奴隶政权,国号为金。1125年彻底推翻辽统治，并挥师南下，直捣宋朝，在与宋朝对峙数年之后被蒙古军所灭。

由于女真族生活的北方地区天气寒冷，服装材料多以皮毛为主。富者多用貂皮和青鼠、狐、羔皮,贫者服牛、马、獐等毛皮。夏天以纻丝、锦罗为习尚。女子着团衫,直领、左衽，颜色以黑、紫、绀色为主，下多穿黑紫色裙,裙上绣金枝花纹。亦着背子(习称绰子),与汉族式样稍有区别，多为对襟彩领，前齐拂地,百花绣金银线或红线。金人尚白,认为白色洁净，同时也和地处冰天雪地的地理环境有关。金人长期生活在北方，那里的冬季时间比较长，多冰雪，身穿白色服装可以和环境融为一体，从而实现保护自己，迷惑被猎目标的目的。金人的春装以鹘捕鹅、杂花卉为纹饰，秋装则绣以熊、鹿等山林动植物纹样，也同样出于这一目的。《金史·舆服志》称:“其衣色多白,三品以皂,窄袖,盘领,缝腋,下为积,而不缺绔。其胸臆肩袖,或饰以金绣，其从春水之服则多鹘捕鹅、杂花卉之饰，其从秋山之服则以熊鹿山林为文，其长中干,取便于骑也。”总体上看,金代建国后承袭辽制，服装仍较为朴素，体现出特定地理环境的服装特色。在发式上金代男女皆以辫发为习尚，惟男子辫发垂肩，女子辫发盘髻,也有髡发,但式样与辽相异。

图7－4－2　穿皮衣、戴皮帽、佩云肩的妇女
(张瑀《文姬归汉图》)

图7－4－3　穿皮衣、戴皮帽、登革靴的男子
(宋人《猎归图》)

三、元代服饰

元代统治者为蒙古族。蒙古族长期生活在今内蒙古额尔古纳河岸的密林中，后迁徙至漠北草原，与当地的突厥、回纥部落杂处，散居成许多互不统属的部落，以后经过近百年的吞并掠夺，最后由成吉思汗完成蒙古族的统一。公元1260年，忽必烈在开平（后改称上都，在今内蒙古自治区多伦县北石别苏太）登上汗位，后于1271年迁都燕京（改称大都，今北京），建国号为元。1279年，元朝统一了中国。

元代统一中国之时，尚没有完整的服饰制度。元代民族矛盾比较尖锐，其服饰制度也较为混乱。延祐元年参酌古今蒙汉服制，对上下官民服色等做了统一规定。汉官服式仍多为唐式圆领衣和幞头；蒙古族官员则穿合领衣，带四方瓦楞帽；男子平日燕居喜着窄袖袍，圆领下摆，腰部缝以辫线，制成宽围腰，或钉成排纽扣，下摆折成密裥，俗称"辫线袄子"、"腰线袄子"等。元代每年举行十余次大朝会，届时万千官员穿同一颜色、式样并加饰纳石矢金锦珠宝的高级礼服，称作质孙服。质孙为蒙古语一色之意。形制为上衣下裳相连，衣饰较为紧窄，下裳部分较短，腰间做无数襞积，还在衣的肩背间贯以大珠。质孙服的最大特点是冠帽、衣、履采用一色。在整个元代，这是最贵重的礼服，上自天子，下至百官，内廷礼宴都可着之。在质孙服当中，以天子的质孙服形制最为丰富。其冬服共有十一级，每级所选原料质地和色泽统一，衣、帽、履要相配。如果穿金锦蓢茸衣，则必戴金暖帽；穿红黄粉皮衣，则要戴红金答子暖帽；穿白色粉衣，帽则为白金答子暖帽。天子夏服的质孙服有十五个等级。天子之下的百官质孙服也有定制，冬服为九种，夏服为十四种，以质地、色泽区别，着时各按级别。

蒙古族男子无论高低贵贱，其发式皆剃"三搭头"。《蒙鞑备录》记载："上至成吉思汗，下及国人，皆剃'婆焦'，如中国小儿留三搭头，在腮门者稍长则剪之，在两旁者，总小角垂于肩上。"

元代男子首服样式有幞头及巾。公服多戴幞头，幞头的形制大致与宋代长脚幞头相同。巾则为平民百姓所喜爱。扎巾的方法各不相同，产生的效果也不一样。蒙古族男子另有一种用藤篾做成的"瓦楞帽"，帽檐有圆有方，或前圆后方，顶上装饰珠宝，以花样分别等级，位尊者饰以龙纹。也有戴大笠帽的。一般为冬帽夏笠。

图7-4-4　戴瓦楞帽、穿辫线袄的男子
（河南焦作金墓出土陶俑）

元代女子首服以"顾姑冠"为其特色，也叫"姑姑冠"。其形制一般用铁丝、桦木条或柳枝编成框架，冠体窄而高，通常高度在半米以上，框架外表则裱以红和青色的皮、纸、绒、绢等物。另饰以金箔珠花，冠顶还插有细枝条若干，饰以翠花、绒球、彩帛、珠串及翎枝等。元代的“顾姑冠”随元代的灭亡而消失。

图 7－4－5 戴瓦楞帽的男子
（南薰殿旧藏《历代帝王像》）

图 7－4－6 戴顾姑冠的皇后
（南薰殿旧藏《历代帝后像》）

元代的蒙古族妇女，多穿宽大的长袍。由于北方气候寒冷，皮毛衣料在冬季广泛使用，显贵者用珍贵的貂鼠，其次用羊皮。春秋季节的服装则用织锦、毡褐及绸缎等材料制成。所用颜色比较鲜明，如大红、鹅黄、绿、鸡冠紫等颜色。以左衽窄袖大袍为主，里面穿套裤，无腰无裆，上钉一条带子，系在腰带上。汉族妇女则沿袭宋制，穿着襦裙为多，有时在短襦之外，再加罩一件齐腰长的半臂。

第五节 宋元服装材料工艺及对外交流

中国传统的纺织手工业在宋代得到很大的发展，尤其是锦绣丝织工业进入全盛时期。丝织品的产量、质量与花色品种都有较大幅度的增长与提高。其种类繁多，锦有四十余种，著名的有苏州的“宋锦”、南京的“云锦”、四川的“蜀锦”，绢有五十多种，绫有二十七种，缂丝最费工，也最能表现微妙变化。河北定州的缂（刻）丝，用各种颜色的丝线，织出美丽逼真的花草鸟兽。京东单州的薄缣，每匹只有百铢（四两）重，望之如雾，这些都是丝织珍品。宋代的刺绣业十分发达，宫廷设置了刺绣的专门机构——“丝绣作”，并在都城汴京（今开封）设有“文绣院”。内有绣工三百多人，专门为皇室绣刺御服和装饰品，汴绣因而显赫一时。麻织业集中在东南地区。淮南、江南、荆湖、福建、广南等地，都产麻织布。在染织工艺中有织金处理，即在丝织物中采用加金的技术，这是元代的特色。织金锦，又称“纳石矢”。毛织物的制作也很发达，且大量镂金。棉织工艺在元代得到普遍发展，它代替了传统麻织品，实用、价廉、物美，为广大人民所欢迎，对服装的发展产生了重大影响。在各民族的接触和交往中，除了有自己特色的生产工艺外，各少数民族也接受了汉族文化及各种工艺制作方法。有的取得了突出成就，如西夏的皮毛工艺，金代中都大兴府被称为“锦绣组绮，精饱天下”。

图 7-5-1 （宋）云纹锦

图 7-5-2 （宋）紫地鸾鹊纹缂丝

宋元的对外贸易比唐代为盛，由于两宋时期大力奖励海外贸易，加上当时造船业的进步，指南针的使用，使海上交通极为便利。当时，亚非各国与中国通商的有五十多个国家和地区。中国输出的商品，主要是丝织品、茶叶、瓷器、铁器和农具等。对方主要输出的商品是沉檀香、茴香、犀角、象牙、珍珠、水晶等。两宋时期，中国和西亚地区的关系有进一步的发展，与阿拉伯地区的联系极为密切。中国的广州、泉州、扬州，则是阿拉伯商人频繁往来的地方，他们通常贩运香料、药材、犀角、珠宝到中国，再收购丝绸、瓷器等商品。阿拉伯人把阿拉伯文化，如天文、历法、医学等介绍到中国，又把中国文化传播到西方。中国的造纸术、炼丹术、火药、指南针等，就是由他们先后传播到非洲和欧洲，对西方文化的发展起了很大的作用。同这些国家和地区的交往，对我国的服饰文化和风尚都产生了深远的影响。

第八章　明代服装

第一节　概　　述

公元1368年，朱元璋领导的农民起义军推翻了元朝蒙古族政权，于应天府（今南京）建立起汉民族统治的明朝政权。明朝建国后，针对全国长期战乱后造成的土地荒芜，城池空虚的情况，采取了一系列休养生息，恢复生产的措施，如移民垦田，奖励开荒，减轻赋税徭役，推广桑棉种植等，使农业生产得到迅速的恢复和发展。随着生产力的提高和市场的扩大，工商业人口不断增加，新兴工业大量出现，染织业在一些地区出现了空前繁荣的局面。

1399年，建文帝朱允炆推行削藩政策，燕王朱棣公开反叛，发动了历史上称为“靖难之变”的皇位争夺战，夺权之后于1421年迁都北京。由此，北京成为全国政治、军事、经济、文化的中心。明代在对待少数民族部落上，采取了招抚与防范的积极措施。尽管在明朝近三百年统治中，也发生过“土木之变”，倭寇入侵、葡萄牙入侵等动乱，但各族人民仍在较为统一的局面中相互促进，共同生活。

明朝建国以后进行了一系列改革，从禁胡服、胡语、胡姓，对蒙古族生活习俗加以否定，整顿和恢复汉族礼仪。根据汉族的传统习俗，上采周汉，下取唐宋，对服饰制度做出了新的规定，废除了元代少数民族服制。由于明朝推翻了蒙古族的政权，却又为满族政权所灭，作为两个少数民族政权之间的汉族统治，明代将古代传统服装从多方面给予了巩固和完善，使汉民族的传统服饰得以保留和发展。明代服装的突出特点是用前襟的纽扣代替用了几千年的带结，明代服装的式样和种类仍然继承汉族传统，未作大的改变，但元代的辫线袄子腰围部分的纽扣形式，从明代开始普遍使用，这体现着时代的进步。女子服装的上衣明显拉长，减少了露裙的长度，衣领也从宋代的直领对襟改为以圆领为主。

明代植棉业的快速普及，使棉取代了丝、麻的地位，成为人们服装的主要原料，棉纺织业的发展使明代织物的纹样装饰丰富多彩，主要有云纹、如意纹、龙凤鹤纹以及花鸟虫蝶、吉祥器物、福寿字等组成的吉祥图案。

第二节　男子官服与民服

一、官　服

明代服饰改革中，最突出的一点是建国后恢复汉族礼仪，调整冠服制度。洪武三年（1370年），明代服制初步确定，主要有皇帝冕服、常服，后妃礼服、常服，文武官员常朝之服及士庶阶层的巾服等等。至洪武二十六年（1393年），又在原基础上大规模的调整，调整的范围相当广泛，明代的许多主要服饰都是这次确定的，以后的数百年都不曾有大的变更，只是在服装颜色及服装禁忌等方面做了更具体的规定。如不许官民人等穿蟒龙、飞鱼、斗牛图案，不许用元色、黄色和紫色等。明朝因皇帝姓朱，遂以朱为正色，因《论语》有“恶紫之夺朱也”，紫色自官服中废除不用。但到了明代万历年后，禁令松弛，鲜艳华丽的服装几乎遍及黎庶，至于仕宦日常便服，更非制度所能限制。到了明朝末年，无论是官员的朝服、常服或士庶之家的便服都有明显变化。

1. 朝服　明代百官服装考究、繁复，体现着森严的阶级等级制度。朝服以袍衫为习尚，头戴梁冠，着云头履。梁冠、佩绶、笏板的使用都有具体规定：公冠八梁，加笼巾貂蝉，玄笔，前后玉蝉；侯冠七梁、笼巾貂蝉、玄笔、前后金蝉；伯同侯，前后玳瑁，都插以雉尾；驸马同侯，但不插雉尾。官吏朝服不分文武，俱戴梁冠。以冠上梁数及所佩绶带分别等差。一品，冠七梁，革带用玉，绶用云凤四色花锦。二品，冠七梁，革带用犀，绶同一品；三品，冠七梁，革带用金，绶用云鹤花锦；四品，冠七梁，其余同三品；五品，冠七梁，革带用银，绶用盘雕花锦；六品七品，冠皆两梁，革带用银，绶用练鹊三色花锦；八九品，冠用一梁，革带用乌角，绶用鸂鶒二色花锦。所持笏板，也用定制，一至五品，质用象牙，六至九品用槐木。

2. 祭服　祭服最为尊贵，文武官参加祀郊庙、社稷，通用祭服。明朝初立，学士陶安即请制五冕。朱元璋认为古制太繁，于是删繁就简，规定皇帝“祭天地、宗庙，服衮冕。社稷等祀，服通天冠，绛纱袍。余不用”(《明史·舆服志》)。洪武二十六年（公元1393年)制定品官祭服。一品至九品都是皂缘青衣，白纱中单，赤罗下裳，赤罗蔽膝，赤白两色大带，革带，佩绶，白袜黑履。

3. 官服　明代官服有公服及常服之分，重大公务活动时穿着公服，在本官署处理日常公务则穿常服。

公服戴展脚幞头，着盘领右衽袍，这种袍制均为右衽大袖，袖宽三尺，材料用纻丝或纱罗绢。袍服所用颜色，也因级别而异：一至四品用绯色，五至七品用青色，八至九品用绿色。所织纹样，一品用大花，径五寸；二品用小朵花，径三寸；三品用散花，无枝叶径二寸；四品五品为小朵花，径一寸；八品以下官员，袍服无纹。

职官常服由乌纱帽、团领衫、革带三部分组成，是明代官吏一年四季最常用的服装，为常朝视事所用。常朝视事指职官在官署内处理公务。

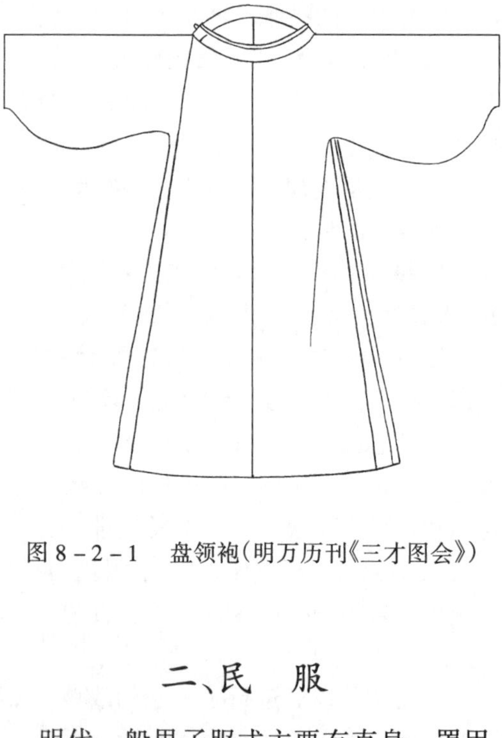

图 8－2－1　盘领袍（明万历刊《三才图会》）

二、民　服

明代一般男子服式主要有直身、罩甲、襕衫、裤褶、曳撒等，多承袭前代，仅在色泽、长短上有所变异。

1. 直身　是一种长衣，闲居、礼见均可穿着。以纱罗纻丝制作，大襟、宽袖，下长过膝，腰部以下有细裥。

2. 罩甲　罩甲有两种，一种为对襟，一般军民步卒等不得穿用，惟骑马者可用；一种不对襟，士大夫等可服。从形象上看，罩甲较比甲稍长，无袖。

3. 褶子　明代男子常用便服，不分尊卑，均可穿着，尤以官吏、士人所穿者多。其式或用交领，或用圆领，两袖宽大，下长盖膝，腰部以下折有细裥，状如女裙。直到今天，传统戏曲服装中仍保留着褶子这一名称，通常用于小生，只是形制上有些变化。

4. 曳撒　又作一撒，也是袍衫一类的服装。一般用纱罗纻丝制成，大襟、长袖。衣身前后形制不一，后为整片，前则分为两截：腰部以上与后片相同，以下则折有细裥，裥在两侧，中间无裥。曳撒明初被用于官吏及内侍。至明代晚期，演变为士庶男子的便服，居家、访友均可着之。

5. 襕衫　儒生、生员、监生等服襕衫，有的襕衫还缀有补子。

三、补　子

洪武二十四年，规定职官常服用补子分别品级，即用金线或彩丝制成飞禽走兽纹样缀于官服的前胸和后背，通常做成方形。文官纹禽，表示文明；武官用兽，表示威武。

图 8－2－2　文官补子图案

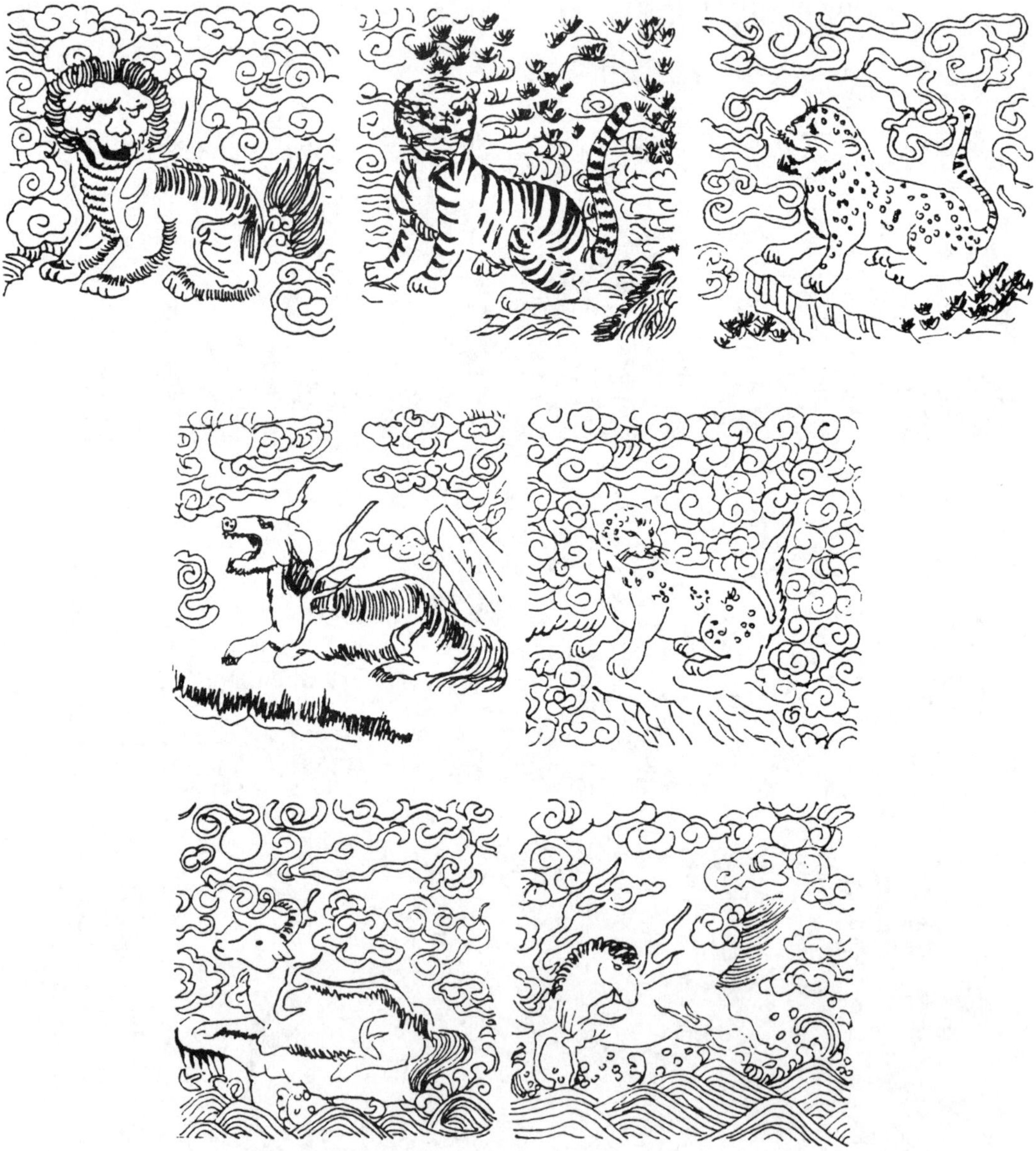

图 8－2－3　武官补子图案

补子所用纹饰也视身份而异：公、侯、驸马、伯用麒麟、白泽；文官一品用仙鹤，二品用锦鸡，三品用孔雀，四品用云雁，五品用白鹇，六品用鹭鸶，七品用鸂鶒，八品用黄鹂，九品用鹌鹑，杂职用练鹊；武官一品、二品用狮子，三品、四品用虎豹，五品用熊罴，六品、七品用彪，八品用犀牛，九品用海马。盘领右衽，袖宽三尺之袍上缀补子，再与乌纱帽、皂靴相配套，成为典型的明代官员服饰。

四、巾　帽

明代男子喜用头巾。这个时期的头巾和汉魏时期有所不同，一般都被缝制成固定的形状，使用时只要往头上一戴即可，无需系裹，据统计，在明代的二百多年时间里，先后出现过数十种款式的巾帽。除常服用的乌纱帽尤为突出外，其他巾帽，以网巾、四方平定巾和六合统一帽最为流行。

1. 乌纱帽　乌纱帽是明常服中常见的一种用乌纱制成的官帽。是由唐代幞头演变而来的一种圆顶官帽，分上下两层，两旁各有一翅，帽内用网巾来束发，制作时先用铁丝编制为框，然后在外表蒙以黑色漆纱。皇帝常服所戴的乌纱折上巾，样式与乌纱帽基本类同，惟将左右二翅折向上，竖于纱帽后，明代乌纱帽之制使乌纱帽成为官的象征。

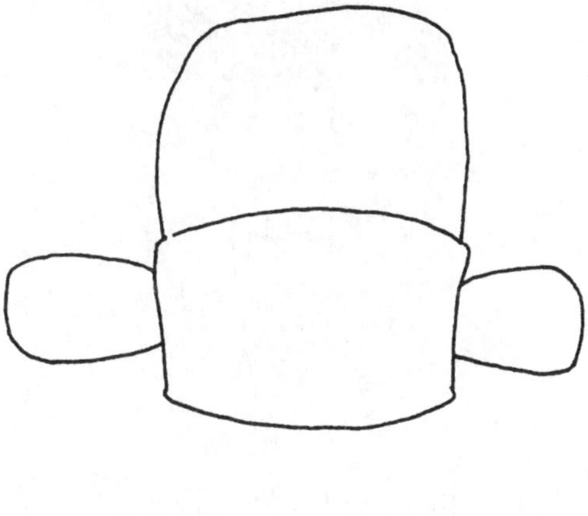

图 8－2－4　乌纱帽示意图

2. 网巾　网巾是一种系束发髻的网罩，为了不使发髻散垂，明代男子特用网巾包裹发髻。这种网巾形似渔网，通常以黑色的丝绳、马尾或棕丝编织而成，巾口用布制作，旁有金属小圈，用以贯穿绳带。网巾除了有束发的作用，还表示男子成年。一般衬在冠帽之内，也可直接露在外面。据说为明太祖提倡，因以落发马鬃编织，用绳收紧，也得个“一统山河”的吉祥美称。

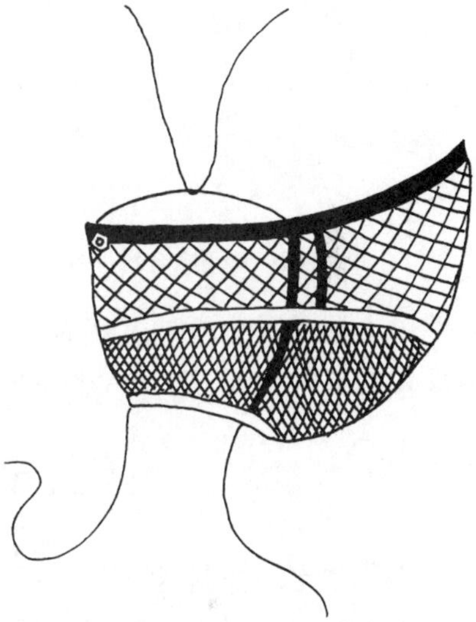

图 8－2－5　网巾

3. 六合统一帽　六合统一帽也称小帽，俗称西瓜皮帽，以罗缎、黑色绒等制作，裁为六瓣，缝合一体，下缀一道帽檐，故以“六合一统”为名，寓意为四海升平，天下归一。此帽为市民百姓所戴，这种帽子一直沿用到民国，甚至 20 世纪后半叶仍有老者戴用。

4. 方巾　四方平定巾也称方巾，以黑色纱罗制成，可以折叠，展开时四角皆方，故名。明太祖又以“四方平定巾”之名颁式天下，并规定儒生、生员及廪生等文职人士所专用。由于形制简便，戴着适宜，也为官吏所用，但只限于家居时所戴。

图 8－2－6　六合统一帽

图 8－2－7　四方平定巾(方巾)

除了上述三种巾帽外，还有沿袭前代、略有变化的各种巾式，为明代各阶层男子常用，如汉巾、唐巾、诸葛巾、山谷巾、老人巾、华阳巾、纯阳巾等。

第三节　女子冠服与便服

自周代制定服饰制度以来，女子宫冠规定变化不大。到了明代，在宋代汉族服制恢复的基础上，制定了一套较为完备的制度，其中对命妇服饰的要求非常严格，大体上可分为礼服和常服两种，礼服是命妇朝见皇后，礼见舅姑、丈夫及祭祀时的服饰，主要以霞帔、凤冠及大袖衫及背子组成。

一、冠　服

1. 凤冠　明初建国，规定皇后在受册、谒庙及重大明会时必须戴凤冠。明代凤冠形制较宋代复杂。洪武三年(公元 1370 年)规定：皇后凤冠，圆框之外饰以翡翠，上饰九龙四凤，另加大小花各 12 枝，冠旁各缀二博鬓(一种云形片饰，似下垂状的冠翅)，用 12 花钿。永乐三年(公元 1405 年)又有规定：冠用涂漆的竹丝，为圆框，外饰以翡翠，用翠龙九条，金凤四只，中间一龙口衔珠滴；冠上加有翠云四十片，大花十二枝，每枝上饰牡丹花两条；小花也用十二枝，两旁另附有“三博鬓”。凤冠比原来华丽。

图 8－3－1　戴翟冠的贵妇
(据明佚名《曹夫人毕氏像》)

2. 霞帔　早在魏晋南北朝时就已出现，形状像两条彩带，使用时绕过头顶披挂在胸前，下垂一颗金玉坠子。隋唐以后，人们常赞美这种服饰美如彩霞，所以有了霞帔之名。诗人白居易曾赞曰“虹裳霞帔步摇冠”。到了宋代，正式把它作为礼服。明代因袭旧制，并且在用色和图案纹饰上重新作了明细的规定，一般在大红色的大袖衫上披挂霞帔，且要用深青色绣花。命妇品级的差别主要表现在纹饰上。一品、二品命妇霞帔用蹙金绣云霞翟纹（即长尾雉），三品、四品命妇用金绣云霞孔雀纹，五品命妇用绣云霞鸳鸯纹，六品、七品命妇用绣云霞练鹊纹，八品、九品命妇用绣缠枝花纹。

图 8－3－2　穿霞帔的后妃
（据《岐阳世家文物图像册》）

二、便　服

明代妇女的服式主要有背子、衫、袄、帔子、比甲、裙子等，衣服的基本样式，大多采用唐宋之制，一般都为右衽，恢复了汉族的习俗。普通妇女的装束简朴，多以紫花粗布为衣，不许用金绣。袍衫只能用紫色、绿色、桃红等间色，不许用大红、鸭青与正黄色。

1. 背子　亦称褙子，背子在明代使用比较广，上用于皇后常服，下用于民女衣着，但形式与宋大致相同。一般分为两式：一是合领、对襟、大袖，为贵族妇女礼服；二是直领、对襟、小袖，为普通妇女穿着。

图 8－3－3　穿窄袖背子的妇女
（唐寅《簪花仕女图》）

2. 比甲　产生于元代，初为皇帝所服，后普及民间，成为一般妇女的服饰。比甲是一种无袖、无领的对襟衣，通常采用直领对襟，其样式类似后来的马甲，但比马甲长，下摆过膝，所用衣料以彩锦为多，有时还纳以棉絮，多用于乍暖还寒之季。

3. 裙　明代妇女下裳多穿裙，穿裤者甚少。裙子的颜色，初尚浅淡，虽有纹饰，但不明显。至崇祯初年，裙子多用素白，即使施绣

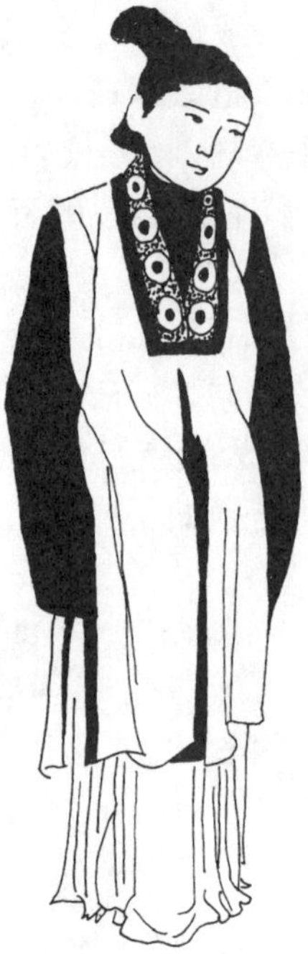

图 8－3－4　穿比甲的妇女(《燕寝怡情图》)

也仅在裙幅下边一二寸处，绣以花边作为压脚。裙子式样讲求八至十幅料，甚至更多。腰间细缀数十条褶，行动起来犹如水纹。后又时兴“凤尾裙”，即用绸缎裁剪成大小规则的条料，每条绣以花鸟图纹，两边镶以金线，然

图 8－3－5　穿襦裙、围裳、披帛的女子
(唐寅《秋风纨扇图》局部)

图 8－3－6　穿襦裙、披帛的女子
(仇英《汉宫春晓图》)

后拼制成裙，更有以整段折以细缝，做成“百褶裙”，这都与当时纺织技术的进步有着密切关系。

4. 水田衣　明代水田衣是一般妇女服饰，是一种以各色零碎锦料拼合缝制成的服装，形似僧人所穿的袈裟，因整件服装上下大小不等的衣料呈纵横交错之势，形如水田而得名。水田衣在唐代就已出现，王维诗中就有“裁衣学水田”的描述。它具有其他服饰所无法具备的特殊效果，简单而别致，在明末妇女中赢得普遍喜爱。水田衣的制作，在开始时还比较注意织料的匀称效果，各种锦缎料都事先裁成长方形，然后再有规律地编排缝制成衣。到了后来就不再那样拘泥，织锦料子大小不一，参差不齐，形状也各不相同，与戏台上的“百衲衣”(又称富贵衣)十分相似。

三、发　饰

明初妇女发髻基本保持宋、元时的式样。嘉靖以后，变化渐多。这时期的妇女发髻

有梳成扁圆形、顶部簪宝石花朵的“挑心髻”;有将汉代堕马髻稍做变动,将侧垂髻梳成后垂状的;也有将发向上梳起,以金银丝绾结,顶上装点珠翠如纱帽般的高髻。

明代另有牡丹头,是将头发梳至头顶部,用发箍或丝带扎紧,然后将头发再分成几股,每股向上卷至顶心,再用发簪绾住。梳成的发式犹如一朵盛开的牡丹,故名“牡丹头”。与此梳法相似,只是变换卷发形式的还有“荷花头”、“芙蓉头”等,也是当时常见的发式。

明代戴假髻的现象也很普遍。假髻有两种形制,一种在本身的头发上掺入部分假发,并衬以特制的发托,以抬高发髻的高度。另一种假髻则全部用假发制成,使用时直接戴在头上。到明末,假髻的名目更加繁多,有“罗汉髻”、“懒梳头”、“双飞燕”等等。

妇女当时盛行戴珠箍。珠箍是以彩色丝带穿以珍珠悬挂在额部,也是明代妇女发上的特殊装饰。珠箍原是富贵人家妇女的饰物,后来流行至一般妇女。年轻妇女还有戴头箍的风尚。式样用料不一,冬季多用毡、绒等,制成中间窄两头宽的形状,外表覆以绸缎加以彩绣。考究的还要缀以珠宝,两端有扣,用时围绕额上,扣在后面。因有御寒作用,又称“暖额”。富贵人家妇女冬天用水獭、狐、貂等兽皮制成的暖额,围在额上如兔蹲伏,故又名为“卧兔”。

用鲜花绕髻,也是明代妇女的时兴装饰。鲜花亮丽、清香,妇女簪于发际,起坐、行走,都给人以神清气爽之感,这确是当时妇女的一个聪明的装饰手段。

图 8-3-7 围“抹额”的妇女
(据《故宫珍藏莤美图》)

图 8-3-8 戴“卧兔”的妇女
(据《故宫珍藏莤美图》)

第四节 明代服装材料工艺及对外交流

明代纺织业是在元末战乱基础上恢复发展的。染织业在一些地区也出现了空前发达的盛况。苏州是明代纺织业的中心,纺织品种繁多,出现许多新型的纺织花样。对织物的加金不仅限于锦,还出现了金丝绒、织金妆花布、织金妆花绢等新花样。明代织锦是有名的工艺品。定陵出土的袍服及成匹织锦,图案极其美丽。虽在地下300余年,出土时仍然金光闪闪。尤其是孝靖皇后用的一件罗制百子衣,上绣双龙寿字,周身用金线绣松、竹、梅、石、桃、李、芭蕉、灵芝八宝及各种花草,并绣有百子。百子姿态各不相同:有捕捉小鸟的,有因猫捕蝶而按住打猫的,有捉迷藏的,有登上凳子摘桃的,有围在一起戏鱼的,有在水盆中洗澡的,又有在旁边喷水的,有放风筝的,有执伞盖的,有跳绳的,有看书的,也有假装教书先生的。神态自然,惟妙惟肖,反映了明代丝织工人高超的织绣技艺。植棉在明代很快遍及全国,棉纺织业也迅速发展,棉花的生产和织造已经取代丝、麻的地位,成为人们服装的主要原料。提花织布技术的改进提高,能织出各色奇巧的花布,棉织品的质量得以提高。在各种纺织技术水平提高的前提下,明代织物的纹样装饰丰富多彩。其纹样主要有云纹、如意纹、龙凤鹤纹以及花鸟虫蝶、吉祥器物、福寿字等组织起来的"吉祥图案"。在发掘湖南衡阳明代墓葬时,发现了近百件丝、麻、绸、棉的陪葬服饰,纹饰中有凤鸟纹、菊花纹、回纹、云纹及缠枝花卉纹等,不仅工艺精美,制作精细,且式样繁多,品种齐全。

明代蚕织业日益发展,苏湖地区、珠江流域蚕桑十分兴旺,而棉布生产规模已经超过了麻布,著名的工艺精品——提花丝绒就是明代匠人的杰作。

明代注重对外交往与贸易,其中郑和七次下西洋,在中国外交史和世界航运史上写下了光辉的一页。郑和的远航,促进了中外经济文化交流,增进了中国同亚非各国的交往。郑和所到之处,均随船带去中国的丝、茶、漆、瓷等物,换回各国奇珍异品。南洋及西亚、东非各国在郑和访问之后,纷纷遣使入贡,促进了海外贸易,也推动了中国商品经济和手工业生产的发展。由于航行频繁,使中国至西亚和东非一带的航道畅通而稳定,大大有利于中国文化西传和西方文化的东来。

图8-4-1 如意纹

图8-4-2 菊花纹

第九章 清代服装

第一节 概　述

一、满族入关前后服饰的改革

满族原居于我国东北长白山一带，后迁到赫图阿拉（今辽宁省新宾），清太祖努尔哈赤将其扩建成为兴京城。其后，满人又相继吞并哈达、辉发、叶赫、乌喇以及内蒙和东北各部落，到天命元年（公元 1616 年）定国号金（后金）。清代的国姓爱新觉罗在满洲语中就是“金”的意思。顺治元年，旗人趁明朝没落、李自成农民政权还没有完全稳固的机会，在原明朝山海关总兵吴三桂的帮助下发兵入关，建立了清王朝。

清王朝建立初期，虽然旗人在中国北方建立了清贵族政权，但是南方大部分地区还在拥护明统治者的势力当中，民间反抗的力量依然起伏不定。因而在包括服饰制度的诸多方面仍然保持着两个民族之间暂时的妥协。顺治二年，清统治者权力已得到初步巩固，南方各省也全部在其控制之下，统治者在服饰方面也进行了重大变革。首先是严令汉族官民依照满族的制度剃发留辫；其次就是在顺治三年十二月制定了服饰制度，当时剃发易服的法令严峻，如有不遵者会受到严厉的镇压，故有“留头不留发，留发不留头”的说法。

为了配合剃发易服，在原有满旗服制的基础上，清政权先后以明确的法规的形式对各种冠服的形制进行了规定。

二、清代服饰的总体特征

清代在服饰制度上坚守其满旗旧制，根本废除了明朝的服制。其衣冠的形式，尤其是男子服饰在相当长的时间内，都保持着极其鲜明的满族人的服饰特征。其中最显著的就是将汉人的宽衣大袖，改为窄袖紧身的样式，而其最具特色的结构就是“马蹄袖”。这种结构可以方便地卷上、掩下，可以有效地保证双手在北方寒冷的气候条件下进行更灵活有效的操作。另外，清代上衣都用纽扣做连接件，这使着衣的程序得到极大的简化，也为衣襟和衣领的形式和结构设计提供了更多的变化。

随着满、汉两族人民在经济、文化上日益深化的交流与融合，满族人的服饰习惯产生了一些变化。虽然清廷严令禁止满人和官员着汉服，但仍有许多人因慕风羡雅私自尝试汉衣，其中也包括乾隆皇帝，他“屡衣汉服，且竟欲易之”。另外，清代也直接沿用了前代的某些服饰形式，其中最明显的是清代继承了明代服装上的补子，只不过明代的补子是用于常服之上，而清则将其用于官服上而且式样略小而已。其次，明以靛染天鹅翎缀于红笠上，以一英、二英、三英来分别贵贱，而清也用羽翎（孔雀尾）垂于冠后，以单眼、双眼、三眼和没有眼的蓝翎来分别其贵贱；明代用金、玉做帽顶，清代帽顶也用珠玉、珊瑚、宝石、金银等材料，不过厘定更为详悉。其实明朝这种有顶的帽子也是袭自于元代；清完全沿用了明代民间的毡帽；清命妇冠上所缀的金凤、金翟及其有关数目和等级的规定也都承袭明制。

清朝自乾隆以后，政治日趋腐败，统治

阶级对广大劳动人民的压榨更加残酷，阶级矛盾日益尖锐，农民运动风起云涌。清政权对内镇压人民，对外屈辱于帝国主义列强的强权势力，建国初期的昂仰劲旅已经变成死气沉沉的怯军。为了挽救其封建王朝，在“中学为体，西学为用”的思想指导下，清在同治四年开始向国外派遣留学生。光绪二年又选派武弁到德国学习水军、陆军等方面的知识和技术。这些留学生在国外接触和学习了许多先进的科技知识的同时也接受了许多开放的思想和包括服饰在内的一些西方的生活习惯。有的人剪去了发辫、改穿西式服装，而回国以后只能穿清式服装、戴假发辫。因当时按西洋体制操练新军，学生也学习西学，所以军队和学生采用西式的操衣、操帽和军装、军帽。到宣统二年（公元1919年）开始准许臣民自由剪发，但因为积习太久和清政府内部顽固派的阻挠，这一措施直到辛亥革命后才得以实行。

清代男子的冠有朝冠、吉服冠、常服冠、行冠、雨冠；衣有衮服、朝服、补服、公服、龙袍、蟒袍、常服袍、行袍行裳、端罩、行褂、马褂、常服褂、雨衣雨裳；军人士兵有甲胄、军服、军帽；学生有操衣操帽及便服、便帽等。

清代命妇的冠服大抵与男子类似，有朝冠、朝褂、吉服褂、朝袍、蟒袍、常服袍、行袍行裳、龙褂龙袍、蟒褂蟒袍及从前朝沿袭下来的披风、常袍、长背心、短马甲、衣、裤、裙等。

第二节　男子服装

一、清代男子官服

清朝的吏制，自上而下有皇帝、皇太子、皇子及亲王、奉恩将军；公主的夫君（额驸，汉称驸马）等皇族的宗室及亲属；此外是异姓封爵的民公、侯、伯、子、男、文武一品至九品官员、未入流的品官以及进士、举人、中试贡士、贡生、监生、外郎耆老、从耕农官；一等、二等、三等侍卫、侍臣等。清代主要根据官员冠上的顶子、花翎，补服上所绣的禽鸟和兽虫以及杂色纹样来区别其官职品级。

（一）服饰

1. 衮服　这是在汉族人固有的服装形式，清朝对其略加改动，仅供皇帝在祭圆丘、祈谷、祈雨等场合使用。石青色，绣五爪正面金团龙四团，左肩绣日，右肩绣月，前、后篆文寿字与五彩云纹相间。

2. 朝服　有冬夏之分，是上衣连下裳的一种服装形式。皇帝的冬朝服有二种款式，都用明黄色。第一种用披领及裳，表面用紫貂，袖口用薰貂，两肩和前后绣正龙各一，襞积（打裥）处行龙六，衣前后绣十二章花纹，间以五色云纹；第二种是披领及袖用石青色片金加海龙缘，两肩前后绣正龙各一，腰帷行龙五，衽（衣襟）正龙一，襞积处团龙各九，裳正龙二，行龙四，披领行龙二，袖端正龙各一，前后衣裳绣十二章花纹，相间以五色云纹，下幅绣八宝平水。其中的十二章花纹是沿袭中国古代的纹饰。

夏朝袍也用明黄色，惟常雩祀时用蓝，夕月时用月白色，其他的规定与冬朝服第二款相同。

皇子用金黄色，亲王、郡王则用蓝色及石青色，若经赐许可以使用金黄色，贝勒不准使用金黄色，此下官员都使用石青或蓝色和其他颜色。朝袍上不能用十二章纹饰。

民公冬朝服，一式为蓝及石青等颜色都可以使用。披领及裳表以紫貂，袖端用薰貂，两肩前后绣下蟒各一，襞积处行蟒四，皆为四爪，曾赐五爪蟒者亦得用之。自侯、伯以下至文三品、武四品官，有职掌大臣、辅国将军、县主额驸、男、一等侍卫同；二式披领及袖片金加海龙缘，腰帷行蟒四，中有襞积，裳行蟒八，披领行蟒二，袖端正蟒各一，下幅八宝平水，侯、伯下至文武四品官、奉恩将军、县君额驸同。夏朝服，蓝及石青诸色随所用，片金缘，余制如冬朝服二。

自文五品官到文武六、七品用石青色加片金缘，云缎前后用方裥，行蟒各一；文八品至文武九品，石青云缎。

举人、贡生、监生、生员等公服袍用青绸及蓝绸；从耕农官用青绢。

3. 龙袍　只限于皇帝、皇太子穿用袍服，皇子只穿龙褂。

4. 蟒袍　绣蟒纹的袍服，上自皇子下至九品、未入流官员都可穿着，并以服色及所绣蟒纹的多少来分别官职。皇太子用杏黄色，皇子用金黄色，亲王、郡王须经赏赐才可使用金黄色，自贝勒以下民公以上，曾赐五爪蟒缎者才能穿用；武二品和文三品以上绣九蟒，文四品以下绣八蟒，文七品以下绣五蟒，都是四爪。

5. 补服　也叫补褂，前后各缀有一块补子，形式比袍短比褂长，平袖口，对襟，所以称“外褂”或“外套”，是清代主要的官服形式，穿用的时间和场合最多。这种服装用补子来表示官员职位差别，所谓的补子，就是绣有禽鸟和野兽的纹饰。《大清会典图》规定如下：

皇子龙褂用石青色，绣五正面金龙四团，两肩及前后各一团，间以五彩云。亲王补褂绣五爪金龙四团，前后正龙，两肩行龙，用石青色，凡补服的服色都如此。郡王，绣五爪龙四团（前后二肩各一）。贝勒，绣四爪正蟒二团（前后各一）。贝子，绣五爪行蟒二团（前后各一），固伦额附同。镇国公，绣五爪行蟒二方，前后各一，辅国公、和硕额驸、民公、侯、伯补服制同。凡都御史、副都御史、给事中、监察御史、按察使、各道的补服都绣豸。从耕农官，绣采云捧日，神署文武生袍用方襴，绣金葵花，和声署乐生则黄鹂。

补子的前后变动也不大，在顺治初期略与后期有些不同，如贝勒用四爪二团龙补，贝子同贝勒等。

6. 端罩　是供职位比较高的和皇族近臣及侍卫所穿用的，形式同补服相似。清代裘皮一般是毛在里面，而端罩是毛露在外表的，有点像后来妇女们所穿的西式翻毛皮大衣。

皇帝的端罩，用黑狐、紫貂，用明黄缎衬里，左右各垂二带，带式是下阔而尖，颜色正反面都一样。

皇子用紫貂，金黄缎做里；亲王、郡王、贝勒、贝子、固伦额驸用青狐，月白缎做里；镇国公、辅国公、和硕额驸用紫貂，月白缎里；民公、侯、伯下至文三品、武二品用貂皮，蓝缎做里；一等侍卫用猞猁狲，间镶以豹皮，月白缎里；二等侍卫用红豹皮，素红缎做里；三等侍卫用黄狐皮，月白缎里，蓝翎侍卫同。

7. 常服褂　即“外褂”，但不缀补子，袖端平，亦对襟式，皇帝用石青色，花纹则随所用，余亦如此。只是在会典中皇帝常服褂上绣双龙团花的图案。

8. 常服袍　是一种平常穿的袍子，颜色和花纹无特殊规定，只是皇帝宗室用四开衩的式样。

9. 行褂　比常服褂短，衣长与坐时齐，袖长及肘。亲王、郡王以下文武品官用石青色；领侍卫内大臣、御前大臣、侍卫班领（长）、护军统领、健锐营翼长用明黄色，诸臣得有赐黄马褂者才能穿着；其他如八旗中四正旗副都统、正黄旗人色用金黄；正白旗、正红旗、正蓝旗人各按其旗色着装；镶黄旗、镶白旗、镶蓝旗人用红色缘，镶红旗人用白色缘；其他如前锋参领、护军参领、火器营官都遵从这一制度；豹尾班侍卫，用明黄色；健锐营前锋参领，色用明黄蓝缘，营兵色用蓝，明黄缘；虎枪营总统领，用明黄，领左右端青缘直下至前裾；枪长用红色，领左右端青缘；营兵用白色，领左右端青缘，都直下至前裾；火器营兵色用蓝，白缘。清朝一般庶官以及扈行者都可以穿着行褂，不过不能用黄色。

10. 行袍　其形制同常服袍，只不过衣长比常服袍减短十分之一，右面的衣裾下短一尺，以便于乘骑之需，故又称之谓“缺襟袍”，平时即把这短缺的一幅用纽扣挂齐，就同常服袍一样。臣工扈行、行围人员，都使用这种行袍，庶官也都穿着。这种行装也可当作礼服用，比如文武官员出差、谒客不必外加外褂，用对襟的大袖马褂加上即可。另外在故宫博物院有一种后面也将下裾用纽扣扣在行袍上的服装形式，也是为了乘骑时的方便，不用时即将扣放下。

11. 行裳　左右各一片，就像随侍的甲裳的形制，上用一横幅以带系之，用毡或袷，冬用裘皮作面，较高档的用鹿皮、黑狐，扈从随行者以及庶官都可以穿用。

12. 雨衣　有三式，一如常袍而袖平，或加马蹄袖用纽扣之；二如常服褂而加领；三如常服褂。惟皇帝用黄色油绸，皇子下至文武一品、各省巡抚用红色，余用青色。

（二）附件

1. 花翎　即冠上向后下垂拖着的一根孔雀尾的翎羽，也叫做孔雀翎，尾端有像眼睛而极灿烂鲜明的一圈，叫做眼，有单眼、双眼、三眼花翎之别，没有眼的叫蓝翎。冠上缀一根用玉或珐琅或花瓷做的翎管，管内插以翎羽。《分甘余话》载：“本朝傍卫皆于冠上戴孔雀翎，以目晕（即所谓眼）之多寡为品之等级。武臣提督及总兵亦有赐者，后文臣督抚亦或蒙赐得之者为幸。”按《大清会典》定：贝子戴三眼孔雀翎，根缀蓝翎（即在翎管内）；镇国公、辅国公、和硕额驸戴二眼孔雀翎；内大臣，一等、二等、三等侍卫，前锋、护军统领，前锋、护军参领，诸王府长史，一等护卫戴一眼；贝勒府司仪长，王府、贝勒府二、三等护卫等戴染蓝翎等。各省驻防之将军，副都统并督抚、提镇蒙赐者止戴一眼花翎。《清朝续文献通考·陆心源翎顶补服考》载：“敬案会典，贝子、固伦额驸戴三眼孔雀翎，镇国公、辅国公、和硕额驸戴双眼孔雀翎，此爵翎也；其职任之戴翎者，领侍卫内大臣、侍卫、銮仪卫……品官功高者，亦得特赐双眼花翎。”所以能戴花翎者，一是有爵位所规定；二是接近于皇帝的近侍者和王府护卫人员；三是禁卫于京城内外的武职营官；四是有军功者；五是特赐者。亲王、郡王、贝勒都不戴花翎，惟在领兵及随围时可以戴，但在正式典礼时仍不戴。到乾隆时由于亲王兼办将军军务，所以也戴三眼花翎。嗣后屡有赏赐，因而郡王等也戴了。如扎拉丰阿加恩封多觉郡王，赏戴三眼花翎；福康安带领将弁赏戴三眼花翎；同治间，郑亲王、瑞敏郡王子贝勒戴漪也赏戴三眼花翎等。

在外的武职官员如将军、提督按例不戴花翎。康熙间福建提督施琅以平定台湾功居第一，本来是赏封侯爵，但他却不愿高爵而只恳请赐戴花翎，于是特旨赐戴之。因此，后遇有军功就辍加赏戴花翎。

花翎本以三眼为最贵，康熙时某皇子也想戴花翎，于是康熙帝特制五眼花翎赐之。自后福文襄公立有大功，也得四眼花翎，此皆异数。另有凡皇室子弟年十二时，能赐射箭者，也给花翎，但无冠顶，因名曰“空花翎”。在后期的汉人中，李鸿章曾赏戴三眼花翎，曾得赐服方龙补服。曾国藩、曾国荃、左宗棠赏戴双眼花翎。

清初花翎极为贵重，汉人和外任文臣等极少有获得赏戴的人。至后期清政府用军频繁，动辄就以花翎为赏赐，因而汉人封爵赏戴花翎的以及文臣兼提督巡抚衔的都得以戴。到道光年间又开捐官的案例，使花翎蓝翎尽人均可捐而得之，本来花翎是由内廷颁发，到此也可自置戴用。及至光绪间又有用花翎线扎成的，远望之似花翎，至此，花翎的名贵地位已经下降到了最低点。

2. 被领　加在项间而掖之于肩上，两隅略呈尖锐状，在朝服中已述及，有冬夏二种，冬天用紫貂或用石青色而加以海龙缘镶；夏天用石青加片金缘边。是文武大小官员在穿大礼服时所用的配件，命妇也如此。

3. 硬领、领衣　清代的礼服按例是没有领的，要另在袍上加硬领，其面料春秋二季用湖色的缎，夏天用纱，冬季用皮毛或绒，有丧的人用黑布。领衣是连结于硬领之下的前后二长片，有些像长长的牛舌，所以人称“牛舌头”。考究的用锦缎为面料或绣花装饰，领衣之外则加外褂，如穿行装则着于袍的里面(见图 9-2-1)。

图 9-2-1　清领衣

4. 马蹄袖　凡礼服的袖端，都做成马蹄形，因其形似马蹄而名之。男子及八旗妇人皆有。在便服衣袖的夹缝中用纽扣将另制的马蹄袖扣上，像不开气的袍子，俗称为“龙吞口”，有时权作礼服之用，礼毕解下则仍作为常便服使用。

5. 朝珠　挂在颈项间垂于胸前，由 108 颗圆珠串成，无疑是源于佛教的数珠，也是随官品而挂用，质料也各不相同。朝珠用细条贯串，有后引垂于背后。朝珠上还附有三串小珠，其中两小串是男在左面，女在右面，一小串则女在左面，男在右面。贯串的条线，皇帝用明黄条，而下则为金黄条及石青条。定制朝服用朝珠三盘，吉服则用一盘。挂朝珠自亲王以下至文五品、武四品以及京堂、翰、詹、科、道、侍卫及六品以下礼部主事、司务；光禄寺署正、署丞、典簿；太常寺博士、典簿；国子监监丞、博士、助教、学正、学录；太常寺读祝官、赞礼郎；鸿胪寺鸣赞，坛庙执事；殿廷侍卫得挂。内廷行走人员则不分品级都得悬挂。

按例文职五品以下官不得挂朝珠，但因有兼充他官而可以挂的情况，如内阁中书严长明任中书时充方略馆官职，由于馆局在内廷则而被准许挂朝珠。以后就变为即使不兼馆差的中书也都挂了。更后又以举贡面议叙为中书衔者，甚至捐纳为科中书者(从七品)也都挂了。此系辗转僭用而成习惯，有人嘲内阁中书诗云：“莫笑区区职分卑，小京官里最便宜……有时溜到军机处，一串朝珠项下垂。”嗣后如编修(正七品)、检讨(初从七品)也可以挂了，这都是因为接近内廷的原因。

6. 腰带　有朝带、吉服带、常服带、行带，除朝带在版饰上及版形的方圆有定制外，其余三种带版饰上随所宜而定。

按定例，带色宗室用黄，觉罗用红，余皆用石青或蓝色，或用油绿织金者亦可，故称宗室为黄带子，觉罗为红带子。如乾隆五十三年二月甲午朔渝：“宗室人等束用黄带，示尊重也。觉罗人等当束红带，前已节经降旨禁止潜用，今见觉罗人等，带色又渐似黄，竟无分别，断乎不可，著交宗人府八旗通行严禁，觉罗等嗣后务遵原定颜色，不可僭越滥用，如再查出，务将其人从重治罪。”可见腰带，所饰珠宝玉石，镶嵌之费和极严谨的带色的差别，是身份地位的重要标志。

7. 靴 天聪六年（1632年）定平常人不准穿靴，其后文武各官及士庶都着靴，惟平民、伶人、仆从等例不着靴。清代的靴都作尖头式，《京都竹枝词》时尚门有："尖靴武备院称魁"，注谓近时尖靴，必须武备院样式，惟着之入朝者则为方头，当亦沿明代的制式。靴之材料，夏秋用缎，冬则用建绒，有三年丧者则用布。自嘉庆开始凡军机大臣皆着绿牙缝靴。靴之底均厚，以嫌其底重，乃用通草做底，也叫做篆底，后乃改为薄底，叫做军机跑，也取其便于行走之故。

二、日常服装

除以上官定服饰以外，人们日常穿用的服装，其中包括品官及低级役使等所使用的便服主要有：

1. 马褂 清代在长衣袍衫之外，上身都加穿一件马褂，马褂较外褂为短，衣长仅到脐部。马褂有长袖、短袖、宽袖、窄袖，对襟、大襟、琵琶襟等款式，它的袖口是平的，不用马蹄袖。

对襟马褂，初尚天青色，至乾隆中尚玫瑰紫，末年福文襄公好著深绛色，人们也都效之，谓之"福色"。嘉庆时尚泥金色及浅灰色，夏天用纱制则都用棕色，其中大袖对襟马褂，可以代替外褂而作为正式的行装，用天青色，大小官员在会客时也可以穿用。其中袖较窄而衣身又较长的款式，也叫做"长袖马褂"，有"阿娘袋"，"卧龙袋"之称。

大襟马褂，即衣襟开在右边，其四周用异色为缘边，属于便服类。琵琶襟马褂，右襟短缺，与缺襟袍相类，也叫做"缺襟马褂"。

马褂在嘉庆年间往往用如意头缀缘，到咸丰、同治间又作大镶大沿，到光绪、宣统间尤其在南方把它减短到脐部之上，用铁线纱、呢、缎等为面料，颜色多为宝蓝、天青、库灰等，甚至有用大红色的。

翻毛皮马褂，即将毛露在外表的一种马褂，开始于乾隆年间，初则尚极稀少而奇异，到嘉庆间在冬季达官富人无人不穿此种翻毛马褂，面料用贵重的玄狐、紫貂、海龙、猞猁狲、干尖、倭刀、草上霜、紫羔等，有丧者则用银鼠、麦穗子（俗称萝卜丝）等。

2. 马甲 或叫做"背心"、"坎肩"，也叫做"半臂"，用皮制作，衬于袍套之内，如果乘马行走觉得热时，就探手于内解掉上排纽扣，再曳下使仆从解二边的纽扣拉引而脱掉它，可免换脱外衣之累。后来就穿在外面，俗称"十三太保"。单、夹、棉、纱都有。向例为王及公主能服，清后期便人人都穿了，式样又做得短小，只及腰下。也有琵琶襟、大襟、对襟等款式，四周和襟领处并镶以异色边缘。奴仆等用红、白鹿麂皮。一般人的用料及颜色和马褂差不多，在苏州地区则喜欢用黑色，后来也改用他色。

3. 衫、袍 初期尚长，顺治末减短到膝，其后又加长至髁上，并且往往把本做御寒的衣料作为单衣，如陕西的姑绒本应为取暖的衣料，却把它做成单衫，本应作暑热时的轻纱类的衣料反被作为棉、夹袍绵褂之用，所以有"有里者无里，无里者有里"的谚语。袍衫在同治年间还比较宽大，袖子有至一尺余大的。光绪初还如此，至甲午、庚子之后，变成极短极紧之腰身和窄袖的式样。因其款式窄小缠身，衣长覆足，袖仅容臂，形不掩臀，着装者行动受到极大束缚，服装也极容易撕裂。

在衫袍外面，往往上身加穿马褂或罩以紧身较短的马甲，有的在腰间束湖色、白色或浅淡色的长腰巾。马甲面料用绸、纱、缎；宝蓝、天青、酱色、元色、泥金等颜色较为时尚。衫袍色大多为月白、湖色、枣红、雪青、蓝、灰等，一般都穿浅色的竹布长衫，单着或罩在袍袄外，形成上身深（指马褂、马甲的色）而下半截浅的色调组合。

4. 衬衫 与长衫的形式类似，其作用一

是衬在礼服内，补填开衩处的缝隙，二是保护贵重细毛皮袍的毳毛，使其不致磨损。也有用不同面料在腰迹线上拼接的款式，叫做“两截衫”。其颜色在清初期尚白色，以后有蛋青色的，在嘉庆时优伶有用青色倭缎沿边的款式，其面料也是以白色为主。

5. 短衫、袄　是普通的日常服装。在江南的农村，男女都在衫袄外面配用一条短的或一条长的腰裙，着短裙便于劳作，而长裙较适合于访家做客时穿用。其颜色多用浅蓝和蓝色。

6. 裤、套裤　有单、夹、棉、皮之分，套裤的形式为上口尖而裤管平，穿时露出臀部及大腿后上部分。采用缎、纱、绸、呢等面料。男子、满族妇女和苏北妇女多穿用。在山西一带有用满裆裤做成套裤款式的男装。江苏的农民在田中劳动时穿的牛头裤是一种短款的套裤，这种服装极适合于跪或蹲在水田中工作。

由于北方气候寒冷，大多数的裤在近踝骨的地方用形状扁宽的扎脚带扎扣，扎脚带的末端有装饰性的流苏。冬天的棉裤也是如此，南方也有仿效而类似的款式。

7. 鞋、靴、袜　鞋有薄底、厚底，厚底的款式底厚有一寸左右，面料大多采用缎、绒、布，鞋面浅而窄，也有鹰嘴式尖头鞋的款式，也有鞋帮刺花或鞋头呈如意头挖云形状的款式，鞋面上有单梁、或双梁。

袜有长统和短统，上海有在袜上刺花纹的样式。靴在早期一般士民是不能着的。到宣统年间，绅士、富商等都喜欢着靴了。草鞋、芦花鞋等为一般劳动者所着。钉鞋为雨天所用；拖鞋在清末上海男女都喜欢穿着；木屐大多为南方人所用；冰鞋只有北方人用。

8. 手套　有露指和不露指二种，面料用棉织品或用皮，男女都用。

9. 腰带　除官定腰带外，一般在腰间束湖色或白色或浅色的带子，其长度打结后下垂与袍齐，较考究的也有绣花的款式。满族官员特别喜在腰间悬挂零星佩饰，解带时往往摊满一桌。

三、男子冠服

清代的冠包括朝冠、吉服冠、行冠、常服冠、雨冠。按季节分冬夏二种，冬天戴的叫暖帽而夏天戴的就叫凉帽。

1. 皇帝的冠饰

据《大清会典》记载，皇帝的冬朝冠，有薰貂（黄黑色），有黑貂，檐上仰，上缀朱纬（红缨），长出檐，顶三层。夏朝冠，织玉草或藤丝，竹丝为质，里用红片金或红纱。檐敝，上缀朱纬，内加圈，带属于圈。前缀金佛，饰东珠十五，后缀舍利，饰东珠七，余如冬朝冠。

冬吉服冠，有海龙，有薰貂，有紫貂。檐上仰，上缀朱纬，长及于檐，顶满花金座，上衔大珍珠一，梁一亘顶上，檐下两旁垂带交项下。夏吉服冠，织玉草或藤丝，竹丝为质，表以罗，红纱绸里。石青片金缘，檐敝，上缀朱纬，内加圈，带属于圈。余如冬吉服冠。

冬常服冠，红绒结顶，不加梁，余制如冬吉服冠。夏常服冠，红绒结顶，不加梁，余制如夏吉服冠。

冬行冠，黑狐为之，或用黑羊皮、青绒、青呢，余制如冬常服冠。夏行冠，织玉草或藤丝，竹丝为之，红纱里，缘如其色，上缀朱牦，顶及梁皆黄色，前缀珍珠一。(图 9－2－2)。

2. 官员的冠饰

自皇帝而下皇子、亲王至镇国公等，朝冠的形制大抵相似，只不过帽顶的层数及所饰的东珠数目不同而已。

文一品冬朝冠，有薰貂，有青貂。顶镂花金座，中饰东珠一，上衔红宝石。夏朝冠，帽顶的规定与冬朝冠相同。武一品、镇国将军、郡主额驸及子爵朝服与之相同。

文一品吉服冠，冬夏都用珊瑚做顶。雍正二年用起花金顶，上衔红宝石、东珠一。常

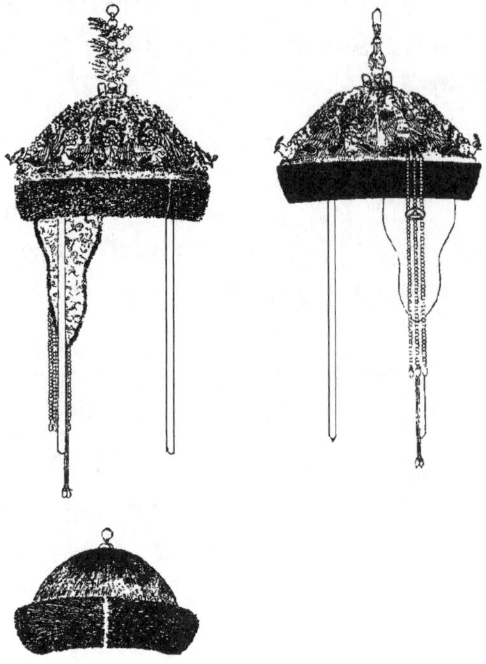

图 9－2－2　清帝冠饰

服冠、行冠规定和吉服冠相同。

清朝官员帽上的冠顶，是按其品级配用的，规定严格不允许僭越。常说的几品顶戴（顶带）就是指官员帽子上的顶子，清官员被革职或降职就要被摘换掉帽顶。

3. 民间帽饰

小帽　即便帽，又叫“秋帽”，俗称“西瓜皮帽”，其款式袭自六合帽。帽形呈瓜棱形圆顶，后又略近平顶形，下面有帽檐，是士大夫燕居时的冠饰。帽胎有软硬之分，用黑缎、纱，或用马尾、藤竹编织成胎。帽檐有锦檐或绣红、青锦线卧云纹。帽顶用红绒结，顶后垂一尺多长的红缨。嘉庆时盛行在帽上蟠金线组绣，同时加缀明珠、宝石。咸丰初，帽顶忽然变成尖尖的造型，极尖的款式叫做“盔衬”，用皮作帽檐的又叫做“因秋”，中间浅而下陷的造型叫“兔窝”，软胎可折叠的叫“军机六折”。清末时帽顶结子用蓝色，戴用时帽子前倾，半覆前额。到宣统时，有帽檐重叠七八层之多的款式。

毡帽　袭明代的款式，本来是农民和商贩的帽式。大致形式有：大半圆形的，半圆平顶形的，四角有檐反折向上的，在两耳部有可折上或遮下的帽檐，还有后檐折上而前檐平伸遮阳的形式，也有帽顶有带的锥状帽。士大夫们燕居时的便帽，加金线蟠缀成各种花式，如四合如意、蟠龙、金线镶缘等，北方内蒙等地方有里面加毛皮的式样。

风帽　也叫“风兜”，后又称“观音兜”，有夹有棉，多为老年人避风用。颜色以紫、深蓝、深青为主，一般用黑色。光绪年间上海戴红风兜，一般以绸缎做面料或者加锦缘，加戴于小帽之外。老太及和尚、尼姑戴黑风兜。

皮帽　也叫“拉虎帽”，在脑后分开系带的形式。也有脑后不分开的形式，叫“安髡帽”，本来是皇帝狩猎用的，后王公也都用。也有用毡做的，前额部用鼠皮，两耳部用毛，也叫“耳朵帽”。

狗头帽　儿童帽，帽顶两边开孔装上两只狗耳朵或兔耳朵。用料以鲜艳绸缎呢红为上，可镶嵌金钿、假玉，帽筒用花边。

笠帽、凉帽　是农民们所戴用的帽式，用藤、竹、麦秸织成，有檐在周围支出的款式叫“台签”。这种帽子是身分卑贱者所戴用的。

耳套　棉制，也有周围加皮边的款式。

清朝各种冠的形式，从外形上来看，朝冠造型较为高耸，略带圆锥形；吉服冠等帽胎作覆碗状，较为扁圆。朝冠的顶子有一层、二层及三层的分别而吉服冠等用金属托起顶子，除皇帝与皇子用红绒结顶以外，其他官员所用的顶子与其朝冠上所用的顶子的材料和色泽大体相同。

第三节　清代女服

一、命妇服装

清代皇族的女眷有皇后、皇太后、贵妃、妃、嫔；皇子、亲王、郡王福晋；贝勒、贝子、镇国公、辅国公、镇国将军夫人；辅国将军夫人、奉国将军淑人、奉恩将军恭人；固伦公主、和顿公主、郡主、县主、郡君、县君、乡君等。异姓有民公、侯、伯、子、男夫人、一品至九品夫人。

1. 服

朝褂　皇太后、皇后朝褂有三种款式：一式用石青色，片金缘。绣文前后立龙各二条，下通襞积，四层相间，上面是正龙各四，下绣万福万寿。领后垂明黄条，珠宝饰按所需而配用。第二式前后各绣正龙一条，腰帷处四条行龙，中有襞积，下幅有八条行龙。其余的规定与第一式相同。第三式前后绣立龙各二条，中无襞积，下幅八宝平水。其余同一二式。民公夫人朝褂，前面绣二条行蟒，后面一条，领后垂石青条。其余的与皇后的朝褂形式相同。以下侯、伯夫人至七品命妇的朝褂形制都一样。

朝袍　皇太后、皇后朝袍冬有三式，夏有二式。冬朝袍之式，一为明黄色。披领及袖俱石青，片金加貂缘，肩上下袭朝褂处亦加缘，绣金龙九，间以五色云，中无襞积，下幅八宝平水。披领行龙二。袖端正龙各一，袖相接处行龙各二。领后垂明黄条，饰珠宝惟宜。二式为片金加海龙缘，前后绣正龙各一，两肩行龙各一，腰帷行龙四，中有襞积，下幅行龙八。余同一式。三式为片金加海龙缘，裾后开。余同一式。

夏朝袍式　一式用明黄色，片金缘。余如冬一式；二式为片金缘，余如冬三式。一品命妇冬朝袍与贝勒夫人同，蓝及石青诸色随所用，通绣腾文四爪。领后垂石青条，领及袖俱石青色片金加海龙缘，裾后开。此制下至三品命妇同。夏朝袍制与冬朝袍同。

朝裙　着于外褂之内、开衩袍之外，在朝贺及祭祠时用。皇太后、皇后之冬朝裙用片金加海龙缘，上用红织金寿字缎，下石青行龙妆缎，皆正幅，有襞积；夏朝裙，片金缘，缎纱随用。余如冬。其下至皇太子姬皆同。一品命妇冬朝裙与民公夫人同，片金加海龙缘，上用红缎，下石青行蟒妆缎，皆正幅，有襞积。下至三品命妇留同。夏朝裙，片金缘，缎纱随用。余同冬朝裙。

领约　皇太后、皇后用镂金为其领约的材料。饰东珠十一，间以珊瑚，两端垂明黄条二，中贯珊瑚，末缀绿松石各二。以下至嫔同，惟用金黄条。民公夫人等改为饰红蓝小宝石，垂石青条。

綵帨　皇太后、皇后用绿色，绣五谷丰登。其下皇子福晋用月白色，不绣花。

朝珠　皇太后、皇后朝服用三盘，条用明黄色。其下则为金黄色及石青条色。

龙褂　皇太后、皇后龙褂有二式：一式用石青色，绣五爪金龙八团，两肩前后正龙各一，襟行龙四，下幅八宝立水，袖端行龙各二；二式为袖端及下幅不施采章，余同一式。

吉服褂，皇子福晋吉服褂，色用石青，绣五爪正龙四团，前后两肩各一；亲王福晋绣五爪金龙四团，前后正龙，两肩行龙；下则为绣行龙、正蟒、行蟒及绣花等差别；七品命妇以上皆为绣花八团。

龙袍　皇太后、皇后龙袍有三式：一式为明黄色。领、袖俱用石青，绣金龙九，间以五色云、福寿文采，下幅八宝立水。领前后正龙各一，左右及交襟处行龙各一，裾左右开；

二式绣五爪金龙八团，两肩前后正龙各一，襟行龙四，余如一式；三式为下幅不施采章，余如二式。以上服饰各件名称可参阅图 9－3－1。

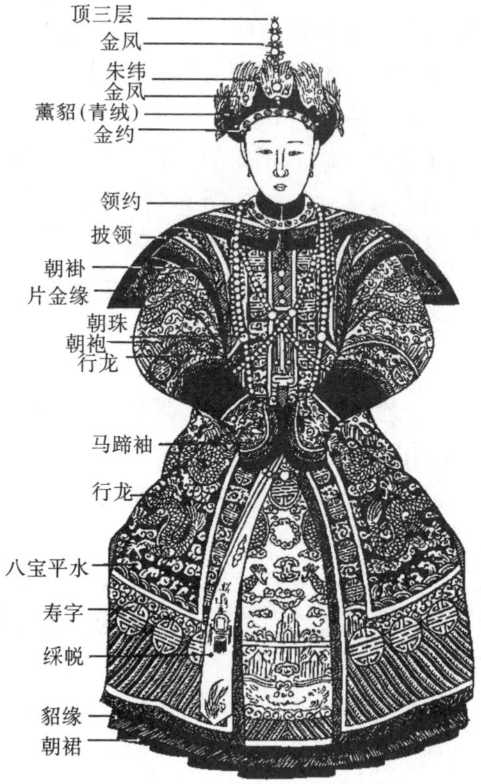

图 9－3－1　清代命妇服装

蟒袍　皇子福晋蟒袍，用香色，通绣九蟒。下则为用石青及其他诸色，绣九蟒四爪、八蟒四爪，七品命妇则为五蟒四爪。

上自皇太后、皇后，下至七品命妇，其冠、袍、褂、裙、金约、领约、綵帨、朝珠、耳饰等，形制大体相似，只是颜色有明黄、金黄、香色、蓝及石青之别；绣纹有正龙、正蟒、行蟒和五爪、四爪之别；数目上有九团、八团、四团、二团、九蟒、八蟒、五蟒之别；珠宝有东珠、珍珠、猫睛石、珊瑚、密珀、青金石、绿松石及金凤、金孔雀等大小之别。

2. 冠饰

清代妇人冠服式样大体与男子相类，惟冠饰上略有不同。清妇女冠有朝冠、吉服冠，也分冬、夏二种。

朝冠，皇太后及皇后之冬朝冠，薰貂为之。上缀朱纬，顶三层，贯东珠各一，皆承以金凤。饰东珠各三，珍珠各十七，上衔大东珠一，朱纬上周缀金凤七。饰东珠各九，猫睛石各一，珍珠各二十一。后金翟一，饰猫睛石一，小珍珠十六。翟尾垂珠，五行二就，共珍珠 302 颗。每行大珍珠一，中间金衔青金石结一，饰东珠、珍珠各六，末缀珊瑚。冠后护领，垂明黄条二，末缀宝石，青缎为带。夏朝冠，青绒为之，余制如冬朝冠。

其下都是据此而逐渐减少宝饰，如皇贵妃共饰珍珠 192 颗，其冠顶也如此；镇国公夫人的顶为二层，金凤改为金孔雀，也以数目多少为等次差别。

吉服冠，皇太后、皇后吉服冠，薰貂为之。上缀朱纬，顶用东珠。皇贵妃、贵妃制同。

一品命妇顶用珊瑚。其下二品命妇则顶用镂花珊瑚，三品用蓝宝石，四品用青金石，五品用水晶，六品用砗磲，七品用素金等。大体与男品官服制相同。

二、普通妇女服饰

普通妇女服饰是指除官定制式之外的清代妇女的日常装，包括命妇日常所着的便服，一般将其分为汉族和满族服饰二类。总体上讲，满族妇女都着不分衣裳的长袍，汉族则仍以上衣下裙为主。至清中期满汉妇女有互相仿效对方服饰穿着习惯的情况，后期互相的仿效和融合更加深入。

1. 满族妇女服饰

满族妇女的长袍，由于礼服的简化，不用马蹄袖，袖口平而较大，衣长度可掩足。贵族仍用团龙、团蟒花纹，一般丝绣纹样较自由。袖端及衣襟、衣裾也镶各色边缘，而且有较低的领头，后来渐为加高。不用领时常在颈间围以一条领巾。这种长袍开始时极为宽大，后来也渐变为小腰身。在长袍上往往喜欢在上身加罩一件短的或者长至腰间的坎肩，其后更喜欢加短小而又绣花的坎肩。坎肩或称马甲、背心，它的形式也有对襟、一字襟、琵琶襟、大襟的或斜面直下的襟式。这种背心的镶缘也随时而增设，在交襟处或对襟下端和左右腋下处，都作如意头式样的镶滚。后来甚至镶滚多道，反而使面料变成了次要的配料。镶滚的花边也各随喜爱的纹样。背心有装领头的也有不装领头的，领的高低也随时变化，到清末逐渐增高。这种长袍到后来演变成为汉族妇女的主要服式之一，即后来的旗袍。

除了服饰外，满族妇女的发饰和鞋子也与汉族妇女不同。满族妇女的发式主要有"二把头"，"大拉翅"等。满族妇女的鞋底极高，普通为一寸多至二寸间，后来又增高，甚至有四五寸高的。鞋底形状上宽而下圆，形似一花盆，俗称"花盆底"。底是木制的，底的中部凿成马蹄式，踏地时印痕若马蹄，所以也叫做"马蹄底"。这种底极耐用，往往鞋已破而底仍完好。穿这种高底鞋的大都是中青年妇女，年老者仅以平木制作，叫"平底"，少女至十三四岁时才穿着此鞋。

至清代后期，这种梳"两把头"，着长袍高底鞋，已成为清宫中的礼装，慈禧太后也常着此装。慈禧的高底鞋约高三寸，便服着淡黄色的长袍。在宫中长袍又称为"花卉"，因袍上有绣花，外罩淡蓝色坎肩。在宫中遇有大典时，福晋及命妇穿蟒袍加外褂，但头上则戴垫子；姑娘们则梳两把头，两边挂有垂到两肩的大红穗子。

宫中的宫女们，大都着红袄绿裙，常服是蓝布衫或袍，上加丝绸的坎肩，梳着辫子，在耳旁戴上两朵花。初进宫的宫女，大多梳着辫子，到宠幸后加位号才梳裹发髻。这是清代后期的装束。

清代初期满族妇女服饰比较朴素，体制也严格，至中叶以后，就较为繁复了。

2. 汉族妇女服饰

汉族妇女沿袭明朝形制，服装以上身着袄、衫，下身束裙为主，或者再加上一件较长的背心，到后期又流行下身着裤。

顺治以后上衣袖管较前代减小，此后一般在一尺左右。开始的时候，衣服的镶绣也只局限于襟及袖端部，到乾隆后期，苏州成为中国当时服饰的中心，淮扬流行彩裾大袖，女衫身长二尺八寸，袖宽一尺二寸，袖口处以锦绣镶滚。冬天的服装，用貂、狐之类的皮毛为主要面料。到嘉庆年间，妇女衣饰上镶滚工艺的使用逐渐增多，袖口也放大。当时的服饰大多以曲院中妇女的着装为时尚，南京和扬州都是当时服饰变化的中心。至咸丰、同治年间，北京妇女的服饰镶滚十分繁复，一道又一道的加镶，有"十八镶"的称呼。到同治、光绪年间服饰的中心移至上海，袖口、衣襟仍有阔的镶滚，出手逐渐减短。上衣比较长，大致在膝下，有的罩长背心。侍婢等加以较长的饭单。下身不束裙子，束绸带，其末端垂悬在身体左侧，比较宽的有绣花的带子，常露出衣下一尺左右。颜色以湖色、桃红为尚，也有宝蓝及大红。到光绪末宣统间，衣袖变成细小而短，常露出里面的衬衣。上衣也减短，裤管也减小，袖口镶滚第一道较阔，第二道较小的双重镶滚。衣领逐渐加高，有的已有掩至额下。裤管的镶滚在光绪间亦做几重镶，第一道最阔，第二三道则较窄的花边镶滚，至宣统年间裤管又改细，镶滚也比以前减少了。

背心　在秋凉时妇女常在衣外加罩夹、棉、皮的长背心，衣长至膝下掩盖上身袄衫，镶滚与衣相类，没有袖。苏州妇女最喜欢用玄色绢纱为面，黑色长背心只有娘姨们穿了。

一裹圆　妇女的便服，四面不开衩者，叫做一裹圆。男子也有长衫前后不开衩的类似的款式。

皮衣出锋　在冬寒时，将皮衣里面的毳

毛露出若干在外，叫做出锋或出风。早在天聪六年就有这种穿法，至道光年间又尚珍珠皮毛出锋。在宣统帝携取衣服单中就有出风单褂。广州人冬季可以不穿皮衣，但也有在衣服的边缘上加出锋皮毛的。

裙子　除朝裙外，一般妇女的裙子没有什么规定。清代妇女的裙子都系在上衣之内。在清初，苏州妇女崇尚“百裥裙”，裙式是用整幅缎子打折成百裥的。有前面裙门绣花加花边栏杆，左右打细裥，相合恰好是100裥的；也有160折的。有一种名叫“月华裙”的款式，在一裥之中，五色俱备，好似月亮呈现晕耀光华。其后又有“弹墨裙”，或叫做“墨花裙”，是用墨弹色而成，淡雅而别具风致。以后又有将西湖十景描绣绘于裙上，甚至裙上有人物仕女图等处理。在康熙、乾隆间有“凤尾裙”，是用缎子裁剪成条，条上绣花，二边镶以金线，然后再拼合而成。到咸丰、同治间又有一种叫“鱼鳞百褶裙”，当时很为妇女们所喜爱。其裙褶处能张展紧缩，展开时如鱼鳞的形状。到中期以后，有用西洋印花布为裙子面料的，此外还有“金泥簇蝶裙”、“绣凤凰裙”、“百蝶裙”等。

在汉族妇女中，红裙是喜庆服装。婚嫁时当然要系红裙，新春节日也如此。又有正室嫡妻可系红裙，而妾辈不可的俗规，这恐怕是由妒忌所致。上海青楼中妇女按例在新春到红庙烧香，也一定要系红裙。

其他民族，如西南的苗族，也都以裙为下体主要的服饰，也都喜欢细裥裙。有多至200折的式样；有的甚至穿五重；也有短长不同的式样；有的以幅布围腰以代裙子，形式亦多样化。

大衣　是外来西式的服装，清末上海青楼中有人穿。

一扣钟　也称“一扣衷”，或叫“篷篷衣”，即斗篷，也有男子的款式。本来是为御寒而穿用，初见于清代中期，至光绪末在上海富人中逐渐流行。宣统初上海妓女喜欢用鲜艳的花缎或绢纱为面，以洋灰鼠或洋狐肷为里。

云肩　仍为明代“四合如意”的款式。有剪裁作莲花形，结线为缨络，周垂排蒙，汉族新妇结婚时有披此者。用绒线结成的云肩，在光绪中期后才有。光绪末，苏、沪妇女因为发髻低至肩，所以用绒丝仿云肩的款式而编结为较小的云肩，以防发髻的油腻。

围巾　冬季常用棉或毛织品的围巾，富有者效西方用貂、狐毛皮围于颈间。

饭单　系于颈间而垂于胸前，腰间用二带结于后，在上部往往镶作如意头式。一般都为妇女劳动操作时使用。

手笼　清末光绪至宣统间，上海流行短袖，手腕露外。为防寒防风，妇女们配置一种圆筒状的配饰，可以将两手放在里面，俗称“臂笼子”。一般用棉花做填料，以绣花锦缎做面料，考究的用貂、狐皮毛。

手套　有仅护手背而露其十指的，也有全护十指的，棉织品，贵者用皮毛。男女都戴用。

抹胸　有两种：一种是系于贴身短小的，乾隆间秦淮妓女夏用纱、冬用绉，缘以锦或加绣花，系挂在胸前，俗称“肚兜”，一般妇女们也常用。另一种是外衣，系于腰腹间，就是抹胸肚。

马甲、坎肩　是一种穿在里面极短小的内衣。在上海附近浦东一带以及潼关附近的年老妇人，夏天往往只着这种小马甲。

手帕　本为妇女出外随身携带实用品，但常手持或串于襟上，也成为一种饰物。

耳环、臂镯、项圈、多宝串、指环　这几种是妇女所带的，贵贱之分在于其质料上的区别。清末妇女衣袖短，常露出紧窄的里衣袖，在手腕间往往戴上手镯，有的带上几付。多宝串是由几种杂宝制成的长串，挂在领下门襟第二重纽扣上。光绪间妇女有佩带金钱表，用金或银的，其大小像铜钱。

三、发髻首饰

清满族妇女的“两把头”发型是在头顶后左右横梳二平髻，一若横二角于后，也由于其形状像一如意横在顶后，所以也叫做“如意头”；因其二髻间插双架成双角，所以又叫做“架子头”；望之如“一”字，又称之为“一字头”。一般左右横出的长度（即髻之长度）约一尺许。后来到了孝钦皇后（即慈福）时又制作新的髻式，较往时尤为高大，满族贵妇们也相互仿效。后来的“大拉翅”发式也是由此而来。“两把头”、“大拉翅”的梳法，是先将长发向后梳，分为两股，下垂到达项部，然后分股向上反折，折叠时粘以粘液，覆压使之扁平，微向上翻。余发折上，合为一股，反覆至前顶，随以头绳（红色棉绳）周绕发根一圈结扎固定。发根成短按状，绕以宽约三四厘米的帛条，覆裹发根，其上横插长约4cm×20cm有余的版片，名曰“扁方”。即以余发绕扁方，使与发根之柱状合成T字形。前戴大红花，侧面垂流苏。

从时间上看，清初时妇女的发式基本沿袭明朝的款式，年纪稍长的人就用锦绫包头。当时的流行的发式样以苏州地区为尚，如“牡丹头、荷花头、钵盂头”等式样。牡丹头是一种高髻，尤侗曾有诗：“闻说江南高一尺，六富争学牡丹头。”有人夸张说这种发式重量太大使人甚至抬不起头，实际上牡丹头发髻高约在七寸左右，鬓角篷松，髻紧实光润。荷花头大致与牡丹头的款式大体相似。钵盂头外形如倒扣的盂。此三种发式都属于高而大的髻式。另外还有一种堕马髻，它本来是汉代的发式名称，形状也是倒垂的。

在南方的扬州地带，假髻的名称繁多，有蝴蝶、望月、花篮、折项、罗汉钱、懒梳头、双飞燕、倒枕松、八面观音等。

清代中期在苏州又兴元宝头。鬓发如向两侧张开的翅膀，髻则叠发高盘，翘起前后两股，中间插簪，有点像十二三岁姑娘的发髻；后来改为在髻心上平二股，直叠三股，下股压发簪，再贯插金银针；后又改作在髻心外平盘三股，叫做“平三套”。到嘉庆、咸丰间，高髻的发式逐渐向长髻转变，江南地区流行一种拖在后面的长髻，叫做“苏州罢”；杭州俗尚高髻，后来也改梳苏州式，所以有“背苏州”之称。曾有打油诗云：“长髻下垂遮脊背，也将新样学苏州。”又有将两鬓抱面的样式，叫做“抛家髻”。其后又有“抓髻”。到咸丰间有梳“牛角鬏”，又有“元宝髻”、“扬州桂花头”、“狮江望长江”等式样(图 9－3－2)。

图 9－3－2　清代女子发式

清末又有“苏州厥、平三套、连环髻、巴巴头、双盘髻、圆髻、圆月、长寿、风凉、麻花、双飞蝴蝶等款式。年长者通常在髻上加罩一个硬纸和绸缎做的黑色冠，绣“团寿”，或用马鬃一类的材料做成的鬏，加于发髻上面。光绪年间妇女以圆髻团结于脑后，有的加细线网结，髻都以光洁为尚。

年轻的姑娘将头发从根分为二束，左右做成空心像蜻蜓两翅的形状，在额旁挽一螺髻，像蚌中的圆珠，叫做“蚌珠头”；也有做成左右二螺髻，别珠翠等饰品的样式；也有在额正中作一小螺髻的。再年轻些的则挽“双丫髻”，或垂辫，或用辫子梳成“抓髻”式，结婚以后就改梳圆髻。

前额覆短发的款式，叫“前刘海”。本来

是年幼女孩的发形，至光绪庚子以后，不分年幼年长，额前大多留额发。有的平剪如横抹一线，有的微作弧形，有的垂丝如排，有的像初月弯形。开始时“刘海”极短，后来渐长，有覆至半额者。宣统年间将额发与鬓发相合，垂于额两旁鬓发处，像燕子的两尾分叉，北方人称之为“美人髦”。又有以额发卷裹小木梳，使额上作隆起高卷状的。

清代妇女们喜爱在髻上插鲜花，如岭南妇女用彩丝将鲜花串成串，绕在髻间。北方丰台广为种植鲜花，供京师妇女插戴。在农村中鲜花摘插更为普遍。如《栽秧》诗：“中有新嫁娘，山花鬓边插。”在都市也有栽植鲜花的专职人员和场地。花中以茉莉、素馨、蕙兰最为妇女喜爱，较次如夜来香、野蔷薇、羊踯躅也叫做“闹羊花”等花。也有用无叶的牡丹以铜丝串联杂缀其他品种的花的。在江南一带的鲜花，大多来自苏州、常州地区，专业精心培植以时花早放为贵。

除了鲜花以外，还有假花。一般用通草或绒绢制成，可以代替鲜花而且耐久性好。至清末又尚珠花，盛行一种用金翠宝玉、珊瑚等制成的茉莉针，插带时排列于发髻上端或成半环形。也有用翠鸟羽毛做翠花的。

簪是用来押住髻心用的头饰。在光绪初盛行一种空心簪，两端通气，有孔插入发髻间。都以金银、翡翠、宝玉为材质，也有簪头用金银珠翠制成凤凰形而垂下，古代称之为“步摇”。北方有一种以红丝做成球形，大如茶杯，中置小铃，插于髻左，有人咏云：“想是怕招蜂蝶至，钗头也系护花铃。”这些饰品都表现了别出心裁的效用和美化装饰相结合的意匠设计。北方青楼女喜把花插在顶上，高高地顶着，南方则不同。

在清代的267年历史中，妇女们的装束和发饰，妇女服饰依时间与地域条件而演变，款式品种不胜枚举，有沪式、苏式、京式、广式、宁式、维扬等不同的流派，这些流派相互影响，逐渐演变，更使妇女服装款式变化繁多。

孩童服饰，开始还以明式为尚，后来也有逐渐改用清式。

第四节　军事服装及太平天国服装

一、清兵服

满族原先是游牧民族，对骑射特别重视。清朝武士的服装与其他的服装一样，也采用马蹄袖的形制。到清后期，随着国外资本主义工业的发展，先进的兵器枪、炮、军舰相继出现并日益完善，战争的形式和手段都发生了根本的变化，中国传统的甲胄失去了其实用价值。清朝的武将上阵打仗仍穿甲，但它只能作为一种军仪出现，根本对枪、炮没有任何的防护能力。因此，与唐宋相比，清朝的胄甲实际上只有一个躯壳而已。

甲，即铠，清朝武士甲的种类有明甲、暗甲、绵甲、铁甲，形式为上衣下裳制，一般用绸缎制作，上缀金属泡钉，按级别绣有纹样，上衣左右上部有护肩，护肩下为护腋，胸前为护心镜；裳间有前档，左有左档，都用扣绊相连。

盔，也叫胄，其材料用革或铁，表面髹漆，分遮眉、舞擎、护领几部分。盔上面有覆碗、盔盘，上面是管、枪，周围垂貂尾、獭尾、朱牦、雕翎等。后面有护项，垂于左右者叫护耳，额下有护颈。

与盔甲配用的主要有挂在腰旁的用于保存弓矢的撒袋。一二品官用皮革，六品以下官加红黄线二道，兵丁用黑革。

藤牌营、绿营兵等戴虎帽，后垂护领，穿黄布虎纹衣。绿营兵及防营兵勇都用束额巾。在没有实施新军服之前，一般兵士还是穿短衣窄袖，紧身袄裤，加镶边的背心，如红褐背心、白褐背心、红边白褐背心或红、蓝、黄、白等色镶滚的背心。胸背各画一圆圈，内书标明某省某队某营某哨或书兵、勇、亲兵等字样。水兵则短衣窄袖，襟前缝某船等字样。一般士兵在小腿上裹绑腿带，着尖头鞋、草鞋，职位较高一点的穿底薄统短的快靴。

光绪三十一年定陆军新服制式，规定只在大礼时仍需戴翎顶。陆军服制分军礼服、常服，戴军帽。衣服都用开襟式，结以纽扣，衣长齐两胯之圆轴骨。军帽前有黑色遮阳，冬天则不带遮阳。官及骑兵用皮靴，步兵用宽紧皮鞋，用麻布裹腿；衣有肩章，用金色团蟒并以金辫、红丝辫的道数多寡为区别上下等级；领章以飞蟒珠色，以横道金辫分第一、二、三级；袖章以团蟒，横青辫分三级，上等官缀金蟒三个，中下官递减；操帽帽正用蟒珠，第一级缀金线辫三道，下递减；军帽也缀金辫道数分等级；军裤，上等缀金辫三道，中等随队色缀丝辫二道，下等一道。军服礼服用天青色；常服冬用深蓝，夏用土黄；兵士常服不用肩牌，于胸前第二、三纽扣间刺字或印字，蓝衣刺白，土灰白等刺红字。

三十三年定陆海军官制，三十四年拟订巡警服。分礼服、常服，分三等，折为九级。宣统元年又拟定海军长官旗式章服图说。巡捕等服，袖有圆圈，内有中西号码。但在新式军服颁行后，军营中仍有用顶翎的人。这是改变习俗和保持旧制的过渡时期的正常现象。

二、太平天国服装

太平天国是中国惟一有服饰制度的农民政权。太平天国的服饰既继承了传统又有所创新，形成了一套独特的衣冠服饰制度。

太平天国照周礼及阴阳五行学说，将青、红、白、玄、黄五色与东、南、西、北、中统一起来，并据此设立以东、南、西、北四王为代表的政权与军队的组织形式，并规定了四王各自的旗帜与所属部队的服装颜色：天王(洪秀全)的御林军穿黄背心。其余各王部属也穿黄背心，但以各自所对应的颜色的镶边来标志各自的部队，这就是太平天国的号衣。穿用时必须要在前胸和后背各佩一块黄布，前面写“太平”，后面写“圣兵”或“某部圣兵”；后方各种机构人员的号衣，背后都要标明“某衙听使”。

太平天国的士兵平时只能扎巾，不准戴帽，临阵打仗时才能戴盔。这种盔大多用竹、篾、柳、藤编制，叫做“号帽”或“得胜盔”。帽上绘五色花朵及彩云，中间留粉白圈四个，分写“太平天国”四个字。

太平天国将领的冠有角帽、风帽、凉帽及帽额等。角帽就是朝帽，上饰龙凤图纹。朝服有袍与马褂：袍圆领宽袖，各按职别绘图纹；马褂有红、黄二种颜色，也以颜色与纹样区分等级。

妇女服装一般为圆领、左衽，衣袖有宽窄两种款式，衣长大多过膝，在下摆中间及两侧开衩。太平天国女子喜着大脚裤，极少着裙，而且废弃了缠足陋习。

到太平天国后期，由于其实力、以及以官制为代表的上层建筑的改变，服装也有所变化。如忠王服饰与前期各王明显不同，他的朝冠以纯金制成，上饰伏虎、凤鸟、鹰隼和各种珠宝；他的长袍也以黄色织绵缎制成，上饰三色龙纹，十分华丽(图 9-4-1)。

图 9－4－1　太平天国服饰

第五节　清代服饰的衣料

在清前期，主要是绫、锦、绸、罗、绢、葛、刻丝、衲纱等。绫是一种细致光亮的丝织物；锦是织彩的，后来有用孔雀毛织入缎内的面料，名叫“毛锦”；绸密而细，山东有茧绸，质稍粗但价格便宜；罗纹理较粗疏；绢是丝织而无纹；葛是以麻织，出于浙江慈溪，广东雷州产最佳，次为江西，清初及后来用葛为服料最多；刻丝是贵重织物；纱是一种轻薄丝织物，种类很多，有官纱、宫纱、索绢纱、绒纱、葛纱、漏地纱等，是夏季常用面料，但清代经常把它作为棉衣面料。

缎，有花缎、闪缎、倭缎，后有羽缎、羽纱、哔叽缎等品种，开始花缎织团龙、团蟒纹，后被禁止，改用大小团花、孔雀、山水景色。绒有漳绒、姑绒、剪绒等几种。

布是总称，乐亭细布，为士大夫做袍用的面料，江南松江所织造的最佳。后来有西洋印花布，质地轻薄，适合于做衫。广州有敲皮纱，也叫薯莨绸，吸湿好且不易腐，夏天服用最宜，妇女也有用它来做服装面料的。

服装颜色除了明黄、金黄、香色不能用外，其他如天青、玫瑰紫、深绛色、泥金、高粱红、樱桃红、浅灰、棕等颜色，都是人们喜用的色泽。妇女衣服的颜色一般以年龄为标准，金绣浅色则为闺女们所用，中年妇女都以青、蓝、紫、酱等色为主，其他如浅色青、蓝、绿、月白、大红、青红等都没有什么规定。红色为喜庆之色，新娘等仍使用。

清代服饰的纹样早期多用暗蟒、拱壁、汉瓦当纹、富贵不断、江山万代、福、禄、寿字、大洋莲、团花、团鹤、万字联、八结、八宝、八吉祥如宝善、法轮、瓶戟、宝剑、钹、书卷、蝙蝠、如意、牛角、云板、花篮、竹筒、葫芦等。光绪时改团花为六合同春，以鹤、鹿、松枝等为团花纹样，都取其含有吉祥、平安、福寿富贵的用意。到后期多用接近于写实的纹样，如寿桃、云鹤、喜鹊、牡丹、佛手、蝴蝶、梅兰竹菊、缠枝花、折枝花、石榴、宋代的宝相华、明代的灯笼锦等等，甚至山水、亭榭楼阁、风景、仕女人物等，这些纹样越到后期，越趋向于写实。

第十章　近现代服装

第一节　概　　述

孙中山先生领导的辛亥革命，推翻了封建统治，结束了君主专制制度，建立了中华民国。民主共和制的建立，不但使封建统治垮台，和封建主义相适应的旧文化也受到了冲击。新的政治力量的兴起，使得中国的新文化逐渐形成。民主共和制度击败了封建势力，要建立起适合民主共和制度的新文化，批判旧的建立新的。在摒弃封建文化的同时，封建的服饰文化也必然的受到抵制，新的服饰文化就必然应运而生。新的服饰文化不仅仅是民主共和的产物，更是代表人民拥护民主共和的心愿。

“五四”运动以后，一批具有新思想的人，如：李大钊、刘半农、钱玄同、鲁迅、胡适等人掀起了向陈腐旧文化猛烈冲击的浪潮。那些旧的、腐朽的文化受到严厉的批判，从而在全国掀起了新文化运动。“三纲五常”的服饰文化受到冲击，中国的服饰文化的发展，进入了一个新的历史时期。新的服饰文化与旧的服饰文化之间，没有非常明显的界线，“五四”运动以后的服饰文化中，仍然能或多或少的找出旧时代的影子。

清代以后，封建的礼仪服饰仍然在民间流行，如：生育礼仪、成年礼仪、婚嫁礼仪、拜师礼仪、寿诞礼仪、丧葬礼仪、祭祀礼仪等在服饰穿戴上都有传统的规定，大部保留了宫廷服饰的影子。生育礼仪是人生礼仪的开端，孩子一生下来就要接受礼仪需要的服饰穿戴。民间服饰虽受宫廷的影响，但是民间的避邪、吉祥、盼望、长寿等含义占了相当重要的地位。从出生到成人各种礼仪纷繁，如：一腊、三朝礼、满月礼、百日祝、百家衣、抓周礼、挂锁礼、剃胎发、拜干亲等等都有吉祥、长寿等含义的服饰规定。

成年礼也是人生中的重要礼仪，古代宫廷对成年礼是很重视的，有一整套礼仪仪式，如：冠礼、笄礼等。以后逐渐废除了加冠、加笄，但是成年礼仪仍与服饰保留着一定的关系。如理妆、加钗等，到16岁常常作为成人的标志，亲族都庆贺。

婚嫁礼仪是人生的大事，从古到今婚嫁礼仪都是很讲究的。从订婚之日开始就有各种各样的礼仪，每一种礼仪都有相应的服饰规定。从换帖开始就与服饰有关系了，下彩礼更是以首饰和服饰为主，如大红长裙等。到婚嫁之日对新郎和新娘更是要求严格，如：新娘一定要穿红衣红裤（裙），头戴红盖头，脚穿毛袜或毡袜，腰系红带；绣花鞋要用红底，上绣鸳鸯。有的地方在新娘的胸前挂上铜镜，还有的地方用10条红色缎子或丝绸相拼成裙，以取世代幸福之意。

寿诞、丧葬礼仪也很繁多，服饰穿戴都有不同要求。民间礼仪服饰虽不像宫廷礼仪那么复杂，但也有很多习惯，一生中要重复很多次。每次的礼仪都因年龄不同、环境有区别，因而在服饰穿戴上也不一样，这些礼仪服饰对生活中的服装有着很大的影响。

第二节　辛亥革命后期服装的基本类型

中国近代服饰的发展，尤其是在辛亥革命以后，有许多新特点。这些新特点是不受传统的冠服制度的制约，又受传统服饰的影响，虽然等级观念逐渐淡薄，但仍存在着等级观念的影子。如：主仆之分、长幼之分、上下级之分、官民之分等等。家庭是服饰等级制度的执行者，有关服饰道德规范，虽然不像宫廷的冠服制度那样严格，但也受“五伦”、“三纲六纪”的影响，特别是对女子的穿戴更是有许多要求。由于贫富的关系，在服饰打扮上仍可分出等级、地位、身份等。

20年代纺织业有很大发展，美国首先发明了人造丝，这是服装衣料的创举。由于人造丝是机械化大批生产，价格又便宜，因此，在西方各国很快流行起适用、简练、朴素、活泼的人造丝服装。

随着帝国主义侵入中国，在各地建立了租界，在中国大量销售西方服装。西方款式传入中国后，随之西方的工艺方法也传入中国，大大的丰富了服装品类。辛亥革命前，不少留学生出国留学，随着留学生一批一批出国又回国，制服、西服逐渐被一些人所接受。清朝最后几年，曾几次下令不准穿“洋服”，但屡禁不止。

虽然封建势力被推翻了，但是封建的服饰文化在人们的意识中仍占据着重要的地位。等级没有了，但是等级观念还存在。中西服饰文化的交流，彻底打破了封建的等级观念，特别是中山装的出现，充分的体现了平等的观念。中山装受到了人们的欢迎，封建的服饰文化逐渐在人们的观念上瓦解。

清王朝建立以后，废除了中国的原有服饰，强迫汉人穿满人的服装，强迫剃发结辫，借以消灭汉族的民族思想。满族善骑射，故服装为圆领窄袖，以此代替了明代的服装。清王朝强迫改革服制，从发型到穿衣都有严格的规定，例如说：“京城内外限旬日，尽行剃度”，若有“仍存明制不随本朝制度者，杀无赦”，随着剃头令，接着就是改冠易服。后来清王朝为了缓和汉人反抗，采用了服饰上十不从的建议，即：男从女不从、生从死不从、阳从阴不从、官从隶不从、老从少不从等等。这样就使服饰中保留了很多汉族的制度和习惯，直到清朝末年服饰制度仍处于复杂的状况。中国的历史上妇女其实多是穿长袍的，与满族的旗袍不同之处，多是对襟或斜襟，裙装不过是一种便服。到了清代，为了与满人区别，所谓的“男从女不从”，即以裙装为主，一直延续到民国都是以此为习惯。

满族女子所穿的旗袍原来是宽松直筒型的，表现不出女性的曲线美，直到民国以后，民间普遍穿着，又进行了改良，逐渐成为满汉所共有的服饰，有很多少数民族如鄂伦春族、达斡尔族、鄂温克族、赫哲族、蒙古族等等也采用这种长袍的款式。实际上旗袍是中华民族传统长袍的一个分支，也是中国妇女所喜爱的一种传统服装。马甲是一种无袖短衣，俗称“坎肩”，是满族人喜欢的一种服装。实际上坎肩的起源是古代汉民族的“半臂”，是汉族的服装。满族吸收汉族服装的长处，改进自己的服饰，以后成为满族服饰中的重要组成部分。坎肩被满族吸收以后，根据自己的需要进行了改进，款式变化很多，有：大襟、对襟、琵琶襟、一字襟等；在装饰上也很有特色，如：镶边、刺绣、纽扣的变化等。坎肩可以穿在长袍的外面，后来又加上袖子成为马褂，由此可见满汉服饰的关系密切，互相影响，两个民族的服饰合在一起，成为中国的传统服饰。现代服装的发展，从旗袍的改良直到衣裙的发展，都在不同程度地吸收着外来的影响，但是发展的基础，始终离不开满汉已经形成的传统。辛亥革命以后，满族服装的汉化，汉族服装吸收了满族服装之营养，已经成为了中式服装的统一模式，这是现代服饰文化转折点的一个重要因素。

我国的历史源远流长，在长期的历史发展过程中，形成了各种各样的风俗习惯，服饰民俗是其中重要的组成部分。服饰的发展与民俗是分不开的，如：生育、寿礼仪、婚嫁、丧葬、信仰、吉祥、禁忌、节日、家训、环境、气候、习惯等等。服饰穿戴要按民俗规约的要求，无论是款式色彩、穿着习惯等都有相应的方式，各地不尽相同。辛亥革命以后，服饰制度、人们的观念、服饰的穿着方法等都有所改变。但是一些民俗习惯仍然保留在民间，使得服饰民俗有了新的内容，因此，现代服饰的发展总是摆脱不掉民俗的影子。现代服装的发展，在从封建服饰文化到现代服饰文化的转变过程中，那些封建的服饰民俗逐渐在人们的观念中淡化。科学化、大众化、新的礼节、新的禁忌等等，逐渐在人们的观念上有了一定的位置。

综上所述，近代服饰文化的转折点，是在已经形成中国特有的、各民族统一起来的服饰文化的基础上，吸收了西方的服饰文化，改革了民间服饰民俗，形成了新的近代的服饰文化。

第三节　五四运动对近代服装的影响

鸦片战争以后，我国的通商口岸，外商云集，洋行不断的建立，在洋行当中很多是经营服装的。于是西方的服饰文化传入了中国，这不仅对中国的服装行业是一个冲击，对于中国的服装改革也起了很大的作用。西式服装以它全新的审美情趣赢得了人们的青睐。西式服装造型由宽变窄，由长装转化为短装，穿着方便、款式多变、花色品种也很多。尤其是孙中山先生提倡由西式服装改革成功的中山装，这对西式服装在中国的生存起了很大的作用，不仅是革命者首先穿起了西式服装，一大批年轻人也都纷纷改变自己的服装打扮。西式服装虽然掀起了服装改革的浪潮，但是有几千年传统的中国服装仍然是人们心目中的佼佼者。穿中式服装的人仍然是多数，尤其是在农村，广大的农民和其他的劳动人民仍以中式服装为主。辛亥革命以后，服装的穿着方式比较复杂，可以说是中西并存。西式的西服、连衣裙、制服、套裙等很受人的欢迎。中式的男长袍、旗袍、上衣下裙、中式短装等仍是人们日常穿的比较多的服装。在一些大城市，服装行业畸形发展，逐渐形成了半封建、半殖民地所特有的虚假繁荣，但是在使中西服饰文化交流上起了很大的作用。在西式服装发展的同时，中式服装也在不断的变革，如旗袍、衣裙、男式长袍等，都在吸收着其他服装的长处来弥补自己的不足，使中式服装在与西式服装并存发展的过程中不断的现代化。

五四运动以后，一批知识分子从国外带回西式服装，使人们认识到短装的许多好处，对于长装装式起了冲击作用。

男装由长装装式向短装装式过渡，三四十年代变化比较大，但仍保留了很多传统款式。随着生产的发展、生活方式的不断改变，各地区、各民族的交往日益增多，互相吸收先进的东西。辛亥革命前后，尤其是“五四”运动以后，穿制服和西服等穿短装的人多起来了。短装有许多优点，如方便生活、方便生产、方便旅行，更能适应各种现代工业的发展。中国式的对襟小褂和对襟小棉袄虽然比不上中山服的款式新颖，但是，穿着舒适、方便，工艺过程不复杂，是西式短装不能比的。夏天用比较薄的面料制成对襟短衣，既凉爽又方便、穿脱容易。在长装装式与短装装式交替流行很长的时间中，中式短装始终被人们所喜爱。50年代初，短装基本代替了长装，中式短装仍然流行不衰。

辛亥革命以后封建制度的土崩瓦解，给个性化创造了条件。虽然在穿衣问题上封建意识仍然或多或少地存在，但从整体上来看，现代服装已经从束缚中解放出来。

第四节　中华人民共和国建国初期的服装

一、20世纪50年代的干部服热

1. 各界争穿灰色的干部服

20世纪50年代以后服装的发展，经历了一个曲折的过程。20世纪50年代初到20世纪60年代，经济发展还不够快，物质条件还比较差，因此反映在穿衣上比较明显。20世纪50年代的服装主要是简朴和实用，可以说是以朴素为中心。1949年开始的干部服热，是受军队服装的影响。进驻各个城市的干部都穿灰色的中山服，首先效法的是青年学生，一股革命的热情激励他们穿起了象征革命的服装。各行各业的人们争相效法，很多人把长袍、西服改做成中山服或军服。在色彩上也是五花八门，但多以蓝色、黑色、灰色为主，还有的人把西服穿在里面，外罩一件干部服。这时穿长袍、马褂和西服的人已经很少了。在农村，穿干部服的人是少数，大多数人仍穿中式服装。

2. 列宁服的流行

原苏联的服装在20世纪50年代初期影响比较大，如列宁服就是依照列宁常穿的服装设计的，主要特点是：大翻领、双排扣、斜插袋，还可以系一条腰带。一般主要是妇女穿着，穿一件列宁服，梳短发，给人一种整洁利落、朴素大方的感觉。列宁服的流行是军队中的女干部进城带来的。最初在城里流行开来，主要是一些革命干校的学员穿着。后来在各大学中的部分女干部中流行，以后逐渐流入社会，形成了穿列宁服的风气。

3. 苏联服装的影响

从20世纪50年代开始，苏联的服装在我国部分地区有一定的影响。如仿苏联坦克兵服装设计的“坦克服”，是立领、偏襟、紧身、袖口和腰间装袢。这种款式用料省，容易制作，穿脱方便，很受人们的欢迎。另一种是“乌克兰”式的衬衣，这是一种乌克兰人穿的衬衣，款式的主要特点是：立领、短偏襟、套头式，有的还在短偏襟上绣图案，当时主要流行在我国的北方地区。

20世纪50年代中期，我国的军服也曾仿照苏联军队的服装进行设计制作。后来由于不太适合我国的国情，仍以我国的中山装为主要依据，设计出了美观大方、富有传统的军服。

二、中山装的大发展与毛式服装的兴起

从1949年以后，穿中山装的人越来越多，到20世纪50年代以后更是形成穿中山装的热潮。除去中山装之外，人们又根据中山装和列宁装的特点，综合设计出“人民装”。其款式的特点是：尖角翻领、单排扣和斜插袋，这种款式既有中山装的庄重大方，又有列宁装的简洁单纯，而且也是老少皆宜，当时穿人民装的年轻人很多。后来出现的“青年装”、“学生装”、“军便装”、“女式两用衫”都有中山装的影子。中山装从50年代开始普及，并不是一成不变的，在款式上也是不断的变化。如领子就有很大的变化，从完全扣紧喉头中解放出来，领口开大，翻领也由小变大，当时毛泽东很喜欢穿这种改进了的中山装，因此国外把这种服装叫做“毛式服装”。中山装作为中国的传统服装从

20世纪50年代到20世纪70年代，一直流行不衰，最主要的原因是老年人、青年人都可以穿，甚至儿童也有穿中山装的。中山装用什么样的面料都能制作，可以平时穿着，也可以作为礼服，无论是外交场合还是在国内庄重的场合都很适合。实际上当时中山装已经成为我国很有代表性的服装，可以说就是"国服"。

三、传统服装与新型服装的交叉

1. 俄式大花布的影响

20世纪50年代初期，苏联花布成批的在中国市场上出现，于是有不少青年人穿起了苏联花布制作的服装。特别是一些男青年也穿起了花布衬衫，虽然是少数人，但在当时也引起了哄动效应。

2. 1956年以前的服装行业

1956年以前，虽然人民购买成衣的水平大大提高，毕竟不是大多数人都能从服装店里去选购成衣，家庭自做、到裁缝铺去做仍然是多数。因此服装的经营业很发达，由于服装的专业性质不同，经营的方式也不同。

(1)前店后厂的时装、西服业

这种经营方式，多数是前店后厂。有的规模很大，店堂装潢很讲究，以此来吸引顾客。一般的说这样的店都有高级工艺师掌握技术，因此很得消费者的信赖。主要业务是接受来料加工，或由店内供应面料。衣料准备的充足，品种齐全，供顾客选择。同时在店内也卖成衣，经营方式灵活。也有的店规模比较小，在20世纪50年代初期人们崇尚朴素的情况下，穿西服的人比较少，做中山服就成为商店的主要项目，因为店的规模不大，常常是接了任务以后，再进材料加工。

(2)专做中式服装的苏广成衣铺

1956年以前穿中式服装的人仍然很多，特别是广大农村，仍以中式服装为主。长袍穿的人少了，但中式上衣仍然受到欢迎，因此苏广成衣还是兴旺不减当年。苏广成衣主要以家庭作坊为主要经营方式，有些规模比较大一点的作坊，也雇用工艺师，或收几个学徒，除去接受来料加工之外，也上门量裁、制作服装。

(3)专做定单的服装厂

专做定单的服装厂，有的规模比较大，有的规模比较小，一般的是几个工人或一二十个工人，采取合作的方式。有几台缝纫机或十几台缝纫机，专门为服装店加工各式服装。因此，这类的服装厂受服装店的制约。也有的工厂制成成衣以后，批发给零售商或上门推销。

(4)上海的"包笼"

上海有一种"特约服装部"，俗名叫做"包笼"。这种经营方式是没有自己的店铺，而是向服装公司或大的服装店租柜台。主要是来料加工，也有的"包笼"兼卖成衣。

(5)自产自销的机缝新衣店

机缝新衣店一般的说规模都比较小，只能小批量生产。自己生产一些比较简单的内衣之类的服装，如衬衫、短裤等。有条件的自己设摊或租比较小的门面进行销售，也有的专门向小的服装店批发。

(6)估衣店

1956年以前，人民的生活水平还比较低，有相当一部分人需要购买旧衣，因此，还有一部分估衣店存在。估衣店向居民收购旧衣，然后转卖给经济比较困难的人。后来的旧货商场、调剂商店也经营旧衣，有时也卖新衣。这时不少工厂都发工作服。有的人一套工作服可以穿很长时间，于是工作服就有多余的了，这些没有穿过的新衣服就成为调剂商场的商品。

(7)个体裁缝

个体裁缝经营方式灵活，很受居民的欢迎。他们在居民区摆摊或是有一个小小的门面，完全按居民的要求裁剪制作。不但能加工新衣，还可以改旧翻新。还有的个体裁缝专门上门做活，一个小包里，带有各种工具，利用居民的场地进行裁剪缝制，也有的个体裁缝带着缝纫机上门。还有一种个体裁缝只是上门量尺寸，然后带回去缝制，做好后送货上门。

3. 20世纪50年代以后服装技术的发展

20世纪50年代初期，中国的服装加工业比较落后，除去家庭靠手工自做新衣之外，有相当一部分成衣业也是靠手工制作。还有一部分是靠普通缝纫机，成衣量很小。人民购买成衣的观念也比较淡薄，购买成衣的人比较少，不能促进服装业的发展，更谈不到服装技术的改革。

20世纪50年代中期，国民经济逐渐恢复和发展，1956年以后，人民的生活水平有了较大的提高，购买成衣的人也日益增多，服装生产业有了一定的规模。从1958年开始，服装行业的机械化程度逐年提高，电动缝纫机、电动剪刀、电熨斗等一批电动工具逐渐普及。以后又出现了裁布机、锁眼机、钉扣机、包缝机、整烫机等。由于机械化、电动化的发展提高了生产水平，成衣质量也大大的提高，不但培养了大批的技术人员，也满足了人民的需求。1979年以后，成批的技术工人退休，一批批新工人上岗，因此影响了服装行业的发展。后来有关部门在一些城市开办了服装技术培训班，培养了一批技术尖子，服装行业有了接班人。

20世纪80年代以后，国民经济得到快速的发展，人民的生活水平比起70年代更是前进了一大步，对成衣化有了新的认识。由于经济上比较富裕，自做服装的家庭也越来越少了，这样就更促使服装行业的大发展。原来的服装机械已不能满足生产的需要，于是引进了更先进的服装机械。到了20世纪90年代，服装行业加大了技术改革的投入，不少企业强化生产手段，引进国际一流的先进生产设备，如：电脑排板系统、电脑绣花机械、全自动拉布机、全自动开袋机、全自动包缝机、高压整烫机、HP定型加工机等。技术的革新，先进设备的引进，给现代服装的发展提供了美好的前景。

4. 中西服装结合的发展

(1)中西式的上衣

1949年以前，曾流行一种上穿中式棉袄，下穿西式长裤的打扮；或是穿中式长袍，下穿西式长裤，这是一种中西合璧的打扮。20世纪50年代以后，这种打扮仍很流行，到20世纪六七十年代男式的长袍已经很少有人穿了，但仍保留了上装穿中式的服装，下穿西式长裤。特别是冬天，男女都很讲究穿中式的棉袄，一般的都要在棉袄的外面罩上一件罩衣。最早的罩衣与中式棉袄没什么两样，后来采取了中西合璧的制作方法，这就是既有中式传统服装的结构，又采用西式服装的裁剪方法。在棉袄的填充料上除棉花之外，还有驼毛、丝绵等。款式是立领、对门襟，用中式的布制纽扣，袖子不连衣身，而是采用西式绱袖子的方法，在外观上给人一种高雅富丽的感觉，穿着大方，很受人们的喜爱。

这种中西式的上衣流行的时间比较长，变化也比较多。虽然是中西式，开始仍保留了中式的布扣，后来又流行硬质的圆扣，以后又改成暗扣。女式的罩衣采用明袋，男式的罩衣一般的采用插袋。选用比较结实和容易洗涤的面料。男式的罩衣多是蓝、黑、灰等深沉的颜色；女式的罩衣比男式的色彩变化多一些。

(2)港式裤的流行

20世纪60年代初期，流行一种裤管很小的裤子，当时被称为“三包”，从香港传进内地，是青年人的穿着。

(3)服装品种的更新换代

人民追求丰富多彩的生活，在衣着上也要求更新，虽然当时的社会环境不能充分的满足人们的需要，但是，追求在服装穿着上的新异、自由、个性是一种不可阻挡的潮流。在“老三色”和“老三装”的基础上仍有很多变化,70年代初期,出现了很多新品种,如拉链劳动服、顺褶裙、对褶裙等等。

(4)西式服装的发展和中式长袍的没落

中式长袍流行了几千年,从古到今变化很大,从清朝到民国有了质的变化。长袍一度成为中国人普遍穿着的服装,20世纪50年代以后,人们的生活方式有了很大的改变,长袍已经不适合现代的生活节奏,西式服装已经在中国传播了几十年,方便生活、方便生产,使人们感到穿着利落、大方,因此长袍逐渐被冷落了。五六十年代实行计划用布,定量供应,做一件蓝布大褂比较费料,这也是长袍逐渐没落的原因之一。

(5)以服装朴素为美的年代

20世纪50年代以后,全国处于经济发展的起步时期,人民全力的投入了经济建设工作,工人、农民的经济地位有了很大的提高。因此,服装业的服务对象也发生了很大的变化。社会风气变成以朴素为美,时装、西服还不能在广大的工农群众中普及。20世纪50年代后期,在全国开始了“大跃进”运动,在穿着上更趋向实用、结实、朴素,逐渐形成了蓝、灰、黑的时代。无论是工厂、农村、机关、学校、农场都投入了大炼钢铁的热潮。人们的穿着也颇有特色,男子都以旧中山服、旧军服为主;女子多数穿蓝、黑、灰的两用衫,在里面穿小花的两用衫,把花领子翻在外衣领子的外面。这种穿法从20世纪的50年代中期,一直延续到60年代,在这种以朴素为美的年代,也算是一种调剂服装款式和色彩的变化了。

5. 美化人民衣着的提倡

1956年1月政府部门在全国范围内展开了改进服装的宣传,号召美化人民的穿着。这时许多色织布厂加强了设计工作,出现了一批新品种、新花色。由于国家的提倡,妇女和儿童不仅在节日穿花衣服,在平时穿花衣服的人也多起来了。男式的服装也有了一定程度的改变,但色彩仍是很单调的。

(1)男着西服、女着花衣

1956年1月共青团中央和全国妇女联合会联合发出通知,明确提出:爱美是人的天性,美和装饰是一种艺术,服装的整洁美观,是一种有文化修养和热爱生活的表现,对儿童也是一种美的教育。这个号召正好符合广大人民的意愿,首先响应的是妇女和儿童。女青年们穿上了花布罩衫、绣花衬衣、花布裙子等。男子也普遍穿着春秋衫、两用衫、茄克衫、风雪大衣等。还有的人把压在箱底的西服、西式大衣也翻了出来穿着,这个时期,是20世纪50年代以来人民在穿着上最活跃的一个时期,人们尽情享受着美的洗礼。

(2)连衣裙、短裙、花色衬衫的流行

1956年以后,女式的服装发展的特别快,新款式层出不穷。尤其是到了夏天“布拉吉”(连衣裙)是最受欢迎的,因为这种服装节省材料、穿着舒适、款式变化多样,领和袖变化随意,不受任何限制。如领线的变化有直线和曲线两大类:直线有方领线、三角领线、V形领线等;曲线有圆领线、U形领线、荷兰领线、马蹄形领线等,袖子的变化也是可长可短或无袖,穿着方便容易制作,直到60年代中期一直流行不衰。

在这个时期,花色衫衬和不过膝的短裙也比较流行。20世纪60年代“的确良”面料应市,易洗、易干,尤其是花色“的确良”很受妇女们的欢迎,无论是制作棉袄的罩衫还是中式或西式的上衣,都显得朴素大方、清新美丽,中年妇女穿着的比较多。

(3)青年装、两用衫、茄克衫、紧身绢线棉袄的流行

1956年以后,直到20世纪70年代末男女服装仍以朴素为时尚,男式服装主要有中山服、军便服、翻领制服、立领制服、青年服、劳动服、两用衫、茄克衫、短风雪衣、风雪大衣、军式棉大衣、中式便服棉袄等。另外,还

有一种缉线棉袄，这是原来赴朝鲜的中国人民志愿军穿的一种服装，后来大庆油田的工人也穿这种缉线棉袄，一时效法的人很多。女式服装主要流行的有立领单外衣、女式军便服上衣、连拨领短袖衫、斜明襟短袖衫、顺褶裙、对褶裙、碎褶裙、长短风雪大衣等。还有一种叫做春秋衫的服装，在当时也很流行。只有童装的花样比较多，但是，仍然受到成人服装的影响，有儿童制服、红卫服、劳动衫、女童工裤等等。

总之20世纪50年代以后，虽然服装的款式不断更新换代，服装面料也逐年有所变化，但始终是围绕着实用、朴素、大方这个公认的原则。

(4)军队服装的新款式

军队的服装主要是以中山服为基础的，1949年以前的军队服装，多为灰色的中山服，后来军队走向正规化，开始授军衔，服装也进行了改革。有一个阶段是采用苏联军队服装的式样，由于不太适合我国的国情，后来仍改为以中山服为基础。

1949年以前主要的兵种是陆军，到1950年已经发展成陆、海、空三大兵种，因此军服的式样必须进行改革。1950年1月，中央军委颁布新的军服款式。新军服的款式美观大方，一改过去的圆形军帽为大檐帽。当时规定：陆军团以上的指挥员、海空军营以上的指挥员穿呢子军服。1954年开始全军实行军衔制。1955年10月1日，全国的军队都穿上了"五五式"军服。"五五式"军官服装更是设计新颖，尤其是元帅服设计的更是美观、庄严，蓝绿色的面料、西式领、金色的肩章，整体设计协调，虽然采用了西式的领子，但又不失民族特色。士兵的军服是套头式，船形帽，这种军服对于中国人来说不太习惯，后来仍改为中山服、解放帽。1958年"大跃进"时期，部队经常参加劳动，那种硬板式的肩章不便肩挑膀抬，因此把军衔改在领章上。平时只戴圆形帽(解放帽)，只有在重大节日才穿有肩章的军服。到了20世纪60年代军队的服装又进行了一次重大的改变，整体设计仍以中山服为基础，取消了军衔，只是在领子上镶红领章，帽子改成圆形小帽，上镶红色五星。

(5)警察的服装

1949年以后，警察的制服有别于以前警察的制服。最早的制服是黄色的中山服，绿色的领章，上有人民警察的字样。50年代中期，警察制服改为蓝色中山服，棕色扣子、红领章。交通警察上身是白色的中山装，下穿蓝色的裤子。1966年~1976年期间，改成草绿色的中山服，红领章，戴解放帽。1976年以后，警察制服改成了橄榄绿的西式服装，大檐帽，加上了臂章，系紫红色的领带。警察服装与军队的服装有了明显的区别。

四、三年自然灾害前后服装的概况

1. 纺织品原料短缺，穿着受到限制

中国进入20世纪60年代，连续三年自然灾害，不仅是粮食大幅度减产，棉花也是连年歉收，纺织品、针织品生产都比往年有所下降。定产的花布品种无法生产供应，就连人们喜欢的一些传统品种也供应不足。有的工厂为了节省棉纱，把一些本来很受人们欢迎的服装品种进行了改制，结果造成了品种单一，根本不能满足消费者的需求。这个时期又受计划供应的限制，因为布票的数量比较少，棉布、服装、日用纺织品都要收布票，因此人们在购买纺织品的时候，都要考虑充分的利用。例如买布要考虑布面要宽，要结实，衣服做好以后要能多穿几年，所以在色彩上也只能是选用中性的比较朴素的颜色。例如：黑色、灰色、蓝色或一些比较耐脏、耐洗的颜色，从这时开始，原来的蓝、黑、灰服装更进一步的巩固了。

2. 蓝、黑、灰服装的款式和面料

1963年纺织品的花色品种逐渐的多了

起来。如灯芯绒就有 10 多种色彩，使受三年自然灾害的影响逐渐摆脱，但是在穿着上仍然不能完全摆脱“老三色”的影响，但在款式和服装用料上有了不少变化。虽然纺织品生产有了很大发展，但仍存在很大困难，从 1960 年开始凭票供应的纺织品如：卫生衫裤、棉毛衫裤、线衣、线毯、毛巾被、绒毯、浴巾、睡衣、床单等；后来又补充了毛巾、袜子、汗衫、背心、人造棉布、麻布、蚊帐布、枕心、枕套、风雨衣等也要凭票供应。后来国家又针对不同品种实行了减收布票，如含棉花少的就少收布票；质地稀薄的少收布票；重量轻的少收布票；规格小的少收布票等等。服装用布逐渐缓和，尤其是化纤混纺布当时起了不小的作用，如人造棉的中山服、两用衫、短大衣等受到了人们的青睐。20 世纪 60 年代的服装从色彩上说整个基调仍以蓝、黑、灰为主，女式服装和童装的色彩比男式服装要多一些。在服装款式上男装仍以中山装为最基本的款式，再加上青年服、军便服、两用衫、中式棉袄等构成了男装世界。女装和童装的款式虽然比男装的款式变化多一些，但也不过是中西式棉夹袄、中西式女罩衫、斜裙、春秋衫等。当时强调阶级斗争，对于资产阶级的思想、生活方式持批判态度，但在某种程度上有些夸大，使得人们不敢过多的打扮自己，蓝、黑、灰作为主调就不言而喻了。

五、“文化大革命”对服装的影响

1.“破四旧”对服装穿着的冲击

1966 年开始了为期 10 年的“文革”期间，服装是首当其冲。西服和旗袍被定为“四旧”，一些有西服的人怕被抄家，就把西服之类的服装拆掉。纺织品和服装的生产也是极左路线的受害者，很多受人们欢迎的服装面料和服装款式被莫名其妙地戴上了“四旧”的帽子。有些花色品种被批判为反动图案，在这种政治的高压之下出现了一批所谓政治性强的花布，把什么“老三篇”、“样板戏”、“工厂”、“拖拉机”、“水压机”等作为花布设计的内容。用此以表示“政治性”和“时代性”的特征。由于“破四旧”和左倾路线的干扰，本来已经日益丰富多彩的服装，这时又重新变得单调起来。本来是一些正常的穿着，只是稍稍的鲜艳一点，就被指责为“追求资产阶级生活方式”。

服装的式样、规格、工艺、用料、色泽、花型以及装饰附件，都受到种种限制。例如男装不许装肩袢、袖袢、腰接带，不许打复势。男衬衫不许翻领口，不许绣字和图；女衬衫、套衫、连衣裙不许袒领，不许无袖，不许用薄型衣料。男女西裤都不许口袋和门襟上装拉链、用梣纽等等，否则一概斥为奇装异服，一律不准生产销售。数以千万计的外贸产品出口不了，又不准内销只能进行破坏性的处置。许多老店、名店被批判，砸牌改名。

2. 20 世纪 60 年代的老三色和老三装

60 年代，老三色蓝、黑、灰，老三装中山装、青年装、军便装又占领了服装阵地，西服和旗袍更没有人敢穿了。就连年轻的女孩子也不敢穿花衣服或是颜色比较鲜艳的服装。穿着打扮虽然在“老三色”和“老三装”统治下，但人们还是想尽办法在此基础上穿的新鲜一些。如：中年妇女穿灰色条纹、叠门襟的两用衫；男子穿灰、蓝色的中山服，穿方口布鞋，戴草绿色的解放帽。小学生也不例外，因此不少家长在面料上想办法。例如用咖啡色的灯心绒，做成立领的罩衣穿在小军装的外面，上面绣一点小花。又从一朵小花发展成一组图案，于是在胸前绣花的衬衫流行了起来。

3.“红卫兵运动”和旧军装

“红卫兵运动”在极左思潮的推动之下，提出“老子英雄儿好汉”，要继承革命的传统，把草绿色的军装、军帽当成革命的标志。一时间掀起了穿草绿军装的热潮。人们纷纷购买草绿色的布进行制作。不久市场上开始出售草绿色的上衣和草绿色的裤子，为人们赶新时尚提供了条件。草绿色的军帽、宽皮带、毛泽东像章、红色的语录本、草绿色帆布挎包等成为服饰配套的典型配饰品。

六、20世纪70年代服装的变革

1. 在穿着上破除清规戒律

20世纪70年代初，人们购买成衣的观念很淡薄，不少家庭都自备了缝纫机，因此当时的裁剪书非常畅销。自裁自做的服装很流行，当时比较流行的款式如男装的中山服上衣、军便服上衣、翻领制服上衣、立领制服上衣、青年服、劳动服、拉链劳动服、青年裤、紧腿棉裤、棉短大衣、风雪大衣、中式便服棉袄等；女装的单外衣、立领单外衣、女式军便服上衣、连拨领短袖衫、斜明襟短袖衫、顺褶裙、对褶裙、碎褶裙、中式便服棉袄和罩褂等。儿童服装基本上都是仿效成人服装的样式，如劳动衫、工装裤、红卫服等。1976年以后，服装穿着逐渐走上了健康的发展道路，西服的款式又被提到议事日程，到1978年已经出现了双排扣西式驳领的服装。各地一些闻名的服装店先后恢复了经营特色，开创了服装发展的新局面。

2. 化纤纺织品服装的问世

20世纪70年代化学纤维面料逐渐兴起，无论是品种和数量都很快的发展起来了，这给人民穿衣的困难解决了很大的问题。化学纤维的种类很多，如：粘纤、粘胶丝、醋纤、维纶、腈纶、锦纶、涤纶、氯纶等等。化学纤维有许多棉布没有的新特点，如容易洗涤、容易熨烫，有的面料还可以免烫。由于化学纤维的兴起，衣料的品种花样逐渐的多起来了，服装的款式、色彩也越来越丰富，到20世纪70年代末期，人民的穿着已经有了明显的变化。

3. 逐渐减收或免收布票，服装穿着开始得到改善

由于化纤织品的问世，缓解了纺织品供应紧张的状况，20世纪70年代末，20世纪80年代初化纤混纺和纯化纤布的生产已经达到53.5亿米，占各种布匹总产量的37.5%。市场上供应丰富，国家又根据当时的情况，调整了纺织品和针织品的价格，涤棉混纺布和中长纤维布降低了价格。这样就基本上满足了人民的需要。不断缩小凭票供应商品的范围，最后过渡到全部纺织、针织品不收布票。由于政策的放宽，服装行业飞速发展，到了20世纪80年代中国的服装穿着状况有了很大的变化，给中国服装文化与国际服装文化接轨打下了坚实的基础。20世纪70年代后期，人们购买成衣的观念大大的提高，开始摆脱自裁自做的局面。个体裁缝逐年大幅度的增加。

第五节　改革开放时期的服装

一、对外开放对内搞活给服装带来了生机

1. 服装面料不断更新换代

服装的改革离不开纺织的发展，服装的造型、款式、色彩在很大程度上取决于面料，因此服装材料的更新换代正是服装变化的基础之一。从1975年以后，国家对花布、色织布的生产采取了一定的措施，原来的选样定产会议越开越大，逐步变成纺织品交易会。1983年上海市工、商部门举办了第一届“上海花布之春”展销活动，给针、纺织品的生产打下了良好的基础。涤纶纤维被广泛应用，毛涤混纺的凉爽呢、派力司、花呢、华达呢、啥味呢、哔叽和羊毛与几种化纤混纺的三合一、四合一等各种毛混纺呢绒纷纷进入

市场，使呢绒商品的花色品种有了迅速的发展。20世纪70年代以后，丝绸的生产也发展的很快，尤其是化纤纺织的发展，使各种合纤绸开始大量的生产。如我国生产丝绸的著名产区杭州，除去生产传统的真丝织锦外，还生产人丝织锦、交织织锦、金银丝织锦等新产品，各种色彩约有400多种；上海生产的富春纺、青春纺、有光纺、无光纺是印花的人造丝，锦乐缎、锦绣缎、锦益缎、满花缎、锦裕缎也是用人造丝、锦纶丝混纺生产的，很受消费者的欢迎。江苏、浙江、上海等地生产的弹涤绸、工农绉、乔其纱、层纹绸、秋玲绉、绿桑纺、天香绢等合纤绸品种繁多，在市场上也是畅销货。80年代以来，国内市场上更是琳琅满目，绸、缎、绫、罗、纺、绉、锦、绢、绡、呢、纱、绒、绨、葛等各种丝织品纷纷上市，受到了人们的热烈欢迎，这时新型的高档丝绸服装也不断上市，使人民的服装穿着得到了大大的改善。

2. 服装时装化的提倡

进入80年代，服装行业进一步的繁荣，人们的思想观念有了很大的改变，当时国家领导人多次发表讲话，提倡美化人民的服装穿着。共产党领导人带头穿新式的双排扣西服，在国内外引起了轰动，从而掀起了一股西服热。国家领导人的提倡、服装行业的复兴、社会环境的改变、生产的发展等一系列因素，使人们建立了穿衣的新观念，改变着几十年以来形成的旧习惯。一批思想解放的年轻人首先穿起了新款式的服装，在社会上引起了强烈的反响。一些名牌老店恢复了店名和传统的经营特色，一批批时髦的服装出现在市场上。这就使人们逐渐对时装化有了进一步的认识，人们脱离了多少年流行一惯的蓝、黑、灰状态。穿衣的观念不但大大的改变，而且十分活跃，追求新异、追求时髦、追求名牌的心理不断加强。由于这种种的因素，使得服装的流行周期大大的缩短了。在一些大城市里，常常是一个季度要换几套衣服。非常明显的是国家的经济建设蒸蒸日上，人民的经济情况有所好转，购买力不断的提高，买成衣的观念也逐渐加强。再加上服装行业不断推出新品种、新款式，于是从20世纪80年代到90年代，一次一次不断出现合乎时代的、逐渐与国际接轨的时装热潮。

3. 喇叭裤的流行

国家实行改革开放政策以后，国际服装的流行趋势通过各种渠道涌进了中国。喇叭裤就是其中的一种，一批勇敢的年轻人带头穿起了喇叭裤，开始时曾遭到一些有保守思想人的反对，后来逐渐被一批又一批的年轻人所认同，于是喇叭裤风行一时。

4. 20世纪80年代的西服热

改革开放的政策使人们的眼界大开，对于多年一惯的老款式感到厌倦。国家领导人带头穿起了西服，因此，穿西装的要求随着时代而兴起了。1984年首先从上海掀起了“西装热”，进而影响了全国，仅上海一地当年就出现了供不应求的局面。尤其是年轻人脱掉老三装，换上西服使人感到是在追赶时代。

5. 牛仔服的流行

1982年以后，牛仔服在我国开始流行，先是牛仔裤风行一时。牛仔裤开始流行的时候，款式是直筒式，在膝部收细，裤角呈喇叭的形状，先是在工人、学生中间流行。后来一些文艺工作者也穿起了牛仔裤，接着青年教师、青年干部也有相当一部分人喜欢起了牛仔裤。牛仔裤风行以后，牛仔衣、牛仔裙、牛仔背心、牛仔风衣也纷纷的上市。牛仔服衣料耐穿、潇洒大方、穿着舒服、款式多变，可以宽松也可以贴身，很受青年人的欢迎。到20世纪90年代牛仔服的面料又有很大发展，彩色的牛仔布问市，各种款型、各种色彩的牛仔服丰富多彩。

6. 运动服时装化

1984年以后，掀起一股运动服热，运动

服的面料多样、弹性好、色彩鲜艳，因此引起了人们的兴趣。开始只是运动员和年轻人穿着，后来逐渐向时装靠拢。运动服时装化使人们扩大了穿着的范围，跟着就有不少服装厂家成批的生产运动服款式的时装。特别是一种加长、宽松的运动服时装受到了人们的青睐。

7. 滑雪衫的流行

滑雪衫也是运动服的一类，它的主要特点是轻便柔软、易洗易干、保暖性强、色彩鲜艳、款式多变、男女老少皆宜。它一出现在市场上立即受到人们的欢迎。后来不少厂家都生产以羽绒为填充料的滑雪衫、航空衫等新款式。在款式不断变化，以后又有了两面穿的、里和面分开的款式，确实大大的方便了消费者。在 1984 年以后，羽绒服的产量逐年上升，这种具有轻、暖的服装一时成为人们争相购买的时髦货，直到 20 世纪 90 年代仍然流行不衰。

8. 茄克衫的设计日新月异

改革开放以后，西式服装逐渐的又流行起来了，穿西服的热潮引发了其他西式服装的再度流行。茄克衫继 20 世纪 40 年代以后，于 1984 年再度形成流行高潮，但与三四十年代有很大的区别，首先是面料多样，如：灯芯绒、晶光布、涤棉布、尼龙绸、牛仔布、水洗布、水洗绸等等。在款式上变化也很多，不同职业、不同年龄都可以选到自己合适的茄克衫。穿茄克衫比穿西服要自由的多，也可以系领带，给人的感觉潇洒大方。

(1)工作服采用茄克衫的式样

这类的茄克衫一般采用前开襟、钉扣或用拉链，口袋比较多。在前衣片、后衣片、袖片上都可以有口袋，工作服又分很多种类，如：机床工人、汽车司机、飞机驾驶员、服务员等，都是根据不同的工作种类、工作环境确定茄克衫的式样。除去衣身的长短、面料的不同、外形轮廓的变化之外，领、肩、袖口也都是根据工种的不同进行设计，服务员一般采用立领，飞行员采用西式的翻领等等。

(2)便装茄克衫

便装茄克衫是属于休闲性质的服装，款式变化很大，可长可短，穿着随意，可以与各种裤、裙相配合。所用的面料比工作式的茄克衫更自由，因而色彩也就更丰富，这种便装式的茄克衫不但适合男子穿着，在女士中间也很流行。这是与三四十年前绝然不同的一大特点，因为在那时没有女子穿茄克衫。20 世纪 90 年代以后，面料的花色品种不断发展，使得女式的茄克衫更是花样翻新。当时流行的男女茄克衫款式很多，如：太空衫、击剑衫、摩托衫、连帽式茄克衫、羽绒茄克衫、背心式茄克衫等等。

(3)礼服式的茄克衫

礼服式的茄克衫不像休闲式的茄克衫那样随意，而是一种比较庄重的服装。款式保留了西服的特点，衣身比较长，结构简单，线条挺拔，在冬天采用比较深的面料，有点像两用衫的样子。

(4)运动式的茄克衫

改革开放以后，我国的体育事业迅速发展，运动式的茄克衫成为体育健儿的重要穿着。在国际、国内的重大比赛中，无论是在领奖台上、在比赛场上鲜艳的运动式的茄克衫表现出运动员的风采。20 世纪 80 年代以后，流行的运动式的茄克衫色彩鲜艳、标志性强、容易穿脱、宽松潇洒，不但是运动员必穿的服装，也受广大青年的欢迎。

(5)20 世纪 90 年代以后的茄克衫

进入 20 世纪 90 年代，茄克衫仍然是一种受欢迎的服装，由于茄克衫男女老少都可以穿，因此成衣的销量逐年增加。新一代的茄克衫，款式变化更显得有新时代的特征，设计师们常常注重特殊的设计，常在肩、袖、门襟、衣袋等处进行变化，一些小五金配件更增加了茄克衫的时代气息。如：拉链的环、铜浮雕的商标、领子镶上金属的装饰等等。面料也是多种多样，如：皱纹布、砂洗布、条格布、灯芯绒等。

9. 针织内衣外衣化和文化衫的流行

针织服装原来是作为内衣穿着的，如棉毛衫、汗衫、背心等。20世纪70年代以后，开始用针织品生产外衣，到20世纪80年代，已经与国际流行款式接轨。如：青果领女式夹克衫、西装式三件套、圆摆西装等。开始只是流行两用衫一类的服装，但是没过几年一般性的外衣就受到了冷落，设计新颖的针织时装大受欢迎。20世纪到80年代后期，开始流行文化衫，而且一开始就风行全国，一批设计家对文化衫的流行倾注了心血。原来作为内衣穿着的圆领衫、背心等，到了夏天就成为最受欢迎的时装。文化衫的图案内容非常广泛，如：纪念性质的、著名人物、风景、体育、警句、名言等。

随着文化衫的流行，原来属于穿在里面的一些服装，逐渐在款式上有所变化，也可以穿在外面了。如西服衬衫一改过去的贴身款式，袖、衣身都向宽松的方向发展，这样既可以作为内衣穿着，也可以作为外衣穿着。特别是女式衬衫，真可以说是花样百出、年年更新，每个季度都有最新的流行款式推向市场。

10. 羊毛衫时装化

羊毛衫原来也是属于内衣一类的服装，如：羊毛开衫、羊毛背心、羊毛套头衫等，而且色彩是以素色为主。改革开放之前能穿上羊毛衫的人是少数，进入80年代以后，消费者的购买力大大的提高，人们的消费观念也随之改变。羊毛衫的销量大增，生产厂家和设计师根据这一旺销的势头，在羊毛衫的款式和色彩上不断出新。1984年以后，羊毛衫在全国范围内广泛流行，特别是上海羊毛衫外衣化、时装化的趋势越来越明显。传统的穿着方法已经不适合改革开放的形势，更不适合人们追求穿着上的个性，作为外衣的羊毛衫也必须根据季节、实用、方便、年龄、性别、流行款式、流行色等条件进行设计生产。到80年代末、90年代初，羊毛衫时装已经风行全国各地，就连一些小城镇甚至农村也开始流行起了羊毛衫。原来羊毛衫的特点以贴身为主，时装化的羊毛衫以宽松、加长为基础，突出了外衣的特色，在制作工艺上也有很多创新，装饰方法更是五花八门。如：绞花、方格、直条、提花、印花、绣花等。在色彩上有各种各样的、适合男女老幼的多种颜色。有的色彩在过去男士是不敢问津的，自从羊毛衫时装大流行以后，男子穿红色羊毛马甲、紫红色的羊毛衫大有人在，甚至有的人穿色彩更为鲜艳、图案更为夺目的花色羊毛衫。时装化了的羊毛衫直到20世纪90年代中期仍然流行不衰。

11. 风雨衣时装化

多少年一贯制的风雨衣给人的印象是深刻的，无论是款式、色彩或是面料都已经是程式化了。但是到了20世纪80年代后期，风雨衣一改过去的老面孔，首先是色彩的多样化，尤其是女式风衣色彩艳丽，如：紫红色、绿色、咖啡色、明黄色等等。在面料运用上一反过去挡风遮雨的功能，各种面料都可以用作风衣的衣料。如：灯芯绒、水洗布、水洗绸、仿真丝、尼龙绸、法兰绒等。而且在款式上也大胆的突破，衣身可长可短，领子、纽扣、装饰等等都有很多变化，到了20世纪90年代，时装化的风衣更是风行一时。

12. 皮革服装的流行

随着羽绒服装普遍流行以后，皮革服装在全国各地陆续流行。在全国普遍流行以后，人们对皮革服装有了足够的认识。于是在20世纪80年代末期和20世纪90年代初掀起了争购皮革服装的热潮，皮革服装的价格一再上涨，但是穿皮革服装的热潮仍然不减。

皮革服装的款式一般有两大类，一种是夹克式，一种是短大衣式。领子的变化比较大，除去领子的本身变化之外，还可以镶上各种毛皮。还有一种皮革服装是仿风衣的款式，女式的皮衣采取吸腰式，有腰带穿起来显得潇洒大方。在色彩上也有很多变化，原来只限于黑色、咖啡色，后来出现了一批彩色的皮革服装很受消费者的欢迎，如橙黄色、红色、绿色、紫红色等。

13. 军装的改革

20世纪80年代中期，中央军委对军服进行了改革，这就是“八五式”军服。但是仍然与过去的军服没有明显的变化，只是单一的军服没有礼服和作训服之分。1988年中央军委颁布了“八七式”军服，军服分礼服、作训服、常服，“八七式”军服大大改善了军队的仪容。到20世纪90年代，军服在“八七式”的基础上又进行了改革，中央军委正式批准了“九七式”军服系列。新一代的军服面对21世纪，先经驻香港部队试穿，然后陆续装备全军官兵。新一代军服分礼服、常服、作训服、工作服四大系列，春秋常服、夏常服、毛衣、大衣、作训服、体能训练服，以及配套的军鞋和服饰都有严格的规定。新一代的军服，它保留了“八七式”军服的优点，吸取了外军服装的长处，同时考虑了驻香港部队的实际情况，用料有所改进。春秋常服中除西服日常服和夹克日常服之外，军帽中还采用了国际上通用的贝雷帽。新一代的军服，陆军以棕绿色为主调；海军以白色和藏青色为主调；空军以蔚蓝色为主调，这是三军的颜色体系。新一代的军服在体型中分号型的办法，使军服更加适体美观。为弥补“八七式”军服装饰太少，胸前太空的缺陷，增设了臂章、姓名牌和军种胸标等服饰。

14. 帽子的风采

进入20世纪80年代以后，帽子的种类多起来了。1949年以前曾流行的男士礼帽又出现了，20世纪60年代在男士中流行的鸭舌帽也一直流行不衰。以后又出现了男士戴的“导演帽”(实际上就是贝雷帽)，20世纪90年代又出现了牛仔帽、网球帽等等。在女子中流行的帽子更是多种多样，如：贝雷帽、光圈帽、水手帽、钟形帽等。20世纪90年代以后，解放帽已不多见，但仍有一些年龄比较大的人喜欢戴。20世纪八九十年代，人们的生活水平逐年提高，各种服装、服饰比赛多了起来，帽子作为服饰品也不例外。北京、上海有关方面曾举办过毛线编织帽子比赛，结果形成了自己编织毛线帽的流行。在北方根据气候的特点，有人设计了一种带护耳的鸭舌帽，一时成为帽子的时尚。80年代，旅游逐渐发展起来，这时戴旅游帽、太阳帽的人很多，男女老幼都很适合。太阳帽的款式、面料也是多种多样，如：棒球帽(前檐设计的比较长)高尔夫球帽等。太阳帽所用的材料更是五花八门，如：尼龙、竹、藤、草等。

中国有很多很有特色的传统帽子，一直为农民所喜欢，有些帽子不但在农村流行，也曾在城市中长期的流行。如：浙江绍兴流行的一种呢帽，不但农民喜欢，在城里也受欢迎。在北方由于气候寒冷，因此有不少从保暖需要出发设计的帽子，如：风帽、拉虎帽等。这些传统的帽子20世纪90年代在城市里已不多见，有些帽子在农村仍流行。

90年代初，学士帽、硕士帽在大学开始恢复和发展。

二、现代服装的发展逐渐和国际接轨

1. 穿着意识的改变

改革开放以后，人们的生活有了极大的改变，思想观念也发生了巨大的变化。与外国的交往日益增多，穿衣上的观念也在日益更新，除去中国自己的传统穿着文化之外，西方现代的服饰文化观念也随着改革开放的潮流进入了中国。人们已经认识到穿衣不仅仅是为了保暖等实用的功能，更重要的是一种文化，虽然中国的服饰文化源远流长，但是多年的闭关自守与外界隔绝，年轻人对自己国家丰富的服饰文化了解甚少，对国外的东西也知道的很少。一但敞开大门，我们的服饰文化就很自然的与外国的服饰文化发生了联系。外国的服装、先进工艺、衣料等，丰富了我们自己的服饰文化。一种新的、有时代特色的中国服饰文化就形成了，这些在人们的穿着观念上起了革命，使穿的意识跟上了时代的步伐。

2. 国外的服装信息不断流入中国

服装行业的发展进入了信息时代，国际信息的传入在很大程度上影响了中国市场。1984 年以后，世界服装的潮流越来越向着"自由化"和"多样化"的方向发展。人们在休闲时很少穿着西服而是穿着比较自由的运动服，从 1984 年开始，世界最流行的是休闲式的运动服，这一信息很快传入中国，给运动服时装化开辟了广阔的市场。这时中老年人虽然仍以中山服、夹克衫为主要服装，但是运动服时装化也影响了他们，如运动帽、旅游帽、运动鞋是中老年人喜爱的服饰。

随着穿衣自由化和多样化的潮流，一大批各种类型的服装也跟着从国外传入，如：喇叭裤、牛仔裤、乞丐装、披肩装、半截装等。在我国虽然有些服装并没有造成大流行的局面，但是对我国服装的流行却起着很大的作用。从这以后我国服装的生产、销售、流行等各方面都受国际流行因素的影响。

3. 外国服装设计师访华的影响

我国的服装行业在国外打开市场，国际间的交流日益增多。中国也是一个巨大的市场，随着进口的衣料、服装新款式等，国外的设计师也看准了中国这个广阔的市场。一大批国际知名的设计师逐渐被中国人民所熟悉，著名企业家型的服装设计师皮尔·卡丹就是访华比较早的一个，现在皮尔·卡丹的服装已经遍布中国的各大城市。后来先后访华的有法国的阿兰·萨尔法蒂、日本的三吉满智子、美国的沃内·卡尔森、弗兰西赛恩L·海希、意大利的瓦兰蒂诺·加拉巴尼、费雷等，还有中国人民熟悉的日本君岛一郎、三宅一生、佐佐木住江、小筱顺子等等。这些服装大师的访华，给中国服装市场增加了活力，不但使外国真正了解了中国的服装文化，也使中国人民打开了视野，对国际上的服装流行趋势有所了解。到 90 年代初期，国外的一些名牌产品进入了中国市场，在消费者中间引起了很大反响。中国的设计师和企业家也大力提高自己产品的知名度，名牌衬衫、名牌西服、名牌时装纷纷推上市场。买名牌、穿名牌一时成为某些人穿衣的一个标准。

4. 中国服装设计师队伍的崛起

中国的服装行业与国际接轨以后，引起了中国服装设计的一场大革命。全国各地掀起了服装设计比赛的高潮，首先由国家推出了"金剪奖"。每一届都吸引了大批的服装设计师，使得一批批优秀的服装设计师脱颖而出。"95 中国国际服装服饰博览会"举办了中国十佳服装设计师的活动，一批优秀的服装设计师被提名。这次的评选活动是由中国服装设计师协会主办的，评选的目的是选拔杰出的设计师，发现、培养优秀设计人才。设计师直接介入市场，使得中国的服装市场有了活力。实际上服装设计师应该成为服装市场的调节者，是服装生产、销售、消费者的组织者。但是按照我国目前的情况还很不理想，如果想要达到这种理想的境地，需要服装的生产厂家、商业部门和消费者的理解与支持。

5. 服装新工艺和服装的发展

长期以来我国的服装生产所使用的工具，无非是剪刀、竹尺、衣针、熨斗、缝纫机等比较简单的工具。具有相当规模的服装厂生产工具也并不是很先进的。20 世纪 50 年代曾经进行了一次双革运动（技术革新、技术革命），使得服装生产前进了大大的一步。20 世纪 80 年代以后，一些大、中城市引进了一批进口设备，有专用单机也有流水线成套的设备。这些比较先进的服装加工设备对于采用新原料、应用新工艺、开发新产品起了很大的作用。进入20世纪90年代国外更先进的设备传入了中国，先进的服装机械不少都是由电脑控制的，无疑这给中国服装的发展带来了更大的希望，给中国服装走入国际创造了全新的条件。

6. 中国服装在世界上的地位

中国的服装在世界上一向享有很高的声誉，改革开放以后中国的服装逐渐与国际接轨。20世纪90年代中国服装的发展，给树立中国服装的国际形象创造了条件。我们必须有一大批优秀的、世界驰名的设计师。必须推出一批世界驰名的名牌产品，为弘扬我国的民族文化而努力，重振“衣冠王国”的雄风。

7. 流行色在中国

纺织工业在一定意义上讲，是顺从人民生活的一种社会需求和愿望。服装是给人类形体包装美的享受。服装是最广泛的流行媒介，是综合了各学科的艺术，被喻为时间的艺术，象征整个社会的流行。反映国家的物质文明和精神文明的程度。因此流行为服装的传播创造了条件。由于意识到流行是服装技术和市场竞争、生活方式一体化的表现，于是纺织工业的开拓以流行色为起点。从事纺织品服装设计的艺术家，其专业素质，特别是色彩科学基础理论，还停留在20世纪30年代的水平。某些大专院校的染织美术、服装专业的基础课设置，仍以适合图案、二方连续和四方连续为内容，严重脱离了工业设计现代化轨道，束缚了科学也是生产力的原则。而我国工业生产的色彩网络既没有确切标准又不规范，极大的影响了色彩科技的腾飞。为此原纺织工业部邀请日本流行色协会访华，进行中日两国色彩技术交流。1981年12月5日在上海举行中日两国色彩技术交流会，专家们一致认为，流行色研究工作的方向、方法是纺织产品设计、服装设计的重要环节。

1982年5月原纺织部在大连召开第一次全国设计工作会议，颁布了纺织产品设计工作条例。会后，由纺织部牵头在上海成立了“全国流行色调研中心”，各省、市成立了“流行色调研小组”，责成上海纺织局着手筹备《中国纺织美术》杂志，组成编委会。1983年第一期全国设计人员色彩培训班在无锡开学。

1983年天津市纺织局新产品研究室开始筹备流行色教育中心。1984年上海“全国纺织流行色调研中心”正式发布第一次纺织品流行色预测方案。1984年10月《中国纺织美术》正式创刊。

进入20世纪90年代以来，流行色在中国日益普及和深化，它从广泛普及的流行色彩中揭示出流行服装的本质特征。流行色的普及使20世纪90年代的中国进入了更文明的阶段，因为服装是人们普遍认同的一种生活需要、追求和表现美的途径。

外国服装发展史

第三篇 WAIGUO FUZHUANG FAZHANSHI

第十一章　古代社会服装

第一节　概　述

当人类进入石器时代，逐渐形成了群体生活。到新石器时代，人类进入了母系氏族公社，原始的农业形成以后，经过了相当长的时间，又逐渐过渡到父系氏族公社。奴隶社会的形成，出现了私有制，发生了阶级对立。从原始公社制度到奴隶社会的文化艺术特点是彩陶、雕塑、绘画的发展，在这些作品中反映出远古时代的人类的精神文明。如图腾的崇拜是表现人类对自然的无知，使图腾成为氏族和自身的保护。原始氏族的社会集团，采取某种动物或植物奉为自己的祖先，认为与自己有血缘关系。同一个图腾集团的成员，把这一图腾作为共同的信仰，身体上的装饰、日常用具、墓地等，都要采用这种图腾装饰。世界各图腾民族，所处的环境、地理条件不一样，所穿的服装也不一样。北美印第安人处于寒冷地带，因此皮毛衣物是不可少的；非、澳两洲处于热带，当地的民族赤裸身体，只在头、耳、颈、手、足等处进行装饰。

在旧石器时代人类已经学会了用工具缝制皮衣，在西班牙发现的壁画，从人物的穿着来看，那时已有了一定的“款式”。

到了青铜时代，手纺车和织布机的发明，用麻、动物毛加工成布，而且在布上饰以图案。这是人类服装发展的一个新阶段，在服装的男女款式上已有了明显的区别。

第二节　古埃及服装

一、早期王国时期

公元前约三千年，埃及建立了统一的国家。埃及建国以后手工业发达，对外贸易也逐渐发展，因此经济发展很快。由于控制了周围国家的经济，使他们成为埃及的属国，使埃及一跃成为这一地区的强大国家。

古埃及的文化、艺术相当发达，很早发明了文字，这都是埃及服饰文化发展比较早的基础。国王(法老)的陵墓“金字塔”，就是埃及古代文明的标志。在墓内所陈列的文物，如壁画、雕塑等，使我们了解古埃及人们的服饰和穿戴。

古埃及时期服饰的装饰常常出现一些动物，这和原始氏族社团崇拜图腾很有关系。埃及北部的下埃及王国的国王戴红帽，以蛇神为保护神，国徽是蜜蜂；而在南部的上埃及王国的国王戴白帽，以神鹰为保护神，国徽是白色的百合花。”(张金梁著《外国服装史》)后来上下埃及统一，有时戴白帽，有时戴红帽，或两帽合戴。

古埃及王国的服装贵族和平民有很大区别。国王和贵族的穿着无论是发型还是服装都是与众不同的。卓瑟王是一位杰出的国王，从他的一座雕像上可以看出他和平民穿着的不同。他穿了一件披挂全身的大斗篷，长长的卷发垂在胸前，头上裹着缠头布，威风凛凛，气派十足。再看看平民的服装，平民包括农人、狩猎者、捕鱼者、放牧者、洗衣人、酿酒者和从事其他的手工业者。他们穿着的衣服非常破旧，甚至有的衣不遮体，更有甚者只用一条窄小的带子系在胯下。这种极其简单的“服装”，方便劳动，一般地说是一些水上做工的人所穿。从古埃及王朝遗留下来的文物、雕像可以看出以三角形装束的演变，其胯裙开始没有棱角，以后发展多呈三角形，好像半个金字塔。古埃及，由于地区经济发展不平衡，分成老区和新区的不同经济状况。老区的国王已经形成了稳定的统治局面，经济发展比较快，所以在服装的样式上是统一的，而且已经从服装上可以看出阶级的差异。新区的服装华丽而多样。古埃及初期的生产仍处于低级阶段，在服装面料上也只有羊毛、棉花和亚麻。约在公元前三千年左右，已经有中国丝绸进口，但这只能是国王法老和王族的专用品，高级的官吏和祭司也可以用丝绸做服装。一般的平民用棉麻织成的“巴伦布”缠裹在身上就是服装了。在古埃及无论地位高低，上身都是赤裸的，男子在大腿中间裹上一块布，再围上短裙。

二、古埃及帝国时期

古埃及服装的发展变化是从帝国时期开始的。埃及不断地与各国交往，又用战争的手段掠夺财富，这是使服装结构和款式有所变化的重要原因。在这个时期劳动人民的服装仍然没有多大的变化，最重要的是要方便劳动，由于贫困也无法穿更好的衣服。有一种叫做“围腰布”的衣服，是用皮子制成，在皮革上开了很多孔，既是图案装饰，又可以透气、还可以适应劳动时的弯腰。

上层阶级的服装与平民的服装就完全不一样了，不但种类多而且款式也不一般。帝国的庆典活动时，王室成员都要穿上华丽多彩的服装。有一种男式的长衣，衣服的长度要比穿用者的身高长出两倍，衣服的宽度也是人体身宽的两倍。在长衣的顶部开一个洞，在胸前开一道缝，穿时从头上套下去，前后拖在地上，是一种宽松的服装。

妇女所穿的服装是一种紧身衣，上层妇女当然要有很多的装饰物，下层妇女仍然是穿那种朴素的、没有什么装饰的紧身衣。从事艰苦劳动的妇女仍然穿早期流行的短上衣。前面所说的那种长衣，男子可以穿，女子也可以穿，但不系宽带，而是系一条很窄的带子。

古埃及虽然曾出现了不少鲜艳色彩的布料，但一般地说仍然以白色为主，这主要是染布的技术不过关的原因。

第三节　古代西亚服装

一、古代西亚历史

美索不达米亚，是底格里斯河和幼发拉底河两条河冲积而成的大平原，土地肥沃广阔无垠。公元前 14 世纪，亚述人阿瑟·乌巴利特宣布建立亚述王国，到公元前 12 世纪末，亚述王国已经成为一个强大的国家，亚述人完全统治了美索不达米亚。亚述人的军队对被征服的各个民族进行残忍的统治，到处烧杀抢掠。后来在美索不达米亚的定居者，有来自波斯高原和土耳其境内的西里西亚以及叙利亚的侵略者。米地亚王国当时正是波斯最古老而又强盛的国家。公元 612 年米地亚人与巴比伦人联合起来，打败了亚述。米地亚的文化在当时是比较发达的，对其他国家都很有影响，与巴比伦、亚述的文化有着密切的联系。公元前 550 年属于波斯的阿契美尼德族人，在居鲁士国王的率领下发动了战争，使得米地亚灭亡。但是米地亚文化却得到继承和发展了。居鲁士以后，又有冈比亚、大流士的征战，使得波斯更加强大起来。波斯帝国占据了中亚和西亚的大片土地，使得中西亚文化大力的交流，逐渐形成了古代的波斯文化艺术的高峰。西亚包括幼发拉底河和底格里斯河的两河流域和土耳其等国。

二、西亚的服装

波斯的服装在色彩上有贫贱之分，布料一般的都是羊毛织物或亚麻布，但在色彩上有很大区别：平民的服装一般的只能染成红色，统治者穿蓝紫色的服装，用白色和银色进行装饰。蓝紫色、深蓝色只能是统治贵族穿着，平民是绝对禁止穿用的。波斯人对于服装的装饰很讲究也很有特色，如刺、补花的装饰都很流行。有钱的人用珍珠、宝石、珐琅镶在服装上。

1. 苏摩人服装

苏摩人的服装最初也是很简单的，只是一块布由腰部下垂然后把臀部缠起来，讲究的要多缠几周，不讲究也就是缠上一周就可以了。最早流行的服装是羽毛式服装，用两片竖着的羽毛，再加上一块头巾，这是地位高贵的人。所穿的裙衣一直拖到脚面，也有的裙衣过膝而镶上羽毛边。

公元前 2900 年～公元前 2700 年，从梯尔·阿斯玛和卡法耶两地区发现了服饰穿着的雕像，与上面所说的裙衣和羽毛的服饰完全一样。这说明了当时纺织手工业已经比较发达，亚麻布的纺织工艺已有相当高的水平。

男子经常穿的是裙衣，这种裙衣是用穗状垂片从腰间下垂，连合而成伞状裙。这种裙衣穿着时，用一条粗腰带固定于后背。男人留长发，由中间向两边梳、下垂过肩。年龄大一点的人一般的都留有胡须。

“妇女的长衣看来也像一条大围巾，一端丢在左肩背后，主要部分缠过前胸，从右臂下来，再由背后向上绕过左肩，遮盖左手臂，只将左手露在外边。以便于活动。”（[美]布兰奇·佩尼著　徐伟儒主译《世界服装史》）妇女的发式比较复杂，要梳成发辫，再从头顶向下梳成大辫子。

苏摩人的服装从公元前 2459 年到公元前 2289 年时期，流行“考纳吉斯服”。这种服装是用流苏层层进行装饰，流苏式裙衣有的是四层、五层，或者是六层。穿“考纳吉斯服”的人，常常在背后有一球状物，这可能是裙衣缠到背后以后形成了一个大的结。从妇女所穿的流苏式服装可以看出，当时的服装裁剪技术已经相当的高超，而且已经被广泛的应用和流传。流苏式外衣的款式常常是鸡心领形、周围镶有边饰，还有一种是衣服上的流苏从上到下呈螺旋形。在装饰品上也很讲究，如水晶石、青金石、红玛瑙、黄金等都能制成服饰品。

到了新苏摩人时期的服装已经有了改革，从古底亚的雕像上可以看出，他所穿的服装实际上是一条大围巾，帽子是用羊皮制成的。妇女的服装与以前没有什么大的区别，变化不太大。

2. 亚述人的服装

亚述人的统治时期，当时人们对服装的爱好有了很大的变化，虽然服装的款式变化不太大，但对于服装的装饰很重视。统治者所穿的紧身长衣和大围巾衣都有图案装饰。有一种贵族穿的紧身长衣，敞开衣服的大襟，衣服的形状像是管状，一直垂到脚面。平民和下层人的衣长只能到膝盖，这是为了劳动和打仗方便之用。亚述人服装的等级，是从一种饰带上区别出来的。这种饰带是流苏式的围巾，也可以用作腰带。还有一种参加宗教仪式的服装，是用大围巾形成螺旋形的向上缠绕、腰间用带子固定。亚述人的统治者的服装长而拖地，全身都装饰着流苏，而下层平民只有一小块流苏的围巾。

亚述人的女子一律戴面纱，不准戴面纱的女子是妓女和女奴。王后和国王的服装很相似，也是长式紧身衣，衣服的边上有流苏的装饰，但是袖子比国王的衣袖要长些。

3. 波斯人的服装

波斯人成为亚述王国大片土地的主人，对于原来的亚述文化是比较尊重的。各代国王都穿米底亚人宽松的长袍，这种长袍有完整的衣袖，肩部到腰部有开口，但不敞开织边，直到手腕才敞开。

波斯人还有一种民族服装，是一种长至膝盖的紧身衣，腰间束带，长筒衣袖；裤子的裤管拖至平底鞋上。据说这就是最早的分腿裤子和衣服的袖子。波斯人原来都是居住在山区喜欢骑马，所以他们穿的服装必须合身，在制作过程中逐渐熟悉了裁剪手工艺。由于他们经常骑马射箭，对于双腿要加以保护，又要方便骑马，必须"量体裁衣"。从有关资料上看，这种有衣袖的衣服可以说是世界上第一套外衣。波斯人的头饰种类也很多，鞋子的制作也很精巧。波斯妇女的服装也很有特色，有一种女式服装上衣是短式罩衫，下衣为裙，衣服上有流苏、金属片和刺绣装饰。

第四节　古代希腊服装

古希腊地处爱琴海地区。古希腊的文化艺术经过了1200多年的发展取得了光辉的成就。古希腊的文化艺术光辉灿烂，对于人类的精神文明的发展给予了极大的影响。希腊服装和希腊的建筑、雕刻一样，都表现出一个共同特点，即对自然的人体美的推崇。

一、克里特人的服装

克里特岛人的文明在公元前2000年是全盛时期，他们从事陶器、珠宝、雕刻和壁画艺术都有相当的水平。当时的服装也是紧身衣，腰间系上带子，以便佩带刀和宝剑。这种米诺人的紧身服与早期的裙衣不一样，是用比较僵硬的布料制成，这样能有效地保护胯裙。"米诺紧身衣"不但穿着舒适，而且造型完美、款式新颖、华丽多彩。是当时人们非常喜爱的服装，如在参加"角斗盛会"时，无论男女都要穿一件"米诺紧身衣"。

米诺王朝的国王在穿着上，可以说是当时米诺人的典型打扮。"在他彩虹色石英王冠上，插着三片羽毛，分别为红玫瑰色，紫色和蓝色。较大的一只项链镶有百合花式的花叶。红白两色的腰带上方有一个很粗的蓝色卷套。他的胯裙很窄小，一部分呈切开状态，几乎很难观察出来，后侧却露出长长的一条，清晰可见。"（[美]布兰奇·佩尼著 徐伟儒主译《世界服装史》）继紧身服之后，男式服装逐渐有了变化，主要服装是胯裙，但具有紧身衣的特征。这是一种双层胯裙，虽然胯裙比较短，但却系着很宽的金属带子。到公元前2世纪，克里特人的胯裙已变化成裙长到大腿的中部，中央有一条装饰带。

克里特人的发型一般的是留卷曲的长发，也有剃成短发的，他们常常戴着扁平的帽子。他们所穿的鞋做工也是很精巧的。

约公元前2世纪，米诺第三代王朝中期，对于服装的穿着更着眼于精心设计。女装裹身的围巾是一块与身长相当的、带有皱褶的布料，缠裹全身以后，用腰带在腰间固定，形成细腰的状态。由于面料质地比较硬使得服装挺拔。在身的后边布料突出，远离脖子，前胸裸露在外，上身基本是贴身的，下面是宽松的。这种裸露前胸的女式服装，从米诺第三代王朝开始流行了很长的时间。在米诺人的后期，金属工艺很发达，服装的一些装饰物相当精美，花卉、动物、植物都是装饰的题材。

二、古希腊人的服装

古希腊的服装多是用羊毛、亚麻、皮革、

皮毛等材料制成。这些服装的款式很简练、单纯,但是给人一种优美的感觉。这种简练、轻便的样式富有一种青春气息,很受青年人的喜爱。古希腊的年轻女孩子多半学习缝纫和刺绣,这也是古希腊服装装饰的方法。男式服装很少用珠宝装饰,常常用一种像针一样的“饰针”。饰针的款式很多,富有者可以用很珍贵的材料制成,这不但是一种装饰品,也是一种固定服饰用的饰品。到公元前9世纪,古希腊人的服装式样大大地简化了。在女式服装上,那种紧身打褶式的上衣已经不太流行,裙式长衣被妇女们所青睐。这是一种直筒形状的服装,只用一块面料从肩膀直拖到脚面,裙的上半部打褶进行装饰。整个服装是宽松型的,给人以舒缓、适体、轻松的感觉。打褶的尺寸适当,起褶的边缘互相叠起,然后在肩的前后用饰针固定。裙式长衣上面的图案丰富多彩,常以雅典全民族的节日为题材。裙式上衣的色彩丰富,图案精练,边缘装饰精巧。公元前6世纪到5世纪,这时的女装有所改进,衣服的上部饰有摆动皱褶,这就是所谓“爱奥尼亚服”,这种服装更合人的身体,一改过去那种肥大的腰身。

公元前4世纪到3世纪的后期,男式服装逐渐简单化,仍然是一件打褶的“爱奥尼亚”式上衣,一些比较有地位的人多穿有袖子的服装。希腊人饱受战争之苦,波斯对他们的统治非常残暴,使得他们无法发展自己的服饰。自从摆脱苦难的生活之后,开始追求繁杂的服装款式。他们取多利安人和爱奥尼亚人两个民族的服装的特点综合进行处理,创造了全身打褶的服装。这种服装不再用带子固定衣服,而以带子为装饰品。

第五节　古代罗马服装

古代罗马帝国的疆域非常广阔,是古罗马形成奴隶社会的全盛时期。在文学、史学、哲学、科学等方面都继承了希腊的文化科学传统。在服装方面也继承和吸收了希腊的服饰文化,也可以说是希腊服饰文化的继承和发展。罗马帝国当时是地中海广大地区的统治者,有强烈的威严感和集权观念,所以在服装穿着上强调线条流畅和高贵。与此同时,他们还特别重视服装的艺术性,而且有严格的地位观念,甚至颁发了法令,不同社会地位的人都有不同的款式和色彩。有一种叫做“希马申”的外衣,只有那些富有者和有地位的人才能穿着。古罗马的服装和希腊的服装可以说是一脉相承,两者极为相似都为宽大的长袍。

一、罗马人的服装

“男装的代表性服装,是短袖束腰的长衣,上衣为前后两片在肩和胁下缝结,成短袖衬衣状,下部可达小腿中部或膝盖之上,束上腰带,似乎带有女性气质。”(张金梁著《外国服装史》)这种服装的面料多是采用羊毛制作,也有皮革制作的。在色彩方面,也是采用羊毛和皮革的本色,后来才发展到人工染色。男子一般的都穿上外袍,也是用羊毛制作的,宽大松身,又宽又长。按照当时的法律规定,白色是正规的颜色,但也有用深红或紫的颜色。

男子虽然都穿这种宽大的羊皮外袍,但是统治者和宗教的神职人员要在白色的外袍上镶上紫色的边,以表明与平民的区别。另外还有一种叫做“拉塞纳”的斗篷也是贫民和士兵的穿着,色彩是棕色或黑色,后来一般的平民男女都可以穿着。还有一种叫做“佩奴拉”的斗篷,款式是大而又圆的形式,也是羊毛制成。这是一种无袖外衣,尤其是牧师做“弥撒”时穿着的服装，形式与现在的斗篷是一样的。

有代表性的女装是“斯托拉”服装，这种款式与前文曾提到的“爱奥尼亚”款式相似。是一种长而束腰的短袖衣，从上到下都有荷叶边的装饰。上衣用饰针扣成袖子，长而宽松，再用花结腰带系住。罗马的早期，妇女穿一种叫做“拉塞纳”的宽外袍，后来成为社会地位低下的妓女和奴隶的标志性的服装。妇女还要穿上希腊式的“希马申”，并且要戴上面纱，否则就不许上街。

“衣琐服饰”是由双肩开始，一直到底襟两条装饰性的宽带，这是等级地位的象征，后来这种作用也逐渐消失了。“衣琐服饰”是罗马市民的所有男孩都必须穿戴的服饰，它的颜色是深紫色。最宽的衣琐服饰叫做“拉特斯”衣琐服饰，它代表着社会的最高等级，只有统治者或地位高的官员才能穿着。

“法衣”是一种宽大而不系带子的外衣，它的袖子是开缝的，“衣琐服饰”由双肩下垂到底襟，袖口边缘镶两条宽带。这种衣服是基督教徒进出教堂和作为祭服穿用。

“紧身内衣”是罗马帝国男子习惯穿的一种内衣，这种紧身内衣又窄又短，叫做“苏巴求拉服”。

二、罗马的其他服装

1. 大披肩

罗马人的大披肩，是从希腊的一种披身长外衣发展而来。这种长身外衣被一些学者所穿用，成为有学问人的标志服装。后来基督教徒也采用这种服饰，人们在外衣加上皱褶，慢慢地演变成罗马人的宽松外袍。

2. 斗篷

罗马人的斗篷也是在希腊人短式斗篷发展而来，这种斗篷在穿着时只要在右肩上用一根饰针固定就可以了。开始只是在一些军事官员中穿用，后来在罗马帝国时期国王和高级军官都穿这种服装。

3. 双层外衣

双层外衣是一种宽大的外衣，色彩鲜艳，用一种打褶的双层布料制成。

4. 轻便外衣

这是罗马平民穿的一种服装，所谓轻便外衣就是比一般的服装要轻便。各种阶层都有穿这种轻便外衣的习惯，也可以穿在外袍的上面。轻便外衣的长短没有一定之规，要看劳动、骑马等的需要而定。

5. 士兵斗篷

这种斗篷开始于共和时期流行，这是高鲁士兵穿的服装，后来，罗马士兵也穿这种斗篷。这种斗篷有很多用途，如防风、防雨、当作帐篷、睡毯、背包等。

6. 旅行斗篷

这是一种普遍流行的服装。这种斗篷是短至腰间，中间开口，上面还有一个帽子。有钱人穿的这种斗篷，做工精细、用料讲究，一般的人只能用粗糙的料子。

7. 头顶式披风

这是一块斗篷式的布料，先顶在头上，然后从身体四周垂下来。遇到风雨还可以当作小型的帐篷，后来这种服装成为基督教徒专门做弥撒用的服装。

第十二章　中世纪服装

第一节　概　　述

在欧洲历史上通常把古代奴隶社会到近代资本主义社会之间的一段封建社会时代称为中世纪。它起始于公元476年西罗马的灭亡，结束于公元1453年君士坦丁堡的陷落，在希腊、罗马的古代文明和文艺复兴新纪元之间留下了一段积淀、转型的千年历史。这段历史，是诞生近代欧洲国家形态的时期，也是欧洲各民族语言和文化形成的时期。

其间，欧亚非大陆在频繁而残酷的战争中，发生了巨大而复杂的变化：首先，从公元5世纪开始，西亚和北欧各游牧民族大举进犯欧洲南部，陆续侵占相当于近代的德、法、意、英、西班牙和东欧的一些区域。定居后的游牧民族被高度的罗马文明同化，并改信基督教，逐步发展形成了一些封建政体的国家。其次，信仰伊斯兰教的阿拉伯国家在公元7世纪日益强大起来，连年的争战使阿拉伯帝国的版图空前扩大。

这一时期，宗教的传播和基督教会对欧洲的封建统治，使所有的中世纪艺术具有一种特殊的性质——为上帝由衷地唱出心曲，用以表现强烈的宗教激情。浓重的宗教色彩成为这个时代文化艺术的象征。公元4世纪，罗马皇帝君士坦丁颁布“米兰敕令”，承认基督教的合法地位，并宣布基督教为国教。公元7世纪以后，教会势力更加强大，并扩展到英、法、德。到公元10世纪，整个欧洲都改信基督教，基督教十分严酷地统治了一切，所以艺术也十分乏味、单调，一般把这段时期称为“黑暗的封建中世纪”。从公元11世纪开始，欧洲的封建制度到了完成的阶段，经济也有了很大发展。此后的多次十字军东征对服饰文化起了促进作用，东方先进的生产技术及其优质产品，如丝棉织物、珠宝饰物被传送到西方，东方艺术被吸收冲击着宗教教义，文化艺术开始有了生机。尤其到了公元13～15世纪，商业出现了繁荣的形势，促进了资本主义萌芽，并迎来了文艺复兴的曙光。

中世纪，欧洲国家的服饰各有特点，同时，不同程度地继承了希腊罗马文化，又受到拜占庭艺术和东方艺术的影响，使这一时期的服装式样丰富多彩。但是宗教习俗毫无疑问既影响了服装的款式，也影响了服装的色彩。密不露体、内衫外袍、层层防护成为那个时期的服饰特征。

第二节　中世纪艺术对服装的影响

在艺术史上，中世纪以形式的发展变化分为四个阶段：早期基督教艺术（在服饰史上忽略不谈）、拜占庭艺术、罗马式艺术、哥特式艺术。这四个阶段的划分主要是以建筑样式为凭据的，因为建筑是中世纪艺术最突出的成就。而美术、服饰也受其影响，从而形成了一个时期的统一艺术风格。

一、拜占庭艺术(395～1453年)

罗马帝国在公元395年分裂为东西两个罗马帝国。西罗马于公元476年被日耳曼人灭亡，东罗马帝国仍然把持着强大的政权，又存在近1000年，因其首都君士坦丁堡是希腊移民城市拜占庭的旧址，故又名“拜占庭帝国”。东罗马没有受到异族的严重侵扰，保存了较多的古文化，是罗马文化的继续，同时，它所处的东西交往的中介地位，不但使它的经济繁荣，而且受到东方文化的影响，故此拜占庭文化给基督教艺术带来了光明而美丽的色彩。

拜占庭艺术以宗教性建筑为中心，屋顶穹窿形，从外部看朴素无华，但内部用白、绿、蓝、黑等珍贵彩色石料敷贴墙面，主要部分饰有镶嵌画，整个教堂被装饰得极其华丽灿烂。

受其影响，服装外形厚重保守，逐渐失去了古代的自然美，脱离了与人体密切结合的关系而呈现一种抽象的、绝对的守教性。以荣耀主为借口，服饰多采用复杂华丽的刺绣，并镶有宝石、珍珠。

二、罗马式艺术(10～12世纪)

“罗马式”原指建筑样式，因为其在形式上仿效罗马时代，由此而得名。今天用来指当时艺术的全部样式。

罗马式艺术在拜占庭艺术的基础上，更注重吸取古罗马传统。此时期的教堂建筑风格多呈方形，有着厚重的半圆形拱顶，如封建领主的城堡，以坚固、牢不可破的形象显示教会的权威。它的墙面很厚，柱子粗短，窗子既小又少，给人以沉重、朴素之感。教堂内部饰有壁画和玻璃窗画，并重视雕刻艺术的表现力。

表现在服装上，罗马式时期男女的装扮比较朴素，服装和面纱将全身掩盖起来。这种僵硬封闭的外形与当时的建筑一脉相承。

三、哥特式艺术(12～15世纪)

“哥特式”是12世纪末叶首先在法国开始，随后于13～14世纪流行于欧洲的一种建筑形式。这种建筑与希腊罗马的风格截然不同，所以，文艺复兴时期的艺术家以“哥特式”贬称之，认为这种建筑是半开化和野蛮的样式，因为哥特人在欧洲是被当作蛮族看待的。这显然是一种偏见，因为哥特式建筑艺术是中世纪最辉煌的成就，无论建筑工程技术还是艺术手法都达到了惊人的高度。它有着轻盈通透的飞扶壁、修长的立柱、高耸的尖塔，像森林般冲向天穹，整个造型显得轻灵挺拔，带着人们的理想飞向上帝。内部宽敞明亮，那些用黑色金属条沿边的彩色玻璃画，把圣经中的场面组成几何图形，在阳光或烛光照耀下，色彩缤纷奇幻，恍惚置身于天堂，垂直线和锐角的强调是其特征。

此时的服饰与欧洲的其他艺术一样，同样受到“哥特式”建筑风格强有力的影响，在整体上多强调纵向的垂直流线型紧身服饰造型。贵妇们戴着高高的尖顶帽，穿着紧身长裙，裙摆拖地；绅士们穿着长长的尖头鞋，衣身瘦长，所有这些都加大了人体的视觉高度，形成了许多纵向线条，造成一种挺秀向上的感觉。同时，服饰色彩也非常艳丽奇俏、对比鲜明。哥特式艺术的影响使服装的样式更具创造性和立体感。

第三节 拜占庭帝国时期服装

拜占庭服装是一种与希腊罗马、东方艺术有广泛联系的、又深受宗教影响的独具风格的服饰艺术。

一、拜占庭时期的衣料

这个时期，纺织、印染、刺绣、裁缝和首饰等手工业不断发展，已有了许多名贵的高级面料：优质的亚麻、华丽的织锦、雍容的天鹅绒、上等毛皮和羊毛织物，还有东方的绢织物、丝绸、金丝编织等。男女服装一般用单色布料，配上颜色相异的刺绣布条，刺绣非常精致，纹样和色彩丰富而华丽。至于在衣饰上镶嵌金银珠宝，则更是盛行，后来，小玻璃片和小镜子也嵌在绣品上。

从东方传来的纺织原料和加工技术，极大丰富了服装面料的种类。以丝绸为例，中国是最早用蚕丝织布的国家，在汉代通过丝绸之路传入欧洲，价格极其昂贵。公元6世纪，查士丁尼皇帝统治时期，西方开始了养蚕业，正是在他的庇护下，两个波斯僧侣才能把蚕种和桑树种藏在中间空心的竹手杖里，从中国带到了西方。从此拜占庭帝国有了自己的丝织业，不仅用于本地消费，而且远销欧洲其他国家。总之，拜占庭时期的面料品种已经非常丰富并且具有相当高的水平。

二、拜占庭时期的服装

拜占庭早期的服装与以前罗马帝国的服饰相比没有更多明显的变化，所不同的是面料质量有了很大提高，服装上的装饰纹样明显增多。中后期，随着基督教文化的展开和普及，服装外形慢慢变得呆板、保守。

（一）达尔马提克（Dalmatic）

男女都穿长袖直统长外衣，是由丘尼卡演变而来的长衫，由丝绸和亚麻做成，裙身宽肥，构成简单、朴素。小圆领口，衣长有至膝盖或膝盖以下或直至脚面等不同的长度。腰间束一腰带，上流人物的腰带是既漂亮又昂贵的皮带或是小金片串成的腰带，上面都镶有彩石。

帝国后期，长衫变得较为瘦窄，袖子、尤其是袖口变得紧细贴身，在衣身、袖口、裙摆有精致的刺绣，纹样和色彩丰富而华丽。

图 12－3－1　女式拜占庭服装

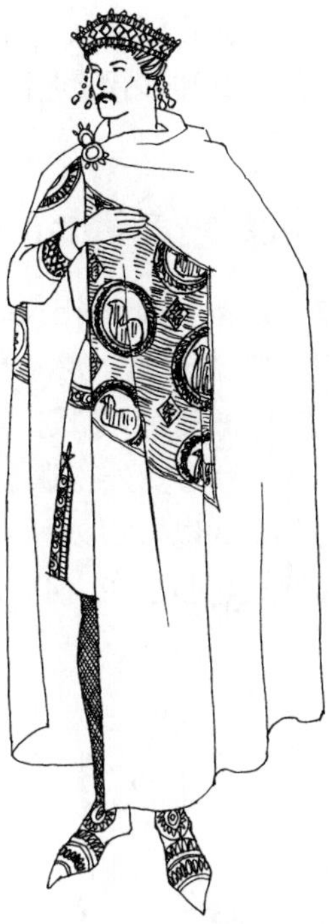

图 12－3－2 男式拜占庭服装

(二) 帕卢达曼托姆(Paludamentum)

类似古希腊克拉米斯斗篷。拜占庭帝国时期的斗篷与希腊式斗篷的差异，主要是希腊式宽松而拜占庭式长而较窄。在拜占庭帝国的全部历史中，这种长身斗篷的种种变化，始终是大同小异，其差别主要反映在长短上。穿法是在右肩用很大的宝石别针或扣子将面料两端别住，露出右臂，斗篷左前边饰有表示显贵地位的图案，皆用金线刺绣。在边缘和重要部位镶有宝石（见图 12－3－1、图 12－3－2)。

以上两种服饰显示了拜占庭服装把希腊、罗马的宽肥而有悬垂性的服装与东方精致的纹样结合在一起，并缀以豪华的装饰，被称“奢华的时代”。经过欧洲文艺复兴，其影响更加显著。俄国的服装便以此为基础，并成为俄国今日教堂里的弥撒祭服。

第四节 罗马式服装

这个时期的服装与古代罗马服装非常相似，同时，也从古代宽衣向着近代窄衣过渡。罗马式后期,女服中出现了收紧腰身、显露体形、曲线的款式，这是在服装上显示性别差异的前兆，也预示着哥特式时代那明朗造型的来临。

一、布利奥德(Bliaud)

是男女都穿的一种长袖长衫。

(一)男式布利奥德

起初，男式的齐膝，后来，男式衣长同女式一样都长齐地面，有的宽松地穿在身上，有的腰间束一条普通腰带或珠宝带，袖子长袖口肥大，呈喇叭形，与古代波斯“坎迪斯”（Kandys）的袖型很相似(见图 12－4－1)。

图 12－4－1 男式布利奥德

(二)女式布利奥德

女式的布利奥德别具特色：领口呈三角形，边缘用金银线缝缀凸纹装饰，在臀胯处系带，松松地围绕两卷，在腹前打结下垂并缀有缨络，缕缕下垂的衣褶随着人体动作而富有韵律感和节奏感，与希腊罗马风格一脉相承，内衣有羊毛的、亚麻的或用丝绸做的，领口和袖口都有扣子，并绣有花边。

此时，人们还经常把一种短背心柯尔萨折(Corsage)套在长衫外面。柯尔萨折紧身合体，用金银线多层纳缝，有时还缝缀宝石，极富装饰性。在背后开口系结，腰间系有皮带，成为以后紧身胸衣和多褶膨裙的雏形（见图12－4－2)。

二、漫特尔(Mantel)

是一种类似罗马外袍托嗄的披风，常包缠或披在布利奥德外面，庞大厚重、褶裥百重，整体效果十分庄重、高贵。起着保暖、挡风和装饰作用，为男女外出服装。有半圆形和长方形之分，常以金银线绣边，又有带帽和不带帽等款式(见图12－4－3)。

图12－4－2　女式布利奥德

图12－4－3　罗马外袍托嗄的披风

第五节　哥特式服装

同当时建筑一样，哥特式服装以其华丽的衣料，新颖丰富的样式成为中世纪服装光辉成就的代表。

一、考特(Cott)

是男女日常穿在衬衫外面的长衫。男女样式区别不大，男服较短而女服较长，且裙下摆肥大，与古希腊罗马的衣服款式相似。腰间系皮带，上有挂扣，腰带的一端长长地垂在身前。圆领口和收紧的袖口以及裙下摆边沿常饰有花边和菱形边（见图 12－5－1、图 12－5－2）。

图 12－5－1　哥特式女装

图 12－5－2　哥特式男装

二、苏尔考特(Surcot)

穿在考特外面的长罩衫。

(一)男式苏尔考特

男式长齐膝盖以下，宽松地穿在身上，或束一条腰带。有短袖、无袖和半长袖样式(见图 12－5－3)。

图 12－5－3　男式苏尔考特

(二) 女式苏尔考特

女服的裙裾拖得很长，多为喇叭口的半长袖，露出里面的紧袖口(见图 12－5－4)。

图 12－5－4　女式苏尔考特

有时在袖子腋下或臂弯处开口，手臂从中伸出，袖子垂在手边，这种衣袖从 13 世纪开始一直使用到 16 世纪(见图 12－5－5)。

图 12－5－5　女式苏尔考特

三、苏尔考特维特(Surcotouvert)

意即敞开的苏尔考特，样式奇巧别致、构思大胆，具有空间感和立体感。从肩直至臀部开两个大袖口，从大敞开的袖口里，不但伸出女子纤长的手臂且显露出苗条的腰身和内衣中的装饰。合身内衣的袖子长而紧，肘与小指之间有一排扣子。在下腰处系着华美的珠宝腰带(见图 12－5－6)。

图 12－5－6　敞开的女式苏尔考特

四、骑士服

经过中世纪前期连年战火和十字军东征的熔炼，骑士的武装既完备又豪华。头盔、胸甲及胳膊和腿部护甲，把人从头到脚都包裹得很严密。在铠甲外还穿一种织物背心，被称为柯达(Cotta)。这种衣服原是为了减弱太阳照射在铠甲上的热量和保护金属不受雨淋而生锈，长达膝盖，背心上绣着和盾牌上的徽章相同的图案，并有军衔标志，既漂亮又实用(见图 12－5－7)。

图 12－5－7　骑士服

图 12－5－8　女式柯达弟亚中长外衣

骑士服对男装向男性化发展起了一定作用。并使在胸前佩戴徽章成为当时流行装束。

五、柯达弟亚(Cotardir)

由柯达脱胎而来，女服依旧是连衣裙形式，裙长拖地。而男服却与以往不同，为上衣下裤的形式。上穿一件紧身中长外衣，长到大腿和膝盖之间，前襟有一排扣子，袖子既长又紧，一条珠宝腰带低低地束在腰下。在肩部有连帽披肩，长垂的帽尖与尖头鞋相呼应，两臂处还缀有垂袖。下身穿齐臀长的长袜或紧身裤，颜色鲜艳（见图 12－5－8）。

此时期，杂色服饰成为时髦货，衣服由颜色相异的两块布或四块布拼制而成，甚至两只鞋子和袜子的颜色也各异。

六、葡尔波因特(Pourpoint)

一种紧身棉衬袄式男子上衣，也有人称为夹衣，是由骑士铠甲里层的厚衬衣演变来的。这种夹层的服装不仅保暖性好，而且结实耐磨，适于运动，所以很快应用到了日常装上。它仍然保留了绗缝的特点，衣身合体，袖子长而紧，并在前门襟和肘至腕间排满了密集的扣子，多达 70 余颗。在图案精美的面料中常绣进穿者的族徽，雄浑中见华丽（见图 12－5－9）。

14 世纪以后，葡尔波因特成了男子最时髦的服装，与紧身裤组合穿着，开创了男子服装造型的一个新时代。

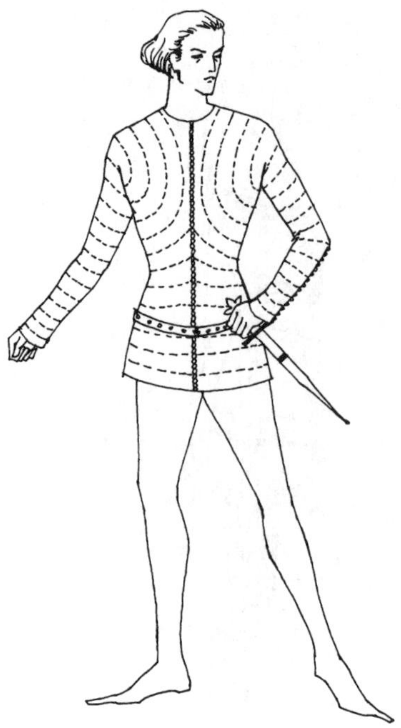

图 12－5－9　男式波因特上衣

图 12－5－10　男式豪普兰德上衣

七、豪普兰德(Houppelande)

由葡尔波因特演变而来，但宽松厚大，扣子减少。它用更多填充物使胸部挺起，也使肩到上臂处高高隆起，形似泡泡袖，再用皮带收紧腰部，更加突出了男性宽厚肩胸和窄臀的造型。领子是直立的高领或无领，领圈镶有宝石(见图 12－5－10)。

后来又出现了豪普兰德式长袍，甚至长拖至地，腰身位置偏低，有宽大的袖子，在下摆、袖口和衣身开叉处有锯齿形边饰，如同花瓣状(见图 12－5－11)。

图 12－5－11　男式豪普兰德式长袍

八、格陵兰长袍

这一时期，罗马式时代的那种收腰适体意识得到发展和强调，在裁剪方法上出现了新的突破，使服装由原来平面的前后两片叠合的二维空间构成方法上彻底脱离出来，确立了欧洲三维空间构成窄衣文化的起点。此时特别需要提到的便是格陵兰长袍，它在服装史上占有特殊的地位。

格陵兰长袍的裁剪方法是在左右两侧

和前后两面，从袖根到下摆嵌入数条三角形布，这些不规则的三角形布拼接后，在腰身处形成了许多菱形空隙，这个空隙实际上就是现今人们在制衣中常用的省道。有了省道就可以去掉平面布料覆合于人体时的多余部分，使服装更加合乎人体，从而构成了过去衣服上所不曾有过的立体效果(见图 12－5－12)。

图 12－5－12 格陵兰长袍

省道的运用使人体的曲线美得以更好的展现。对当时来说，最实际的是改变了只从两侧收腰时出现的不大合体的横向褶皱，而随着身躯的起伏变化形成自然垂坠。格陵兰长袍的出现，使东西方的衣服在构成形式和观念上有了更加明显的区别。

九、服饰配件

(一)头饰

1. 围巾软帽

阿拉伯式的围巾软帽，形状因缠绕和缝制的方法不同而各异。基本方法是饰布的一头在头顶缠来绕去，另一头则长长地垂下来，有的从胸前绕过搭向另一边的肩后(见图 12－5－13)。

图 12－5－13 阿拉伯式头饰

2. 汉宁(Hennin)

是最有代表性的尖顶头饰。它是一种单角或双角圆锥形的高帽子，形似教堂的尖塔与足上的尖头鞋相呼应。这种帽子的尖顶高低不等。帽子的高度代表着身份的高低，最高的汉宁在 1 米以上。在尖顶上通常挂着长短不一的薄纱，垂向脑后或四处垂下，将脸部和肩部遮盖，从而形成美丽的褶皱和飘忽不定的阴影，使女人的面庞显得更加神秘和圣洁(见图 12－5－14)。

图 12－5－14 阿拉伯尖顶头饰

3. 艾斯科菲恩(Escoffion)

13 世纪一种很有名的华丽头饰。它将头发左右等分，以金属丝为骨架，结成圆柱或贝壳等不同造型的发球，发球很大将两耳掩盖，并罩以发网，上边还缀饰珠宝，最后外罩披纱。发网外的绒发全拔掉，眉毛也修饰得很精致(见图 12 – 5 – 15)。

(二)鞋

无论男女都穿被称作波兰那 (Poulaine) 的尖头鞋。用丝绒或软皮制成，并由挂钩或珠宝扣子扣牢。13 世纪尖头鞋的长度达到了高峰，最长的波兰那有 1 米左右长，在鞋的前端内充填绵软的东西。由于鞋子过长妨碍行走，人们用金链把鞋尖束在鞋面翻折处或裤子的膝盖部位。后来，为了保护软鞋底，还有特制的木质鞋套。

另外，鞋的尖头长度 按照等级不同而有严格规定。据说，王公贵族的尖头长度为脚的两倍半，而平民百姓的鞋尖是脚的 1/2 (见图 12 – 5 – 16)。

图 12 – 5 – 15　艾斯科菲恩头饰

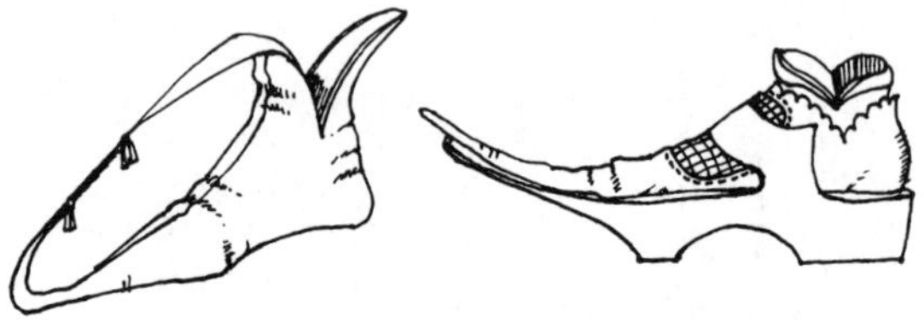

图 12 – 5 – 16　波兰那尖头鞋

第十三章　文艺复兴时期的服装

第一节　概　　述

文艺复兴是指公元 13 ~ 16 世纪，首先在意大利发生，而后遍及欧洲国家的思想和文化上的革命运动。因为此时期古希腊、罗马文化重新受到重视，故得“文艺复兴”之名。但这场运动并不是古代文化的简单复兴，它标志着资产阶级文化的萌芽和意识形态的转变。是中世纪转入近代的枢纽，是欧洲历史与文化发展的一个重要时期。

文艺复兴运动的发生有着极其复杂的原因，主要是十字军东征以后东西交通网的广泛建立以及航海探险，将先进的知识和技术传入欧洲。从经济方面来说，这些活动和成就替欧洲人开辟了市场和殖民地以及原料和资本的来源，从而促进了工商业的发展，加强了资产阶级的地位和势力，为文化艺术的发展提供了物质基础。从精神文化方面来说，这些活动和成就打破了欧洲过去闭关自守的状态，扩大了西方人的眼界。尤其是 1353 年拜占庭被土耳其攻陷，迫使许多学者带着古典文化的遗稿逃到欧洲，加之古希腊、罗马艺术的发掘，使长期在禁欲主义思想下生活的人们如梦初醒，进入了反封建、反神权的人文主义革命时期。他们尊重知识、崇尚理性、反对教会的蒙昧主义和神秘主义；赞美人性的美好，提倡个性解放，追求世间的财富和爱情享受。

文化艺术因此而达到前所未有的繁荣，出现了像达·芬奇、拉斐尔、米开朗琪罗和提香这样的艺术巨匠，并产生了无数不朽的杰作。这并非是偶然现象，而是社会经济文化大繁荣、思想极为开放的产物。

在服饰上，面料和装饰更加华丽，人体的造型之美和曲线之美得以充分的展现。男服强调上体的宽大魁伟和下体的瘦劲，构成了 V 形造型；女服强调细腰丰臀，上身多呈 V 形，下身为 A 形，构成了 X 形造型。终于形成了男子上重下轻、女子上轻下重的对立局面。这种两性服装截然不同的特征，一直影响西方服饰发展近 500 年。

第二节　16 世纪服装特征

文艺复兴时期，欧洲各个国家服装各有千秋，但是共同的服装特征构成了一道道风景线。

一、切口装饰

此时，欧洲各国的男女服装和鞋帽上都盛行切口装饰，也有称其为开缝装饰或剪口装饰。顾名思义，就是将外衣剪成一道道有规律的口子，从开缝处露出宽大细绸的衬里或白色内衣，形成了内外不同色泽、质地的对比，层次丰富、新奇奢华。这种装饰起源于瑞士军服。1377 年，瑞士兵打败了法国勃艮弟公爵后，他们把敌军丢弃的帐篷、旗帜和军服撕成布条，用来缝补他们那破烂不堪的军服，却获得了意外的装饰效果。凯旋的士兵受到市民的热烈欢迎，他们的奇特装束被人们竞相模仿而风靡欧洲，在1520年至1535年之间，其流行达到高潮。

切口的形式变化很多，或平行切割，或切成各种花样图案。平行切割的长切口多用在袖子和短裤上，面料自上而下切成条状，豪华的内衣料鼓胀出来；小的切口多用在衣身、衣边或女裙上，或斜排、或交错地密密排列。切口的边都用针缝牢，有的在切口两端镶嵌珠宝(见图13-2-1)。

图13-2-1　欧洲的切口装饰

切口装饰对后世影响很大，至今我们仍可在一些服装中见到。

二、轮状皱领

即“拉夫”(Ruff)领。从16世纪一直流行到17世纪，是文艺复兴时期特色鲜明的服饰部件，可以独立制作。这种领子成环状套在脖子上，其波浪形折皱呈8字形。用优质细亚麻或细棉布精制而成，外口边缘用花边或雕绣装饰，多用白、蓝、绿、黄等色。做时把布料浆得很硬，再用熨斗整烫成形，所以领子很挺。有时还用绷着丝线的优质金属丝放置在领圈中做支架，使其形状保持固定不变。

前期流行窄领，后期时尚宽领，有的可达七八寸之宽，下边附有支座，戴起来前低后高，使人物面部在其烘托下更加醒目。但宽大的领子卡住脖子不便转动，人们吃饭时还要使用特制的长柄勺。

轮状皱领出现后，立刻受到英国女皇伊丽莎白的青睐，于是贵族们竞相效仿，特别是正式场合，更是贵族男女颈部不可缺少的装饰物(见图13-2-2)。

图13-2-2　轮状“拉夫”皱领

三、填充衬垫

大量使用填充衬垫是文艺复兴时期服饰的又一重要特征。

(一)填充衣身

男服的肩部、胸部、臂部和短裤内皆有不同程度的衬垫，使着衣男子从肩部到大腿处都膨胀饱满，如在油画《亨利八世像》中看到的，用填充衬垫夸张的造型使亨利八世显得神气十足（见图 13－2－3）。

图 13－2－3　填充衣身的男服

（二）填充袖子

填充袖子也别具特色，有三种基本造型：一种是泡泡袖，填料置于袖山使之膨大鼓起，上臂和前臂都很合体（见图 13－2－4）；一种是羊腿袖，填料后使袖根鼓起，然后逐渐过渡到窄紧的袖口（见图 13－2－5）；还有一种是藕节袖，肥厚的袖子间隔地系缎带，分段鼓起，形如藕节（见图 13－2－6）。

袖子作为一个独立的服饰部件，可装可卸，与衣身的连接用系带、金属链扣加以固定。为了掩饰肩部明显的接缝，人们又设计了一个月牙形的翼形肩饰。欧洲人不但利用这种可更换的袖子与衣身随意搭配，甚至还时兴用袖子作为礼物馈赠亲友。

四、紧身胸衣和裙撑

文艺复兴时期，欧洲女子流行使用紧身胸衣和裙撑，满足了人们奇特的审美需求。

图 13－2－4　填充袖子的女服

图 13－2－5　填充袖子的女服

（一）紧身胸衣

随着古典艺术风格的兴起，女子、尤其是上流社会的女子，更加热衷于一种典型的、规范、标准的美。据记载，英国女皇伊丽莎白身材细瘦，故提倡束腰。当时，曾有女子

图 13－2－6　填充袖子的女服

图 13－2－7　硬质紧身胸衣

腰围在 33 厘米以上者不得进入宫庭的规定。为此，妇女们开始穿紧身胸衣，希望自己的上身呈现一种完美的造型，并逐渐成为社会风尚。

紧身胸衣分硬质和软质两种

1. 硬质紧身胸衣

早期的紧身合体上衣只是用来勒细腰身表现女性性感特征，具有一定的可调节性，后来当细腰作为女性美的一个重要标准时，原来出于穿着适体考虑的弹性功能反倒变得多余了，取而代之的是铁制紧身胸衣。

它用钢铁制成，由前后左右四片构成，四片之间用合页连接，用钩扣或螺栓固定。据载，法国王妃凯瑟琳·德·美第奇的嫁妆中就有这种铁制紧身胸衣，腰围长度是 40 厘米。可想而知，妇女们穿上它，会遭受多大的皮肉之苦(见图 13－2－7)。

2. 软质紧身胸衣

使用铁制胸衣毕竟过于残忍，所以许多人改用布纳胸衣。它用双层麻布中间加衬衲成，既坚实又挺括。为了达到整形目的，有时还在前、侧、后的主要部位嵌入鲸须，在前身或后身用密密排列的绳带系紧。在前中央还设计了尖角状的下摆，利用这个尖角引导视觉，强调细腰。表面罩布制作也很精美，刺绣着图案，有时还缝缀上金银小圆片。另外，下摆内侧装有钩扣，用来连接下面的裙撑（见图 13－2－8)。

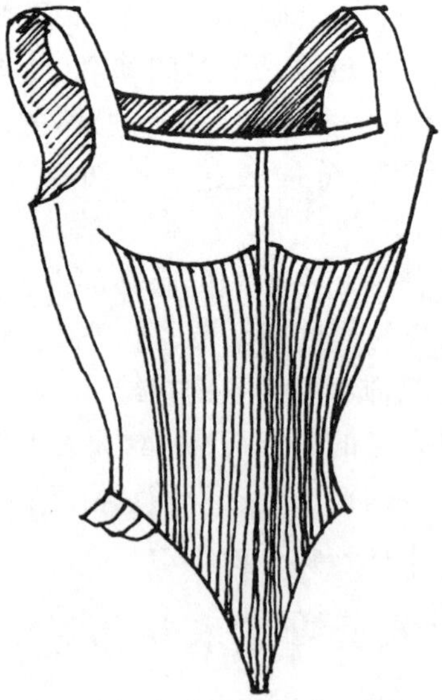

图 13－2－8　软质紧身胸衣

穿着紧身胸衣，将女子上身强制性束裹成细腰突胸的标准体型，加强了曲线特征，所以一出现就很快传遍欧洲，广泛普及。同时，它也极大地摧残了女性的健康，不能正常的呼吸和进食，昏厥、心脏病时有发生。

(二)裙撑

可谓是文艺复兴时期人们营造理想外观形象的一个创举，与紧身胸衣同时穿用。它一经出现，很快就在欧洲各国流行开来；在日后的西洋服装中间断地流行了近400年。此时的裙撑有三种样式。

1. 西班牙式

为吊钟形裙撑。圆形的撑箍用鲸须、藤条或金属丝制成，一圈圈由上而下、由小到大地排列，从而收缩腰围、扩大下摆形成圆锥形。这种裙撑的出现使女子的裙口张开并成钟形，从而改变了女子裙装的外形（见图13－2－9）。

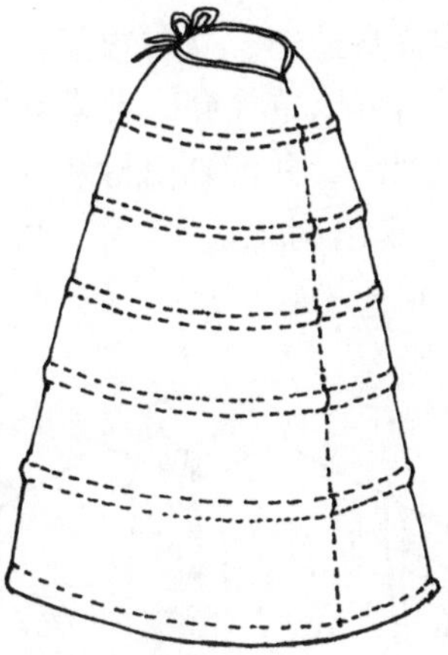

图 13－2－9　西班牙式吊钟形裙撑

2. 英国式

与西班牙式结构相似，但造型是左右宽、前后扁的椭圆形，从腰部向外水平扩展，在视觉上与紧瘦的上身形成更加强烈的对比，它使人的活动极不方便(见图13－2－10)。

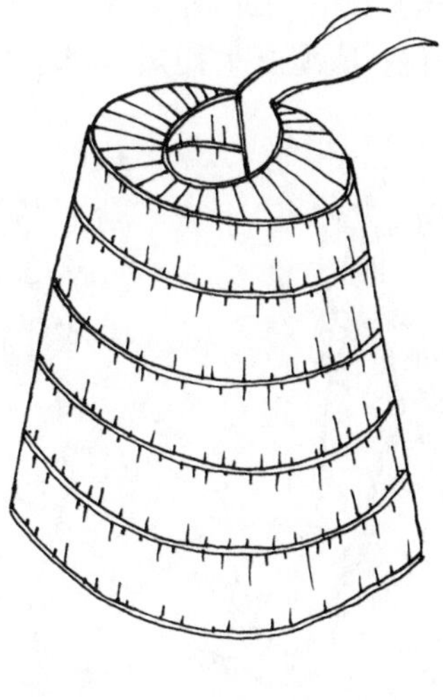

图 13－2－10　英国式吊钟形裙撑

3. 法国式

像救生圈一样的环形填充物，围绕在腰腹部，两端用带子系住，裙子沿环轮外圈垂直而下，这种裙撑的优点是不影响活动，女士骑马时多用它(见图13－2－11)。

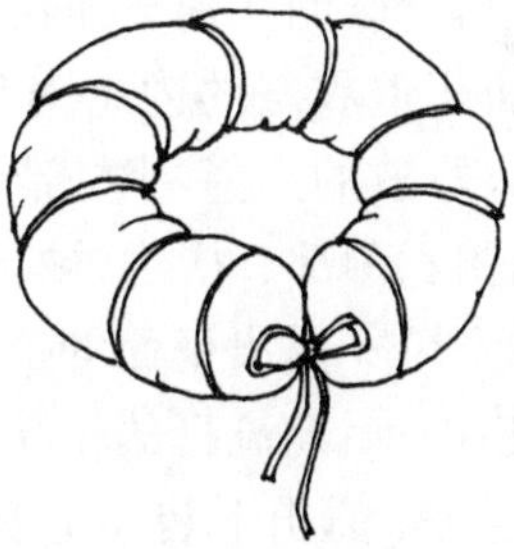

图 13－2－11　法国式环形裙撑

由于上身做得紧身。而裙子肥大，在制作上,上衣和裙子需分开裁剪再进行缝合。

五、短裤和股袋

(一)短裤

男子的下身一律都穿短裤，长短由大腿上部至膝下不一，并常带有竖长切口。各国的短裤造型略有不同，有紧身的也有宽松的,有填料的也有不填料的。其中“瓜形裤”最具特色:造型肥大而短,膨胀并常带有竖长切口,形似南瓜。短裤以下则是紧腿长袜,都采用明亮的色彩,中世纪流行的两腿各一种颜色的形式已基本消失。脚穿浅腰方头鞋子(见图 13-2-12)。

图 13-2-12　法国式短裤和股袋

(二)股袋

在男子前裤裆处常见有一块三角形袋状物称为“股袋”,里面塞进填充物使其膨胀,表面有刺绣并缀以装饰,使男子生殖器部位显得十分醒目,以示对教规的蔑视(见图 13-2-1)。

总之,这一时期的服装被分割成若干独立的部件,然后再组装在一起形成明确的外观造型,塑造了男女各自服饰审美的极端样板。整体充满了生机和创意,但就个体而言,却少了一些鲜明的个性,其中包括儿童的服装样式。

第三节　16 世纪的男装

前几世纪流行的大袖长袍式男装不再多见了,本世纪的男装以上衣下裤的样式占主导地位,男女服的区别更加明显。这一时期人们更加注重衣服的内外对比和上下对比效果。从外披的斗篷到内部衬衫层次丰富。衬衫在腕和颈部有褶边;袖子篷大隆起;无袖的杰金外衣,露出里面的道伯利特;切口装饰的使用;后期流行的轮状皱领;斗篷变短,敞开上襟,露出下装和上衣,这样从花色到面料层层显露,都表现出一种富有立体感的构思。

一、16 世纪前半期

这一时期,男子的上衣更加强调横宽,呈方形。如在油画《亨利八世像》中看到的,衣身宽大肥胖,服饰珠光宝气,用填料夸张肩部造型,突显男子的伟岸气魄(见图 13-2-3)。

(一)上衣

1. 道伯利特(Doublet)

即前期的葡尔波因特,款式上略有不同。更加紧身适体,立领很高,在腰部收成 V 字形。它可以单独穿,常常有袖子,但袖子不是很肥大,并能自由拆装。装袖时系在袖孔上,露出衬衣,形成一种装饰(见图 13-3-1)。

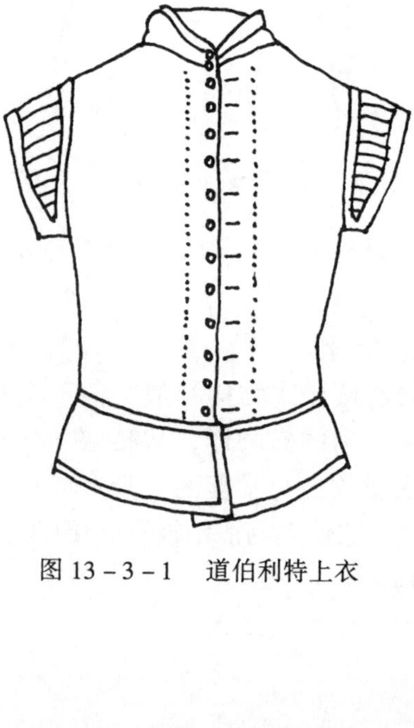

图 13-3-1　道伯利特上衣

2. 杰金外衣(Jerkin)

穿在道伯利特外面，也可以直接穿在衬衣外的背心式紧身衣。通常无袖，有各种领口，如V形、U形和高领。在前身开襟，从前襟露出道伯利特(见图13-3-2)。

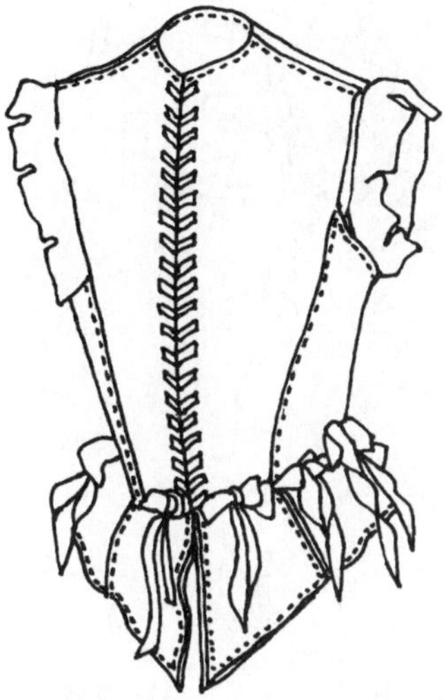

图13-3-2　背心式紧身衣

图13-3-3　男式上衣

(二)外衣

此时，外衣也是不可少的，男子更是用它来加强壮硕的造型，因此外衣都比较宽肥，面料和装饰豪华，其长度多至膝部，也有长至脚踝的。它的特征为翻领，常饰有皮毛镶边或贵重的衬里。袖子可拆卸、更换，多是庞大的造型，如羊腿式、灯笼式等。是外出时的主要外衣(见图13-3-3)。

(三)领子

文艺复兴时期，颈部的服饰变化很大，也是最具特点的部位。开始是由中世纪后期的高领过渡成低领，接着更低露出衬衣。衬衣领经常高出外衣，衬衣前身开口，用细绳把领口收紧，围绕颈部形成细小的褶皱。

(四)帽饰

此时帽子样式很多，在室内外都可以戴，不一定是户外装束的一部分。

意大利首创贝雷帽，很快风靡各国，男女皆戴，久盛不衰。帽子常用天鹅绒、缎子和毛料制作，并有许多变体样式。常用各种装饰，如用鸵鸟、孔雀的羽毛，或系饰带、打花结等(见图13-3-4)。

图13-3-4　意大利贝雷帽

二、16世纪后半期

此时，衣服的样式由强调横宽逐渐恢复了正常，更加符合身体自然外形的要求，趋于倒三角形。填料几乎均匀地分布于整件服装，所以全身虽饱满却匀称。轮状皱领也在这一时期盛行。

(一)上衣

到16世纪末，德国出现了带“豆荚肚”的道伯利特，也影响了其他国家。这是一种在紧身上衣腰腹部塞进填充物，使之向前膨胀，形成像鹅一样的大肚子，称之为豆荚式上衣。同时短裤填充也很饱满，突出上体宽阔、下体精干的男子造型(见图13－3－5)。

图13－3－5 “豆荚肚”道伯利特

(二)短披风

当时流行一种很短的翻领披风和有袖的短大衣。前襟开口，长短不一；有圆形的、也有斗篷式的；或披或搭在肩上；有些有领，有些无领。简洁朴素，穿上它更加突出男子三角形的造型，受到欧洲各国各阶层人士的青睐(见图13－3－5、图13－3－6)。

图13－3－6 男式短披风

(三)领子

轮状皱领是此时期的代表衣领，有各种各样的形式。至后期，人们开始戴没有浆过的轮状皱领。还出现了比之更为简便、舒适的翻领，如西班牙的菲力浦王所穿的有硬衬的领子，前襟处左右分开，可竖直立起，别有特色(见图13－3－7)。这两种领饰同时存在，而翻领更普及一些，因为轮状皱领既费工，价格又高，戴起来也不方便。

图13－3－7 男式轮状皱领

（四）帽饰

16世纪后半叶，男子还流行一种高筒帽，特别是纨绔子弟帽高可达20～25cm。用呢绒或毡制成，帽檐不大，向上翻卷。有一根长而卷曲的羽毛插在帽子前面或稍偏处。

第四节 16世纪的女装

同男服一样，长袍、斗篷的一体式样退居二线，造型上力求加强女子的曲线特征。紧身胸衣和裙撑、填充物与支架的大量使用，使服装廓形更加夸张和任意。在赋于肉体痛苦的同时，却能予人精神上的快乐。

一、16世纪前半期

这一时期，女子衣裙还更多地保留着袍的痕迹，虽然女子的裙装上下仍连在一起，但在裁剪上已经上下分离，袖子也单独裁剪。为日后女服结构上的种种变化打下了基础。

（一）衣裙

女式长衣款式优雅、质地优良。面料有用织锦的，有用丝绒绣花的，还有花缎和嵌珍珠金丝布的。为了更合乎人的形体需要，人们对传统的女服进行了改革。将上衣和下裙分开裁剪，然后缝合。这种腰部有接缝的分体式女袍衣长及地，窄肩，腰节偏高，整体造型为上身小巧，下身肥大。特别是腹部浑圆，与细腰形成对比，给人以丰臀大腹的孕妇感(见图13－4－1、图13－2－6)。

图13－4－1 16世纪女衣裙

此时，女子开始穿紧身胸衣，但这种上衣仅仅是合体。下裙也有膨大的趋势，但整体造型不似后期那般夸张，而展示着女子比较自然的体态(见图13－4－2)。

图13－4－2 女式紧身胸衣长裙

（二）领子

此时领口多为V形、方形或一字形，开领较大且深，充分体现了人性的解放。大约到了16世纪中叶，领口开始收拢；上面出现了细小的褶饰，而且有增高的趋势，这些变化预示着后期皱领的出现（见图13－4－3）。

图 13－4－3　皱领衣裙

图 13－4－4　莲藕形袖子衣裙

（三）袖子

女服的袖子也很有特色。其中一种袖子、一段一段束扎成莲藕形，在整个手臂或手臂外侧留有裂口，使里面的白色衬衣露在外面（见图 13－4－1）。

还有一种袖子，上臂合身，肘部以下的袖子则又宽又长。从下部向上卷起，卷起的袖边高高地固定于上臂，这样可以露出外衣衬里和衬衣袖口的精美纹饰和花边（见图 13－4－4）。

（四）鞋

女鞋流行一种被称为乔品（Chopin）的高底鞋，也译作花盆底鞋。鞋底是木制的，鞋面是皮革或漆皮的，一般做成无后踵部分的拖鞋状。因不外露，所以装饰不多。当时以鞋底的高低来显示身份的尊卑和表示时髦，以致于最高的鞋底达 30cm，贵妇人穿上它没有侍女扶持就难以移步（见图 13－4－5）。

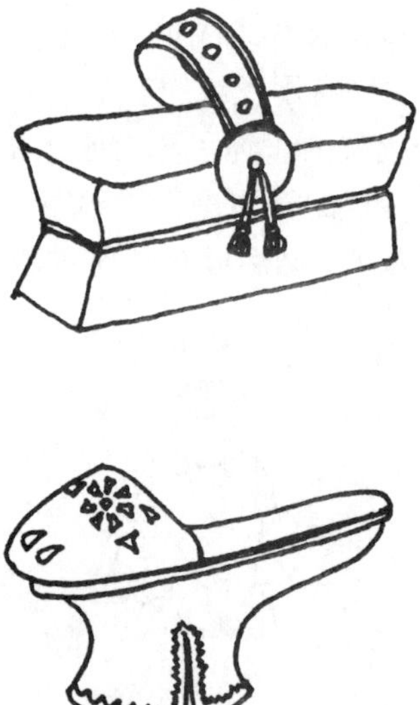

图 13－4－5　花盆底鞋

二、16 世纪后半期

上紧身胸衣、下裙撑的组合方式以及皱领、衬垫的使用，加强了女装上轻下重的造型效果，使人的自然体态得到了很大改变，虽然在造型上可以产生更加丰富多彩的样式，但它使人这一主体变成了僵硬的支架，并趋于从属地位。所以，文艺复兴后期的服饰与其说是服饰装点人，不如说是人在装点服饰。

（一）衣裙

紧身胸衣使女子上半身勒紧收束成 V 字型，为了强调细腰，其前襟呈长尖状，一直延伸到腹部。而裙撑又使女子下半身夸张膨大成 A 形或 N 形，从而使整体形成明显的 X 形（见图 13－4－6）。

图 13－4－6　X 形紧身胸衣裙

（二）外套

多层衣裙是这一阶段的时尚，除了保暖还有显示富贵之意，既丰富了层次又富于对比。裙外套在前后或左右不同部位开叉，露出里面的衬裙，一般在前方开叉的较多，从腰部到裙边敞开呈 A 形。外裙多用天鹅绒、织锦等高级面料，有时还内衬毛皮或用之镶边（见图 13－4－7）。

图 13－4－7　A 形多层衣裙

（三）领子

男女老少皆戴皱领。早期流行闭口式轮状皱领，它由小到大，由低往高发展，后至高抵下巴、宽与肩同的造型，以致人们吃饭都很困难。

于是后期对皱领进行了改革，即前边打开，后颈处高耸成扇形，具有很强的装饰感，像一把打开的精美的小折扇，有时还用金属丝做成半月形或桃形，再罩上轻薄透明的面料，婉如蝉翼，竖立在颈后（见图 13－2－4 和图 13－2－5）。

（四）头饰

16 世纪后期女子头发由前期的中分，发展成向后梳，并喜爱在前额留一个发尖。后来，逐渐时兴高而卷曲的发型。为使头发增高饱满，常用金属做支架，梳成各种样式的高发型。平时常用网罩和便帽包住头发。到了伊丽莎白时代后期，人们借助于假发显示发型，以至于全部用假发套，红色和淡黄色特别流行。

第十四章　17世纪的欧洲服装

第一节　概　　述

一、历史背景

在17世纪，强大了的资产阶级在政治上同封建势力开始了较量，在1609年建立了历史上第一个资产阶级共和国——荷兰。

在17世纪上半叶，西班牙的权势在上世纪显赫的地位与权势已随着欧洲1618—1648年间的一连串的战争，同其他国家一样受到削弱。随后，西班牙同法国的争夺又持续了10年之久。直到1659年，双方缔结了比利牛斯和约，菲利普四世的女儿玛利亚·德莉莎嫁给了法国路易十四，两国间的争夺才宣告结束。这一和约使法国在欧洲占了上风。

法国的王权阶级在路易十三时期（1610—1643年）就开始了实行重商主义政策；到路易十四时期（1643—1715年），继续采取重商主义政策：开办“王家工厂”，即大规模的集中手工工厂，大力开展工业生产。资助地毯、丝织和花边工业生产，使法国的轻工业产品如：袜子、呢绒、花边和其他生活用品畅销世界，国王本人被称为“太阳王”。

当时法国的宫廷生活极为奢华，服装设计也竞相争艳。宫廷创办《宫廷消息》的杂志，用铜版画形式发布宫廷时髦的时装，并首次用法文Factio专门表示这一概念，现英文Fashion一词就源于此。

1589—1610年，法国亨利四世在位。这是位宽容贤明又具有长远目光的国王。是他的才智使法国恢复了在16世纪失去的威望。从1624—1642年，法国的实际统治者是红衣主教黎希留；1642—1661年，红衣主教马萨林是路易十四的第一大臣。在这37年中，法国逐渐重新确定了在欧洲的统治地位。

在17世纪后半期，第一批时装商店出现在巴黎，出售成衣。这时，巴黎最高级的时装店称“皇家陈列馆”，生意最兴盛的是妇人服装店。同时，还有帽店、鞋店、毛皮店、手套店、扇店、假发店和美容店等等；还出现了美容、理发的专家和名师。昂贵的价钱注定了它只是为上流社会服务，它们的顾客只有贵族、名人和绅士。

1627年，德维塞（De·Visa）在巴黎创办世界第一本报道时装的杂志《风流信使》（Mercure Calant），及时向世界各地传播时装中心巴黎及其凡尔赛宫廷的时装信息。1714年更名为《法兰西信使报》（Mercure De France）成为法国最早的报刊之一。

德国是欧洲这次30年战争的主要战场。可想而知，在战争结束时，德国变成了一片废墟，疾病又夺去了许多人的生命。

英国也经历了一场革命，还经历了由清教徒克伦威尔突然发动的一场内战。在清教徒革命的年代（1649—1659年），服饰变的非常简朴，甚至没有人戴首饰。

这个时期的英国服饰样式平淡、色彩灰暗。1665年，英国发生了瘟疫。祸不单行，1666年又经历了一场大火，伦敦的450英亩上的建筑物成了废墟。随着王朝的复辟

(1660—1688年)，简朴的服饰很快消失，取而代之的是豪华的法国巴洛克风格的服饰。当复辟被推翻，英国建立了世界上第一个法律比较健全的维护资产阶级利益的君主立宪制国家。

丹麦国王克里斯钦四世于1625年也陆续参加了30年战争。克里斯钦四世出战的目的有两个：一是为了支持新教（他本人是马丁·路德教的教徒）二是为了使他面积较小的领土能够得到扩张。

瑞典的军队在格斯道佛二世的领导下也参加了此次战争，原因同克里斯钦四世参战的原因相同：一是为了宗教信仰；二是为了扩大范围。在战争中，格斯道佛表现出色，占领了波罗的海周围的领土。这时只要在德国海岸有个据点，就可以控制整个水路。1630年开始入侵德国，格斯道佛二世不幸在1632年阵亡。由于失去了坚强的领导，瑞典失去了在这次战争中得到的领土。在战争中，丹麦和瑞典被公认为是这次战争中出现的强国。在服装上也出现了时新式样。

在荷兰独立前，其毛纺、麻织、造船、航海和渔业都很发达。1602年成立了荷属东印度公司,1612年成立了西属印度公司。

独立的荷兰在各行各业得到更加自由的发展。其莱登市的呢绒业、哈连姆市的麻布业、乌特勒支市的丝织业和保尔夫特市的瓷器业，在国际上都享有盛誉；它的造船业也相当发达。其资本主义发展的特色是商业超过工业，对外贸易超过对内贸易；同时还大量向外掠夺殖民地，也包括对中国台湾的侵略。

在绘画艺术上出现一批出色的画家如：鲁本斯、伦勃朗和维米尔等。

许多进步的思想家及学者把荷兰当作避难所，在此居住，自由发表各种政治见解并著书立说。这样，荷兰又成为了欧洲的印刷业和出版业的中心。

自由活跃的思想影响到服饰业，使荷兰的服饰业得到空前的发展。在17世纪前期，整个欧洲都流行着荷兰样式的服饰。

二、服装风格——巴洛克风格

16世纪，文艺复兴高潮的影响迅速扩大发展，至17世纪形成了在绘画与建筑式样上的巴洛克(Baroque)风格。

Baroque一词，一般认为是西班牙语，意为“不合常规”，特指各种外表有瑕庇的珍珠，即“不圆的珠”。意大利人最初是用以表示建筑中的奇特而不寻常的样式。

此种形式特点影响到文化艺术领域各方面，如：音乐、雕刻、绘画和服饰等。它的特点表现为：装饰性强的色彩、优美而流畅的线条、注重光的效果、自由奔放的情感，形成整个时代的统一风格。尤其是在法国路易十四时期，其建筑和服饰皆成为当时豪华艺术的典范，以富丽堂皇闻名于世的法国凡尔赛宫和卢浮宫都产生在这一时期。

反映到服装上，其特点也是极其明显，如：膨大的腰围、敞胸的上衣和马裤；以及运用在服装上的大量精致花边。种种迹象表明，这是一个追求豪华、奢侈的时代。

三、饰　物

17世纪，纽扣、蝴蝶结取代了上个世纪钻石在服饰上的地位。可以这样说：17世纪是一个讲究花边的世纪。早期应用的花边装饰只是简单的几何造型，到世纪末，演变成扇面形，其中最为著名的是威尼斯的针织花边。

第二节　17世纪的荷兰样式

荷兰服饰的特点是：减少过去人工制作的衬垫、框架和填充物，服装由支立或膨起的硬支架等，变得下垂或自然合体，使服装由僵死的模式向自然形态发展进步。

颈部的装饰领型变化是其中最明显的。领子是从内衣向外翻出，原来男女皆穿用的拉夫领（图14－2－1、图14－2－2）去掉了支撑的金属丝架，变得较为柔软平坦（图14－2－3）。后来又去掉了有规律的繁多的褶裥，向左右分开，这样就变成了平铺在肩的很大的翻领（图14－2－4），好像一个小披肩，通常在边缘都饰以花边。在领向下6~7厘米处扣着一个纽扣，下面向左右两边敞开；或在领子两边安装上两条绢的或捻线的饰带代替纽扣（图14－2－5），把领子在前面系住，饰带打结并在领前下垂，成为一种装饰。这种翻领使人的颈部得以自由活动，去掉了带支架的“枷锁”。

衬衫多采用白色和浅而明亮的颜色，面料选用柔软轻薄的高级亚麻布或丝绸。袖口较长，在边缘有刺绣或花边，衬衫的领子与袖口的花边都翻到外衣的外面（图14－2－5、图14－2－6），起装饰作用。

图14－2－1　拉夫领

图14－2－2　老式拉夫领衣裤(1624年)

图14－2－3　去掉金属丝的拉夫领(1620年骑士服)

图 14－2－4 饰有花边的大翻领
(1630 年荷兰骑士服)

图 14－2－5 领前打结饰带的骑士服
(1630 年)

图 14－2－6 翻折袖、灯笼裤的骑士服
(1614 年)

一、女装的变化

女裙 本世纪的荷兰式女服非常具有进步意义，同前一世纪和后一世纪皆不相同。

当时的男装已经去掉了笨拙的填充物，女性也向男性学习，甩掉了令人不舒服、活动不方便的紧身衣和裙撑。衣服和裙子都向下松垂、多褶，裙长及地（图 14－2－7）。去掉紧身衣和裙撑在当时确实可以说是一种革命。这种改动使服装呈现一种轻松的浪漫气氛，但当时人们并未认识到这是对人体的一种解放，是健康的需要。所以，很快在欧洲这种荷兰式的女子服饰被巴洛克风格的服饰所代替，女子的服饰风格变得花俏和华丽，更精美的紧身衣和矫饰的衣裙服又被穿在刚刚被解放不久的女人身体上。

图 14-2-7　荷兰女装
(腰间有蔷薇花装饰 1633 年)

在法国，荷兰样式的女装则有些矫饰，上衣仍有紧身衣，只是比过去松软些，紧身部位处于乳房下。领子为露一小部分胸部的大翻领，领口开的较大(图 14-2-9)。下身的裙装，则用数层肥大且多褶裥的裙子套穿来代替以往的框架式裙撑，这样下身的裙子外轮廓仍是十分庞大。最外层的裙子为前开口式，偶尔会把外裙向左右两边提起塞在腰带里(图 14-2-10)。这样在裙子上部的左右两侧增加了褶裥，有了新的变化。有时裙子前开的两扇向两边多敞开些，这样里边漂亮的浅色衬裙就露出了很多。这些衬裙用锦缎或其他丝织品做成，里边衬有各种颜色，有时还镶有金边，非常炫耀。这就增加了服装的层次感，又多一些服装的点缀装饰。

上衣　为长而宽的三角胸衣（图 14-2-8），装饰花纹图案，纹彩艳丽，布料的重量要比外衣轻。

图 14-2-8　三角胸衣

图 14-2-9　敞口外裙
(黑天鹅绒眼罩 1620 年)

图 14-2-10 上衣下摆插入腰间

外套 女子外出时，流行披着很长的斗篷，多褶的外形使斗篷显得很大。多采用深色厚质的面料制作，可以取暖用，多数穿用在冬季的几个月里。不太讲究的妇女一般只穿一件按男人大衣的外形剪裁的、不精致的外衣。

发型 荷兰的妇女保持自然的发型：头发梳的较低，不再梳高耸的发型，前面留一撮刘海儿，一部分头发从鬓角梳到颈后，两侧的头发卷曲着从耳朵上端下来，其余的头发编成辫子或卷成圆形放在脑后上部（图 14-2-11），有时用宝石装饰在上面。后来，刘海儿逐渐消失，而两侧卷曲的头发加长落到肩上。贵妇的装束为高拢的发型，上饰宝石和羽毛。

图 14-2-11 女子发型

帽子 自然的发型需要漂亮的帽子来装饰。在室内，少女们戴馒头大的小帽（图 14-2-12）；在户外戴较大的便于挡风的帽子——挡风帽；有些类似今天的头巾；还有一种帽式像男子饰有羽毛的墨西哥式大檐帽（图 14-2-13）。

鞋 为高跟皮鞋，有高腰和低腰之分，鞋后跟通常为红色，上饰玫瑰花、蔷薇花形等的装饰。

附件 无论冬夏，人们都喜欢拿着各种各样精巧美丽的绢或羽毛制的扇子，折叠扇开始流行起来。

图 14－2－12　室内女帽
帽上有细小切口饰羽

图 14－2－13　宽檐帽

在一定的场合，配戴有饰物的手套。冬季，无论男女都愿意戴皮筒，一般用毛线或其他织物制作。帽子上有羽毛、宝石、饰带作装饰。流行饰戴珍珠项链（图 14－2－14）。眼部有时戴天鹅绒制成的眼罩，只露眼睛，显得非常神秘、迷人。

图 14－2－14　圆帽配珍珠项链

二、男装的变化

17 世纪的欧洲是战争频繁的欧洲。荷兰的民族独立战争，同欧洲各国的宗教新旧教派的斗争，使荷兰在战争中渡过了半个世纪。大批的男子加入了战争的行列，骑士服在此时最为流行，而且最后成为男子的日常服装。这种服装的舒适使人们的活动更加自然，非常方便实用，而且使人显得很有精神。

上衣　从外观上看，比上一世纪变得宽松，填充物被免去了，使得服装格外适体、柔软。结构同前一时期比没有大的改变，只是立领比原来的稍小一些。服装的切口装饰仍然保持不变，在左右两襟的胸前和两袖的上臂处都有很大的切口。因为没有了填充物，在紧腰处与垂布之间安装了鲸须或金属等硬质细线进去，这样在腰部形成了合体漂亮的“V”形。漂亮的饰有各种精致花边的大翻领从立领中翻出，舒服的披在骑士的肩上，使得骑士上衣干净利落，自然潇洒。在垂布靠着腰线的边缘上，有不固定数量的扣眼，是用来吊扣裤子用的。讲究的人连扣子的装饰也不放过，上面饰有花纹，后来改为在衣里系扣，不放在明处。上衣的袖口处，有翻折装饰或翻出里面的衬衣花边，这样袖口的花边同衣领的花边相互呼应，上衣显得很神气和精致。多采用高级面料制作。

裤子　同骑士的上衣相配的基本有两种裤形：一种是灯笼裤，一种是马裤。这两种裤形都是比较宽松的。灯笼裤的形状是长度在膝部上下，在裤口处用带系紧；马裤则是在裤口向上处略微收形，只是在胯部较肥，裤口用带子系紧或扣子扣住。

系裤口的带子系成花结，在腿外侧垂着成为装饰点。在裤子两侧的接缝用缏带镶饰，缏带是现成的装饰物，使用很方便，因此，这种装饰手段非常经济、流行。

外套　外出时，男子的外套通常为短款的披肩斗篷或翻领短大衣。多采用深色的天鹅绒等质厚又柔软的高级面料制作。另外，骑士的斗篷有特殊用途，如：在吊丧后留下斗篷表示敬重死者；在聚会中，将斗篷脱下放在椅背上，然后向女士祝酒，表示对女士的尊敬等。

帽子　形状像墨西哥帽，人称“巴拿舍”帽，浅顶并有宽大帽檐，用呢绒或毡制作的软帽，习惯用长软的鸵鸟羽毛装饰（图 14－2－15），无论男女都喜爱戴，对于男子则更是必备之物。行礼时，脱帽并用手甩动。

发型　男子留有口髭和及肩长卷发，常在左右梳一小辫，在发梢处系上饰带，非常俏气、浪漫。

靴子　男子多穿长靴，最高可达膝盖以上，短的只及小腿肚。在靴口处有大翻折形（图 14－2－16），或者是盆状的宽沿。翻折处用的装饰手法非常多，皮革上和衬里都是可以装饰的部位，见图 14－2－16。

其他饰物　有文明棍，即走路时拿的手杖。胸前佩戴表现骑士的荣誉的彩色绶带。

图 14－2－15　男帽

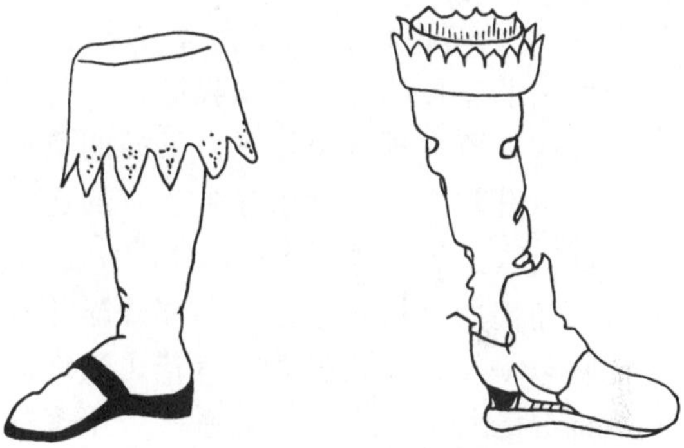

图 14－2－16　男靴

第三节　法国巴洛克式男服

巴洛克服饰在法国兴起，是因为法国宫廷的作风完全迎合了此风格，法国宫廷崇尚的是富丽堂皇的巴洛克式建筑。处在巴洛克建筑样式中，朴素的服装样式已不协调，人们又创造了前所未有的新式样。尤其是男装，有了匪夷所思、令人咋舌的变化。这时的男装到达了奢华和造作的顶峰，叫人认为这种粉饰似乎不应该为男子所有。

法国宫廷为了不让国家财富外流，由世纪初的禁奢侈令（即禁止使用豪华的刺绣、金银丝线、金银纽扣和贵重饰带，尤其是禁止输入威尼斯、佛兰德尔等外国进口的服饰用品。），转变为建立自己的制造饰带工厂。以自己生产的饰带代替外国的名牌货。但织入金银线的饰带只限于宫廷使用，于是，在当时被国王授予饰带是很荣耀的事。它成为一个人身份和荣誉的标志，所以贵族热衷于使用织有金银丝线的饰带。

禁奢侈令并没有阻止法国的服饰向豪华艳丽的样式发展，在服装方面出现了所谓的巴洛克服饰。

一、裙式马裤

法国在当时的裤形有两大类。即较肥和较瘦两种。其中较肥的一种因其极似女人的裙子，所以被称为裙式马裤。这种非常膨胀的满是花边的裤子最早起源于莱茵河畔，也被称为“莱茵式裤”，这是在本世纪中期比较流行的。另一种较瘦的裤子也比过去的宽肥些。

17世纪的巴洛克式的裤子看上去像长短不一的褶裙（图14-3-1），短的到膝盖以上，长的到小腿部。有一些看上去更短，短裙下面是衬裤或是短裙的延长部分。短裙的延长部分向腿部收拢，有的裤脚口外侧钉着一排三个扣子，下面的第三个可以打开和扣上，便于穿脱。有的还在腰间围上真正的围裙（图14-3-2）。下面有的露出的是衬裤，这种局部外露的衬裤同衬衫一样，柔软肥大并有花边装饰。外露部分的装饰很多，多处系结，繁多的褶皱富于动感。衬裤在裤脚以上系结，这样，带有花边的肥大裤脚系结后像张开的小伞（图14-3-3），露在短外裤下。打结后，下面在小腿处有许多的散开的褶皱，很有层次，富于立体感。

这种裙式马裤的最新的处理在于它的装饰，在裤腰、前腹部、裤腿两侧和裤脚边缘，都镶有用绸缎做的花结或饰带圈，即用各种面料裁成的窄条，打成花结或做成圆圈状，分层次的分布在上面的各部位上，层层叠叠，很像当时流行的巴洛克式建筑，富有华丽感、立体感。

花结作为此时期的流行装饰分布在生活的每个角落，从大的建筑到人身上的帽子、肩带、袖身、袖口、筒袜、鞋子，以

图14-3-1 裙式马裤
大衣后开叉、有肩带

图14-3-2 马裤
（羽毛帽饰，肩带、短小上衣、短裙）

图 14-3-3　马裤
（裤下露衬裤）

至到床罩、马车及寿衣上，到处是花结和装饰带圈。这种象征矫奢的装饰，在服装史上达到了饱和与颠峰状态。但是，这种多饰而俏丽的服饰使男子失去了应具有的阳刚之气，显得粉气十足，具有了女性的华美与艳丽风格。

此种裙式马裤只在上流社会流行一时，并没有在整个社会普及，其原因：一是由于腿部的裸露，但最直接的原因是由于其讲究的华丽面料和各种质地和颜色不同的花边装饰，多层次的复杂的色彩关系的设计与制作，使得每一件服装都是一种人力和财力的浪费，普通人无法承受；但作为一种风格，这种样式的服装的确有它迷人和令人目眩惊叹的地方。

二、捷斯托考卢

在欧洲，17世纪是战争频繁的时期，在本世纪上半叶，男子服式流行的是骑士服，并由战争军服转化成日常服饰。在法国亦不例外。

捷斯托考卢是法国六七十年代开始流行的一种新式长外衣，这种款式总体看是瘦而长的，并且长及膝盖（图14-3-4）。这种长度改变了前一时期短上衣的特色。服装是否呈现华丽感完全取决于面料，但不论怎样，整体还是显得很精神、干净。

早期的长外衣袖子比较短，穿上时露出衬衣的袖子，活动起来比较方便。胸前有排扣，但不全扣，下处通常敞开。整个衣身呈直线形，很瘦，通常这种长外衣是在室内穿的。后来，长外衣的形状有所改进，袖子加长、袖口宽肥并有大翻折。在衣身两侧处有许多集中的褶裥，上饰一个大扣子，腰身的剪裁非常合身，下摆非常肥大呈喇叭状。衣身后背下摆中部仍有开衩，便于男子骑马或进行户外活动。大衣的前身在衣襟的两边，左右各有一个大口袋便于放人东西。这样，整体的长外衣下露长筒袜非常干净利落。这种装束富有男子应具有的气势与精明，扭转了前一时期趋向女性化的琐碎花哨的打扮。这种男子长大衣的装束一直流行到下一世纪。

三、丘娄特

在17世纪中期，出现一种非常短小的上衣，长度只及肋下。袖子分为两种，即半袖和短袖。从袖口露出饰有漂亮花边的衬衫袖子，前胸有密密的排扣只扣上半部，下半部露出里面宽大的、面料柔软且图案漂亮的衬衫。款式有紧有松，富有建筑感的华美的褶裥，充分显示了巴洛克服饰的特点。

图 14－3－4　长外衣

后来,短上衣越来越短,袖子和领子消失了，变成了短小精干的小马甲（图 14－3－5),下襟左右各有一个小口袋有的有兜盖,人们称之为“丘娄特”。小马甲非常合身，通常选用色彩较深的面料制作。

长外衣或马甲的精致、合身同衬衫在质感上形成对比,色彩的深浅形成对比,造型繁简亦形成对比，这是一种经典的打扮。长大衣与小马甲从此流行遍及开来。他们确定了近代男装的服饰特点，这种装束使男子露出了其本身应具有的男子气概。

图 14－3－5　丘娄特

第四节　17 世纪的欧洲女子服装

一、17 世纪初期的女装

裙子与紧身胸衣　17 世纪女装同 16 世纪末的女装相比，在样式上没有多少变化，裙子都很肥大，但外轮廓不同：有英国式的鼓形、法国式的圆屋顶形和西班牙式的圆锥形等。

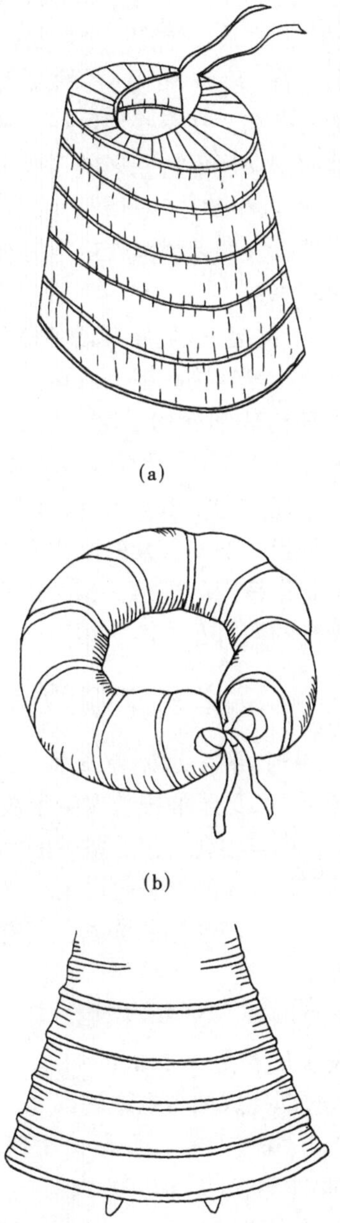

(a)　(b)　(c)

图 14－4－1　裙撑

鼓形裙　是一圈又一圈的裙环支撑着的，裙环的一端被固定在结实厚质的裙料上，只是一端成直角固定在腰围，外裙被宽松的围在外面，见图 14－ 4－1(a)。

圆屋顶形裙　是在腰围之下，贴身有一圈车轮胎状的填充物，两个顶端用带子系住固定，外裙罩在上面显得很圆满，见图 14－4－1(b)。

圆锥形裙　是用一圈比一圈大的鲸骨和金属丝缝制在衬裙上，这种衣裙是以铁环衬裙为基础发展而来的，外轮廓较挺实不易扭曲，外面罩上的裙子显得光滑而又平整，见图 14－ 4－1(c)。

三种裙形相比之下，圆屋顶形的裙子比较便于人的活动，女子在户外骑马时多喜欢穿此种款式。

到了 20 年代，裙子的形状从肥大形过渡向正常形。裙子从腰部自然下垂，女人们常把外裙提起，固定在腰上，夸大臀部的造型，还故意将衬裙露在外面，这样裙装又多了一个层次(图 14－4－2)。由于妇人们在衬裙的面料、色彩和花边上花了很多心思，使这种式样异常迷人，在 17 世纪 50 年代这样打扮是很流行的。

紧身的胸衣非常坚硬，像人的另一层皮肤一样，紧身衣用鲸骨支撑或用金属制作(图 14－4－3)。为强调细腰，紧身胸衣的外罩前襟呈长尖状，延伸到腹部，裙子在下面鼓起，很有立体感。

领部服饰　17 世纪上半叶以无数种类的轮状皱领、衣领和头巾等称著于世。花边的应用相当广泛，使这些服装相当精致巧妙、讨人喜爱，当时流行的至少有三种封闭形的皱领。

图 14－4－2　低圆领、灯笼袖长裙

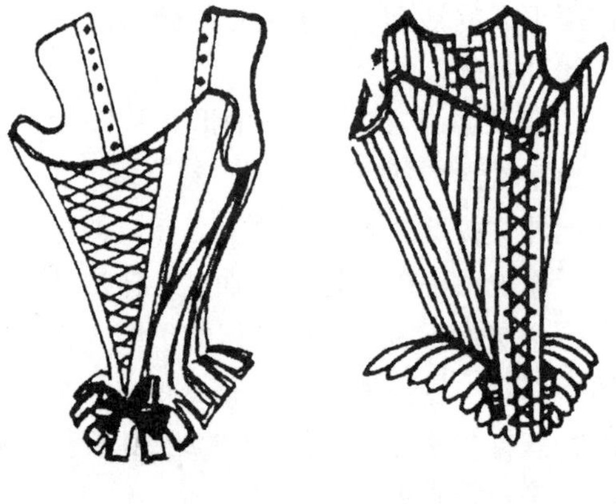

图 14－4－3　紧身胸衣

1. 敞口立领　无轮状卷褶，边饰齿形花边，人称美迪西式领。有一些是由敞口的轮状形褶领改装的。

2. 扫帚形领　这是一种仿男式的领口服饰制成，上有绣花花边。但比男式的领形大，同上一种不同的是，这种领形在前边中心部位是封闭的。

3. 敞口的轮状皱领　这种皱领成弧形，从外衣敞开的领口向外伸展，形同敞口立领，有轮状起伏不是平面的。

这一时期的领口位置有所下调，最低的可露乳沟，前部有方形和鸡心形的领口。已婚的妇女通常只用一块薄布遮住外露的部分。但也有用全封闭的方法将颈胸全部遮住。

发型与头饰　发型与领形是直接发生关系的。在 17 世纪初期，女人们的头发梳得很高，向上将头发梳成一个底台，然后在上面饰上宝石、珍珠等。这样的发式根本不需要帽子的存在。在有些地区如：佛兰德和荷兰那里的妇女还保持原来的自然发型，还戴着“荷兰帽”，也称“王冠帽”。

附件　人们习惯佩带珠宝等饰物，珍珠饰物比较流行。

在 17 世纪，人们才开始穿中高跟鞋，并出现玫瑰花等饰物在鞋上点缀。

还有精裁细缝的手套，上面通常有刺绣、镶缎带等装饰。无论男女都把这种手套戴在手上或拿在手里。另外，在英、法、意等国面具是当时妇女喜爱的配饰。在服饰前还常系有制作精细的围裙，平时女子手中还常拿着漂亮的镶有花边的手帕。

二、17 世纪中期的女装

这一时期是男女装发生大变化的时期。30 年代，男子的服装发生了决定性的变化，女装也自由化发展，坚硬的女式紧身胸衣变软了。常规的女子服饰由一件肥大的拖地裙子、一件短腰围的胸衣，还有敞口的外衣组成。

紧身胸衣　在 30 年代，流行法国式胸衣，突出的特点是肥大的用布块拼成的袖子。在肘部扎成两个鼓鼓的圆团。袖子的长度在腕上 5cm 左右，在袖口上镶有深色花边，并向外翻起（图 14－4－4）。还有一种三角胸衣在当时很流行，上面饰有花卉图案。长度及腰，系带固定，或者同紧身衣相连，肥大的袖子可以去掉。通常在外面穿紧身小袄，还扎上一条窄腰带，打一个蝴蝶结或直接用玫瑰花利索地系在结口处（图14－4－5）。

图14－4－4　女子胸衣
（扇形领子，腰饰）

图14－4－5　乘马服
（腰饰花结，皮革手套，细手杖）

外衣　这时的外衣仍是西班牙式的延续，短袖，在袖子内缝口部位切口敞开，在肘上部位分用饰带蝴蝶结连成一体，这样，透过切口缝可以看清里面的衬衣，里外两层形成对比。

在户外，斗篷是比较流行的服装，厚质的斗篷可以取暖，多在冬天的几个月里穿用（图14－4－6）。

图14－4－6　黑斗篷

颈部饰物　这一时期下垂的领形使领口暴露出来，开宽的领口使肩部更多的裸露在外面，于是人们利用内衣各种花边进行遮挡。

1663年，法国禁止使用花边和精致的针织品。法国女士的领形变成翻领或者袒胸，领窝挖的深而宽，几乎在乳房以上的肩胸全部露出，领圈边缘用各种打褶并系有花结的丝绸等面料做边饰或镶一圈花边，扇形立领已很少应用。

裙子　肥大的裙子仍是鼓起式的，但已很少用撑架，此时是穿用三层或更多的在腰部打褶的肥大内裙。罩的外裙有时是封闭的，但大多数是敞开的。这样内外的裙子在色泽、质地、花纹上产生对比，使整个效果更为华丽。左右开叉的外裙有时被向上吊起，用花结或扣子系住被提起的地方有垂褶，在腰间有堆积的立体感。末期，有的将外裙向后固定在臀部，堆起凌乱立耸的褶衣裥，臀部的曲线很突出富有美感。裙褶有时会在身后拖的很长，根据不同的身份规定了不同的长度。

外裙的面料一般用较深色的，里料用浅颜色的，并常有刺绣或手制团花、花饰等图案。

骑马服　女子外出骑马时，可以穿上细腰、喇叭裙式下摆长度到腰下的短外套。外套的袖子较肥大，有的在袖子中间做大的竖直切口，露出里面的衬衫袖子。袖口部分有翻褶装饰，下襟有口袋并插有绣花手帕。

衬衫　这一时期衬衫的特点是柔软、宽肥，肥大的袖身系结分割成几段，形成多层次的灯笼袖，袖子的长短不一。袖口仍饰有各种图案的花边，有时上边有长短不同的花边形成凌乱的对比，同时还点缀些花结及各种颜色的绸带圈等。袖子是整个服装中一个重要的装饰部位。

发型与帽式　此时整个欧洲的发式相对比较统一。在30年代初，头发梳的很低，留一撮刘海儿，一部分头发从鬓角梳到脑后，两侧的头发卷曲着从耳朵上端下垂，其余的头发编成辫子或成卷状放头后较高的位置，这个位置是戴宝石的最佳部位。到40年代，刘海儿慢慢的消失，流行的长度为两侧的头发加长至肩上的位置（如图14－4－5)。帽子只有在外出或骑马时才佩戴，这是一种深色、宽大的发网式帽子。还有一种类似今天头巾状的挡风帽，荷兰式帽也很流行。在英国40年代也曾流行宽边塔尖式帽。

鞋　女鞋的鞋尖更细了，鞋跟也很细并加高，顶部很平，鞋面用的材料也很精细，除了皮质上面还织有花纹和绣着花的丝绸。鞋口加饰最柔软的羽毛类或花结等，非常华美。这时还有溜冰鞋。

附件　饰容窄面纱越来越普遍，外出还有阳伞和手杖，手套也很时兴。冬日，皮筒则是最舒服的附属品，也可用其他保温材料制作。无论男女都有拿扇子的习惯，折叠扇开始流行起来。化妆浓艳并喜欢在脸上加贴片。贴片的位置、色彩等都极有可能是情人间约会的暗语。

贵妇们还向男子看齐，在腰间挂着精美的烟盒，同时还挂着眼镜、香盒（漂亮的小盒里装一个香球），还有化妆品。

整个欧洲此时期几乎都在向法国式样看齐，但西班牙却几乎不受其影响。它当时的特点是紧紧的胸衣，提倡扁平的前胸，这就意味着从小女孩时就要开始束胸。袖子上的填充物很重，使得肩部及双臂几乎是一动不动，裙子为鲸骨箍撑大的裙式。首饰为西班牙传统式的，华丽和夸张的各种珠宝。

三、17世纪末期的女装

17世纪的最后几十年，服装的风格又出现新的潮流，新的剪裁方法取代了按身裁料的方法，在上一时期受到禁令的花边和精致的针织品等又再次登上服装舞台。

裙式　在前期敞开的外裙两侧用饰针或蝴蝶结固定，一点点向后集中如同收拢的窗帘样式，侧面如同波浪形，这种样式使之看起来很庞大。到90年代，外面左右两片裙子则全集中到腰部后面，这样在前边几乎看不到侧面堆积的褶皱，夸大臀部的造型。虽然在外裙上的造型有些夸大臀部形体的作用，但它内部的裙撑和腰垫仍然存在，并且还在起着内外的造型作用，使裙子从腰部呈弓形向外伸展。这一时期的裙式使衬裙的地位越来越重要，由于外露的地方越来越多，衬裙自然成了各种样式装饰品的集中地，装饰通常是呈现带装的水平伸展，缘饰、缨穗和镶缎带边等，使衬裙的装饰越来越完美、华丽。

紧身胸衣　前一阶段的袒露颈部的脱肩式外形，一直延续到80年代。这时又流行了短袖衬衫和多褶多篷团的无袖衬衫。由于路易十四的二任妻子德·梅因斯特男夫人的一再坚持，使得紧身胸衣的前边缘垂直向上延伸到双肩上，这样领口形成一种方形，这种改变影响了肩与袖的老式造型关系，袖子越来越窄、越来越长，袖口有时只是露出衬衫袖，并且在袖子上饰有若干道皱褶花边。

发型与头饰　60年代用金属丝起发式固定的作用。70年代流行起蓬乱的发式，这是一种短而随便的全部头发为卷曲的发式。到了80年代，出现了一种更规则一些的发式，即把头中心部位的头发和卷发都梳到鬓角以上，这种发式称“芳丹”发型。这种发式上是用白色亚麻精心制作的小帽。在帽子前面加上的一层层的褶皱、花边和缎带，越加越高，像扇子一样在头顶上插着，像一个皇冠。直到后来要用一个金属丝框架才能使帽子保持直立状态。在一层层的褶皱前面撩起一层层的卷发（有的是假发）形成塔状，用细麻布和透孔织布做的一块块垂片落在双肩上，十分美艳华丽。这种发式是被麦德隆推广开的，她在发型外又添加一条轻柔的黑丝巾。在17世纪末，这种发式普及开来被称为台尼勃式。

在上阶段已经普及流行的饰容窄面纱，到了世纪末有的人脸上就达15片之多，成了非常荒唐和繁琐的装饰。还流行在脸上点黑痣，大小、数目不同，人称“美人痣”。黑色的痣可衬托白色皮肤，还使人显得妖冶、迷人。

鞋　这时是真正的法国式的鞋子，鞋子头部又细又尖，高而细的向前弯曲的鞋后跟。高鞋舌头、窄窄的扣带，很小的扣结。

附件　人们喜欢用在颏下打结的围巾和宽大的头巾，还喜欢披肩。皮毛领饰围成平展的女式披肩形状，也有人喜欢围细长的管状围巾。最流行的是斗篷式的披肩，人们在上面浪费很多金钱，并用尽各种技艺，戴小些的皮手筒。在服装的配套中还加入围裙，做的相当精细别致。还有些妇女把佩带手套当成是最时髦的事，手套长及肘部，做工精细。另外，还有阳伞、面具、扇子等，都是套装的一部分。首饰很朴素，流行在高领领口处只佩戴下垂的十字架。

第十五章　18 世纪的欧洲服装

第一节　概　　述

18 世纪的欧洲，在科技与经济方面有了长足的发展。资本主义生产由工厂手工业向机器大工业的转变过程中，纺织工业也发生了巨大的变革。1733 年，机械师凯伊发明了飞梭，大大加快了织布速度。1764 年，织工哈格里夫斯发明了手摇纺织机。纺织工业的迅猛发展为服装业的变革提供了充实的物质保证。

政治经济的发展同时也促进了国与国之间的往来交流。18 世纪 50 年代，欧洲各国同中东、远东的贸易往来不断增长，文化交流也日益增强。欧洲市场上开始出现了花纹图案，色泽淡雅明快的布料。后来这种印花棉布在欧洲成为一种时尚，人们用它来做长袍短衫或作为家居装饰，都被公认为一种时髦。总之，来自四面八方的各种影响交织在一起，促成了 18 世纪欧洲服装文化的繁荣盛世，它在服装史上留下了浓重而多彩的一笔。

18 世纪在承袭了 17 世纪色彩绚丽、线条流畅、富丽堂皇的“巴洛克式样”的同时，又逐渐演绎形成了本世纪独具特色的“罗可可式样”。这一装饰艺术的特点是轻快精美、小巧玲珑，但略显矫揉造作。在服饰上男士的服装趋于女性化。他们穿着有精美花边、褶带和缎带的服装，镶有钻石的鞋，戴羽毛的帽子。用假发、香水等来装饰打扮自己。这个时期妇女的主要服装为紧身衣和母鸡笼般撑开的长裙，这种奢华的时尚从路易十四登基一直流行到法国资产阶级革命时期，其中以 18 世纪 50 年代为最鼎盛时期。

这期间除了最著名的“罗可可式样”之外，还要提到一位法国王国和宫廷时装的倡导者——路易十四(1638—1715 年)，他本人极为重视仪表打扮和追求时髦。在位期间宫廷服装也开始向民间流传，从而促使时装全面发展和普及，使法国取代西班牙成为欧洲时装的领导中心，在这个过程中路易十四做出了突出的贡献。路易十四推崇的时装思想对后代统治者们的影响很大，从而在服装史上形成了一个独具特色的“路易王朝的服装风格”(图 15 – 1 – 1)。这一风格影响了整个 18 世纪的服饰文化，对欧洲服装及世界服装都产生了深远的影响，路易王朝时期的服装在服装史中占有很重要的位置。

图 15 – 1 – 1　路易王朝的服装

法国资产阶级革命的到来，动摇了封建王朝统治，促进了资本主义制度的产生。在这个期间，等级森严的贵族服装被取消，服装也趋于简洁化和标准化。男子服装流行细长的式样，而妇女时装则由过去的全遮盖式改为露胸式。这在当时是全新的、优雅的。它对西方服装观念的更新起到了强大的推动和促进作用。

第二节　18世纪的法国男装

1650年以后，法国取代西班牙成为欧洲的时装中心，并一直延续至今。18世纪的法国处于路易十四、十五、十六的统治时期。这段时间内国王、王后及贵族们的时装、发型、鞋帽和饰品都对服装的流行起着决定性的影响，宫廷成为当时时装界的领导中心。18世纪的法国男装，最初其款型的特征极为宫廷化，繁琐华丽，脂粉气很浓，后期受工业革命的发展及法国大革命的影响，男装开始注重威严、高贵的绅士气派，摆脱了法国宫廷式的浓重贵族气趋向简朴，更接近现代的装束。

图15－2－1　斯托克

一、18世纪前半期的法国男装

18世纪前半期的法国男装仍处在路易王朝的统治下，其风格继袭了巴洛克的艺术风格。男装仍是衬衫，长外衣或短外衣，长大衣或长至膝盖的短裤，紧身袜。受英国男装的影响逐渐地收敛起上个世纪遗留下的脂粉气息。首先，去掉了衬衫袖子上华丽的花边，花哨的装饰物变少或变小，外衣袖子的翻折变小、袖口变瘦，这时袖型的最大特征是在袖窿处饰以卷拢的蓬松皱褶。领口的装饰减少。领型的特征是“斯托克”的宽大、硬挺式的筒状领饰，绅士们把它围在颈部作为假领使用。衣领后部有扣子或花结(图15－2－1)。另外一个变化是外衣和短外衣的两对襟，从领部至胸部和胸腹往下不再是直上直下的，而是从胸腹到两肩向摆部左右两侧斜裁，这是后来西服和西服背心的基本样式。

18世纪前期，男装的另一主要特征是假发。这时期的假发多种多样，适用于不同的场合。最早的假发是蓬松卷曲的齐肩或过肩式的长假发，到了1730年，这种假发已逐渐被淘汰，只有一些保守的贵族或年长的学者继续沿用。而在很多人眼中这种笨重的假发已经不再时髦。此间出现了“猪尾式假发”见图15－2－2(a)，因为这种发式通常用墨丝绸带在颈部编成辫子，再用黑色的蝴蝶结扎束作为装饰，其型酷似猪尾，因而被戏称为“猪尾式假发”。此外有“棒式假发”一度流行，也叫“卡它贡”式，这种假发主要特征是上端粗大、下端细小，在脑后部位梳成棒型的假发式样，见图15－2－2(b)。

这期间最为流行的帽式为“凯温胡勒”帽，出现于1740年，通常有一个能卷折的很高的帽檐，在帽子的边沿处装饰着金属辫或者是其他装饰物，见图 15－2－2(c)。

这期间的鞋子为矮靿低跟鞋，贵族仍穿红跟鞋，袜子一般为白色，见图 15－2－2(d)～(h)。

这一时期的装饰物极为丰富，人造宝石广泛的应用在服装及饰品上。男士们的戒指、鞋扣、纽扣、勋章上都缀有人造宝石。因此有人评价 18 世纪的法国是使用人造宝石的“流金时期”。

图 15－2－2　头足饰物

二、18 世纪后半叶的法国男装

18 世纪的后半叶处于路易十六的统治时期，男装的基本样式仍是路易王朝时代的“罗可可式”，但末期由于法国革命的影响，人们的着装观念也产生了深刻的变化。1794 年，法国人民推翻了封建统治，确立了资本主义制度。原来等级森严的贵族服装被取消，服装开始由原来的严谨繁琐向简洁化、舒适化过渡。男装开始流行细长的式样。这种服装的新概念对西方服装观念的更新起到了很大的促进作用。可以说 18 世纪后半叶是古典主义服饰向近代服装的一个过渡时期。从 1789 年法国大革命到 19 世纪的前 30 年，欧洲古典主义的服饰风格彻底结束。在日常生活中人们很难再见到宽大奢华的“罗可可”式或裙式缀满蕾丝花边与蝴蝶结的男装。

18 世纪 50 年代，是辉煌的“罗可可”时代，已经达到其鼎盛时期，服装的流行进入平和状态。服装的式样、款型没大的变化，这种状态一直持续了十几年的时间，直到纺织工业革命的开始（18 世纪 60 年代开始—19 世纪 60 年代结束）给服装业又带来了新的活力。工业的发展给人们带来了新观念。首先是领型的变化，由原来的“斯托克”领变为较为细窄的“立箍领”。这一时期的外衣仍以衬衫、背心、背心外套穿上衣为主(两件套的雏形)，只是外型趋于细长，尤其是长款的背心是这一时期的特色装。长背心的两襟下摆装饰着大而不垂的口袋，通常是用来装怀表的。背心的搭门处绣有栩栩如生的花卉、叶子等图案，色彩极其丰富和绚丽。国王贵族的背心上还镶有金辫子或金属亮片等装饰物，见图 15－2－3(a)。

此时，外衣上的装饰在逐渐减少，衣服上原来的木耳褶皱也完全消失了。因此衣服的下摆也显得缩小了许多。外衣从外型上看正处于燕尾服的前期阶段。

图 15－2－3(b) 是 60 年代的典型服装。图为法国侯爵画像，他身着一种面料考究的红色礼服，上边缀有金色穗边装饰，与内穿的金色长背心形成一种呼应，显出一种不可一世的高贵。此时的外衣袖长至手腕

部，恰好露出里面白色衬衣的蕾丝花边，这是一种极为正统的穿着方式。近代的男式西服的穿着方式很可能就是由此沿袭下来的。通常衬衫袖都要比外面的西装袖长出一点儿来。由于户外活动的增加，如骑马、打猎、旅行，裤子的功能性日趋被人们所重视，人们开始注意裤子的尺寸是否合身，是否舒适。齐膝的马裤开始变成了紧瘦贴体的半裤，裤子两侧有插兜，外侧线的末端留有开口，并使用装饰扣子加以点缀或是用蝴蝶结装饰十分讲究。这种裤型通常下配白色或有暗花花纹的鞋子。

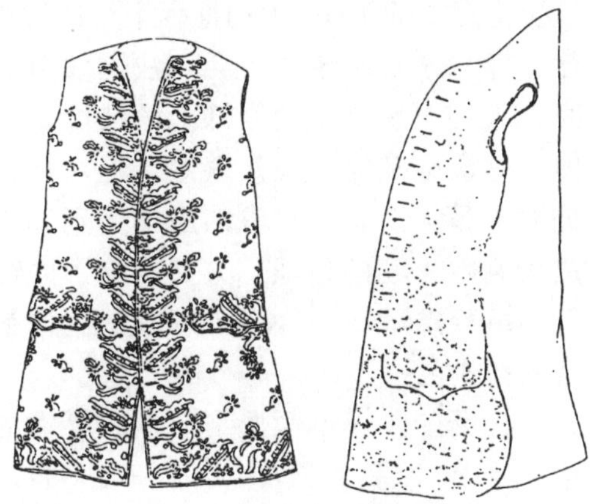

(a)18世纪前期的背心

(b)18世纪法国侯爵画像

图15－2－3　18世纪前期的服装

在这一时期内贵族绅士们仍带有假发。只是这种假发的形状不再像18世纪初那样夸张。人们更崇尚一种自然型，即便是身着盛装假发上也只是轻微点缀，没有过多的脂粉痕迹，人们似乎已经忘记了那种夸张、笨重的假发套。假发型开始变短，短到耳际的发型成为当时的一种时髦，更有些勇敢者还留起了自然发型。

这一时期的鞋型如图15－2－4所示，鞋子为圆头鞋面较长且内无鞋舌，鞋舌转化成了鞋面的装饰宽带或是其他饰物。很多贵族为了显示身份，将贵重的宝石制成各种精美的形状，镶嵌在鞋面上，我们称这种鞋为典型的路易宫廷鞋。除此之外，户外装束还流行一种绣有装饰图案的马靴，形状像现在的马靴。

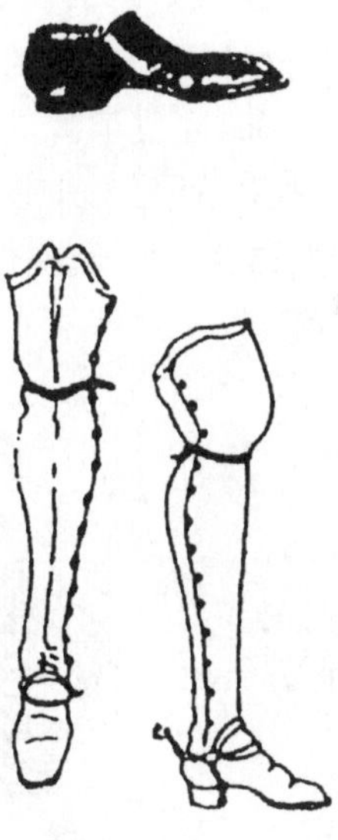

图15－2－4　鞋

18世纪70～80年代，法国处于动荡的时期，动荡不安的情绪也直接反映在人们的穿着上。这一时期服饰是从“罗可可”服饰到古典主义服饰之间的过渡样式。

这个时代男式开始有固定的三件套穿着模式，即衬衣外穿背心，背心外穿长衣，这也是现代西服三件套的前身。此时的长外衣（属礼服）面料讲究，装饰精美，在前襟下摆处多施刺绣前襟，虽有扣但从不系束。礼服颜色多为苹果绿和淡黄色或为白色，60年代的大盖兜渐逝，取而带之的是暗兜。没有领子的礼服装上了小翻领，衣领多采用比衣料色彩更浓的面料制作，袖子的翻折部分消失，袖口变得长而小。

图15－2－5(a)为1770—1780年的男子服饰，图15－2－5(b)所示边缘刺绣的浅黄色礼服为1778年的男装。除礼服之外，这个时期出现双排扣和有多层披肩的外套，这种服装是从英国传入的，以前多为教会人士穿着，从款形上看很像现在的风雨衣。图15－2－5(c)为1780年的男士，穿披肩的长外套，戴荷兰帽，有饰带装饰。

18世纪70年代，由于裁剪技术的提高，观念的变化，齐膝短裤转为紧瘦贴体的长裤，而且皮革开始用于裤子的制作。由于皮革的弹性强，一时间皮革裤成为一种流行。裤型与60年代以前无太大的变化，男装从上到下变得利落挺拔，去掉很多繁琐装饰，显示威严整肃。

这个时期，假发与真发并用，假发已不再是一种时尚，除了仍使用原来的袋状、猪尾发式外，又出现了图15－2－6所示的新发型，而很多年轻人更加崇尚真发、自然发型。直到70年代后期，假发开始逐渐被淘汰，只在正式的宫廷场所才能看到。这时，三角帽继续流行，80年代后帽型减小。此时从瑞士传入两角帽，即帽檐的前后面向上翻折，左右两侧形成翻角。还有帽檐稍有波浪翻折的各种平顶小礼帽，荷兰帽、英国骑士帽、高顶帽、高顶宽檐的毛皮帽等。

18世纪90年代，对法国来说是一个具有历史意义的年代。人们推翻了路易封建王朝，建立了资本主义社会。法国大革命期间，人们再也顾不上服饰上的装饰是否得体，这段战乱时间虽然很短，但对传统服饰冲击很大。贵族特有的服饰受到嘲笑，成为腐败王朝的象征。人们废除了服饰上的等级特权标志，平民服饰成为这一时期流行的样式之一。

在资产阶级革命派与旧贵族势力的政治斗争中，服装上也表现出了一种对抗。贵

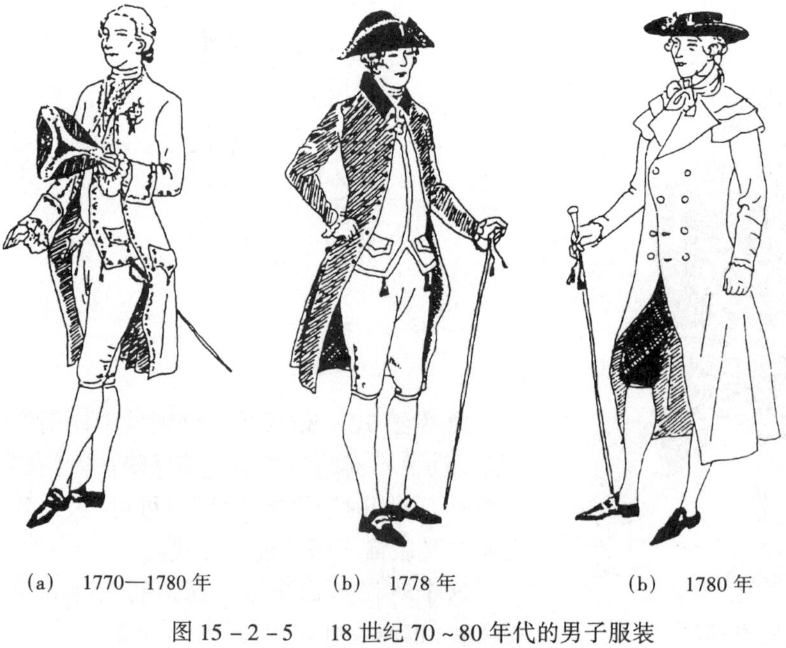

(a) 1770—1780年　(b) 1778年　(b) 1780年

图15－2－5　18世纪70～80年代的男子服装

图15－2－6

18世纪70～80年代的男子发型

族们的服装配黑色翻领（这也是对路易十六的哀悼），而革命派则穿由画家大卫设计的红色翻领茄克装——“卡尔玛尼奥拉”，俗艳的宫廷色和装饰被男子们所抛弃。政治斗争仿佛也成了服饰的一场大革命。男装开始更为简洁，上衣近似于近代西服的短上衣，双翻折领，内穿简洁朴素的衬衫，背心由以前的长款变为齐腰短款，扣子明显减少，短小精干。这种短上衣和背心的样式来自意大利北部地区劳动者的服装，后传入法国，经马塞的革命使者带到巴黎，成为这个时期的一种新时尚。

此时的裤型已接近现代的西装裤，如图 15－2－7 所示，最初来源于水兵们劳动时所穿的裤装。大革命时代，广大平民参加运动，此裤流行于队伍之中，贵族们称他们是“无套裤汉”或“长裤汉”。图中男青年的装束是身着清色短外衣，白衬衫、红腰带、三色旗色彩的条纹长裤，这是这一时期具有代表性的平民服，这种服装的风格简便、实用性强。

图 15－2－7　长裤汉

大革命时期，帽子似乎更加受到欢迎，此时出现了图 15－2－8(a)所示三色花饰的两角帽，图 15－2－8(b) 三色花饰的宾西法尼亚小帽，图 15－2－8(c) 红色折边和穗饰的军帽，帽顶上镶有红色滚边。此时出现木底皮鞋、平底柔软的矮勒鞋，黑色羊皮高勒靴在这一时期比较时髦，通常配以白色或条纹的绢袜。

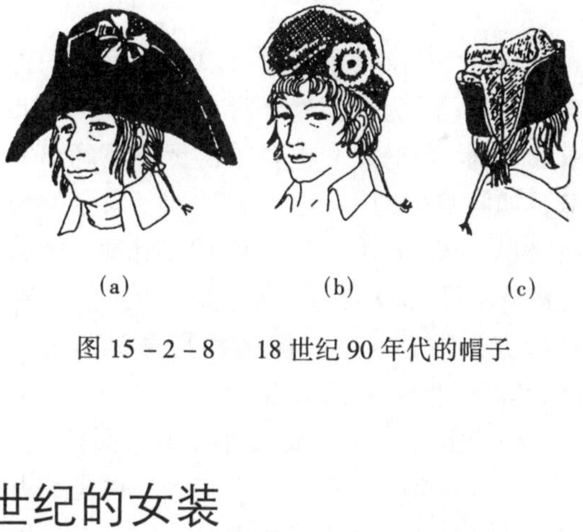

(a)　(b)　(c)

图 15－2－8　18 世纪 90 年代的帽子

第三节　18 世纪的女装

一、紧身具和裙撑

18 世纪的欧洲女士服装同男装一样，出现了服装发展史上空前繁荣的景象。法国大革命前女装是一种古典宫廷式的服装，从 17 世纪末到 18 世纪中叶，妇女的主要服装为紧身衣和像母鸡笼般撑开的长裙。女装繁琐而浮华，“巴尼尔”裙撑将裙身两侧夸张地延伸，以至当时的门楣要加宽才能让贵妇们通过。尽管妇女们穿着这种庞大的服装行走起来很不方便，但却因为要迎合当时的时尚而乐此不疲。直至 19 世纪初，仍可以看到这种服装的影像。

早在 16 世纪初期，爱美的女士们已经

开始使用紧身具和裙撑来修饰自己的身材。到了18世纪这种穿着模式已经普及来并更加完善。“罗可可”时代，紧身具和撑裙再次流行到极盛时期。至今仍可在维多利亚的阿尔勃特博物馆看到这种紧身具的收藏品，其工艺的考究、质地的精良，令现代人也为之赞叹(见图15－3－1)。

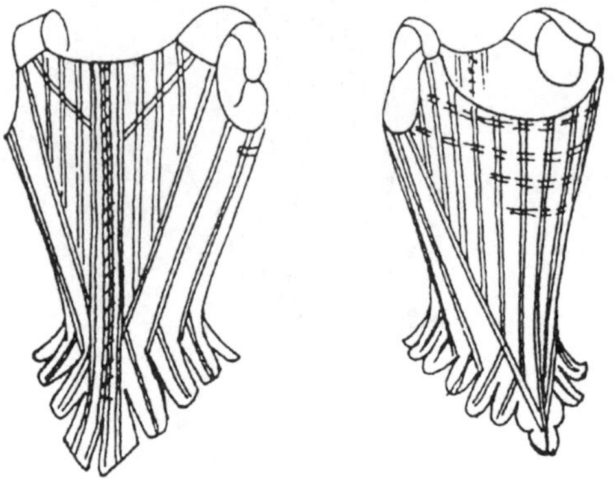

图15－3－1　18世纪紧身衣

18世纪，这种紧身具可以称得上是一种穿的工艺品。为了穿着合身它的制作工艺要求非常高，裁剪尺寸也要求得十分精确。紧身具如同身体的第二层肌肤一样，紧紧的箍住腰身，胸衣的高度正好能托住乳房，使胸乳高耸。腰部收紧与臀部形成完美曲线，穿着后令人赏心悦目。但这种紧身具紧箍身体，其舒适性是可想而知的。

紧身具通常采用麻布和皮革的面料，其款式分为两种：一种是前开口，一种是后开口，现代的女士内衣就是由它演变来的。紧身具内有又宽又硬的支撑物支撑，称这种支撑物为“鲸鱼骨架”有些骨架还可以移动调节。胸衣的前部做成三角形，胸衣罩用织锦材料制作，上边还有精心制作的刺绣。

裙撑与紧身具是紧密相连的一对。裙撑是用鲸鱼骨或藤条按照穿着者的意图，通过绳带扩大或缩小来调整形状变化的。18世纪初期的裙撑造型并不大，后来受芭蕾舞艺术的影响，裙撑也发生了戏剧性的变化 。

图15－3－2是巴尼尔裙撑内部结构，图15－3－3(a) 为巴尼尔裙的穿着效果，这种极为夸张的奢华美是这一时期的典范作品。图15－3－3(b)为初期裙撑内装有拉练来调节宽度，结构十分繁杂，裙体开始变大，裙子都是罩在大裙撑之上，宽大华美的裙子加上紧身的胸衣，使淑女们更加摇曳多姿、婀娜可人，于是人们竞相效仿。这期间产生了著名的“巴尼尔”裙形型，巴尼尔裙型庞大形状像一个圆钟，当时裙子的底边最宽时曾达到6～7m，尽管行动起来极为不便，却盛极一时。

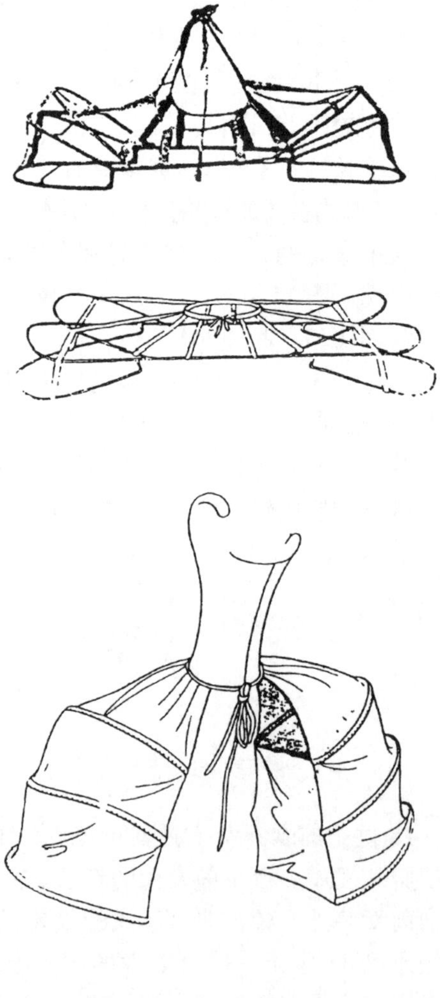

图15－3－2　巴尼尔裙撑

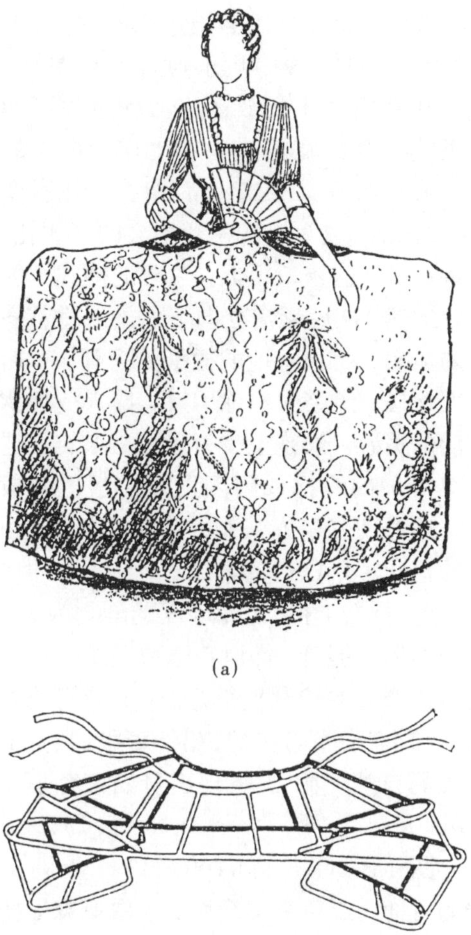

(a)

(b)

图 15－3－3　巴尼尔裙

18 世纪 50 年代，法国妇女中流行一种女裙式样，这种裙子由鲸骨、藤皮或金属丝制成的裙环所支撑。因其外型类似法国饲养家禽的笼子而被戏称为“母鸡笼式裙”，这种裙型在相当长的时间内成为上至王后下至普通妇女的日常装束(图 15－3－4)。

18 世纪 60 年代，受路易十五世的妻子玛利 · 托尼的影响，“波兰式”连衣裙也叫“牛奶姑娘”裙开始流行。这种裙型的特点是通过外裙上的拉绳、系带或纽扣调整裙子的外型，或通过外裙的小孔，用绳束紧底部，从而使裙子产生蓬松的效果。藤条或鲸骨支撑是波兰式连衣裙的理想支撑物。这样，罩裙

图 15－3－4　母鸡笼式裙

可以充分的膨胀起来，十分饱满。这种形式一直盛行到 70 年代末。在这期间，另一种撑裙也开始流行，它的裙撑特点是裙子有两个口袋形状的装饰，以携带日用小饰品。口袋内侧放有鲸骨或藤支撑，在臀部两侧向外探出很长一段距离，这一款型可能也是受玛利托尼田园农民装束的影响。

罗可可时代用紧身具与裙撑塑造出的美，是一种极端的美。这个时代的女性是交际场所中的中心主角。男士始终是作为向女士献殷勤而存在的配角。女性很自豪地把这种美表现在服饰上。紧身具和裙撑虽为淑女们增添了优美与姿色，但对人体的生理和健康产生了严重的影响 。由于紧身具的缘故，身体缺氧，呼吸困难，食欲不振，身体虚弱无力。稍稍受到一点来自外界的刺激，就会马上像要断气一样，而这些特征恰恰成为这个时代高雅贵妇的自我记号与特征。在交际场中女性必须是柔弱无力的人物，就像长期驯化披着美丽羽毛的鸟，即使是打开笼门也娇

图 15－3－5　牛奶姑娘裙

弱得走不了几步。从当时经济状况来看，妇女也没有独立。只能竭尽全力用外表的美来维持住一种外在的形象。我们不难体会出这种美的背后所隐藏的一种深深的悲哀。到了18世纪80年代，裙撑变得越来越小，庞大的裙撑开始渐渐退出服装舞台，取而代之的是只突出女性后臀的“巴瑟尔”裙撑或假臀，使女性侧身呈大“S”型非常性感。直到19世纪末，在日常生活中女装不再采用裙撑的形式。

二、法国式连衣长裙

“罗可可”时代，最有名气的女装是华托服。华托是法国“罗可可”风格的大画家，18世纪初经常画一些在幽静安适环境中身着华贵服装的淑女贵妇形象。因此人们称这种服装为华托服。原始的华托服是指穿在紧身上衣和衬裙外的一种家庭便装，也叫室内衣。这个时期的贵妇们每天都沉溺于享乐和放纵的生活中。每天的大部分时间都花费在化妆和穿衣上。傍晚会被邀去沙龙，在罗可可的室内尽情跳舞、玩乐到第二天拂晓。这种以在室内为主的放荡生活使过去不能穿在正式场合的宽松式内衣也作为白天的生活装流行起来。30年代后期，华托服变为“法式长袍”成为出席宫廷集会的正式礼服，其特点是：前领口很低，紧瘦的袖式至肘部开始加褶，从后领窝处向下做出一排整齐规律的褶裥，向长垂地的裙摆处敞开，背后的裙裾蓬松，走路时徐徐飘动，给人一种飘飘欲仙的美感。长袍上少有琐碎的装饰。选用图案华美的织锦或闪闪发光的素色绸缎制作。这时期受东方文化的影响，流行使用中国的色彩和中国产的丝绸。

此时的女性以坦露丰满的酥胸为美，领口开的尽可能低，饰以花边或花结。长袍在整体造型上的控制也很好。上着紧身胸衣显得纤细小巧，下着裙撑，裙体膨胀，颇具上窄下丰的自然美感 。表现出贵妇雍容华贵的气派。

图 15－3－6 是 1700—1725 年的华托服的背面，红色塔夫绸面料、白亚麻无檐小帽、高跟鞋，表现当时的沙龙气派和这种长袍衣着的时尚。

三、18世纪中叶的女服

庞波多夫人的名字与18世纪服装史是密不可分的，她是路易十五的情妇。庞波多接受过高等教育，在各个方面都受到过严格的训练和精心的调教，是一位十分出色的女性。由于路易十五的宠爱，庞波多最后成为路易王朝的第一夫人。她对服装穿着搭配的思想左右着整个18世纪中叶的法国女服。由于她对时装发展所做的特殊贡献，她的名字也随之流传下来，成为那个时代的服饰代名词。如庞波多式发型，庞波多式花纹，可以说庞波多是18世纪中叶法国时装的象征。图 15－3－7 是庞波多夫人的画像，画像中的夫人雍容华贵，一种似乎与生俱来的高雅

图 15-3-6　法国式连衣长裙

的贵族气质与她的服饰搭配得天衣无缝，更显其丰姿绰卓、超凡脱俗。难怪当时时髦的女性都竞相模仿她的打扮，以与其相同的发饰、服饰为荣耀。

图 15-3-7　庞波多夫人像

在布歇为庞多夫人画的肖像中，夫人穿着光泽色感极佳的丝绸长袍，外罩薄薄的轻纱飘然欲动，紧身衣用很有层次且有凹凸感的褶皱装饰。这种装饰使胸部更富于立体感，再加上几个蝴蝶结的点缀更是相得益彰。衣袖的处理在当时也是别具一格的。它改变了以往的袖型，在袖口处做了精美而复杂的饰边。袖口分四个层次的褶边，每一层都薄如羽翼，层上都镶有金属边和五彩缤纷的透孔丝边，褶边还镶有类似于现代蕾丝的饰边。当然这种豪华的饰边一般人家的妇女消费不起，她们只能找一些替代品来模仿。在裙子的下摆同样做了独具匠心的设计，它不像早期的裙型那样夸张，庞大而笨拙。母鸡笼似的裙型使人觉得更为优雅自然，与三角形紧身衣的精工细做相比，裙摆并没做过多的渲染。只是简练的分为两层。用花边略做修饰，一松一弛，让人视觉上得到一种平衡。

在肖像中，画家用了很多鲜花来衬托夫

人的艳丽。颈下的花环、肘部蓬松的彩带也成为一种时尚。肖像中的发型就是上文中提到过的庞波多式发型，优雅高贵，这种发饰一直流行到18世纪60年代中期。

18世纪中叶的轻便、纤巧色彩绚丽的"罗可可"式女服，其艺术风格是继巴洛克艺术风格之后，起源于法国并很普及欧洲的一种艺术风格。"罗可可"一词来源于法文，意为"石子堆"，即用贝壳石块等建造的岩状砌石。它源于中国的假山，有特殊的审美意义。17世纪时，中国的陶瓷、园林艺传入欧洲，中国园林的那种玲珑剔透、华丽雕琢、精美奇巧和怪异使法国人倾倒，与当时法国的宫廷的审美情趣一拍即合，融于法国艺术之中。尤其是中国瓷器上的精描细绘、镶金嵌银、嫩绿粉红，曲线造型及装饰，对"罗可可"艺术风格形成很大影响。它首先表现在建筑上，而后又表现在绘画、雕刻和服装中。其特点是：曲线纹样，繁琐重叠，令人眼花缭乱。喜用金银、宝石、玻璃等反光性很强的面料制成装饰物、五光十色、琳琅满目，喜用娇艳之色，脂粉气很浓。"罗可可"服装注重装饰，花边、花结、褶裥缀满全身，着装后的女子犹如置身万花丛中。这一时期的女人被称为"行走的花园"，庞波多夫人的服装也多属此类。"罗可可"式外型像窗帘一样从侧吊起，造成丰富的堆褶并有褶裥式饰边，据说是从波兰传入的装饰时尚。

此时，通常女子在骑马时穿着一种罩在裙子外面的"鲁丹郭特"大衣，衣下摆有丰实的褶裥，形式与男装有些接近，头戴小型三角帽。70年代初开始流行披肩外套，夏天用较短型，冬天用肥大无袖式，有时衬有毛皮为里，有时戴有领子。无袖式的通常在上衣两侧各有一缝口，以便需要时可把手伸出来。

"罗可可"时代，妇女们把大量时间都用在化妆与穿着上，人们用种种办法来填充和卷烫头发。60年代以后发型高大精致，图15－3－8(a)是一副妇女头饰的画像，从中我们可以窥视到发型样式的发展。为了使发型达到预想的高耸效果，人们将大量的粗布和假发编在发式里，头发本身也得用面粉浆糊先浆洗，其目的是为了达到理想的粉白效果。复杂的头饰需要发型设计师不断的工作才能完成，妇女们只能带着没完成的头饰，这种头饰又硬又重。我们无法想像她们的日常生活是如何度过的。图15－3－8(b)是这一时期极为著名的独立式头发，这一发型是为纪念美国独立战争中海军取得辉煌胜利而设计的。这一设计充分显现了18世纪设计师的想像力。在这期间无论是人物、车马、花园等，凡是与最流行的新闻和事件有关的事物，都会体现在高耸的发型上。为了保护高耸的头饰，这一时期有宽大且质地轻薄的头罩。帽檐以大檐为主，上边饰有花结和鸵鸟羽毛。此外还有围巾帽、麦杆草帽、男式三角帽、头巾式白麻帽等。

图15－3－9为"罗可可"时代的女鞋，几乎都是用丝绸、织锦、缎子或亚麻布做鞋面，也有少量使用柔软的小山羊皮。鞋型优雅，鞋跟形状呈优美的曲线，鞋面上有刺绣，用钢制的鞋扣。外出时为了避免把鞋子弄脏，通常要在这种鞋上套一鞋套。这时有著名的"路易高跟"，造型优美，鞋头很尖，鞋面有带结或钢制的带扣固定。

这个时期的装饰物十分丰富，有精美刺绣的花边绢制的手帕，这是每位淑女的必备之物。还有精致的小折扇，扇面用缎子或羊羔皮。受东方装饰风格的影响，扇面上常画有精致的风景插图。此外，还有用象牙、玳瑁、香木做的装饰的小巧玲珑的手杖。胸前戴花，腰间带钱袋，不仅装钱而且可以装化妆品。

此时，化妆品也极为丰富，涂脂抹粉、点痣依然流行。男女都盛行在身上洒香水。

(a)妇女头饰的漫画　　　　(b)独立式头发

图 15-3-8 “罗可可”时代的妇女发型

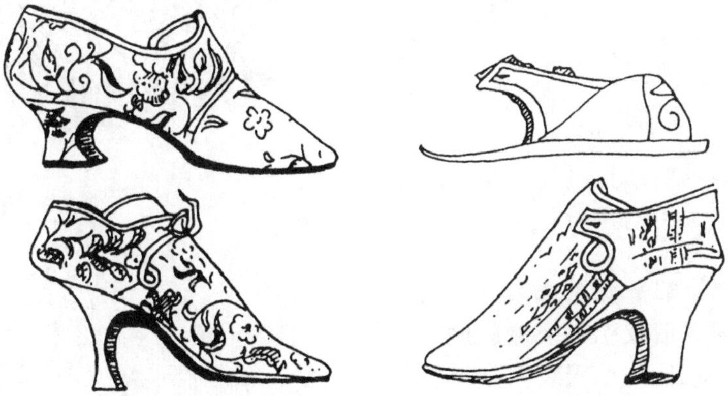

图 15-3-9 “罗可可”时代的女鞋

四、80年代后的女服

80年代后，由于法国大革命的风暴和英国田园风格的影响，“罗可可”风格已走上末路。宫廷贵族和上流阶级与市民阶级之间的矛盾日趋深化，在服饰上也很明显的显示出这种畸形的社会形态。到路易十六的统治时期，“罗可可”风格逐渐退出服装舞台，取而代之的是田园风格及新古典主义的兴起。随着社会科学的发展，尊重自然主义的思潮日益盛行，服装也显示出从夸张人工型向自然型的方向回归。首先最为突出的表现是裙子的体积逐渐缩小，紧身胸衣也渐渐被妇女们丢弃，而以巧妙的裁剪或宽带束高腰线的方式，以突出胸部。此时出现了短裙，特别是波兰式连衣裙。这种波兰式连衣裙与底边卷起的牛奶姑娘式裙子很相似，是田园风格服装的代表。去掉了裙撑的女裙，以多层的衬裙和宽肥多褶的外裙使臀部自然饱满。宽带束腰，腰线较高，袖子细瘦，上体纤细而下体膨大的造型仍保留，只是裙底多采用宽摆，褶也叫荷叶边。

受田园风格的影响人们推崇自然，高大的发式已成为过时和可笑。各种小巧的发卷、草帽、头巾帽、植物软帽开始流行。用麦杆、棕榈叶、马毛编制的大檐矮顶帽极具田园风格。图 15－3－10 为田园风格帽式，女帽上也出现了象征革命之旗的红、蓝、白花饰。

(a)　　(b)　　(c)

图 15－3－10　田园风格帽式

(a) 为有缀带装饰的草帽　(b) 为三色花饰的红色塔夫绸和白色纱质的无檐女帽　(c)为有饰带和花饰的麦杆草帽

用布或羊皮制作的平底鞋成为这一时期的时尚，多用细鞋带或绸带绕着脚腕系结，显得轻巧秀丽与田园风格服装相协调。

图 15－3－11(a)为 1776 年女子着的波兰裙，这是田园风格中的新款。其特点是裙子部分在后侧分两处，像幕布或当时的窗帘似的向上提起，臀部出现若干个膨起的团。为了把裙子束起，裙子后腰内侧装着两条细绳，在表面同样地方装饰上扣子或缎带。将细绳遮盖住绳端，再系在表面的扣子上。这样就形成波浪状态。还有的在内侧裙摆处装上带环，绳穿过此环向上把裙子提吊起来，在后面系上。外表也同样形成裙子被卷起来的形状，形成波浪状态露出内裙。

图 15－3－11(b)为 1783 年的纱绢连衣裙。裙底摆有较长的褶裥饰边，双层灯笼袖，腰间系扎宽大腰带，大开领，用蝴蝶结装饰，麦杆草帽，从服装的整体造型上看不再像“罗可可”时代那样庞大，服装上的装饰物更为接近自然风格。

18 世纪后期是“罗可可”向古典主义过

(a) 1776 年

(b) 1783 年

图 15－3－11　田园风格女装

渡的时期。伴随着工业革命的脚步，人们对服饰有了进一步的理解和要求。18世纪中叶，在意大利的赫库兰尼姆和旁贝两大古典城市被发掘出土，引起人们对古典学派的关注。人们的文化观也从“优美但轻薄”的“罗可可”式向朴素、高尚、宁静而伟大的“文化主义”转移。这种倾向被称为新古典主义，这种思潮与 朴素实用的英国自然主义以及法国在18世纪出现的“卢梭”的“回归自然”的启蒙思想不谋而合，形成了这一时期的流行思想，为大革命以后的古典服饰的流行打下了思想基础。

这时，女装古典主义倾向更加显著，纯洁的白色大理石般的肤色成为人们的向往，高腰线、修长而单薄的裙子，充分显露出婀娜饱满的人体形态。贵族女子长裙后裾可达3米以上，走路时挽起的裙裾搭在胳膊上，露出浅色长丝袜。跳舞时，可将长裙裾搭在男人肩上，现在生活中一种拖裾结婚白色礼服大概起源于这个时期。

由于不分季节的穿着短袖和单纱长裙，妇女们患感冒肺病的人数增多，长臂手套，长裙短上衣“斯潘塞”、大而厚的围巾“肖尔”成为女子的必需之物。贵妇中还流行进口于埃及、土耳其、印度等东方国家的头巾，一年中所用围巾多则可达数百条。这是古希腊罗马之后，人们再一次回到追求自然体态的服饰风格中，重温古典时尚内在美与外在美统一的完美境界。为突出女性曲线美，此时女裙不设口袋，常在腰带上吊着精制的小布袋，称“扁皮袋”或在手腕上的手袋。

这一时期，方形领口开得很大，白兰瓜形的短帕夫袖，富有层次感的双层袖子。外裙较短于内裙式或外裙前中部敞开式等。到这一世纪末，裙摆还出现了露出脚踝的短式裙，后期衣袖出现肩饰、灯笼袖、糖葫芦段式袖等。罩裙分长短两种，长式去掉前裙片，短式及膝。“普里斯”是前开门的长大衣，而长长的拖地斗篷被称为“罗布德 克尔”另外花边、缨穗、褶裥闪光织物和金属亮片也纷纷登场。女用“庞塔龙”是裤口有飞边的衬裤，而“多罗瓦兹”则是另一种肉色长内裤，其造型宽松多褶，裤脚扎系，出于卫生和御寒之需，被妇女们穿用在衬裙里面。在贵族的生活方式中，浴衣和内衣变得重要了，女子创造了新式内衣“科尔塞特”，它是用双层的布料纳缝，在乳房下收紧至臀部放松。穿脱极为方便实用的披肩式无袖茄克“康兹”与“丝潘塞”并用。

人们不仅在衣服样式上追求古典样式，连发型也是古典风味，这时的古希腊式的发型取代了“罗可可”时代的自然趣味。

第十六章　19 世纪的欧洲服装

第一节　概　　述

19 世纪是欧洲各资本主义国家走向强盛的阶段。这一时期从法国的舞台来看，无论是政治、经济还是各种文化都发生了很大的变化。从政治上看，1789 年法国资产阶级大革命宣告了封建专制统治正体的结束。法国从此进入资本主义社会，经过 1795—1799 年的督政府执政的第一共和制，1799—1804 年的三执政宫政府时代，最后进入了拿破仑的第一帝政时代(1804—1814 年)，拿破仑垮台后，1814—1848 年波旁王朝复辟，1848 年的二月革命又建立了第二共和国，接着又进入了拿破仑三世的第二帝政时代（1852—1870 年)。1871 年巴黎公社革命之后，一直到 1914 年是法国的第三共和国制。这种政治上拉锯式的反复变革，必然带来社会结构的巨变，作为社会镜子的服装文化也随之发生了一系列的变化。

19 世纪的英、法、俄等国家经济腾飞，纺织工业也以前所未有的速度向前发展。工业革命后，随着人们生产方式及生活观念的改变，封建皇权意识开始减退，时尚的倡导者已转至有地位、有不俗服饰品位的新型资产阶级手中。欧洲继古典主义之后，浪漫主义、印象主义等艺术流派迭起，但对服装审美观念的改变却不很大。

19 世纪的男装没有像以前几个历史阶段那样在样式上出现什么大的起伏和创新。它与女装相比样式变化并不太大，这是由于工业革命，法国大革命和资本主义社会的发展，男性从 18 世纪在沙龙里向女性献殷勤转向从事近代工业及商业等领域的社会活动。生活场所发生了质的变化，特别是封建主义制度的崩溃，男性已没有必要再穿那些象征权威的夸张性的服饰。开始追求衣服的合理性、活动性和技能性，因而到 19 世纪中叶完成了近代的男装。后来男装在款型上就再也没有什么大的变化。

每一次剧烈的社会变革，都会给女装带来明显的样式变化。19 世纪被称为“流行的世纪”，这里主要指的是女装，而且正如 19 世纪也同时被称为“样式模仿的世纪”一样，女装的变迁几乎是按照顺序周期性的重现过去曾出现过的样式。

18 世纪创造的棉丝混纺的透明轻薄织物，在 19 世纪初开始普遍流行。各式条纹和格子面料、网眼纱等也很受欢迎。1801 年英国鲁道夫・阿卡曼发明了防水胶布。除工业应用外人们还用它做雨伞和雨衣。1820 年，英国米尔塞克斯发明了橡胶麻布松紧带，用以制作浅鞋和褂子松紧扣。1827 年，美国出现织物包扣、别针制造机，还出现用漆皮制作服装配饰及靴鞋。50 年代，欧洲从美国引进缝纫机使服装制作更为便利。1884 年，法国的查尔东耐发明了人造纤维，这一发明为今后的纺织业拓宽了领域。

19 世纪是一个社会政治经济飞跃发展的阶段，人民的文明程度不断提高，开始懂得自己在服饰中的真正需要，开始逐渐接受极其简朴的审美思维方式，同时仍留恋着古典的自然优美形态。简洁的男装、充满古今情趣的优美女装、与新式纺织产品面料，是 19 世纪服饰风格的主旋律。

第二节　19世纪的法国男装

一、拿破仑时代

1789年的法国大革命推翻了王政，建立了共和政权。1804年拿破仑在巴黎圣母院举行盛大的加冕典礼，正式称帝。从此法国进入十年的第一帝政时代。拿破仑称帝后，对内重整革命后的混乱局面，强化中央集权的国家机构。确立了资本主义社会的立法规范，鼓励发展商业、发展教育和科技教育。19世纪初期在精神领域中盛行一种新的哲学观念，与英国的自然主义遥相呼应。出现新古典主义思潮，革命后的法国人民在思想上找到了新的依托。这种思潮直接反映和体现在服饰上，形成了与18世纪"罗可可"时代截然不同的服装样式。因此，服装史上把这一历史阶段称为"新古典主义"时代。法兰西第一帝国时期，拿破仑对法国服饰的关心并不亚于对法国战事的关心，并尽力使法国宫廷成为世界上最漂亮的宫廷，他希望他所见到的属下或女子不穿同一件衣服出现两次。男装以挺拔、整齐为主，注意男性线条力度的表现。"夫拉克"分两种基本形式：一种是齐前腰节裁断，后身下垂呈燕尾式；另一种是从前襟至下斜裁的大衣，是现在晨礼服的前身。各式燕尾服收腰部位曲线优美。盛装的衣襟和袖边花纹，后一种"夫拉克"是骑马用的大衣，前止口之所以自腰节开始向后斜裁，是为了骑马方便，这种骑马服到19世纪被作为市井服使用，面料也变得讲究了。后来升格到宫廷中使用，拿破仑和英皇乔治三世的宫廷都采用这样方式。

拿破仑坐稳帝王宝座后，以罗马的共和制为理想，在生活上模仿罗马制。拿破仑宫廷中的男服一度又回到路易十六时代，但一般资产阶级的男服仍以三件套为基本样式，以不显眼为高雅。新的市民社会中绅士们理想的审美观开始形成。

18世纪法国动乱导致男装时尚的主导地位移至英国。说到英国一定要介绍一位英国的纨绔子弟乔治·班扬布鲁梅尔，他先后毕业于伊顿公学和牛津大学。因其非凡的服饰审美能力受到后世的赞誉，被誉为"时髦的布鲁梅尔"，绰号"花花公子"。典型的"花花公子"的装束一般包括有两个镶袋的背心，紧身外套和短马裤；在高卷的假发上戴一顶很小的三角帽，敬礼或戴帽时需用一根带锦穗的琥珀手杖或钻石柄的剑把帽子举起；下巴处系蝴蝶花结；使用白色手帕，用化妆品；装饰两个或更多的金表，穿镶着钻石扣的鞋。18世纪末英国成立了著名的花花公子俱乐部，在长达20年的时间里俱乐部成为英国男装的权威机构，它对促进英国成为欧洲男装中心起到了重大的作用。"花花公子"年代也可以称为19世纪初欧洲服装史的另一道亮丽的风景线。

发式　男子不再留长发，短发烫卷，由两鬓至下额留着一道薄而短的颊鬓，上唇留有八字口髯。

帽子　这一时期的高筒小檐礼帽盛行，礼帽通常为黑色或深灰色，这种礼帽一直流传到19世纪末期，在日常生活中仍有人继续戴三角折帽或双角帽。

鞋子　平日穿平底浅口皮鞋，骑马旅行时穿长筒靴。当时的靴子大致有三种：一是黑森式靴，这种靴子靴筒呈心状，饰有缨穗；二是惠灵顿式，这种靴子靴筒比前一种高些，靴口后沿凹下形成缺口；三是骑手靴，靴口用轻而薄的皮革制成，并向下折回。另外还有一种男女都用的半腰皮鞋，鞋头是皮革的，鞋筒是多层木棉或呢绒的，比较轻便柔软，是英国首创，统称"牛津鞋"或"牛津靴"。

19 世纪初，男子通常戴两条领饰，先系一条白麻的，再系一条黑色绢或缎子的。黑色领饰在外面系成蝴蝶结状。以后仅系黑色绢或缎子的蝴蝶结领饰，这种装饰可认为是领带的前身。配剑、手杖、马鞭三者必备其一，使用怀表，而且要携带两块，一大一小，分放于两个口袋，成为当时的风格。男用手帕流行，用大手帕亚麻布制成，边角绣着自己名字的第一个字母，男用手笼越来越大，多用动物毛皮制作。1820 年，出现了架在鼻梁上眼镜，取代了手柄眼镜。

图 16－2－1 为 19 世纪初的男子服装。图 (a)为缎子燕尾服，袖口衣边有刺绣，西服背心，宝石扣子，半截裤，白绢长筒袜，配长剑，手拿两角帽。图(b)为呢绒燕尾服，半截裤，亚麻领饰，金属纽扣，两角帽，白绢长袜，皮鞋，配剑。图(c)为呢绒燕尾服，衬天鹅绒翻领，绢质方格西服背心，浅色长裤，有袢带的浅口皮靴，竹节手杖，礼帽，围巾上别有饰针。图(d)为 1829 年的男子燕尾服，浅色半截裤，两角帽，配剑吊于腰带上。

二、王政复辟时代

1812 年，拿破仑统治的帝政开始出现动摇。1814 年，路易十八即位，权利重新回到旧贵族手中。查里十世即位后，在法国疯狂地推行封建专制政策。东山再起的旧贵族势力重新塑造起自己的形象。这时期出现了新型的“哥特式”服装，在表现贵族特有的华丽的同时，也充满了一种浪漫气息。受同期浪漫女装的影响，男装也时兴收细腰身、肩部耸起，整个造型装腔作势、神气十足。男装的基本构成仍是三件套组合，夫拉克驳头翻折止于腰节处，前襟敞开不系扣，露出里面的背心，后面的燕尾有时长及膝窝，有时短缩至膝部稍上。肩、胸向外扩张，垫肩使肩部显得很宽，袖山处也膨臌起来，整体外廓形呈倒三角形，为了使自己的身体适合这种细腰身的洗练造型，男士们也开始使用紧身胸衣来整形(如图 16－2－2)。

此时的男装色调非常高雅，多用黑色、茶色，面料上常采用开士米或条纹织物。此外，还有丝绸、天鹅绒或凸纹布等。

(a)　1810 年　(b)　1818 年　(c)　1820 年　(d)　1829 年

图 16－2－1　19 世纪初的男装

图 16－2－2　内穿紧身衣的男士

最有特色的服饰品是“克拉巴特”，它是贵族绅士们体现气质品位的重要手段。当时还出版过如何系“克拉巴特”的着装指南。最常用的系法如图 16－2－3 有四种，(a) 称作拜伦式，系成宽松的蝴蝶结；(b) 是一种迅速简洁的系法；(c) 称作爱尔兰式，是把克拉巴特拧紧后系的小结；(d) 是在后面系结的东方式系法。“克拉巴特”通常用的是经过浆硬处理的印度细棉布或东方式的丝绸，颜色以白、黑为主。

此时的发型以短发为主，但 1827 年，时髦的纨绔子弟中出现一种叫做“普多尔”的头型，可以说这是现代蓄长发的年轻人的始祖。他们的服饰也是十分古怪奇特。

三、路易·斯菲力普时代

1830 年的七月革命，横过比利时、意大利半岛、德意志和波兰，又一次动摇了欧洲的封建复辟势力。虽然七月革命使法国摆脱

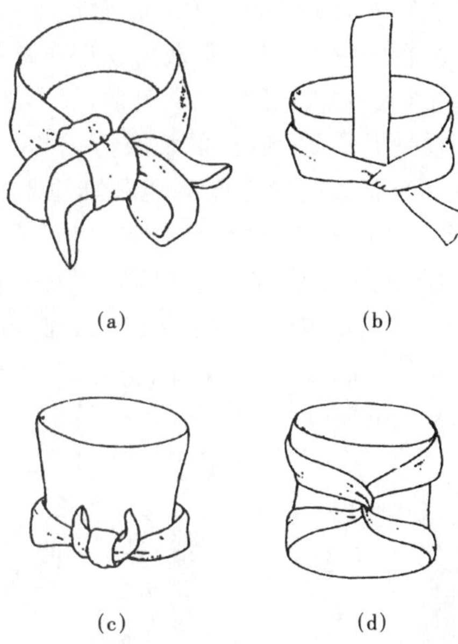

图 16－2－3　克拉巴特

了世袭贵族的压迫，却又一次沦于“钱袋子国王”路易·菲力普为代表的金融贵族的统治之下。

路易·菲力普时代，男装基本上延续了以前的样式，流行色仍是黑色与茶色，男装中较新颖的是方肩箱型短大衣，去掉裙式下摆，变得短而平齐，裤长至鞋面，有些裤子还在外侧缝缝处镶皮革条作为装饰。男装常用的细格或织纹的毛料制作。西服上衣的样式只在领式、口袋、扣子等方面加以频繁的变化。浅色明快的背心，深色的礼服，成为正式礼服中的流行配套方式，衬衫常在领口露出的部分上打出褶襉。衬衣领高至耳下，紧托下颌，领带克拉巴特绕颈两周，常系成蝴蝶状。30～40 年代出现领带别针。

40 年代中期，男装渐渐的去掉贵族特有的优雅感，干练的资产阶级实业家的装束成为流行的中心。夫拉克的高领已变成像现在的西服领一样的翻驳领。1848 年 2 月革命后，出现了今天西服上衣的前身——无尾短茄克，于是有燕尾的夫拉克这种过去的常服被作为礼服使用。衬衣也从 1840 年左右起

开始流行。无装饰的实用的简练造型、高高耸起的领子翻折下来，形成了现在衬衫领的造型特点。在整个浪漫主义时期，筒形礼帽、文明杖是男子不可缺少的装饰物。

此时，流行的轻骑兵靴和陆军卫兵长靴，高约38cm。在1820年代末，出现了男女均穿的低跟高帮鞋，鞋帮高出踝关节约7.6cm，鞋面用本色布和皮革制成。在鞋内侧用带系扎，鞋尖细长。40年代中期以后出现有松紧布的便鞋(如图16－2－4)。

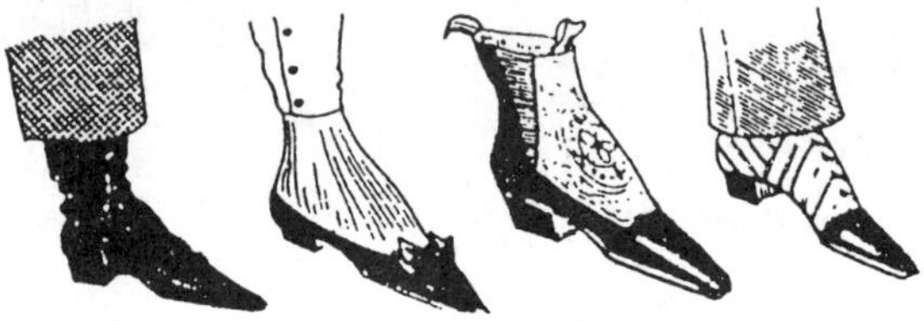

图16－2－4　菲力普时代男鞋

四、1850年以后的法国男装

(一)新罗可可时代

1848年，法国进入拿破仑三世的第二帝政时代，这个政权代表大资产阶级利益。拿破仑三世付出了巨大的精力来发展资本主义经济。50～60年代，法国资本主义得到迅速发展，完成了工业革命。二十年间工业生产几乎增长了两倍。1867年，巴黎的博览会标志着法国在世界上的工业先进地位。这个时期科技飞速发展，有机化学迅速发展，化学染料问世。大量生产的廉价衣料大大丰富了人们的衣生活。缝纫机的出现对成衣制造业更是具有划时代的意义。

1804年，托马其·斯顿和杰姆斯·亨达逊发明了模仿手针缝纫的让针上下锁缝的缝纫机；1814年奥地利约瑟夫把缝纫机机械化；1825年法国的巴塞莱米·希莫尼发明了木制的可移动链式线迹的缝纫机；1834年沃尔塔·汉特发明上下两根线迹的平缝机，成为缝纫机发明史上一大革命。

1871年，德国的凯泽在研究前人发明的各种缝纫线迹后，创造出“Z”字形线迹，使缝纫机的结构基本上定型下来。总之，缝纫机在这一时期的登场，大大促进了服装业的发展，被誉为“继犁之后造福人类的工具”。缝纫机问世的同时，美国的巴塔利克于1863年开始出售纸样子。这种纸样则是后来规格化、标准化的成衣产业的基础和萌芽。

1850年后的法国出现实证主义和现实主义思潮。浪漫主义时代已退出历史舞台，取而代之的是“新罗可可”风格。男装的基本样式仍是三件套的形式，不同的是出现了用同色同质面料来制作。这种穿着状态与现代西装三件套十分相像。

“斯贝萨式上衣”即短西服上衣，开始取代燕尾服，成为普及的常礼服。该衣襟半圆形，前后等长，肩胸充垫饱满，腰部掐着装饰褶裥，是由英国的斯贝萨先生首创。

便装上衣、方肩箱形上衣也是人们日常所穿的服装，一种插肩式的新型的外套此时也出现，改变了过去一律方肩式造型，形成圆溜肩，使之活动更方便。

“新罗可可”风格时期，男子流行宽肥的长裤，松松的盖在鞋面，上衣出现了按用途、场合不同而穿的服装：双排扣的日常服、夜礼服即燕尾服、晨礼服(如图16－2－5)。

此时，衬衫领子变化较明显。过去的衬衫领高高竖起，现在高度下降，变成领尖折下来的高领或像今天的衬衫翻领。克拉巴特逐渐被蝴蝶结所取代。

此时男子发型为卷发，盖住耳朵，长及领子，常以6∶4或7∶3的比例在头顶偏分，为了保持发型用牛或羊脂加香料调制、精炼而成的各种男用润发油应运而生。“罗卡”发油流行。发型如图16－2－6。日常生活中常戴毡帽、草帽或瓜形帽，烟囱似造型的高顶小檐礼帽最普遍，另一种被视为优雅高级式

A. frock coat　　B. tail coat　　C. morning coat

图 16－2－5　“新罗可可”风格时期的男装

图 16－2－6　“新罗可可”时代的帽式及发型

样的软毡、高低适度的弧线形帽顶上有前后纵向的凹槽,边沿呈横向卷曲状。

(二)巴斯子时代的男装

这是18世纪末的男装的又一次微妙变化的时代,新的变化是现代型的衬衣和领带登场,所谓现代型的衬衣,即衬衣领开始有领座,袖口有浆硬的袖克夫的形式。过去缠在脖子上的克拉巴特,到1890年变成了今天的领带形式,系扎方法也被固定下来,这种领带被称作"夫奥·印汉德"。

90年代衣裤均以舒适为标准,英爱德华王子访美时穿着的烫有裤线的裤式,开始在各地盛行直至今日。裤角卷边是源于英国雨中跋涉卷裤脚的习惯。

图16-2-7为19世纪男鞋,图16-2-8(a)为1849年的男子条纹呢绒的成套西装,黑缎子领结,礼帽,黑靴子。图16-2-8(b)为1856年的男子插肩袖大衣,灰格绸衬里,有饰带条的裤子,褶襕衬衫、羊皮手套。图16-2-8(c)为1858年的男子黑色呢绒大衣,包扣,茶色地黑格纹的裤子,黑丝绒礼帽。图16-2-8(d)为1870年的男子西服式便装,条纹裤子、绢领带、毡帽、牛津鞋。图16-2-8(e)为1880年的男子羊毛格子面料的披风式大衣,没有袖子,同料的小舌檐帽,呢子面的皮鞋。

图16-2-7　19世纪男鞋

(a) 1849年

(b) 1856年

(c) 1858年

(d) 1870 年

(e) 1880 年

图 16－2－8　19 世纪巴斯子时代的男装

19 世纪的男装经历了几个时代后，完成了宫廷贵族装向近代服装的演变，为近现代服装奠定了基础。

第三节　19 世纪的法国女装

一、古典风格影响的女装

拿破仑时代，大革命时期的古典主义服饰和革命前宫廷贵族服饰同时并存。贵族气的服饰多半成为古典主义样式的点缀，使古典主义服饰增添了贵族的豪华气息，拿破仑对古罗马帝国的崇拜也反映在这一时期的女装上，其基本造型特点是强调高的高腰身，细长裙子，白兰瓜形的短帕夫袖。方形领口开得很大、很低。

从 1804 年开始，女裙变短，一般长及地面，下摆开始变宽，并出现褶、飞边和蕾丝的缘饰。到 1808 年，裙长缩短到露出脚，1810 年短缩到脚踝稍上。领口虽以方形为主，胸口袒露，但肩部露的不太多，沿领窝装饰着叫做“苛尔莱特”的领。

另外，女装的重叠穿着是这一时期女装的一大特色。女裙为双层裙，内外裙采用异质异色面料，外裙较短，有前开衩以露出内裙为目的。

古典主义的女装去掉了紧身胸衣。1810 年左右，为了表现女性的曲线美，一种新型内衣出现。这种紧身内衣是把数层斜纹棉布用很密的线迹缉合在一起，或用涂胶的硬麻布做成的长及臀部的新型胸衣，穿起来比以前舒服一些，如图 16－3－1 所示。

这时，古典式发式流行，出现普塞克发型（希腊神话中象征人类灵魂的美少

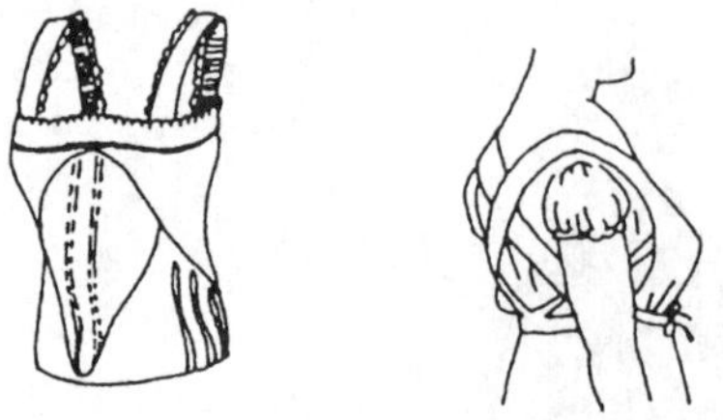

图 16－3－1　1810 年的新型内衣

图 16－3－2　棒耐特帽

女），还有中国式发型和尼农型。尼农型的特征是剪发，头发紧贴头顶露出额头，两侧有点卷发。图 16－3－2 所示的棒耐特帽流行。

这一时期，由于裙子很薄，过去裙内侧的大口袋没有了，女用手提包应运而生。包上有精美的刺绣和流苏装饰，可提在手里也可挂在腰带上。首饰方面，浮雕宝石非常流行，也有人把彩珠项链和金项链绕若干圈再挂在脖子上，此时人造花的制造工艺也达到相当高的水平。

图 16－3－3(a)为 1802 年的女装，白细布的衣裙，茶色天鹅绒外衣，白绢的长袜和浅口鞋。图 16－3－3(b)为 1803 年的女装，有刺绣的白细布的衣裙，多层花边的领饰，短灯笼袖，绿色天鹅绒腰带，白袜子。图 16－3－3(c)为 1811 年的女子装束，白木棉的衣裙，上衣有三层打褶的领饰，糖葫芦式的有褶裥的长袖。裙子的前后有许多褶裥，细腰带系在乳下。

(a) 1802 年　(b) 1803 年　(c) 1811 年

图 16－3－3　19 世纪初的法国女装

二、复古情调的女装

复古情调的女装最大的变化表现在袖子上，袖子加进垫肩，短袖制成灯笼状，长袖做得肥大蓬松，有时袖体上部肥大，下部紧瘦，人们称这种袖子叫“羊腿袖”。袖子体积蓬大化，袖子造型复杂化。

这一时期的领型也发生了一定的变化，一种是高领口，一种是大胆的低领口，高领口上常用花边或皱褶装饰，低领口上常加有很大的翻领或重叠数层的飞边、蕾丝边饰。这两种领形有时也组合起来使用。

由于复古风的影响，妇女们又开始重新启用紧身衣和裙撑，腰被紧身胸衣勒紧，再加上袖根部极度膨大化，裙型向外扩张，整个服装款型成了“X”造型，这是复古风的主要款式特征。

在面料上流行轻而柔软的薄棉布、织纹较密的白麻布、波纹组织的薄纱凹凸丝织物，提花丝织物，格纹、条纹的轻质毛织物和有刺绣的蝉翼纱等。这些轻薄透明的织物罩在有颜色的衣裙之上，增加了服装的梦幻情调。这一时期，白色衣裙越来越为人们所喜爱，被赋予圣洁无暇的象征。当作新娘婚礼服的色彩，此外还流行黄、蓝、淡紫和紫色等。

19世纪20年代后半期，女子发型流行中分，后来又有各种发髻，有些发髻偏于一侧，有时头发分两侧烫成许多花卷。1830年后，人们用铁丝做撑，用长长的饰针固定，上面装饰着羽毛、缎带、蕾丝、人造花等。

帽子多为复古样式，无檐帽，长长的饰带下垂飘拂，飘带尾端剪成燕尾状或锯齿状，大檐帽下还戴一个小的花边无檐软帽。帽子上多用羽毛、缎带、蕾丝和人造花装饰，十分浪漫。

鞋为平底浅口鞋，上面常有交叉的鞋带，保持古典主义时期的样式，鞋头长而窄，鞋尖呈小方头。

饰品流行宝石、石榴石和珍珠首饰，连皮带上边也镶有宝石。参加丧事时戴银质首饰。

图16－3－4(a) 为1819年的女子有刺绣花边的白亚麻布裙子，绿色天鹅绒的夹克外衣和有檐帽，上有大羽毛装饰，下有无边女帽，拉夫领式的花边领，李子色的小阳伞。图16－3－4(b)为1830年的女子，有装饰边的白色木棉布连衣裙，有白亚麻花褶和绿叶装饰的草帽，帽檐下有饰带结，红色绢的钱包。图16－3－4(c)为1822年女子披着白色长肩巾，用白鸟毛做肩巾的边饰，镶黑色毛皮茶色毛皮手笼。有细条纹的木棉连衣裙，有粗条纹的绢的帽子和浅口鞋。图16－3－4(d) 为1829年女子穿蓝色天鹅绒短上衣，小翻领的边沿有红色小滚边，带点的白亚麻布裙子，黑天鹅绒无檐女帽，上有黄色饰带，本色山羊皮手套。

三、19世纪30～40年代

此时，正是“七月王朝”时期，处于法国路易·菲力普朝代，女子服饰向浪漫主义风格迈进。日益完善的紧身胸衣增大裙撑围度，再度使裙子变成大钟形。裙撑主要靠对内裙的硬处理，以及穿多层衬裙，硬衬裙不再用插入鲸骨的方法制做，而是用马尾衬垫或毛麻混纺成的硬布，也有用麦秆编成的辫子缝缀在衬裙下摆的裙围上。冬季常在硬衬裙里穿法兰绒的衬裙，外面再穿上正式的裙子，有时穿到五六层之多。

上衣领口线更加扩展，把双肩露于外，领口缘边施各种花边和褶裥装饰。袖子膨大至极呈横宽造型，仿佛与下裙呼应，形成30年代左右最为流行的造型。40年代再度受到英国田园风格的影响，袖体回收出现宝塔式袖子，强调女子上体娇小、下体膨大的形象。裙摆式大衣，羊腿袖形，接近于现代的蝙蝠袖。小女孩和一些少女们开始穿长裤子或裙内穿裤，成年妇女很少有穿长裤的，只是在骑马时除外。女骑手爱戴黄色长手套，舞会上流行戴黑绢无指手套。

(a) 1819 年

(b) 1830 年

(c) 1822 年

(d) 1829 年

图 16－3－4　19 世纪复古情调的女装

1837 年，制做花边、网纱的机械问世，花边在衣饰上的使用更为普及。

发式中分向两边挽成各种发型或做成长垂的发卷，被称为“英国卷毛”。如图 16－3－5(a) 所示，为英国式卷毛发型，头顶有辫发盘髻；图 16－3－5(b) 为 1830 年晚会使用的发型，用金属支撑的造型，饰以假花、耳坠；图 16－3－5(c) 为 1838 年晚会上出现的发型。

(a)　(b)　(c)

图 16－3－5　19 世纪 30 年代的女子发式

图 16－3－6(a) 为 1832 年的女子连衣裙，露肩弧形领、灯笼袖，长筒手套。图 16－3－6(b) 为 1833 年的女子衣裙，呢绒面料，绢作衬里，棉花填充的外套，白色毛皮镶边，毡帽，黑绢鞋。图 16－3－6(c) 为 1834 年女子的呢绒外套，绢里，有褶裥边饰，缎带和假花装饰的毡帽，毛皮手笼，有皮革鞋尖的呢绒靴子。图 16－3－6(d) 为 1844 年的女子，貂皮手笼，披肩式长围巾，呢绒长衣裙，天鹅绒帽子。

四、19 世纪 50～60 年代

19 世纪 50～60 年代，是所谓的“新罗可可”时代，拿破仑三世的第二帝政，一方面复辟第一帝政的风习，一方面推崇路易十六时代的华丽样式，除因生活所迫而劳作的下层妇女外，这个时代的女性参加劳动是不被社会认可的。男性能力的证明是让妻女呆在家中无所事事，理想的上层社会女性是纤弱并带点伤愁，面色白皙、小巧玲珑、文雅可爱、供男性欣赏的“洋娃娃”。这种女性美的标准使女装向束缚行动自由的方向发展，在女装上追求机能性简直是一种不道德。裙子沿着浪漫主义时期出现的膨大化倾向继续向极端发展，新的裙撑——克里诺林应运而生。

这个时期裙子的膨大化是靠穿数层衬裙来实现的，一般至少重叠四至六层衬裙，据说 50 年代还曾出现重叠三十层之多者，这使女装的下半部越来越沉重，破坏了腰部的纤细效果，因此，人们创造出用马尾衬做的硬衬裙。

1850 年底，英国人发明了用马尾硬衬做的裙撑，这是用鲸须，鸟羽的茎骨、细铁丝或藤条做轮骨，用带子连接成的鸟笼子状的新型克里诺林。如图 16－3－7，(a) 是棉布制成的克里诺林，(b) 是新型的克里诺林，(c) 是塞进马毛的克里诺林。这种新型的克里诺林，由过去的圆顶屋形变成金字塔形，为步行方便前面局部没有轮骨，较平坦，后面向外扩张较大，这种裙撑质轻具有弹性，解决了初期克里诺林进门和乘马车时的不便。然而，这种在女装下部形成大空间的轻型裙撑也给女性带来另一方面的担心，因为如果在室外突然遇到大风，这像伞一样的克里诺林很可能被吹翻起来，这将使处于还不允许暴露玉腿的贵妇们十分尴尬，所以淑女们一定要在裙撑内穿长裤或长衬裙。

此时期的领型仍沿用 30～40 年代的高或低领。高领上绣有精致的花纹，低领口一般为 V 形领或大开领。

1851 年，发表了一种新型的女装引起世人关注。这就是一种把东方风格的阿拉伯式宽松灯笼裤引入女装的大胆尝试，这种服饰

(a) 1832 年

(b) 1833 年

(c) 1834 年

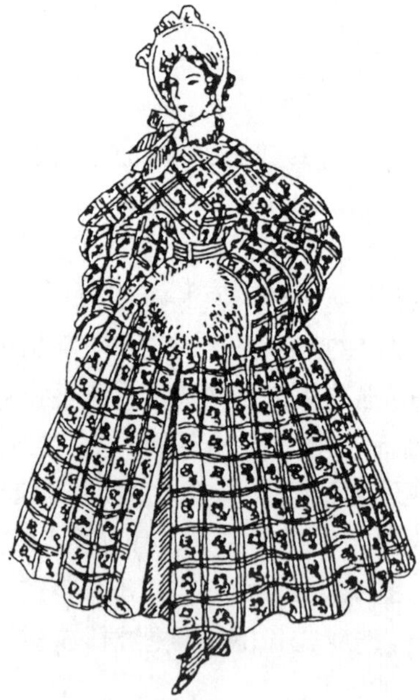

(d) 1844 年

图 16－3－6　19 世纪 30～40 年代的女式衣裙

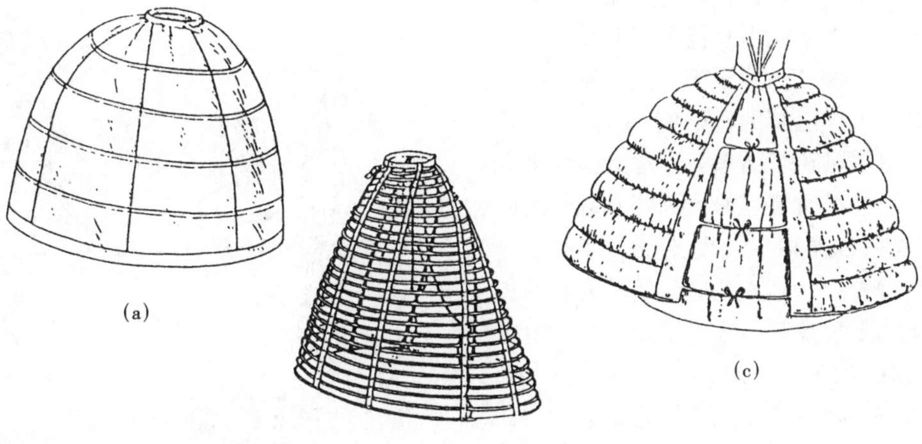

图16-3-7　马尾硬衬裙撑

是圣西门主义者妇女们解放运动的一种体现形式。虽然开始受到众多非难，但随着妇女教育中体育活动的展开，女子穿裤装也逐渐得到社会认可。图16-3-8为穿布尔玛裤装的少女。

图16-3-8　穿布尔玛裤装的少女

这个时期，流行的主要织物有提花锦缎、各色丝绸和云纹绸，其中塔夫绸最为流行，此外还有高级羊毛、羊驼毛、马海毛、薄纱和网眼织物仍十分流行，面料色彩主要有淡褐色、橄榄色、琥珀色、香蓝色，条格花纹也很流行。

从历史上看，服装设计师与裁缝匠是合二为一的，19世纪50年代，民间服装设计师开始以其优秀的设计作品打入宫廷，其中最为优秀的代表就是沃斯。查尔斯·夫莱戴里克·沃斯出生于英国林肯郡，后迁居巴黎，12岁时在伦敦一家纺织品商店当过雇工。19岁来到巴黎在一家经营流行面料的公司当推销员。1851年在英国举办的世界博览会上，他设计的女装获得一等奖。后来，其妻玛丽亚穿着他所设计的服装走上街头，引起了巴黎贵妇们的关注。从某种意义上说，玛丽亚可算得上世界第一个活模特，代替了以前那种时装玩偶的作用。因此，他的设计很快引起人们的注意并传入宫廷。后来，在瑞典资本家奥特·保贝尔葛的资助下，他于1858年在巴黎的留·德·拉·派大街开办了一个拥有20名店员的时装店。一开始他就与巴黎其他的时装店不同，把自己的店布置成沙龙式，室内陈设、照明方面都别出心裁，以上流社会的高级顾客为对象，并且第一个使用假人形来展示自己的设计。

沃斯并未使自己局限于宫廷，他开的这家店吸引了不少巴黎的贵妇们，而且也使欧洲各国王室成员慕名而来。英国女王维多利亚也让其设计过时装。他还创举了富有民间情调的“女装沙龙马车”，即流动女装商店。受其妻子启发，专门雇佣一些年轻美貌的少女作为他的服装模特，马车每到一地，由模特向人们展示他的服装设计，引起了更大的轰动。他的成衣店也由此而迅速的扩大，并发展到英美等国都有其分店，他把新颖流行的服饰带给了社会各个阶层的广大妇女，因此，沃斯被法国人誉为“巴黎女装之父”，“巴黎时装大王”。1894 年沃斯去世，人们甚至从服装意义上称 19 世纪是“沃斯时代”。

在发型方面，继承前期发式，不久两侧的垂发卷消失，脑后的发髻也下降，被用丝绸包起来。60 年代发髻位置又增高、变大，最后发髻位于头顶，头发成瀑布状落下的发卷。

帽式上，如图 16－3－9 为新罗可可时代的各种女帽。

图 16－3－10(a)为 1850 年女子的宽肥绿绢长裙，白地绿条纹的披风天鹅绒帽。图 16－3－10(b) 为 1857 年的女子马服，白衬衣，袖口有花边，面纱，皮毛套，白色衬裙。图 16－3－10(c) 为 1858 年的新娘礼服，有刺绣的白缎子，有多层白褶边饰，皮手套，纱巾。图 16－3－10(d)为 1860 年的女子着男式风格的短上衣，里绢饰缘，白亚麻衬衫、领结、有羽饰和蝴蝶结的皇妃帽、高跟皮鞋。

五、1870 年以后的女装

70 年代的女装呈“S”形，此时女子除了在夜宴、舞会等场合穿敞口低围领的衣服外，其他服装领饰多以立领和高领为主，充分表现庄重感，强调多层裙子的不同质感和色彩对比，衣裙的后背成为装饰重点。饰带

图 16－3－9　新罗可可时代女帽

仍是女服中不可缺少的装饰手段，而皱褶不仅限于竖向的，还有横向的和斜向的、多层的。百褶裙在此时出现，4～5 条隐蔽的带子把罩裙卷起来，称“波兰式”，只是社会风俗中对女子的着装方式仍有所限制，在大街上没戴领巾、披肩会被视为不具有女人风格。

1877—1880 年，流行上下都紧身的样式。到 1883 年，裙子逐渐变大，人们在裙子内加入了铁丝制的撑架或坐垫式的臀垫。臀部的造型夸张达到极限，除凸臀的外形特征外，另一特色即拖裙（后下摆拖在地上）。

与凸臀相呼应，这时女装在前面用紧身

(a) 1850年

(b) 1857年

(c) 1858年

(d) 1860年

图16－3－10 19世纪50～60年代的女式衣裙

胸衣把胸高高托起，把腹部压平，强调“前挺后翘”的外形特征，后来发展形成了优美的“S”形。所谓“S”形，是在后面紧贴背部，把丰满的臀部自然地表现出来从腰向下摆，裙子像小号似的自然张开，形成喇叭状波浪，从侧面观察时宛如“S”，故此得名。

“S”形在局部造型上的特征，一是扩大裙摆的量，通常采用四片、六片、八片等斜裙、喇叭裙，使下摆形成优美的鱼尾状波浪，裙上半身到臀部做的非常合体，下面呈现喇叭状。二是袖形多采用上半部呈大泡泡或灯笼状，自肘部以下为紧身的窄袖，为强调外形，通常从肩部向腰部纵向装饰几层大飞边。

1890—1900 年间，裙撑终于失去了魅力，裙摆呈现喇叭状自然下垂，为了强调体形曲线，紧身胸衣仍很重要，肩部横向展宽，采用羊腿袖，这时期女装造型多为“X”型，适于各种运动的服装越来越丰富，但其造型仍属于“X”型，就连泳衣也是如此。

用于交际场合的晚礼服形成了特殊的样式，有金银闪光装饰的黑色夜礼服，有金银闪光装饰的多种颜色的夜礼服，此时人们喜用堇菜花装饰在服装上，一直流行到 20 世纪初。

此时缝纫机在美国发展起来，大大促进了服装工业的产业，成衣工厂在美国和欧洲各国涌现，极大地推动了时装迅速而广泛地流行。由于机械化操作的特点是流水线式批量生产，因而导致加工物件的简单一致性，服装样式逐年减法化。机制服装的出现对服装设计产生了巨大影响，同时也影响了人们的服装审美态度，曾经只追随英法时装潮流的美国，也在 20 世纪跻身于世界服装的先进行列。

发型，发式后梳，露出耳朵，梳成高发状，做卷。白天多穿高跟鞋；晚间多穿矮靿半跟鞋，与衬裙色彩相同的长筒袜，红色长筒袜最为流行，丝袜逐渐被木棉织物的袜子所代替。

图 16－3－11 为 19 世纪 90 年代“S”型女装。图 16－3－12 为 19 世纪 90 年代“S”型运动女装。

图 16－3－11　19 世纪 90 年代的 S 型女装

图 16-3-12　19世纪90年代的S型运动女装

第十七章　20世纪的欧洲服装

第一节　概　　述

从20世纪开始，时装的发展已从原来费用较高的量体裁衣阶段进入小批量生产。这样，降低的价格就可以满足中层消费者的需求。到第二次世界大战以后，整个服装业面临一个全新的局面，由于整个世界的经济水平迅速提高，大部分人有能力购买较昂贵的衣物，对服装的需求急速增长，原批量生产已无法满足大众的需求，于是进入了机械化大批量生产服装的年代。

1914—1918年间，欧洲大陆爆发了第一次世界大战。几乎欧洲所有的国家都卷入了这场战争，中欧和西欧的国家和人民受到了极大的伤害。战争对欧洲的社会、政治、经济和文化艺术都产生了深远的影响，服装业也不例外。

在大战爆发前，法国人保罗·波列（Paul·Poiret）设计了第一件具有突破性的女式时装，于1908年在伦敦首次展出。这件女时装解除了长期以来服装对人体的束缚，完全取消了紧身胸衣，重现人体的天然姿态。虽然此举在当时的社会引起了很大的争议，但越来越多的年轻女子却乐意接受。波列可以说是现代时装的重要开创者和先驱者。他在改良服装的同时，对服装的重要组成部分——帽子也进行了极大的改动。用围巾和束发带代替了原来的极不方便的大帽子。他的设计多采用鲜艳、明快的颜色。

在战争期间，由于战争环境的需要，前方有整齐统一的军装、制服。后方的服装也被迫要求简单方便、功能性强，以便适合战时环境和参加工作。

到1915年，女裙的长度已缩至小腿部（图17－1－1），同时，出现了饰有绑带的高筒靴。女帽的帽边缩窄，几乎没有附加饰品。战时女性的服装几乎没有上层、中层和下层的明显区别。持续了四年之久的战争导致女军服的普及。对服装的直接影响是现代女装趋向制服化与男性化。此外，战时工厂的工作服对后来服装样式的演变也很有影响，其典型的特点是有袋、宽松、束腰、不太长。有些女子开始穿长裤，上身则穿同男子相似的工作服。另外工余服装也变得随意、宽松。

图17－1－1　20世纪初期的女裙

1918年战争结束后，妇女的服装变得简洁而讲求功能，装饰非常少，甚至没有装饰。

在战争中，男子的军服改动最大：军装多用灰、褐和黄绿等保护色，讲求实用。同上个世纪鲜红的、饰有金边及绦带并装饰花俏的军装形成对比。最突出的演化是马裤及绑腿的使用，军人雨衣得到广泛应用。

1924—1925年，在英国牛津大学的男大学生中流行一种裤腿很宽大的裤子，被戏称为“牛津袋子”。

1929—1933年，一场极其严重的经济危机席卷了整个西方，经济危机的打击和世界大战的严重威胁，使当时的服装业受到极大的影响。

后来，随着经济的好转夜生活的恢复，夜晚的社交和娱乐活动又频繁起来。人们又重新穿起了夜礼服，而女人们又穿起了长及地面的夜礼服。这样，日装与夜装又开始有了明显的区别。

危机过后，上层社会的女子更加富有，而对服装的使用范围划分则更细，这样服装开始讲求其功用性。

由于大量妇女参加户外活动，运动服装有了新的发展，妇女和男子一样有专门的网球服、滑雪服，泳衣也演化为上下几乎分开的两段，这是现在两段式女泳衣的雏形。

1939年，爆发第二次世界大战，整个欧洲战火弥漫。正在发展的服装业受到极大的打击。服装业又从时装设计转向军服等高度讲求功能的服装。战争使越来越多的妇女改穿西装和长裤。女性脱去高跟鞋，改穿便于奔跑的平跟鞋。1945年，大战结束。

1947年，在巴黎以著名服装设计师迪奥(Dior)命名的一家大时装公司——迪奥公司，推出一种新式服装称为“新面貌装”(New Look)，在整个服装发展史上占有重要地位。它的特点是：肩斜、胸挺、腰窄、臀大、裙长而宽松等(图17-1-2)，并在服装的特征部位加少许衬垫。“新面貌装”的使用范围相当有弹性，正式和非正式的场合均适合穿着。

图17-1-2 新面貌装

作为运动装的泳装在此时分为两截——胸罩加短裤，后来的比基尼式泳衣就由此发展而来。

50年代的战后，时装设计师成为被妇女界青睐的引导世界时装潮流的人物。越来越多的妇女以身穿著名设计师设计的时装为荣。巴黎仍为世界服装的中心，大量的服装批发商、制造厂家云集巴黎，争相订购服装并购买专利。巴黎成为全世界女性服装新潮流的发源地。

迪奥公司续“新面貌装”后，又设计了特别强调女性特征的“超女性化”的时装，高度强调了腰、胸和臀等部位的形状，虽然仍保持一些“新面貌装”的特征，但在剪裁方面已趋向简单化，而且用料较前者要节省许多。

另一位引导当时服装潮流的设计大师是巴仑夏加。他生于西班牙，后定居巴黎。他的时装特点是前身对胸部、腰部等加以强调，后部从肩向下是直立式下垂，重视设计的细部，并讲求易于穿脱，被称为“半合身装”(Semi－fitted Look)(图 17－1－3)。

图 17－1－3　半合身装

这一时期的运动服装又得以发展，滑雪装、比基尼泳装开始出现。同时，时装表演变成一项引人注目的职业，而且表演的规模越来越大，著名的模特成为受崇拜的偶像，电影也成为时装传播的方式。

青年人开始不满足当时的传统和习俗，喜欢强调个性，喜欢外向的打扮。这时，样式简洁，鲜艳色彩的双排扣茄克衫式或外套与薄斜呢的窄腿裤成为青年人服装的主导潮流。很多人在胸袋绣上军队或俱乐部的标志、徽章等。因摩托车在青年人中广泛的使用，皮茄克、皮裤子和皮靴也风行起来。这种状态的出现打破了原单一模仿上层社会的打扮，各个阶层、类别的人物重新确定了各自时装的定位。

摇滚歌星猫王埃尔维斯·普雷斯利(Elvis · Presley)上台时随意的打扮及放松的动作，引得青年人争相模仿。西部片的硬汉形象更是风靡世界，皮茄克、圆领 T 恤、蓝色牛仔裤和长筒靴，更是至今不衰的形象。

与此同时，英国皇家艺术学院开设服装学院。时装设计师的培养和训练在高等艺术院校中有了一席之地，还受到重视。许多出色的设计师都是从学院受训“出道”的，并得到社会的认可。

除了巴黎，意大利也一跃成为世界时装中心，它的便装、丝绸衬衫和半截裤成为其“名牌”。男装的特点为：肩部较宽，而袖子的剪裁使肩得以延长。它的茄克衫为方正、直身，衣长到裤袋上部，这种新装使人显得年轻。这种意大利风格很快成为男性服装中新的潮流。

1968 年人类首次登上月球，太空人在月球表面行走，这标志着人类进入一个新的历史时代。60 年代的服装是向年轻化发展的年代，往日里起领导作用的时装店和时装设计师已不能“一统天下”。时装的发展出现了一派多元化，并进入大批量生产。松身的样式比较流行，讲究舒适、随意。

著名设计师夏内尔的设计在这期间获得很高的荣誉。她简洁适体的服装适合不同年龄的妇女穿着，广受欢迎。她设计的款式最具有影响力和号召力。

这一时期的服装使用范围不像前一时期那样严格划分，外衣和裙子都可在不同的场合穿用。流行柔软的圆领或下垂的尖领，袖子多为灯笼袖，这种松软风格是一种怀旧风格。及膝的无腰连衣裙有一种天真的气氛，被称为“童装服”，很受青年人欢迎。牛仔裤、瘦腿裤仍流行，只是直裆较短，不及腰线，并配有各式皮带。闪闪发亮的皮带从此流行。

采用羊毛和尼龙等合成纤维混纺而成的面料制成的弹力裤很流行，并有蹬套在脚下，使裤身挺直。从美国传到欧洲的牛仔服装非常紧身。商标上印着“包紧身，包褪色”的字样，最紧的到不躺下就无法把裤子的拉链拉拢。

喜爱户外的年轻人常在周末或假期出外度假。法国南部有个海滨城市叫圣·特洛佩兹（St·Tropez），这个小城成了特别令青年人感兴趣的热门服装发源地，尤其是度假休闲的服装。城内几家不大的服装店每年在面料、颜色及款式（包括长裤、衬衣和泳衣等）上变了很多花样。轻便时髦的度假装，被称为“圣·特洛普装”（St·Trop Style）成为时装行业的突起军。圣·特洛佩兹成了世界度假服装的中心。“迷你服装”也风行起来，这种短裙短小紧凑，充满活力，很富现代感。它比牛仔裤宽松凉快，还可套穿在泳装外，使人无拘无束，非常方便。还可在正式场合穿用。

一些合成材料（如人造革）制成的仿皮革服装也从此广泛流行，形成新的时尚。这种面料防水性好，物美价廉。在1969年非常畅销的“湿装”，（Weet Look）整件是用黑色仿真人造革制成的，形成一种湿淋淋的特别感觉。

1964年前后，摇滚乐在青年人中间广泛流行，同时也影响到年轻人的服装样式。各种打破常规的不分阶级的服装成了年轻人交往时的常用服装。披头士乐队的打扮引起了轰动：无领、窄身、扣到颈部，内穿白衬衫并系领带。这种整体年轻化的服装在伦敦掀起一股狂热。

英国的设计师迅速成长起来，以玛丽·匡特（Mary·Quant）最为有名，她的个人风格具有独创性，无拘无束。同时还有琼·米尔（Jean·Muir）贾尼斯·温赖特（Janice·Wainwright）和约翰·巴特斯（John·Bates）成就比较大。

“无性别化趋向”（Unisex）是80年代服装演变的一个重要主题，始于60年代。这是指女装与男装很相似，甚至一模一样。它的背景是青年女子不甘心只呆在家里，开始要求有社会地位，要求男女平等，发展女权运动。

1963年，出现的另一种设计大潮流是女装设计儿童化。尽量把童装的特点搬到成人衣服上，儿童化是此时妇女时装的一大特征。

巴黎的设计仍然是美丽、典雅的服饰，仍然采用上等面料。由于年轻人的冲击，巴黎的时装设计已不再能控制和代表世界服装潮流。并且设计大师主宰控制潮流的日子也随之过去。

新服装设计师安德烈·柯列节斯（Andre·Courreges）设计了较解放的先锋派服装，获得很高的声望。在1964年推出的“未来风格”时装，成为继1947年迪奥推出“新面貌装”以后，在巴黎引起最大轰动的一套服装，他断定膝上几英寸是日装的最佳长度，开出“迷你”运动的先声。

60年代的下半叶，出现了一种新的青年人的狂热的运动——“嬉皮士”运动。他们的装束对服装的设计也影响很大，他们反对传统的基本服装样式，从北美印第安人的图案中寻找灵感与样式。他们的打扮特点是：蓬松的大胡子，不分男女皆是披肩的感觉很乱的长卷发。女子常插花，甚至脸上都画上装饰图样，样式怪异并色彩繁杂。都佩带大量的首饰、念珠、手镯和各种戒指等。他们的出现是对传统时装潮流的一种背叛。虽然民众不太接受，但对时装界却有不小的影响。后来，披头士乐队的打扮也受其影响，开始变得随便、怪诞。

到了60年代末，年轻人穿着有了新变

化。70 年代，嬉皮士风格的影响已趋向缓和，裙子开始加长，由超短到中长。这时期的风格又转向了比较稳健、突出功能的特征。但此种倾向被人称为是“短命的”，许多女性仍喜爱穿着短装。许多服装商人因积压了中长裙而困扰，有的甚至破产。这也说明一个问题，就是消费者已不再完全听从设计潮流，有了自己的选择。虽然中长裙的命运如此的不济，但中长服装在长身外套方面倒取得一定的成功，最有名的是“玛克西”外套，在英国尤其受欢迎，女士们又重新接受了较长的服装样式。

在西欧和美国兴起一种“热裤”（Hot · Pants），短而紧身，只及大腿的上部，这种热裤在 70 年代初很时兴。

不断变化的时装潮流，使“圣 · 劳伦特装”（St · Laurent）应运而生，这是任何场合皆可穿的长裤套装。是用条纹或格纹粗呢绒面料，以黑色为基调。人们有时习惯在外再披一件长及膝下的古典式风衣。“圣 · 劳伦斯装”成了当时备受年轻妇女欢迎的一种国际化款式。

长裤在女性晚礼服中也常穿用，上装多为凸袖松身束腰装。有时在略高于臀部处用条细带松松的打结，长裤脚口宽大，走动时像一个喇叭口。这时期的中长裤一般分为两类：一种是较宽松的“袋装裤”，另一种是喇叭裤。

无性别趋向在女装设计中影响极大，越来越多的职业女性要求与男性平等，而男装的优势为功能较为完善。在这种趋势中，牛仔服装也出尽风头，形成了包括：裙子、衬衫、茄克上装、背带裤、滑雪裤、雨衣、甚至比基尼泳装、鞋、帽和皮带等较为完整的牛仔系列。穿用者的范围已从单一的年轻人扩大到老幼皆宜。今天，几乎每个人都有牛仔装。另外，越战使军装样式得到青年人的广泛喜爱。

不久，女性转而又喜爱宠爱较女性化的装饰性强的服装。而沃尔斯公司的劳拉 · 阿什利（Laura · Ashley）的设计女装在这股潮流中十分突出，多采用印花面料，色彩柔和，图案是以深色底色衬以碎花为主，长及脚踝的充满浪漫气息的连衣裙。大多数妇女们都习惯用这种娇媚的装束同长裤套装进行替换。甚至新娘和女傧相在婚礼上也常常穿此种款式代替礼服。

这一时期的妇女服装分为两大类，一是强调妩媚的女性服装；二是无性别化的服装，但无性别化女装同男装已有区别，常在领口、袖口、纽扣等细节部位略加装饰，显示女性的魅力。

1973—1974 年的能源危机，使这个秋冬季的服装染上了危机的色彩。能源危机使服装的样式更多地强调了防寒功能。典型的装束是头戴毡制或毛线针织帽，外衣有套头毛衣及针织背心，有时再加上松身茄克，下着长及脚踝的长裙，外出时穿上连帽的松身外套、再佩上围巾或披巾，还有手套、厚袜及高腰靴，即使是瘦的少女着装仍有臃肿感，被称为“多层装”。后来人们将裙子改为裤子，而裤腿外再套上色彩鲜艳的具有秘鲁民间风格的花纹护腿。在 70 年代中期，寒冷的冬季此类打扮非常流行。

1976 年，追求浪漫的人们又根据印第安人及南美牧羊人的装束推出了“少数民族装”（Ethnical），饰有流苏的毡子上织有典型的民间图案，毛裤也配织有彩色条纹。这只是“少数民族装”的开头，在七八十年代受日本风格、西班牙风格、印度和中国风格影响的多种服装不断涌现，这是清醒后的人们在历史文化传统中寻找精华的结果。

在 70 年代末，在较下层的青年人中间出现了类似嬉皮士的集团“朋克”（Punk），他们的服装化妆都追求极端，上衣多为 T 恤衫，上面印有刺目的图案、字样，下穿紧身裤、长靴。不分男女头发都很短，甚至光头，有的只留一束像鸡冠一样，上染红、蓝、黑、绿等不常见的色彩；还在脸上或眼圈上涂上闪亮的色彩。这是一种对变态、怪异、荒诞的追求，反映出当时一批年轻人空虚与迷惘的精神状态。

与此同时，“生命在于运动”的口号传遍全球，多种多样的运动服进入时装的市场成为日常服装。

第二节 20世纪男装种类

当代男装以英国伦敦为服装中心。因为英国的男装无论在做工上还是场合规定上，在世界都是一流的。

从20世纪开始，男装的生产和穿着标准都逐渐固定化，在服装搭配、成衣的剪裁方法、各种场合穿着方式都有了较细的严格规定，不合乎标准的穿着被视为无修养、不礼貌的表现。

男装的款式在此世纪是相对稳定、不变的。正规、合体的服装能充分表现男人的社会地位、经济实力和人格形象。

通常正规男装分礼服、西服套装、外套、户外服等四大类。

一、礼 服

礼服因穿着场合、时间、功用不同细分为：正式礼服、半正式礼服、准礼服、晚礼服、晨礼服和黑色套装等。在结构上和形式上变化不是很多，只是某些细节不同。男人必须牢记这些不同的细节区别，特别是礼服，其配套的有领饰、手帕、鞋帽，保证穿戴的款式和色彩合乎规则，对于绅士来说是一种必需的体面。但随着现代人的观念转变，正规的服装渐渐被简化。

正式礼服是在王室、宫廷、政府等国家级的典礼仪式或宴会上所穿，亦称社会服。参加婚礼、祭礼和葬礼等郑重的仪式也可穿用。另外，舞台的乐队指挥及音乐演奏家也常穿这种正式礼服。从时间上分夜礼服和昼礼服，两者都为燕尾服。

燕尾服是由18世纪的军服演变而来，起源于英国最初的骑马服，为了上下马方便，前面去掉下摆，后面开叉，形似燕尾，称“燕尾服”。

正式礼服中的夜礼服 专供午后6点开始的晚会所用，色彩为深色的黑或深蓝色，款式为燕尾服形式（图17－2－1、图17－2－2）。前襟长度与内着背心长度相同，在腰两侧向后下方呈锐角下裁出燕尾状。在背部腰节下有燕尾状开叉。衣身有双排六扣装饰，通常敞开不扣。领子上衬盖一层与礼服同色的绢，闪有丝光，领式有剑领、半剑领或丝瓜领。在上衣手巾袋露出白麻手绢的一角。

图17－2－1 正式夜礼服(1905年)

图 17－2－2　半正式夜礼服(1942 年)

裤子同上装选用相同的高级毛面料，同料同色，裤脚处不翻折。通常在礼服的外裤侧缝有丝织条带装饰，称“侧章”。夜礼服可以有两条。

背心的领形有 V 形和 U 形低领，色彩通常选用白色，同礼服的重色成对比，显得洁净、俊美。衬衣亦为白色，内有胸衬，用珍珠纽扣。领结和手套亦为白色。还有黑色丝绒高平顶帽、黑袜和黑漆皮鞋。整套衣饰黑白对比鲜明，结构清晰，显出高贵与庄重。

在礼服中，夜礼服是最讲究的，比晨礼服要豪华体面。因为晚会是当时人交往的最重要的手段之一，礼服的好坏对体现一个人的整体形象是很重要的。如果请帖上印有“WHITE TIE”(白领带)，则需穿此类礼服。

正式礼服中的晨礼服是在白天所进行的重大礼仪场面穿着（晚 6 点之前）。如婚礼、丧葬、宴会和舞会等。它亦起源于 19 世纪欧洲男子骑马穿用，整款同晚装无大差别，只是领饰、手套等附件的色彩随不同场合略有变化。前襟从纽扣处以斜线方式向下、向后裁剪，背后开叉(图 17－2－3)。领形为剑形或半剑形领，只有一粒扣在腰间起系住固定服装，上衣口袋亦有白色亚麻手绢露出。

图 17－2－3　晨礼服

上衣、背心同料，通常为黑色毛料，裤子用黑色条纹裤或配灰色裤子，裤脚亦不翻折。衬衫为白色，可不用胸衬而是采用褶裥做装饰，讲究的扣子采用宝石制作，其次为珍珠扣和金扣。

领带用银灰色或黑条纹图案。丧礼用黑色，婚礼用红色或其他艳色。手套平时用白或灰色，葬礼时用黑或灰色。帽子除了高顶黑礼帽外，还可以戴有 中凹槽的“中折帽”。

到了 40 年代，礼服仍在正式的场合穿用，但也逐渐便装化。许多人穿用精工细做的便服出入正式场合也无人非议。有意思的是在美国受雇的佣人一丝不苟地穿着传统讲究的燕尾礼服，雪白硬挺的衬衫和领结显示主人的气派，主人却穿着很随便的衣服。

半正式礼服　比正式礼服档次稍低，用在非国家级的正式礼仪场合。

夜用半正式礼服　一般在晚间的鸡尾酒会、舞会、婚宴和观看戏剧时穿用，款式为无尾西服式(图 17－2－4、图 17－2－5)。颜色同正式礼服一样多用黑或深蓝色毛料，夏天采用白色毛料或麻料(图 17－2－6)。领上衬盖同色绢，领形为剑形或丝瓜领。夏天白色礼服领上不用衬绢。深色衣服上衣口袋插白色麻手帕。夏天白色上衣则配用黑丝绸或黑细布手帕。背心与上衣同色同料或是用黑丝绢制成，领子仍是 U 形或 V 形低敞领。

裤子多用与上衣相同的料子，亦有侧章。白衬衫胸前有褶裥，用有条纹的玛瑙一个或二个做扣子，打黑色蝴蝶领结。当请帖上有“BLACK TIE”(黑领带)，记住一定要穿此类礼服。

图 17－2－5　半正式夜礼服(1938 年)

图 17－2－4　半正式夜礼服(1940 年)

图 17－2－6　夏季白色半正式夜礼服

20世纪新的穿着方法是腰系黑丝绢或罗缎制成有三个摺叠层次的宽腰带，不穿背心。

半正式礼服的晨礼服　也称之为“准礼服”，是在白天、非国家级的正式场合穿用。过去为学校校长和董事会会长的日常礼服，商业洽谈会或学术聚合等场合也适合穿用，原称“董事套装”（图17－2－7）。其组成是典型三件套（上衣、背心、裤子），由黑色西服与条纹裤组合而成。也被称为“黑色套装”，全部使用黑毛料或仿毛料织物，有时用缎和绫子等有光泽的柔软高级的面料制作，做工要求特别精细，样式要具有优雅豪华感。身上其他附件随正式晨礼服。不过上衣扣子的数量却不做死规定，从一个扣到三个扣都可以，单排和双排根据当时的流行来确定，黑色套装非常正统、严肃。近年来，男子几乎在任何场合都普遍穿黑套装，也可以代替晨礼服和夜间准礼服；婚礼和丧礼都可穿用。但必须根据不同场合配不同附件，例如：参加丧礼，附件不可选用咖啡色系的领饰、手套和鞋。参加婚礼则不能穿比新郎更正规、讲究和高档的服装。

图17－2－7　董事套装

在20世纪后半期，人们对礼服的态度转向较随意，特别是在半正式礼服上表现尤为突出，如半正式晚礼服使用有织纹的绢和香缎等稍微活泼性质的衣料；裤子也可以选用与上衣不同的色彩和面料。

二、西服套装

男装的持续时间最长，而且固定不变的就是西装。现在的西装是在19世纪中期从燕尾服演变出来的无尾西服。现代西装的使用已遍及全世界，深受世界各个国家、民族的欢迎，已经成为国际性服装。西服套装分两件套（上衣、裤子）和三件套（上衣、下裤及背心）。套装是指上下装选用同一种面料制作，形成同一整体形象。

上衣的纽扣有单排和双排之分，纽扣数目多少不做具体规定。领式有平驳头和戗驳头等不同式样。在背部有开叉，有中心开叉或两侧开叉。纽扣的安排、领子的样式和口袋的处理方法等，随当时的社会流行做些小改动。口袋有无盖、有盖和贴袋等方式可供人们选择。裤子的裤脚口可翻折，不翻折亦可。背心可选择色彩适意的面料制作，与西服外套相协调的针织类毛背心也可以配套穿用，这样使严肃的西装带有一丝随意、浪漫。

西服的面料质地、花色和色泽的选择余地较大，粗纺、精纺、混纺、化纤、条绒和牛仔布等均是可选择的面料。素色、隐条、明条和格子等各种花色也都适用。

在每个时期，西服的款形及裁剪都有其时代特色。

1900—1910年，西服的上衣不收腰裥，完全呈直线形，比较宽大。前襟多用双排扣，裤子的剪裁从臀部到裤腿皆为宽松式，只在小腿和踝关节处较窄小，裤脚口通常向上折一道边。内衬的衬衣高领不下翻，只在喉节前有一点褶。还有双排扣的背心，领口常饰领带或领结，领结较大，还常镶嵌钻石等装饰。帽子有三种：一是毡呢制礼帽；二是巴拿马礼帽；三是鸭舌帽。

1910—1920年，没有什么新变化，只是男子的发式较短，多留小胡子。在这年代，殖民主义者远征亚洲和非洲。由于被殖民地区多处赤道地区，白色的西服套装从此出现，在剪裁制做上同传统西装无区别。但从防暑通风方面考虑面料多采用亚麻等较轻薄爽透的料子，同时为了遮挡阳光还配套有白色软木帽子。

1920—1930年，西服风格没有改变。只是在1924—1925年英国牛津大学的男学生中流行起裤腿肥大的裤子，戏称牛津袋子（Oxford bags）。

从事商贸活动的男子为了奔波方便，在裤外像绑腿一样加上了一双羊毛长袜。这取材于第一次世界大战的军用绑带，这种利索、神气的服装是该时期非正式服装的一个特色。

1930—1940年，西装突出的是横向的感觉。剪裁较宽松；肩部加垫，突出肩宽；翻领做的较大，还有宽松的裤子，基本形为上大下小。在白天工作时，内着打领带翻领衬衫。

1940—1950年，是战争的年代，西服的地位被军服、制服和工作服暂时代替。

1950—1960年，早期服装仍为传统的三件套，配领带、文明棍和礼帽。到中晚期，意大利设计师推出新式西装，意大利风格成为男装中的新宠。它的设计为肩部较宽，袖子的剪裁使肩线得以延长，衬衣采用小而高的翻领，佩领带，主要强调上装的宽度，使男子更具硬朗潇洒的风度。

1960—1970年，仍是沿袭意大利风格，裁剪得更为贴身。衬衣流行多色彩的条纹衬衫，黑白或蓝白的格衬衣也较流行，领带多为针织的窄领带。

1970—1980年，西装剪裁更加精良。同以往比较整体变化不大。

三、外　套

这个时期外套主要是指大衣，斗篷式的披风外套等已非常少见，多层假披风式大衣也减少。流行大衣的结构同西服接近形制简洁。主要的式样是英国军大衣式的，非常朴素、庄重和讲究实用。在外形上一有些区别，有的合体、有的宽松，形式很多。但整体外观改变不是很大。纽扣有单排和双排之分，另外还有暗扣、明扣之分。

随着社会经济的进步，各种大衣分类越来越清晰，有雨衣（图17－2－8）、风衣、秋冬防寒大衣、军用大衣和礼装大衣 等。从长度上可分为长、半长及短大衣。从衣料上可分为毛料大衣、裘皮大衣、羊皮大衣和编织大衣等。

图17－2－8　军服式雨衣

四、户外服

随着旅游和运动等户外活动成为人们生活的一部分,户外服的内涵则越来越广泛,它包括运动装、运动便装、茄克衫、T 恤等。

运动装为人们参加运动时穿用的衣服,有易穿脱、易动作、透气性好和吸汗力强等特点。运动衣本来是为竞技场专门设计制作的,但由于世界范围内的体育活动和健身活动的蓬勃开展,各类带有运动衣造型的服装越来越为人们所喜爱;另一方面,经济发展带来了文化生活的丰富,更多的人们走出家门外出游玩;同时生活的节奏加快,观念的更新在服装上反映为人们喜爱宽松、随和、舒适及行动方便的式样。运动服具有以上这些实用特征。很快产生了比较生活化的运动便装,其特点是短小、紧身并舒适合体。面料多采用弹性织物、尼龙绸、牛仔布、灯心绒等。由于崇尚自然又流行全棉织物服装。色彩多采用鲜亮、明快的色调。

T 恤也成为人们喜爱的样式,T 恤是一种圆领、平面展开呈 T 型的针织套装,作为内衣或运动衣流行至今。T 恤从 60 年代开始流行,到 70 年代形成热潮,到今天成为日常便装和运动装。用柔软有弹性的针织面料,上面常饰有图案标志等。

运动装的发展则日趋专业化,由原来稍为松身小巧的便装样式转为从面料到款式都很专业化的服装,而原来的老式运动装最后则大多演化成日常便装。

法国著名网球明星勒内·拉考斯特在 20 年代设计制造的短袖针织翻领运动衫,被称为"拉考斯特衫",亦称鳄鱼衫。在服装的左前胸上缀饰一条活泼可爱的小鳄鱼为标志而得名。现在,拉考斯特衫成为世界上流行最广泛的运动服装之一。

男子泳装同今天一样,简化成小裤衩形式,与之配套的还有海滨长大衣,俗称"浴衣"。短小的裤衩十分便于游泳,海滨长大衣具有保暖作用,可以及时地遮挡海风,还可以遮挡身体,华美的浴衣可保持体面的形象。

毛衣、毛背心等贴身柔软、便于活动,又有保暖、防潮和吸汗等优点,成为在户外活动的首选服装。有高领毛衣和 V 领毛衣,各种漂亮的编织方法出现了。毛背心和 V 领毛衣也常穿在西服上衣里边代替了西服背心。从此衬衫也不再用硬衬和上浆,柔软的衬衫便于活动,再加上各色 V 形领毛衣和毛背心,使得人感到身心轻松。为了适应各种颜色的衬衣、领带的色彩也丰富了。打破原单调的服装模式,更加合理的样式使人们的身体得到极大的解放。

猎装是借鉴打猎服装而设计的一种服装(图 17-2-9)。最早流行于东南亚,后为欧美人士穿用,现在深受青年人喜爱,成为一种很适用的便装。猎装有短袖和长袖之分、可大可小的翻领、口袋上加兜盖、上饰嵌条或打折裥。嵌条一般有三到五个,方向可直向或斜向,折裥有向内及向外两种。肩部加覆水,背部腰节处一般加腰带略束腰。有的后背下摆有左右开叉的或中缝开衩。

图 17-2-9 猎装

茄克分拉链式、嵌扣式和普通开门搭门式三种。主要的特点是:衣长至腰或臀,在腰腹部收紧。袖口有松紧或用扣收紧。夏季常选用棉、麻织物;春秋选用毛棉混纺和尼龙绸等制成双层;毛呢、皮革或夹棉层的茄克在冬季穿用。近年,款式及色彩决定了消费者的年龄及性别,不少人都喜欢穿用此种款式。

在50年代中晚期,意大利设计师推出的茄克衫在青年中流行,整体外形为方正、直身,衣长比西服短,通常到臀部的裤袋处。

防风夹克是连帽式上衣,多选用厚密的可防风保暖面料。如:毛、呢料和羽绒等。在帽口、袖口和腰节处均有松紧处理,人们常在做运动或户外活动时穿用。近年,此种款式异常受欢迎。不分老少皆有其适合与喜欢的样式。

到70年代,猎装和茄克装演变成男式正式服装。

第三节 20世纪女装

20世纪女装的演绎速度远远超过了男装。男性服装长期以来比较标准化、程式化,而女装则千姿百态、变化较多。可以这样说,20世纪时装史基本上是女性时装发展史,而女装最大的变化是在经历前、后二次世界大战后,产生了同今天相似的现代女装。大量的妇女走入社会,大量的就业机会使妇女要求享受同男子相同的社会地位,女权运动使相当一部分妇女的社会地位发生很大的变化。

女装男性化成为服装的一个大趋势,另一个趋势是女装日益趋向简便,而且易于打理。紧张的生活节奏使服装的用途分类不像原来那么单一,妇女们总是寻求在多种场合都很合体舒适的服装,现代女装就充分体现适应了这些要求。

一、20世纪初期女装

(一)1900—1910年美丽时代

在20世纪初,庞大笨重的裙撑被抛弃,女装的外部造型体现的是紧身胸衣的样式。

在1900年,发明了"健康胸衣"(Health corset),这是法国的女子莎洛特改造传统的紧身胸衣而产生的一个新型胸衣,她把紧身胸衣上部边缘从乳房中部下移至乳房下部,虽然改动很小却很关键,这一改动使胸部可以正常呼吸发育。所以,称之为"健康胸衣"(图17-3-1)。这种胸衣结构是采用直线形,加骨架、衬垫和绗缝加固收紧。这样突出女性的胸部,收住腰腹部,紧腰松臀。从侧面看呈"S"形,衣裙在外部造型美丽又自然。臀部后翘则成了这一时期服装的特点。裙子呈喇叭状,用的是分片裁剪、褶裥装饰或分段做褶裥装饰(越下落裙幅越大、褶裥越多,形成阶段式喇叭状),这时的裙长一般多拖至地面。

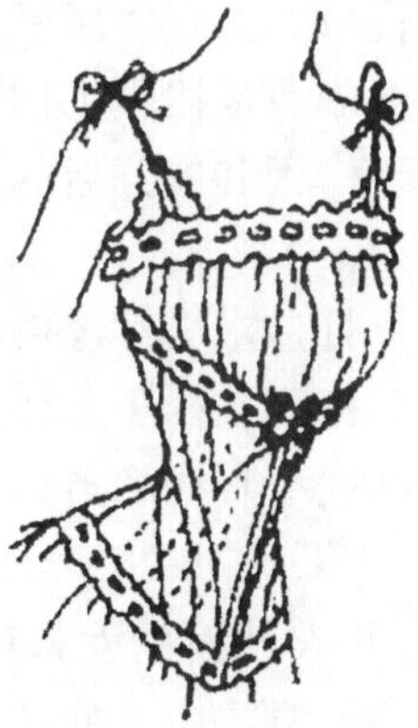

图17-3-1 健康胸衣(1901年)

1907年，紧身胸衣的长度向下延伸，腰围稍放松，臀围收缩。到1910年，紧身胸衣的线条几乎呈直线(图17－3－2)，长度到大腿部。当女子蹲坐时，紧身胸衣正好裹住大腿与臀部，这样刚把胸部解放出来又束缚下体。后来又去掉众多的骨架，并选用了弹性面料制作，这种伸缩性使人体更加柔软自然。外形呈直线显得修长。这样，裙子的长度开始短缩到脚踝，人的活动更加轻松灵巧自然。

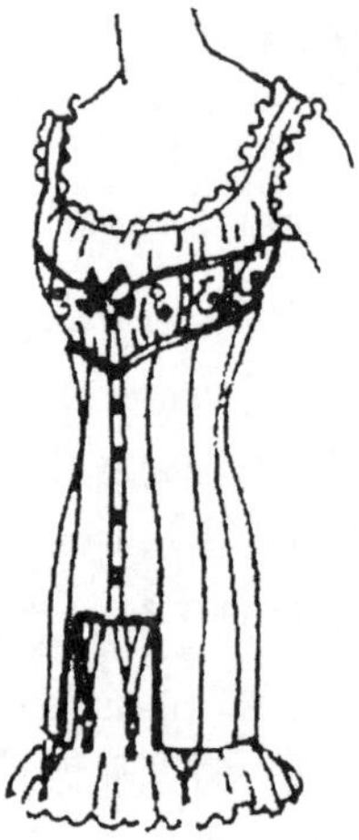

图17－3－2　直线形紧身胸衣

本时期还有一种“T”形裙，它是“S”形的改良型，基本保留了“S”形服装的主要特征，宽帽、方肩、高领和束腰等所呈现的前挺后翘的外形，只是衣身或裙子下摆不再向后拖拽而是垂直落地，因其展开后的整体形似字母“T”而得名。

此时期，女性追求男性风格的服装也穿起西装上衣，下配细长裙子(图17－3－3)，整套服装干净利索。直线的造型更显女性的纤柔秀美。

穿在紧身胸衣外面的女性时装大致分日装和晚礼服两大类。白天的日装是帽子特别大，上边饰有大量的鸵鸟毛、玫瑰球之类，并流行戴假发、大帽配假发，使女性的头部

图17－3－3　西服长裙

特大。日装一般都为高领不露颈部。衣服紧贴在紧身胸衣外面腹部被紧束住，腰部以下的裙子前摆直而平的向下垂，臀部后翘，后裙摆很长。上层妇女必须此类打扮，否则会招致非议。

晚礼服同白天不同的是日装用长袖、长手套和高领口把身体全部遮掩起来；而晚礼服则让颈部，前胸大部分及手臂全部裸露出来，但外形仍是“S”形(图17－3－4)。

另外，在此时期“俄罗斯衬衫”广泛流行，它的设计主要来源于俄罗斯的民间服装，衬衫的式样为“灯笼式”的袖子、宽大的袖笼和紧扎的袖口，多采用轻软面料制成，高高的领口、前襟、袖口和肩部等都用了大量的抽纱和刺绣，前胸部分还采用排裥装饰。

从19世纪八九十年代，一些先进的妇女就开始要求参加工作、争取政治权力、要求同男子平等；还进入学校，接受教育，然后

图 17－3－4　夜礼服(1908 年)

加入到各行各业的工作中去。上等妇女也有较多人参加户外运动(自行车、网球、高尔夫球等)。女权运动此时已经开始形成,旧式服装成为她们要改革的目标。

在此 10 年，妇女对服装提出具体的要求，如：运动的裙子应再短，这样才便于跑步、骑车、骑马;大型的帽子在运动时常被吹掉,应加以改进等。

更有大胆的妇女干脆穿起男装，当然这时期有此举的人很少,并且穿的是没经改动的男装。这在当时已经是了不起的举动。当时社会上的保守人士对此极其不满、反感甚至愤恨,但女装的改革已势不可挡。

这时在法国出现了 一位著名的服装设计师布瓦列特（1879—1944 年)，他在少年时，就随做纺织品商人的父亲到处推销商品。在旅程中,他尤其酷爱东方民族传统的服饰与手工艺品，他自学服装设计与制作，并在实践中逐渐成名，后在巴黎开设了自己的服装店。他改良了紧身胸衣和“S”形服装。

1905 年 5 月,俄国芭蕾舞剧团首次到巴黎演出，东方情调的服饰及健美的舞姿使巴黎人轰动、倾倒。强烈的服饰色彩、金属片、金银线饰、奇妙的刺绣点缀、轻薄透体的面料再加上人体的真实曲线形成一道奇妙的风景吸引着巴黎人。布瓦列特和当时的其他巴黎服装设计师不失时机推出了各种款式的具有东方风格的服装（图 17－3－5、图 17－3－6)大获成功。

他吸取了希腊和罗马裙袍、日本和中国旗袍、印度沙丽和阿拉伯长裙等东方服饰的特点。1908 年，在伦敦首次展出简洁的、突出形体的新服装。这件女装完全取消了紧身胸衣，衣料选用了轻柔的丝绸，露出了颈部与胸部，在胸前松散地挽个结，这种款式很快地被新一代年轻女子接受。

图 17－3－5　具有东方风格的女外衣

图 17－3－6　具有东方风格的女外套

图 17－3－7　蹒跚女裙

1910 年，他又创造了如图 17－3－7 所示的著名时装式样“蹒跚女裙”，也称碎步裙。这是借鉴中国旗袍和日本和服的特点，裙装在膝盖附近收拢，特点是紧身、直线形，但不利于快步行走。外套为陀螺形服式，类似和服，中间宽两头削窄。还有一种更为豪华的服饰，称为“尖塔服”(图 17－3－8)。据说灵感来于清真寺的尖塔结构，女装上身细窄，头如塔尖，从腰部以下用层层阶梯式多褶裙构成塔状，下以蹒跚裙式收拢。他的开叉蹒跚裙和陀螺服被保守派说成“有伤风化”。但大批开放的妇女涌进了布瓦列特的时装店，其他的国家也开始流行他设计的服装式样。

图 17－3－8　尖塔服

布瓦列特又用大量的丝绸锦缎做服饰，贵妇们为了使自己同室内环境相协调，甚至把所有的室内装饰布都换成了丝绸锦缎。致使丝绸锦缎的销售量猛增。布瓦列特的事业发展很顺利，相继开设了香水公司和工艺学校。第一次世界大战时，他从军四年半，战后又重操旧业，但后来事业每况愈下，最后在贫困和病痛中去世。

蹒跚裙有的是平面的，有的是在臀部的左右各挽成几个大衣褶，用腰带束起，几经折叠的裙子，在足踝处的裙口部分显得很窄小。但由于这种裙子左右对折，在前摆正中处自然开口，因此走路比较方便。因似木陀螺人称"陀螺裙"。通常和短短的半长袖小坎肩配穿，内衬较为紧身的丝绸女衬衣，配珍珠项链、遮阳伞及长手套。

后来这种蹒跚裙演化成"鱼尾裙"，在裙子前面对折处开口，在裙下部斜向后方剪裁成一片衣料拖在地上，像鱼尾一样的装饰，大部分人认为穿着十分难受不愿接受。但追新逐奇的女子都喜欢它。较袒露、半透明的钟形上衣配上鱼尾裙，成为这几年的新的流行。

布瓦列特的另一个成就是用围巾和束发带替代了大帽子。特别是在晚礼服上运用大量采用具有东方情调的丝绸束发带；有时也采用羽毛或钻石在束发带的前沿略做装饰。在色彩上注意整体色调的协调，他比较喜欢生动鲜明的颜色，明快悦目的色彩吸引了大批妇女。

布瓦列特的设计简炼、优美和典雅。他对巴黎服装设计界的影响一直持续到第一次世界大战。这个时期被后人称为"美丽时代"，这个名称包含人们对过去时代的怀念和眷恋之情。

帽子是较大形的，并且装饰花朵或羽毛，趋向高耸。贵妇出门时，多戴面纱，系在颏下，又被称为"风流寡妇帽"（图17-3-8）。这是因为当时巴黎正上演的轻歌剧《风流寡妇》，因女主角戴此种帽子而得名。

手套是不分冬夏的必备品。夏季的手套有刺绣或丝织，上街手持一把遮阳伞，晚会则手拿一把精巧折扇。

鞋子在这时因为裙子长基本看不见，所以鞋袜的样式比较简单。较流行的叫做"路易斯跟"鞋。由于这时是机器制作的鞋子，所以式样精细，大小有了标准的数码。

首饰中最有名的是呈宽状的用钻石、宝石连在一起或小粒珍珠排列组合的项圈，十分豪华大气。

用于防风遮阳用的防风镜、太阳镜也出现了，这是从飞行员的护目镜演化而来的。当时的太阳镜很丑陋，但却很适用。

（二）1910—1920年第一次世界大战前后

在19世纪中期，美国纽约的布卢梅尔(Bloomer)夫人从东方服饰中得到启发，设计了一套由连衣裙和灯笼裤相配的女服，上衣是东方的连袖式、东方的对襟领，裙长只到膝盖，在裙边插入柔软的枝条，裙子像伞一样张开，下面露衬肥大的灯笼裤，再配上东方式浅口便鞋，这套"布卢梅尔服"在美国未被流行，而在英国却很受欢迎，从此"Bloomer"在英语中含有短裙、灯笼裤的意思。但由于造型有明显的局限性，只适合少女和小姑娘，不够现代化的外形。

年轻人的夏装和晚礼服都喜欢选用轻纱和薄绸等质地轻柔的面料，很贴身，略透明。这时比较流行的打扮是内穿刚到脚面的长裙，腰部束得略紧，下面有三级底摆，每一级都打满了褶。上衣较长，肩部剪裁合体自然。整套服装很重视线条的安排。

第一次世界大战前，1914年夏天，这一季的服装可以说是在此10年中是最漂亮的，多采用柔软而流畅的丝绸面料，开得很低的V形领，还有花边的装饰，非常女性化的服装，即使在大战开始后，工余服的款式仍有此时的特色。

此时仍为量体裁衣阶段，主要的服务对象仍为上层的富裕人士。1914—1918年，开始了第一次世界大战，战争直接改变了人们的服饰习惯与穿戴风格。

在战争中，后方的服装被迫要求简单、

方便，为了便于工作或空袭疏散时跑动的需要。1915 年，女裙已短到小腿部，只有少数老派还穿到脚踝的长裙。

战争带来各国经济的浪费，时装业较为低调，但还在运作。这 10 年最负盛名的设计师是法国妇女加布里埃尔·夏内尔（1893—1971 年），她生于法国奥弗涅省索米尔镇一个小批发商家庭。1910 年她在多佛尔开设了一个规模不大的女帽店，并同时推销她自己设计制作的服装。战争使人们撤退到多弗尔，开始有更多的人买她的服装。1915 年，她进入服装界，在巴黎开设了夏内尔服装店。1916 年她设计的衬衫和裙子销往国外；她还在一些服装引导性杂志上发表自己的设计作品。

第一次世界大战后，她以自己特有的现代妇女意识冲破传统束缚，设计并倡导一系列实用、简洁、大方、朴素和活泼的流行服装。她是与布瓦列特齐名的早期设计大师，但她的设计不像布瓦列特那样从异国情调上借鉴较多，她追求的是童稚的天真气息，她的设计不喜欢过多的装饰，只注重对服装本身的考虑。

她的外衣类似于现代的雨衣，运用束腰带较多，衬衫领口开得较低。她是现代时装设计中一位重要带头人。她对服装的理解及其风格的发展在某种程度上超过布瓦列特。

她设计的女装套裙非常简洁，但不单调。比踝关节略短的裙身、腰部在自然舒服的位置，再加上色彩淡雅的点缀刺绣及略带直率的设计，受到人们广泛的欢迎。选用很薄的面料缝制。她的代表作是：对襟毛衣、宽大的女套装、针织硬挺服装、喇叭裤配短卷发、平针毛料男式女便服；还有人造宝石装饰的筒形礼服、半截裤、棉天鹅绒料夹克、长及脚踝的女夜礼服、金属纽扣和大框架有色眼镜等。在夏内尔事业鼎盛时期，她拥有时装公司、纺织公司、香水厂和女装珠宝饰物店。夏内尔晚年的服装设计面料以粗呢为主，色调明快新鲜，她以自己出众的才华创造了“夏内尔服装帝国”，被人称做“一代女皇”。

战后，简洁洗炼的服装流行开来。讲求功能、装饰很少，甚至没有装饰。另一方面，女权运动在战后得到很大发展。1918 年，英国妇女首先获得了选举权。不久，欧洲许多国家的妇女也先后获得了公民权。这时的服装呈多元化局面。

日装向现代连衣裙过渡，裙子短及小腿部，线条简洁。衬衫领口多用 V 字形，甚至无领，基本上呈现夏内尔风格。遮阳帽很大，已没有装饰。

女性的袜子因裙子变短而开始讲究起来。冬天通常是黑色的羊毛袜，后来有灰色系列；夏天的棉纱袜颜色较浅，常见的是白色，富家女多采用白色丝袜。袜子的颜色和花纹开始有变化，一般浅色袜子都配浅口鞋，晚会的袜子与鞋要用相同的面料，如：缎子、绢和有金银线的织锦。

大胆的妇女在此时期就开始穿较短的裙子。

帽子趋向“小型化”，在本时期后半段，由于保护大自然的爱鸟运动兴起，用羽毛装饰帽子的传统被淘汰。布瓦列特借鉴阿拉伯头巾式的无檐帽造型，设计了小窄檐的圆顶帽子代替大檐帽。由于这种帽式像 19 世纪末浪漫派画家笔下的牧羊女所戴的帽子。也被称做“牧羊女帽”，这是这个时期女帽的典型代表。

发式仍然向上收拢，像古埃及、希腊那样，简单地用手挽一个松散的发髻。此时期有了用电烫发的机械工具。当时人们认为茶褐色的头发为最时新的头发颜色，所以大家把头发都染成此色，假发已无人使用。流行短发并烫成波纹。到晚期，有些大胆的女子甚至把头发剪短得像男孩一样，这种倾向对后来很具影响力。

在白天，人们多穿山羊皮鞋及仿鹿皮鞋等。有高跟和平跟浅口之分；多用米黄色、深灰色、灰色和黑色。高统靴出现一来保暖，二来跑步不会脱落，为了舒适在靴腰处采用柔软布料制作。

另外，出门拿手提包已成风气，放些日常用品。由于当时女子吸烟已比较常见，在包中常有烟嘴和烟盒，还习惯使用小巧的手表。

（三）1920—1930年咆哮的10年

1920—1930年，是欧洲最动乱的10年，被称为“咆哮的10年”。由于第一次世界大战造成的欧洲经济大萧条，使英国从以往的繁荣兴盛的“日不落帝国”宝座上跌落下来，几乎停止经济发展甚至倒退。

第一次世界大战之后，女装外形起了关键性的突破。普遍特征是日常穿的裙子都以至膝的长度为标准，大方地露出一双秀丽而健美的小腿，使现代和古典的衣裙式划上分界线，当时的区分为：现代派——短裙，古典派——长裙。但在晚礼服的设计上，为了显示淑女的举止风度，为了适合豪华的厅堂，人们心甘情愿地穿上古香古色的长裙，长至脚面。但同时大胆地袒胸露背（图17－3－9），这是只有在这个世纪才能被看作是魅力的、合体的装束。

图17－3－9 连衣裙(1930年)

在夜礼服上著名的设计家是维奥尼特夫人，她将原只做衣里的中国绉绸用作夜礼服。她设计的礼服非常随体、光滑和秀美。并发明了斜裁法，采取将裁片放在与经、纬线成倾斜的角度上，这样制作出的衣服紧贴身体，前后不用开口就能穿上，裁剪条格面料时，斜裁法可使其横竖纹变成倾斜状具有动势。这种方法在今天普遍应用是很重要的裁剪方法。另外，她还利用面料的悬垂感和自然褶裥造出丰富的变化。

这个时期的女子的上衣都是直线条并加长些，衣裙分界线最低降至臀围以下。只在走动时显出身体曲线。裙子在这个时期流行及膝的多褶散逸的喇叭裙。女子在街上行走时完全不受服装的约束，可以快步奔走。再配上剪短的发式像男孩一样利索。衬裙也消失，在衣物里直接穿胸衣和内裤，只有在穿很透明的衣服时才穿用衬裙。女性才真正从服装枷锁中彻底解放出来。这种风格的直接发起人就是夏内尔，她喜欢用朴素淡雅的灰色和米黄色，其简洁的设计思想正体现了现代设计的总发展趋向。她创立的服装风格一直影响现代服装设计理念。

套头毛衣同裙子的搭配也成为流行，合体随意、活动舒适的毛织衣物成为人们追求穿着解放的又一新目标。

战后，许多女子因劳动和运动的需要继续穿长裤，但在日常装和正式装束中长裤仍未被大众接受。

在此10年中，时装界著名的设计师有莫利纽克斯和让·巴杜。最有名的当然首推夏内尔，这时的她已是世界闻名的时装设计师，她是左右这10年流行潮流的人物，她突出的成就是对多种面料的合理搭配使用，主张不同服装及使用功能要选用不同的面料，并开始混合使用不同的纺织面料、用品来设计制造服装，并注入很多肌理的变化，重视针织面料的使用。

莫利纽克斯和让·巴杜的设计也具有简洁的特点，在面料上多采用素色或花纹简洁的图案，尤其喜欢米色、灰色和海军蓝等色调，在色彩上他们比夏内尔的更加简朴。

在首饰的使用上，三位著名的设计师都赞同并倡导选用小而精的饰品来点缀服装。例如金色、珍珠的小耳环或小巧的珍珠链，提倡高雅、讲究和脱俗的点缀品。

由于裙子的缩短，鞋袜的样式变得重要了。这时期的丝绸袜子染成类似肌肤的颜色，人造丝袜普及。白色的棉纱袜子是这期间普遍使用的。鞋子的外形、跟式虽无大变化，但变得纤巧、漂亮。鞋头呈圆尖状，高后跟的皮鞋都有交叉的系带，舞鞋都是浅口的皮鞋或缎子鞋。同时还采用多种皮革：如鳄鱼皮、豹皮、蜥蜴皮等，肌理相当丰富。

头发普遍流行短发或把头发向后梳拢系住。帽式流行小型的盔形帽式和大礼帽；也有复古的两角帽；还喜欢配戴简单的帽饰，上饰简单的缎带和饰针等装饰物。

化妆已经普及，无论中老年还是青年都化妆。常用的化妆品有胭脂、口红、白粉、眼影和眉笔等。但化妆水平较低，脸上脂粉很厚，眼眉画得重、很细，嘴唇很红，又故意画得很小巧，被称为“玫瑰花瓣小嘴”。另外，指甲油问世，女子的手脚都涂有指甲油。

有色眼镜出现。流行的古铜色皮肤使日光浴兴起，并用茶褐色油膏涂身。出现了折叠伞，雨衣的色彩也丰富起来。手提包为了方便户外旅游，向结实的大手提袋发展；另一方面出现小型的扁平银包。面料有时选择高档的镶有宝石。羽毛扇、胸花仍是晚会装的装饰。定做的衣服上有插花的扣眼儿。手套一般是半长型，采用白、黑、米黄色。

（四）前期女运动装的变化

1900年—1910年，未出现专为体育运动设计的服装，只是在当时的服装基础上变得短一点、简炼一些，少些装饰而已。女子的泳衣只是去掉高领、长袖、裙子到膝部，还得穿灯笼裤和黑色长袜。

1910—1920年，仍未出现专供运动穿着服装，女子打球时的服装只是较短一些的裙子和几乎没有装饰的上装。但专用的泳衣已出现，虽然较保守，但毕竟是专门供作游泳的专业服装。针织毛衣、背心被人们选作运动时常用的衣物。

1920—1930年，为了活动方便女运动员将头发剪为“男孩式”的短发，穿短裙子和不束腰的衣服。在20年代晚期出现的女滑雪衣同男款几乎一样，帽子仍为盔形帽但收得较紧，开创了无性别化服装的先河。

使用拉链、手套、靴子和腰带等具有明显保暖功能的附件。

二、中期女装

（一）1930—1940年重要的改动

在30年代初期，正值经济危机时期，低落茫然的情绪在服装中也有所反映。这时期的帽子向下垂，发式、外套、甚至衬衫都给人一种沉重的感觉。到1933年，危机缓解后，经济得到了复苏，服装界才出现了新的迹象。

这时期的女装由短小型又伸长成长裙扫地，在1929年秋季巴黎时装展时开始露头。1930年便在法国和其他国家的时装中出现，度过了经济危机，于1933年开始全面流行。

这个时期一个典型的设计就是短裙下加上不同面料的接长镶边，这是在前期流行的短裙上加上一种边饰。这个时期流行长裙，会过日子的妇女想出了这个办法加长裙子。从此，这个时期的设计常用此法：用不同的两种材料拼接做长裙。长裙成了主导此时期的款式。同"S"形服装不同的是服装变得柔软、松散,强调向下的流动感和下坠感。色彩使用黑、灰和海军蓝等上个时期的色彩作为日装的基调;晚礼服的背部甚至全部露出(图 17-3-10),以黑、粉红、淡绿、浅灰和米黄等纯度较低的柔和色为主。为了表现服装的下坠感多采用较柔软的材料,如优质羊毛、丝绸和绫缎等。

图 17-3-10 针织面料夜礼服(1940 年)

这个阶段的时装主要是向长的方向发展,追求苗条、修长的效果,不强调女性特征部位,服装的外部造型呈平直形。

经济危机的缓解使人们的夜生活得以恢复,为了显得美丽动人,女人们又重新怀念起往日的长及地面的晚礼服。同时,白天的裙装也有所加长(图 17-3-11)。日装和晚装有了明确的区分标准。上装则有明显的不同,日装遮盖较多,夜装则比较暴露。

30 年代的晚礼服强调形式美感,要求华丽、漂亮,具有夸张性的戏剧效果。拖地长裙、苗条修长的身姿和大胆暴露的背部。这

图 17-3-11 羊脚袖连衣裙(1935 年)

种式样风靡一时,明星及名人都喜欢穿这类款式。

经济的复苏使日装开始加些装饰。例如:裙长、多褶、在边口处镶皮、毛或加饰蝴蝶结等。

富有的上层妇女对服装的要求更高,她们把服装的使用范围重新划分,如:参加鸡尾酒会、参加婚礼、跳舞、观看马球和野外露餐等都穿着不同的服装,但不是重复上世纪末期的一些旧式服装,重新设计服饰,多样化、细分类别服装也是这一时期的突出特点。

这个时期最著名的设计师是法国的夏柏莱莉(1890—1973 年),她生于罗马,父亲是东方语言学家。少女时期,她热衷于音乐、图画和服装设计。第一次世界大战后,她移居法国。最初她热心设计运动服装,后来她设计出华丽的有色彩的领带、围巾和围腰方巾等,使她渐露头角。1935 年,她开设了夏

柏莱莉服装店。她反对20年代的那种忽视女性曲线的样式，主张恢复女性体型的本来面目。

她在1934年设计的两款女时装在时装史上占有重要地位。她的设计改变了从1930年开始的服装风格。当时的服装特点是较紧身的上衣和宽松的有下坠感的长裙，令人感到下坠、松散。代替它们的是贴身、适体并紧凑的服装风格。方法是用肩垫加宽垫平下垂的肩部，同男性服装相仿，这是首次强调肩部的装饰。袖子很合体、贴身。变化最大的是领子，由原来下垂的领型改为挺拔向上的立领，略有军人气质。腰部线条提倡保持自然状态的古典式。她的艺术构思受超现实主义影响，不太重视细部的剪裁，着眼于服装的外部轮廓及大的立体造型，这是“写意派”的设计风格。

她早年生活在意大利，她对意大利的民族传统有很深的感受，尤其是意大利文艺复兴时期的服饰令她终生难忘。这一切使她的服装色彩一反欧洲的传统用色，使用明快的翡翠绿、鲜蓝或明快的粉红与海军蓝、黑色搭配，并以使用玫瑰色、紫罗兰色闻名，人称“令人吃惊的粉红色”，而这一色调也成了夏柏莱莉的代名词，这种用色特点是和意大利民族服饰的色彩是一致的。今天，意大利的服装仍可显示这一民族特色。在服装中运用大量的刺绣，尤其是在女性的外衣和连衣裙上，突出采用刺绣或丝织绦带作为装饰。这些特点来源于超现实主义艺术，现代艺术对她的极大影响使她的设计多带有戏剧性色彩。

到30年代后期，她的设计风格与当时流行款式、同30年代初相比有明确的区别，女装外形轮廓呈现为：胸、腰、臀的剪裁都很明确；肩部上垫肩显得较宽；裙子收窄缩短；帽式变得多样化。

在晚礼服上，时装设计师们进行了大量的研究。晚礼服在以往的及地长裙和宽松款形中加入一些新的尝试，如：半截袖变成了灯笼袖，领形变成竖立的，还采用了大量不同的色彩的衣料进行拼镶。

到30年代后两年，战争的阴云已笼罩欧洲。这时，以巴黎为中心女装出现了一些复旧的情结，沙漏形的裙子是1938年的巴黎新款式，把人们的情结带回到爱德华时代，色彩多用黑或灰色，同时其他的设计体现该时期特色，如方正的肩、被强调的腰和臀部的造型。

1939年9月1日，在第二次世界大战的前夜，推出了“新维多利亚式”服装，这是由19世纪的维多利亚风格演变而来的。这种款式的服装不用紧身胸衣，在剪裁中强调圆满的胸部与紧收的腰部，使服装格外合身。

1939年爆发了第二次世界大战，兴旺的时装业又一次受到明显的打击。服装的风格马上又从时装类转向军装和制服类等讲求功能的服装风格。这种转变很快，因为人们这时已有了第一次世界大战的经验。短短的时间人类经历了前后两次世界大战，战争对人类生活和社会经济的发展，其负作用是可想而知的。

在30年代初，同宽、散并下坠的服装配套的发式是松散的发式，长度到盖住耳朵，只在发梢处略有卷，帽子偏戴在头上一边。还有“爱德华式”，这种发式是头发全部往上梳，在头顶烫些小卷，再用发夹卡住。

在30年代晚期，较为流行“长波浪式”波浪长而大、齐至肩部，发梢略向内卷，直到今天仍有人喜欢这种发式。

有些时髦的妇女喜欢把头发染成灰色，认为很高雅。

帽子的式样很多，但都趋向简洁、小巧。有男性风格的利落的水手帽；还有低压眉的浪漫的贝蕾帽；有紧紧包头的精致的小圆顶帽；用头巾包头也具有异国情调，还流行“药盒子”帽；像个小药盒，上饰羽毛，这期间在有些帽子上仍有假花、羽毛和面纱等装饰品。另外，还有各种头巾，还有人开始用发网把较长的卷发兜起各具特色。

在鞋的造型上有许多是借鉴以往的样式，运动鞋与凉鞋样式较多，变化主要在鞋跟部，以往路易斯式鞋跟变成简炼的小圆台状，并向较尖较细的锥形跟过渡。整体造型同以往相比稍为宽大，鞋面封闭的地方较多，在鞋帮的边上加缀些明显的小圆钉似的饰物。鞋的面料比较丰富，除牛皮、羊皮和鹿皮，还有的仿鹿皮、鳄鱼皮、蜥蜴皮、蟾蜍皮、蛇皮和犊牛皮等，十分流行青铜色皮革。

真丝和人造丝的长袜很流行。在夏季，穿脱费力和不透气的长袜显得很笨拙，同袒露简洁的衣服不协调，这时期的女子开始显露健美的腿脚，这一现象从侧面反映了人们对美的观念的转变。

这个时期利用皮、毛做服装的镶边。最常用的是波斯种的小绵羊的皮毛或银狐皮来滚边和镶领口。除做装饰还可以做帽，还有人用整张银狐皮做围巾和披肩等，战争使裘皮服装在这个时期是奢侈的、昂贵和时髦的。

这时，机械制造的拉链出现、普及，代替扣子的功能。

(二)1940—1950年欧洲战场

1939年开始，第二次世界大战爆发了。到1941年日军偷袭珍珠港导致美国参战，这时开始了真正的升级为世界大战。整个欧洲成为战场，以巴黎为中心的欧洲时装业受到了严重的破坏。

战争使大批青年男女入伍，走上战场或到后方的军工厂、医院参加工作。这次参加战争的国家、地区、人员远远超过了第一次世界大战。

美国向非法西斯主义参战国提供武器、弹药和军需用品。这使美国开始组织力量对军需用品进行系统的研究。在服装上，研究服装的卫生性、保护性功能、服装尺寸的标准和系列化。在服装标志方面也做了大量的研究总结工作。使服装向标准化、系列化和功能化有了长足的发展。

战时的巴黎和伦敦失去了时装中心的地位。而美国在大战时期，在穿着上培养了自己的风格和习惯，服装业得到了发展。在以后的岁月中，反过来影响欧洲的时装业。

战争开始时，尚未波及巴黎，设计师们在1940年2月的时装表演会上还展出了许多当年春、夏季服装，有许多新老主顾到巴黎来采购，人们并未认识到这场战争会升级成为世界大战，严重破坏欧洲的服装业发展。

30年代末，出现的复古趋势正逐渐加强，还出现新的紧身胸衣，似较小的马甲，用松紧带制成，对女性的身材有一定的夸张与修正作用。在1940年6月末，法国沦为战败国，同其他国家有关服装商业的联系都断了。巴黎不再是国际时装中心。

战火尚未波及的地区，仍保持30年代特点，紧短的裙子，外衣肩部加衬垫；并开始强调腰部；面料和款式也呈多样化。

在1940年战火并未全面影响到服装业。在战争波及地区，走上前线的妇女穿着同男子相似的军装，下着尼龙筒裙。在当时的英国有一个规定：凡孩子年满14岁的妇女，必须参加一些强制性军事工作，如：军工厂和防空救护队等工作。这时的妇女必须穿功能性较好的服装。只讲形式美的服装是不方便的，如遇有情况，甚至是危险的。

战时的女兵军服样式很简单：军帽、男式衬衫、领带、外着茄克装或普通军外衣，裙子式样简单；穿较厚的袜子，鞋为平底的。军官服在剪裁与用料上讲究一些，戴大檐帽，有时在腰间也束皮带。军用面料通常是卡其布。男女在色彩上是一致的。

平时的日装也比较讲求功能，夏日的连衣裙几乎同现代无差别，式样简单：有插手袋，肩部略有修饰，相当功能化，几乎无装饰物。甚至结婚礼服也变得朴素，传统的纱裙被简单的连衣裙替代了。许多上班族穿起了长裤,以便于行走、工作和奔跑。

许多妇女愿意穿着针织服装，其自己可以加工编织的优势显露出来，厚薄的不同，人们可以适季选用。并加入垫肩加强肩的关系,使人显得比较精神。

对服装业好的影响是时装杂志附送裁剪图的风气从此开始。奇缺的物质条件使人们不再浪费旧衣物；紧张的生活节奏也不允许他们每日里更换穿用划分很细的服装。简朴的服装可以适宜很多种场合，人们也习以为常不再被他人所嘲笑。时装店和裁缝铺的生意很萧条，人们喜欢自己动手改制衣物，时装杂志不仅传递新式样，还赠送裁剪图，便于大家动手制作。

1945 年战争结束,女性的服装又明显地趋向女性化,趋向性感。

1945—1950 年,战后的欧洲进入复苏状态。设计师们又投入服装的设计和生产制作之中，他们希望早日回到正常状态。他们认为战后的人们一定渴望重新穿着讲究、漂亮的服装。1947 年推出了"新面貌"装,对此最有贡献的是法国服装设计家克里斯蒂昂·迪奥（1905—1957 年）。很多人非常欣赏此类设计，但真正的销售却不理想，设计家们忽视了当时人们的消费能力，战后的欧洲经济几乎崩溃，物质奇缺，贫困构成了对整个欧洲的严重威胁。人们只要求蔽体御寒，对于式美价高的时装，人们只能隔窗相望，无力购买。

为了寻找服装市场，欧洲的时装设计师将目光对准美国。这个未在战争中遭受损失，经济在此阶段反倒得到巨大发展的市场。但此时,美国已形成自己的服装业,欧洲服装只能尽量迎合美国的消费者而进行设计。

"新面貌"装的主要设计者迪奥,生于法国诺尔曼城的一个实业家家庭。年轻时想当外交官，曾就读于巴黎政治学院。后被艺术吸引,30 岁转向从事服装设计工作。34 岁时与朋友合资经营艺术品商店。在战争中他入伍。战后回到巴黎，1946 年，他在棉花大王马尔塞·布萨克的帮助下，开设了"克里斯蒂昂·迪奥"服装店。1947 年,他设计的"新面貌"装在世界引起轰动,由此一举成名。这种服装完全改变了过长的基本处理手法，它整体的外轮廓和自然的肩线，恰好的紧身细腰,像喇叭花一样张开的过膝的裙子。"新面貌"装很快得到世界性的认同，许多人订购和模仿。

"新面貌"装上身很紧小，被人称作"女人的第二层皮肤",胸部挺拔向上。腰细、臀翘。裙子有两种:一种是紧身;另一种是稍宽松的百褶喇叭裙，后一种很费料，往往需 2.3m 布料。裙子长至小腿或踝关节,色彩多采用淡雅的烟灰色。新面貌装使法国重新成为世界时装中心。

法国为了保护其专利避免他人仿制，提出禁止别人模仿并提高女装的价格。引起其他国家的不满，足见其魅力。这种格调高雅的女装老少皆宜。随着经济的复苏，越来越多的人接受此种款式，但缺少面料是人们面临的最大难题。

1948 年后，新面貌装日渐流行，在其后的许多服装设计，人们都可以找到新面貌装的影子(图 17-3-12、图 17-3-13)。人们又用它代替晚礼服,这样"新面貌"装从白天到夜晚、从正式的到非正式的场合都可以穿着，它的使用范围相当广泛。这是时装式的日常便装。当时晚礼服有多种豪华与大胆暴露的设计,表现着这个时期对性感的理解。

因"新面貌"装而出名的迪奥在此后的 10 年中，不断推出领导潮流的新款式，如郁金香花形时装、H 型时装、A 型时装、Y 型时装、箭型时装、自由型时装、磁石型时装和锤型时装等。他的名望和号召力，不惜代价的广告宣传和成功的经营策略，使迪奥公司的销售额在同行中处领先地位，形成“迪奥王国”。在40至50年代，许多设计是在其风格影响下设计出的，各种女式衣裙和大衣外套造型与其相似，但细节不同（图17－3－14）。

图17－3－12　连衣裙(1948年)

图17－3－13　连衣裙(1948年)

图17－3－14　毛织物大衣

除了“新面貌”装，当时的裙式又流行一种直筒裙，这是专为职业妇女设计的，通常装束是：上装卡腰，下襟放大，特别强调显示出女性的特征部位腰和臀(图17－3－15、图17－3－16)。

在上班族中还流行职业制服和工作服，这使人在集中工作时有一种明确的集体意识，对于相互协调地工作和提高工作效率很有效。专门设计的服装有利于人身的安全。

1948—1949年，女性的发式越来越短。这样一来头部就几乎没有装饰点，人们把方向放在脸的化妆。

这个期间，眼睛的化妆成了中心，假睫毛、眉毛和眼线等可调动的因素全部用上

图 17－3－15　套装(扁平小帽)

图 17－3－16　套装(贝蕾帽)

了，使眼睛格外突出，被称为“母鹿的眼睛”。这种强调眼睛的化妆手法一直持续到 60 年代。

短发使颈部露出，这时流行用人造珍珠镶坠的悬垂式耳环和很长的珍珠项链。

在此时期小型帽子、贝蕾帽等格外受欢迎,偶尔也有人戴大帽子。

战争中，人们为了方便多选穿朴素的平跟鞋。战后,鞋子的样式增多,多为黑色精巧型高跟鞋。分场合和服装，人们选择不同式样的鞋子，鸡尾酒会上所穿的鞋子通常有绑带,踝部扣带,鞋尖开口等修饰方法。青铜色仿鹿皮则最受欢迎。透明合成树脂胶的女雨鞋也很漂亮。

袜子流行穿长尼龙丝袜，袜子的颜色也增加了。除了传统的颜色还增加暗绿、暗红、茶色等其他复色。有时还饰有花边，同前一阶段相比已相当精致。

和平年代夜生活的恢复，长臂手套又出现了，领带和围巾的质量也要求更高，并且流行名家设计。

手提包仍是两个方面发展：一是十分华丽的手袋；另一方面是实用的可以插入雨伞的旅行袋(图 17－3－17)。设计更加功能化、科学化和经济化。伞有长短之分，雨衣也变得比较时装化。

图 17－3－17　小旅行包

在服装辅料上，由于养殖珍稀毛皮动物的成功，服饰用毛皮来源更充足，并能随心所欲地培育出想要的色彩。如有深蓝色的水貂毛及有带白斑纹的黑色水貂毛。

（三）1950—1960年步入正轨的女装

进入了50年代，欧洲经济得到恢复并很快向前发展，生活不断改善。人们生活有了富余，转向去购买多种日用品，这期间对服装的需求越来越大。

对于服装业来说，工艺和设计进一步分离，使“成衣匠”被称为“服装设计师”，并且引导服装发展潮流。

越来越多的妇女以身着著名设计师设计的服装感到骄傲。流行服装的特点是随意、不受拘束并易于行动。这同上个年代欧洲设计师为迎合美国公众的口味而设计服装，吸引了购买力不无关系。在欧洲以至世界，巴黎又成为了新潮流时装的散播中心。

在50年代，著名的迪奥公司设计了一系列的服装，称为“超女性化”。这些服装特别强调女性的特征：胸、腰及臀等部位。设计仍保持“新面貌”装的一些特征，丰胸和小腰等。但费料的缺点已经得到修正，并在整体剪裁上趋向简单化。这些款式尤其适合身材高挑的女性。

同期间，还有一位与迪奥齐名的服装设计大师克利斯托贝尔·巴伦夏加（1895—1972年），他生于西班牙。西班牙内战期间在伦敦住过较短的时期，后定居巴黎。他于1937年在巴黎开设“巴伦夏加服装店”。他量体缝制时装，很快以设计新而闻名。但“新面貌”装的出现使他的光环暗淡下去。在50年代初，他推出一系列受欢迎的服装，如：1950年推出的腰部打褶的筒形服（图17－3－18），1952年推出宽松式大衣、1953年推出套头式运动装、1955年推出束腰紧身外衣和1957年推出袋状服等。

在此期间，他的作品风格朴素自然，正符合欧美地区的流行。除了款式设计，在剪裁方面也有过人之处。他用布料包裹在模特身上进行立体剪裁，人们称他为“剪刀魔术师”。他设计的晚礼服成为这个时期妇女喜爱的精品，人称他是“二十世纪时装巨人”。

图17－3－18　针织筒裙

1951年，半合身装（Semi－fitted）产生了，巴伦西亚推出的款式不像“新面貌”装那样上紧下松，而是在上衣的前身对胸腰部分加以强调，后身几乎是直线式、不收腰。虽然不强调女性的关键部位特征，但设计却仍具女人味。线条为硬朗性，精干、利落又不失女人的妩媚。对细节处加以重视，并使穿脱很容易。这种“半合身”装同迪奥的“新面貌”装对整个50年代的服装界具有极大的影响，当时的设计师们根据其特点推出很多款式（图17－3－19、图17－3－20）。

在巴伦夏加的“半合身”装受到公众认可时，迪奥公司亦不示弱，1953年在“新面貌”装的基础上推出“鞘式服装”，上身简练，无领、袖，裙摆狭窄，远看像一把刀鞘。此款中仍是突出了胸、腰和臀部的处理。因无袖、加饰长手套。此款立刻成为受欢迎的样式，迪奥公司再一次重新确立了自己在服装界的地位。

图 17－3－19　夜礼服套装(1949 年)

图 17－3－20　套头连衣裙(背后系扣)

在 50 年代中晚期，女装明显的趋向随意。3/4 袖长和半截裤越来越受重视，这种短小精炼已成了 50 年代后期女性时装的重要趋向。这种趋向在秋冬季的服装也有所反映，例如：袋装在此季选用保暖的格子花呢面料。这种袋装在 1957—1960 年比较流行。另外，大衣的造型还有直线型、X 型、塔型、蚕茧型和拿破仑第一帝国古典型等。

毛皮大衣亦流行起来。个性的解放，多种不同性能的面料出现，使 50 年代的女装样式令人目不暇接。1950 年左右，仿真人造毛皮问世，可仿制的种类很多；还有其他的一些真毛皮虽是短毛，但也很漂亮，价格又很便宜，所以也受到普遍欢迎。毛皮不再是少数人的炫耀品。此外，可以人工培育和人工染渍毛皮的色彩，使人们相对容易得到理想的颜色，这使服装设计师们将毛皮大衣的设计当作秋冬装中很重要的一部分，大做文章。

较新的有素色与印花的绸衬衫，有的长度甚至可以到裙子中做衬裙。还出现了有弹力的 T 恤，统一的尺码、成批量的生产、穿着舒服并且价格便宜的种种优点，使得这种 T 恤在青年人中很流行。

如图 17－3－21 所示的大领形不仅护颈部，还有点礼服的气氛，庄重大方，又很女性化。立起的领边具有立体感、空间感，是此时期的杰作。另外，套头衬衫和连衣裙很流行，款式的线条利落、秀气(图 17－3－22、图 17－3－23)。

晚礼服也有相当多的种类，维多利亚式仍很流行。上身小而紧凑，裙子则用衬料撑的饱满。还有拿破仑帝国时代的古典风格夜礼服(图 17－3－24)、东方风格的旗袍、蹒跚裙式连衣裙，还有窄瘦的筒裙和喇叭裙等，各具特色。这个时期的礼服突出胸部。在剪裁与装饰上用尽各种手段加强视觉效果。缝制一套晚礼服往往要用多种面料，用绉缝制胸衣，裙子则用数层薄纱制成。这些薄纱有

图 17－3－21　夜便礼服

图 17－3－23　连衣裙(1954 年)

图 17－3－22　套头衬衫式膨裙(1949 年)

图 17－3－24　古典风格的夜礼服(1953 年)

时选用同一种颜色，但也可采用不同的互补色，如：粉红配灰色或淡蓝配绿色等。造成一种渐变的效果，多种结合及变幻的色彩吸引人们。此外，白色、淡红或烟黑色的塔夫绸也常用来缝制舞裙。可以想象，这一类服装每件用料相当多。

50 年代的英国，兴起了女装改革运动，并迅速席卷了欧、美地区。这是针对女装一直是为成年女性设计和制作的习惯而发起的一项运动。随着生活的富裕，青年人开始追求和渴望具有年轻人自己特色的新式服装。在这股思想的冲击下，以伦敦和巴黎为中心的一大批富于朝气和改革精神的青年设计师创作出许多具有革新精神的新颖活泼的服装。这场运动的倡导者是英国皇家时装学院的首任教授加兰女士，她给予了这场运动以大力的支持。她认为 20 岁左右的年龄是人生最美好的时候，服装也应是如此。在这场运动中，最具有代表性的是玛丽·匡特，她同丈夫在英国的国王大道上开设“巴扎”小店，专门出售自己设计缝制的样式，简洁但手工精细的高级服装。（英国伦敦的国王大道有上千家各种家庭店铺，出售各种时装、饰物和小百货，玛丽·匡特的店铺最有名，一直到 60 年代，国王大道都是时髦青年购物的首选之地。）她虽然不是皇家时装学院的毕业生，但具有强烈的革新意思，在 60 年代，创造出风靡世界的超短裙。这场女装改革运动对世界服装设计和制作的观念更新及全面发展起到巨大推动作用，在服装史上具有特殊的历史意义。

另外，英国的玛克思（Marks）和斯宾塞（Spencer）两家服装店在服装的制作和销售方面，都有很好的声望。他们的特点是设计不同年龄段的各种档次的服装。优质的面料和精细的剪裁，使许多富人也经常来此选购。这种做法使其他的设计师也得到启发，在设计中针对不同的消费群体进行定向设计。

夏内尔在 50 年代中期重新开设她的时装店。虽然在头几次时装展览中受到批评，但她很快步入正轨，重新设计一些宽松自如的款式广受欢迎。一直到 60 年代她的款式都广为流行，而其本人又重新成为时装界有名的人物。

牛仔裤和工装裤成为青年男女的流行的服装。牛仔裤在 50 年代起源于美国西部，是放牧牛仔（即牧人）的服装，这是一种用厚的斜纹粗布制成的裤子，它的特点是：直裆短，臀部合身，穿着舒适，份量都在髋部，可以减少腰部的负荷，并能充分体现人体的曲线美。全部缝皆为“双道装饰缝”，前口袋内侧有手表袋，后面是贴袋口袋，在裤袋上敲上铜扣。具有坚固、耐磨和耐脏的特点。另外，还具有健美作用。因为臀围小能够帮助人体下腹收紧。

美国西部片将牛仔形象带到欧洲，牛仔服装形成欧洲一股新的潮流，而牛仔的传统“套装”：茄克、T 恤、牛仔裤和长筒靴也很快流行起来。电影明星的服装、发式和化妆及配式，也是人们津津乐道和模仿的榜样。

工装裤是来自美国西部金矿工人的工作裤。这是 1850 年美国金矿企业家赖卫·斯特劳斯创造的。为了结实使用的面料采用靛蓝粗斜纹布制作，并用金属扣在关键部位打钉，富有装饰感。

牛仔裤和牛仔式的工装裤以其实用及粗犷的美感，在 50 年代风靡世界，至今仍受欢迎 。

在欧洲，摩托车很受青年人的欢迎。皮茄克、皮裤和皮靴因其挡风、耐磨、耐脏及利落受青年男女的青睐。还有连衣半长裤，适合劳动和旅游时穿。日常外穿的短裤也出现了。

还出现了一种一次性纸衣，在有核污染的工厂里工人穿此种衣服，下班后扔掉，很安全经济。电视中的模特也穿纸制的时装，上面直接手绘色彩和图案，做宣传推广款式及时制作使用。

女式内衣也越来越多样化。衬裙、乳罩和睡衣等制作精良，十分高雅豪华。为了撑起喇叭裙有了新式的笼罩式裙撑。内衣面料多采用轻薄透明的有弹力的人造纤维和天然纤维织物。颜色有肤色、桃红色、天蓝色、灰绿色、浅褐色、米黄色、黑色和白色等。

毛衣十分流行，它的优势是柔软适体，结实耐用，其次是可以随心所欲的多种编织方法。意大利设计师的毛衣由于样式多并质地好占领先地位。美国在设计中加入装饰小件，如：刺绣、小玻璃球和小金属物等充满华丽感。

时装表演在此时已具有相当的规模很普遍。英国和意大利同法国一样，每年定期举办时装表演。而观众也从单一的购买商扩大到高收入的普通消费者。而时装表演也从单一的商业活动转化为欣赏和娱乐活动节目之一。另外，新闻媒体在前一时期只为服装做广告。这时，他们除了介绍服装表演外，还介绍时装模特和电影明星的生活与行动，使她们成为大众的崇拜偶像。当时伦敦的报纸还经常公布一些服装的各部位流行尺寸，如裙长和胸围等。并宣传何种款式时装才是现时最时髦的，刺激群众的购买力，还利用图片直接刺激人们的视觉，这是一种服装商与新闻媒体共同推销的方式。

这时期的发式没有固定的样式，每个人随自己的审美观和具体情况设计，并做出各种造型。长发妇女喜欢把头发向后梳，然后在头顶或颈后挽个蓬松的发髻。由于橡皮筋的发明，使少女梳起了活泼的马尾式。染发成了容易的事，可以买染料在家中进行。

有羽毛的大帽子又重新被赏识。在冬天，毛皮帽子配毛皮大衣戴用。小帽子仍然受欢迎。最新款的是平纹织物打褶缝制的无檐帽，这种帽子将全部头发纳入帽内，可以显示珍珠项链、金饰或水钻耳环。戴帽子时，有时还配面纱。

这时期的妇女重视面部美容，从起床到入睡都要花费大量的时间去化妆。指甲油仍喜欢红褐色和大红色。甚至有一些男人也开始选用不明显的白色和肉色染指甲。上个时期的“母鹿眼睛”还在流行，并用蓝色的眼影膏和假睫毛。唇彩鲜艳、描画精细，流行较大的性感嘴唇。流行玛丽莲·梦露、奥黛丽·赫本的化妆与发式。

1951年，妇女在晚会上用特制的黏合剂把宝石粘在脸上做装饰，（有些类似于过去的画黑痣）头上插上嵌有珍珠或宝石的梳子、发卡等做装饰。在大领口上常用饰针点缀，耳饰为吊灯式下垂的长耳坠，还有较大的花形耳饰、扣形耳饰也很流行，项链流行一圈或几圈长及腰部的形式。

此时的鞋有平底浅口鞋、坡跟凉鞋、平跟半腰鞋和平底筒靴。还流行图17－3－25所示的“匕首形高跟”的高跟鞋，高跟使许多地毯和地板遭殃。当时的许多名胜古迹门前都挂有“穿匕首形高跟鞋的女士不得入内”的字牌。

图17－3－25　匕首形高跟凉鞋(1948年)

薄透的尼龙丝袜质量提高。早期的丝袜后腿部从上至下有一条竖直的接缝线，后来这条线消失了。透明度提高到有时几乎看不出是否穿丝袜。

法国的设计师还在长筒尼龙丝袜边上设计出花纹，有时还镶有宝石，并加用金线编织，使之闪闪发光。因过于花俏、浪费，又有些俗气，时间不长便被淘汰了。

1955年，出现了连裤袜，省去了吊袜带，穿短裤和短裙更加方便了。

长短不一的各式手套，一直配合着季节和服饰穿用，选用木棉、尼龙、皮革和毛线等制作和编织的，有时还有刺绣装饰。运动员和驾驶员多用可以刷洗的猪皮手套。

手提包的式样为手袋式，趋向华美，讲求与服装的配套。

挡风镜和遮阳镜的造型趋于时髦，成为随身物品。有时挂在衣服上或顶在头顶，成为别致的点缀。

（四）中期运动服的变化

(1) 头 20 年，大批妇女参加打球、骑自行车、野餐、划船和游泳等户外活动。女式运动装有了新发展，有网球服，上、下全是白色，裙子到膝盖以上，类似后来的迷你裙。这是新一代女运动服的雏型。

越来越多的妇女参加游泳活动，泳衣分为上下两截，上衣为胸罩，下身为短裤，常在中间用一个环或几根带子连起，形成一体的感觉。此后泳衣便分为两段式，在后 10 年便截然分成两段。

健身运动开始受到欢迎，对服装功能化和运动风格的要求日益加强，一些女子感到男式服装可以满足运动的需要，便穿起男式衬衫和制服短裤。

(2)后 10 年，50 年代妇女参加运动的势头有增无减，女子运动装也随着发展，尤其在是中晚期，女子运动装的总趋势是突出功能性并崇尚简练。

在泳装方面，1948 年比基尼装开始出现。在有些国家认为此种泳装太过大胆，要求上岸后用浴巾包裹。泳衣面料除了用毛料或毛织物外，还采用印花薄软绸、木棉布和平纹针织布，嵌松紧带的布、毛织物等。

运动装突出的是滑雪装，用毛线、棉布制成，色彩鲜艳，保暖和运动功能较强。还配套有运动裤、鞋和帽。

三、20 世纪中期以后的女子服饰

1960—1970 年不安的年代

社会经济在战后到恢复并继续向前发展，这是科技飞速进步的年代，特别是微电子技术、宇航技术、遗传工程和计算机在此 10 年取得了突破性进展。1968 年人类首次登上月球，美国太空人在月球漫步等，这一切都标志着社会进入一个新的历史时期。

人类在这时却出现了一些“危机”，1945 年至 50 年代出生的“战后婴儿”，到 60 年代已经长大。“战后婴儿”的成熟使战后的人口年龄年轻化。这一代人对社会、对生活的影响比任何一代人都强烈。特别是在流行音乐、舞蹈及服装上更是让人注目。这是一个矛盾的年代：一方面是物质生活的极大丰富；另一方面是富有挑战传统文化的青年人。这是一个躁动不安的、时刻变幻的年代。

社会和经济的因素直接影响服装。成熟青年对传统文化的不满，使他们开始改变这一切。在服装、发型和化妆上都提出了自己的新要求。嬉皮士就是其运动产物，这是一种反传统、反文化趋势的运动。

另一方面，社会的富裕对昂贵时装的需求量急剧增加，时装市场进一步扩大。大批量生产服装从此开始，这对服装行业来说具有极大意义。

在此时期，服装开始了新的搭配方法，单件更换的便装在青年中流行。受上个年代末巴仑西亚风格影响，外套和大衣仍多数选用粗花呢或羊毛质地，款式为不贴身的竖领、直身（图 17－3－26）或半合身装（图 17－3－27）的轮廓外形，钉上三到四颗珍珠、金属或绉纱做成的纽扣，十分醒目。窄锥型筒裙（图 17－3－28）仍被穿着。直身裙或镶边的半腰裙也受欢迎。

在 60 年代初，夏内尔设计了一些新款式服装又获得了成功。她在设计上除了遵循原来的简洁适体的原则外，还可以达成不同

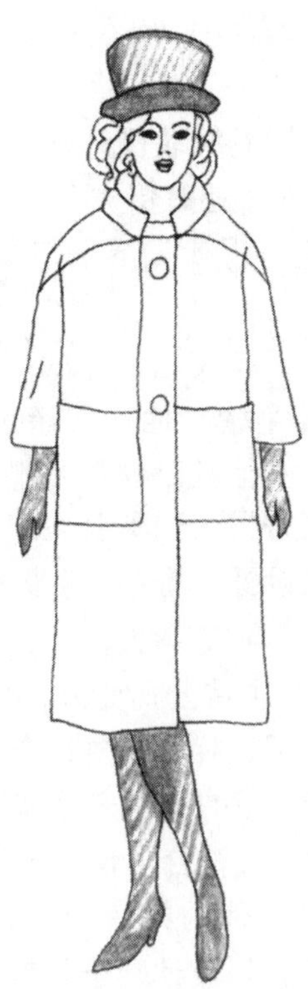

图 17－3－26 立领大衣

图 17－3－28 锥型筒裙(1964 年)

图 17－3－27 半合身装

年龄段妇女的共识。年轻妇女穿上不老气，中老年妇女穿上很得体。受到广大消费群体的认可。

这时期的设计她喜欢用不同色彩的布料镶边。大的造型很随意和散松，线条垂直清晰，不过于强调腰和胸部，并把口袋的位置移到前襟。在外套上经常采用敞胸式，完全敞开不配扣，有时用一胸针固定或用丝绦缎带在领口上打个随意的花结。

为了更好地突出整套服装效果，夏内尔对手提袋和鞋等配件的设计也开始了，其中用金属链做手提包提带的方法一直流行，使用至今。鞋的样式通常也为简洁式，黑皮革制作。有时在鞋尖部分贴一层丝绸做装饰，有时在鞋帮处采用鹿皮制成，并用小皮带在脚踝处固定。与之配套的发型常常是打理成松散的带有刘海儿的样式，这样整体效果很随意放松，具有女性魅力。

1962 年，服装设计出现了新的变化，紧身服装重新趋于松散，松身衣裙得到大众的喜爱。事实上，50 年代的“袋装”就是其苗头，到 60 年代演化成直身裙。

60 年代出现了摇摆舞热潮，这时的晚礼服多为手臂和臀部活动自如、便于舞会穿用的样式。主要款式表现为无袖、裙长只盖膝，多用黑色的丝绸面料。

真正体现 60 年代服装的设计是从 1963 年开始，一批专门从事批量化生产的法国时装设计师设计的服装趋向随意，不固定为某种具体场合穿用。这也同当时对各种服装应用的场合不作严格要求和限制有关。他们设计的重点在领形的变化上，采用的是以往不常使用的颜色与面料。另外，还重视搭配，以取得特殊的视觉效果。流行的领型为柔软的圆领和下垂的尖领；袖子多为灯笼袖，袖口打褶收紧，再上平整的袖口；也有在敞开的袖口飞边上安装松紧的设计，常采用珍珠和饰珠纽扣做装饰。

60 年代的服装设计是朝年轻化发展，服装的新式样使年轻人更富于青春气息。

长裤销量大增且种类繁多。除礼服穿用的套装长裤外，还有牛仔裤和瘦腿裤，其特点为：直裆短，并扎上各种宽窄不同的皮带，闪闪发光的皮带扣也开始流行。这种瘦腿裤被称为“希普斯特”。还有弹力裤，这是一种采用羊毛和尼龙等合成纤维混合制成的面料，裤口有脚蹬，穿上时从腰至脚踝处是直线效果，而且活动方便，有些人认为这种裤子比紧包臀部的瘦腿裤更好看。

在青年中还流行牛仔风格的“西部装”，多用纯棉斜纹布做面料的衬衣和瘦腿裤，这种装扮常在时装杂志上出现。不分男女几乎所有青年人都有此类打扮的服装，较为齐全的“西部装”还配有小背心、披肩领巾、宽边牛仔帽和皮靴等。在以后的时期，这种西部风格成了时装中的一大潮流，成为一类服装，穿着者由青年人扩大到上至老人，下至儿童广大群体中，经久不衰使之成为永久的设计主题。

这时期的时装设计师，除夏内尔等著名的设计师外，还有伊夫·圣·洛朗和皮尔·卡丹，这是现代世界著名的两位服装设计师。

伊夫·圣·洛朗 1936 年生于阿尔及利亚的瓦赫兰城。他的父亲是船舶运输营业者。17 岁时他赴巴黎学习服装设计，18 岁进入克里斯蒂昂·迪奥公司工作。同年，在国际羊毛局设计比赛中，荣获女西装设计一等奖。1957 年，迪奥去世，圣·洛朗被选接替他的工作，主持公司业务，时年 21 岁。1958 年他发表了正梯形轮廓线条的女装(图 17 - 3 - 29)获得好评。它充分体现了女性的体态的含蓄美，又符合了现代设计造型简洁的观念。同年，他的第一个设计作品集引起轰动。许多服装设计师争相模仿借鉴，只在局部加了创造性的变化。

图 17 - 3 - 29　正梯形女裙(1958 年)

1959—1960年,圣·洛朗又推出了上大小下的倒梯形筒裙(图17-3-30),它强调了宽肩线,给女性外表增加一份威严、庄重的气势。

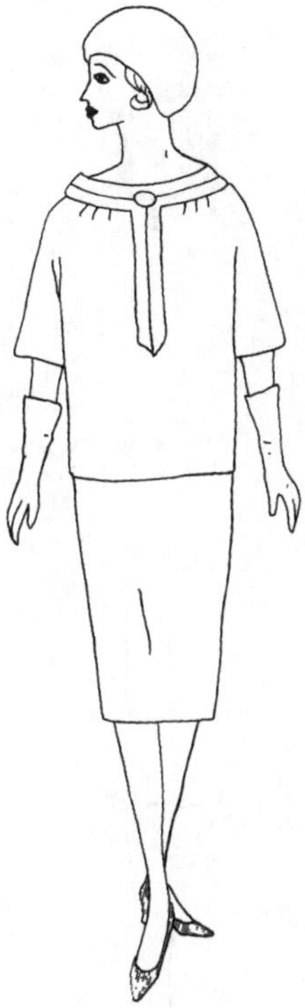

图17-3-30　倒梯形简朴女装

1960年,他应征入伍。后因病退役。1962年,他独立开设了自己的时装店。他作品的特点优势是时髦、雅致。他的代表作有蒙得里安式(图17-3-31)、男性化女装(图17-3-32)、露膝女夜礼服和航空式女夜礼服等,并以其超短裙和短裤闻名。60年代以后,他声誉日隆走向时装设计的顶峰,创作出著名的抽烟女性服装系列。1971年,他设计出怀旧的沙钟形连衣裙。还别出心裁地将狐狸皮染成绿色。1974年又设计出具有民族风格的哥萨克式服装。他的设计给人以奢侈豪华的感受。现在时装店遍布欧洲、美洲、亚洲和澳洲。除了成衣还经营鞋、帽、首饰、香水、化妆品和美容用品等。1985年法国总理密特朗授予他荣誉勋位“军团骑士级勋章”,同年,又获奥斯卡作品头等奖。

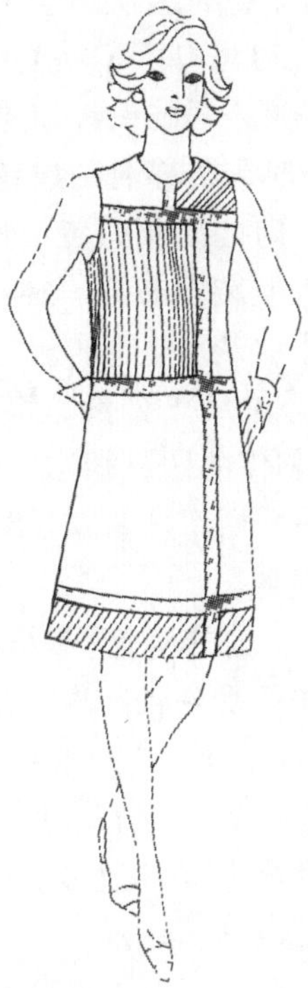

图17-3-31　蒙得里安式连衣裙(1965年)

图17-3-32　男性化女装(1967年)

皮尔·卡丹，法国设计师，1920年生于威尼斯，早年随父流落法国，毕业于法国圣太田高级中学，曾先后从师于法国多位有名服装设计师。1946年，他应聘到迪奥服装公司任职，担任该公司的设计室主任。在此期间，他配合当时久负盛名的设计师迪奥设计出很多轰动一时的新颖时装。1947年，他在巴黎举办个人服装发布会。1949年，建立了自己的第一家服装店。他早期的成功在于把时装设计的对象从王公贵族转向普通消费者。因此，他创作的题材相当广泛。在50年代，创作了一系列新颖款式，使他一跃进入服装界名流之列。

60年代后，他的事业不断有新的开拓和突破。他的作品受到各国人士的喜爱，其代表有："卡丹绅士服"、"超时代宇宙服"、"小妖精服"、"蝙蝠型"、"铸钢型"和"军装型"等。他的作品在世界各地多次获奖，包括最高奖——"金顶针奖"。

在设计时装的同时，还致力于服饰、家具、玩具、餐具和箱包皮件等的设计创作，并同样获得了令人瞩目的成功。他还在巴黎、纽约、布鲁塞尔和东京等地开设剧场和画廊，他的公司销售网遍及全世界。

这时期的服装样式变化很快，下面我们逐年介绍。

1961年的女服变化指向了30年代，即喇叭裙式。30年代的女服腰勒得过细有紧迫感。而1961年的款型却宽松自然，显得轻快和富有朝气。另外，1961年的女服设计中，还出现了明显的不对称形式，增加了服饰的细节变化，并使之具有动态感。圣·洛朗在1959年的服饰设计中也有过色彩上不对称形式的尝试。

1962年，春夏季的倾向是流行斜裁的裙子和重新重视腰围线（图17－3－33），使女服更加女性化。1962年的这一类女裙服被称为"女流姿容"服式。1962年秋冬季，出现了裙裤并很快普及。这是纯女性的裤式，比裙子更实用，又不失其美丽的外部线条。受到裙裤造型的启发，人们在裙子的中央打上深深的对褶，造成暗褶式样与裙裤外观颇相近。

图17－3－33　喇叭裙式套装（1962年）

1963年，秋冬季的服装比较注重于机能，设计趋向实用。出现了一批特别适用于运动、防寒和日常穿着的服饰，如图17－3－34所示，被称为运动型服装。

1964年，日本著名服装设计家杉野芳子女士在日本《女服裁缝》杂志上，就1964年春的服饰趋向写道："只有使用新鲜的面料，所制成的服装才能在流行界出类拔萃。"

1964年的服饰确实表现出了对不同面料的更大兴趣。1964年秋冬季的流行趋势是女式长裤套服。这一年冬，由于许多著名设计师和夏内尔的再次努力，长裤套服

图 17-3-34　运动型套装(羊皮面料)

图 17-3-35　大敞翻领(1964年)

被推向了女子正装的地位，成为女子夜礼服装束的一种。实用的稍短的裙裤也在继续流行着。

皮尔·卡丹设计的注重面料对比的大敞翻领和小盆领女服，是这个阶段的代表性佳作(图 17-3-35)。

1965 年是在服饰形式的创作上具有突破的一年，安东·克瑞哲斯以他新颖的几何风格的设计成为 1965 年流行时装界的名角。这种几何线形的设计样式，如利用面料的线形纹样、领子和翻折线、衣服边缘的直线和弧线、以及明的针脚线等，在服装的平面上造成几何形的切割线(图 17-3-36)。

圣·洛朗首创蒙德里安服式，表现平面几何图形的服饰 (图 17-3-31)，这是在服装上借鉴抽象画作品的成功范例。服装设计家詹尼·路易斯·佛若德的设计中，可见视幻艺术对服饰设计的影响(图 17-3-37)。

图 17-3-36　几何线形风格(1965年)

图 17－3－37　视幻风格连衣裙(1965 年)

1965 年最新颖的服式是超短裙。玛丽·匡特在 1962 年的《时髦》杂志刊登了她设计的在膝盖以上的超短裙。同年，她率领一批时装模特儿去美国，半年中走遍 12 个城市，展示了她设计的超短裙及印花喇叭裙套服等 30 套青年女装大获成功。“迷你裙”很快就在欧美流行。许多著名的服装设计师也群起呼应。埃马纽埃尔·安卡罗、詹尼·路易斯·佛若德和当红的服饰设计家安东·克瑞哲斯等人,也都开始进行超短裙和女子超短裤系列的设计。被称为“年轻的恐怖主义者”的埃伊姆,甚至设计了在膝上 12. 5cm 的超短裙。(一般超短裙则保持在膝上 5cm)

“迷你裙”风靡世界并整整流行了 13 年。1967 年以后，穿超短裙的女子开始减少，因为人们发现它仅适合少女中双腿秀美者穿着，至今它仍为少女们所喜爱。由超短裙演变而来的长上衣，却因更为实用而普及了。多褶的喇叭裙受人喜爱，被称之为“摆动的裙子”。

1966 年，现代美术对服饰设计的影响更加扩大。几何线形服装中出现直线和规矩·弧线和圆形，更富柔情。最大胆的设计是皮尔·卡丹利用半透明面料做成的女服，在模特儿穿着登台表演时，甚至不穿内裤，使服饰设计近于真实的雕塑形态。

超短裙也以离膝上 20cm 的极短面目出现了。1966 年被认为是女服从传统束缚中解放后，迅速走向另一极端——即呈现色情感的一年。

随着人类对宇宙的探索，富有特色的宇航服也和其他职业服一样引起人们极大兴趣，宇宙服的造型本身就特别适合做冬装。1965 年，埃纽玛尔·安卡罗已率先发表了宇宙服式的女超人服。1966 年，皮尔·卡丹设计的冬装则相当直接运用宇航服的原型（图 17－3－38）。皮尔·卡丹还设计了被称为“夏苏布尔”式的连衣裙。

图 17－3－38　宇宙服式套装(1966 年)

圣·洛朗等人设计了军服式女装，开始了现代女装男性化倾向。

20世纪60年代，一些前卫派设计家企图把金属材料也变成20世纪女性时装的面料之一。1966年4月在美国纽约举行了名为“巴黎的四月”舞会。全部由金属片制成的叮当作响的时装令与会者惊叹，令著名的时装设计家们瞠目。这是以帕克·雷奔妮为首的四位巴黎前卫派女设计师的杰作，用铝线把各种金属圈或片（主要是铝片或镀了金、银的塑料片）连接组合，构成各种服装、帽子、胸罩、腰带、背心和鞋子等。这种时装只是在夜间的舞会、鸡尾酒会、海滨和别墅偶尔地穿着。

1967年，由于人们生活节奏加快，对市场的依赖加强了，出自名师设计的最新时装，价格昂贵，但有钱人还是成批购买。

1967年的女装，女性化的新样式出现，如A型的连衣裙（图17-3-39），同时还有设计新颖的前卫派作品（图17-3-40）。同年，又出现了一种新的民间流行的前卫派服饰，即嬉皮派服饰。嬉皮服饰的影响在以后的正统服饰中显露出来，形成了打入时装界的“乞丐服”。

1968年，女子服装强调了细节的丰富补充，如围巾、大的项圈和各种类型的腰带样式等等，另外加上色彩的调配，印染花布的运用等。

1968年，女子服饰从乡村妇女和少数民族妇女的服饰中去寻求美的样式及图案（图17-3-41）。

这一年，穿超短裤和短裤的女子极为普遍，设计者着眼于局部的变化和细节的精彩，各种长短裙子混合出现。圣·洛朗为女子设计的从臀围向下呈直线形的长裤—筒裤，在秋冬季流行。

1968年5月，巴黎大学的南德尔分校发生了学生运动，巴黎时装界在秋季推出各种超短裙、短裤、连衣裤、运动衣、透明服装及

图17-3-39 新A型连衣裙(1967年)

图17-3-40 塔型服装(1967年)

图 17－3－41　吉普赛式女装(1968 年)

图 17－3－42　学生裙(1969 年)

长裤套服等。多采用深色系和黑色面料制作,果然受到激情洋溢的年轻人的欢迎。

1969 年，嬉皮派服饰为首的前卫派服饰仍在不断出现(图 17－3－42)。皮尔·卡丹用条纹面料设计的圆型剪裁的服式极为别致。

当人们对超短裙和超短裤极为热衷时，以圣·洛朗为首的服饰设计家们却把女子下装导向古典式的修长造型——长裤和长裙。长裙的样式,用在裙式大衣的设计上,大衣的腰线上移，下身显得修长（图 17－3－43),结果导致了下一年长裙的流行。

1970 年，女子服饰主要流行式样一是扎染的衬衫开始流行，嬉皮人士们把白色 T 恤扎染后穿着。青年们的仿效迅速传遍世界，使之跻身于高价时装的行列；二是细长

图 17－3－43　紧身短外衣、长裙

型的裙子开始流行。

1971年，服装界的一代宗师夏内尔去世享年88岁。著名的服饰设计家们开设用自己名字命名的高级时装店在巴黎就有22家。它们在全世界都享有盛誉。

具有东方风格、运用平面裁法设计制作的服饰再次流行，如在大衣的造型中出现了宽腋细袖口（图17－3－44）。

图17－3－44　蝙蝠袖大衣

1972年，女子喇叭裤出现常同短紧上装搭配，形成对比、成A型风格。短小的上装采取夹克衫、衬衫的样式，上装中仍有用中袖式裁剪的样式。

1973年，女子服饰较为注重华美，多用珍珠、人造钻石等在衣服胸前作为装饰。裙子有长到踝骨的圆喇叭裙、紧身短裙、皮革制的裙子等。在秋冬季，设计家马尔克·伯哈恩推出了大型服装，这是参照农民的服饰设计的（图17－3－45），面料是粗捻厚斜纹织物并配上长统靴。

图17－3－45　大型服饰（1973年）

1974年，长大而宽肥的服装开始引人注目，并成为设计者们创作的趋向。长大而宽肥的衣裙在秋冬季时，人们可以在里面添加厚质保暖的衣服，所以女子又开始喜欢大型裙服下配保暖长靴。健美裤也受到欢迎，并随着大型服饰而普遍流行起来。

苗条而具有女性感的30年代情调裙装受到欢迎。具有民俗情调的服饰运用到时装设计，设计出华美又典雅的样式。圣·洛朗在秋冬季服饰设计——“天真的女衬衫式连衣裙”（图17－3－46），获得成功、博得好评。

1975年，流行大型的服饰和苗条型的服

图 17－3－46　天真的女衬衫式连衣裙

饰。苗条型的服饰呈现着松软自然和修长的形象(图 17－3－47)。

图 17－3－47　筒形裙

具有中国风格的服饰出现，埃玛纽埃尔·安卡罗把中国偏襟袍式和正在流行大型服饰结合起来(图 17－3－48)。

图 17－3－48　中国式套服夜礼服

70 年代以来,天然纤维纺织的面料重新受到推崇。

1976 年，女子服饰是多种样式的“流行”。各种类型和式样的运动服都受到广泛的欢迎(图 17－3－49)。皮尔·卡丹所创造的运用系带结构自然形成的服饰，称为“无针脚服饰”。

1977 年，服饰设计者设计出了与前期不同的超短裙和超短裤（图 17－3－50、图 17－3－51）。用柔软面料制作的希腊服式超短裙，极富有青春美的自然魅力（图 17－3－52）。

1978 年,服饰变化首先表现在裤子样式的增多,有短裤、裙裤、马裤、灯笼裤、锥形裤

图 17－3－49　滑雪运动服(1976 年冬)

图 17－3－51　田鸡装式超短连衫裤

图 17－3－50　手帕式超短裙

图 17－3－52　希腊式超短裙

和瘦腿裤等；其次上衣重新强调肩部的选型，用过肩、掐褶、做肩饰和垫肩等手法；在腰部多用腰带和松紧带收紧，衣服本身是柔软宽松的。所以，80 年代的服饰设计表现出东、西方风格的并存，成为服饰设计和流行面向多元化的时代。

在英国伦敦，出现了如图 17 – 3 – 53 所示的“朋克服”，受到青年人欢迎。另外，女装男性化普遍存在。

图 17 – 3 – 53　朋克式套装

1979 年，女子服饰继续强调结构，将宽肩细腰进行夸张。V 形大敞领形成漏斗状的女装造型（图 17 – 3 – 54），人称“妖艳的女装”。同时，苗条的直线形衣裙同时并存。该年，圣 · 洛朗设计了苏格兰高地款式（图 17 – 3 – 55）别具风味。

1980 年，以蒙塔那设计的大型阔肩和短而收细衣身的服饰最有特色，他设计的宽松型大衣也有相同的特色。

新的风格是短裙的形式多采用锯齿状，甚至在袖口的边缘也有做成此状。

在 20 世纪后半期，服装的风格早已不是某一种风格，而是多元化的局面开始形成。各种层出不穷的款式令人们眼花缭乱，人们对服装的选择有了新的理解。

一方面，设计师不断推出新的流行款式、搭配和色彩；另一方面，人们根据自己的经济实力、喜好、年龄、使用的场合以及与其他衣物的搭配等等方面来挑选服装，不再盲目跟随潮流从被动变得主动。

丰富多姿的服装变幻莫测。每一季节设计师们都演绎着时尚。

众多的时装中心，使服装的多元化更加深入发展。

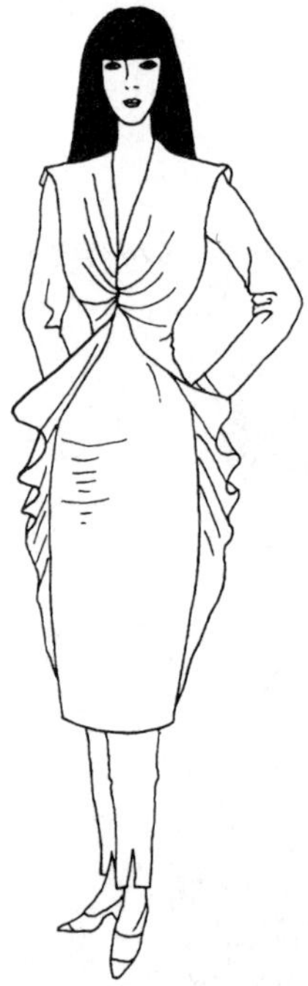

图 17 – 3 – 54　迪斯克服式套装

图 17 – 3 – 55　苏格兰风格的高地服式

第四篇 中外服装文化的比较

ZHONGWAI FUZHUANG
WENHUADEBIJIAO

第十八章　中外服装文化的变迁特征

第一节　中国服装文化的变迁特征

中国服装的发展，以历史的悠远、特有的完备以及传承的延续性和相对稳定的自律性，形成了独特的风格和体系，在世界服装中独树一帜，占据着极其重要的位置。

一、服装形制模式化

在中国这块古老的土地上，中国服装在绵延几千年的漫长演化进程中，中国人的服饰行为具有稳固的和不易改变的心态，不管朝代如何变化，社会风尚如何改变，服装外形如何变异，中国服装所表现出来的内涵始终未变，具有长期的稳定的性质。

几千年的中国服装，其基本形制有两种：即上衣下裳的衣裳制和上下连属的深衣制。各朝各代的各类服装均按照这两种基本款形发展，交相使用，相容并蓄。商周以前的服装，多采用上下分离的衣裳制，后期的胡服、袴褶，妇女的襦裙等都属于这种服饰的遗制。上下相连的服装“深衣”最初出现在春秋与战国之交，以后的袍服就是在其基础上产生的。男子在隋唐以后多穿上下相连的袍衫。现代女性穿的旗袍、高腰裙等，都是受古代服装的影响而延续，都是在古代服装的基础上演变而成的。中国服装的这种长期稳定性，对于外族服装文化的吸收和同化具有很强的排斥性，在一定程度上不可避免地带来了服装文化的保守和封闭。

二、服装色彩精神化

中国服装在色彩方面受阴阳五行学说的影响，有着强烈的精神性。特别是形成于先秦时期的正色与间色理论，对中国服装色彩产生了支配性的影响。运用服饰色彩来区分等级、显示身份、表明尊卑、表明情感，一直是历代服装最富感染力的手段。

《史记·历书》有“王者易姓受命，必慎始初，改正朔，易服色”的记载，还讲到秦灭六国，“以为获水德之端，……，色尚黑”。后来则长期以黄色为高贵色、象征中央，青色象征东方，红色象征南方，白色象征西方，黑色象征北方。青、红、皂（黑）、白、黄五色被视为正色，有些朝代规定只有帝王官员可以穿用，普通黎民百姓只能穿用由这些正色调出来的间色。

从整个服装发展史看，上古时期的服装色彩比较简单纯、鲜艳、对比强烈。随着经济的发展、染色技术的进步和文化水平的提高，人们对色彩的理解、欣赏和喜好等都发生了较大的变化，色彩由单纯、鲜艳发展到了繁复和协调，通常采用的是整体调和，局部对比，浑朴大方，富丽堂皇。

三、服饰纹样和图案多样化

图案纹样在中国的服装上起着极强的装饰作用，并独具审美价值。在装饰纹样方面，采用较多的是几何纹样、动物纹样、植物纹样、人物纹样和器物纹样等，图案的表现手法经历了抽象、规范和写实等几个阶段。

商周之前的图案，类似原始汉字，比较简练，富有抽象性。商朝之后，装饰图案日趋完整，上下均衡，左右对称，布局严密。至楚汉时期，袍服上不仅有精美的纹样刺绣图案，还在袖、领、襟、裾等部位加饰花边。到了明清时期，服装上的装饰纹样开始注重写实手法，画面细腻逼真，栩栩如生。现代服装纹样，几乎完全继承了古代服装装饰形式的精华，既有抽象的写意图案，也有规范化的写实图案。

四、服装文化的多民族性

中国的服装文化，是几千年来我国各族人民相互借鉴、相互影响，共同创造的智慧结晶。

早在2000多年前，中原地区的汉族人民就注意吸收兄弟民族的服饰之长，补自己之短，战国赵武灵王推行的“胡服骑射”就是这方面的先行。汉武帝时，两次派张骞出使西域，凿开了中原与西域地区的交通，成批的中国丝绸伴随优秀的中国文化传遍西域各地。魏晋以后，战事频繁，大批的北方人迁往中原，袴褶和裲裆等轻巧便利的服饰大规模地为中原地区的人民采用，出现了胡服盛行的局面。隋唐时期，中原地区的封建文化进入了鼎盛阶段，对各地的服装文化有前所未有的影响。辽金元清少数民族建立政权，民族服饰得以空前融合。直至近代的妇女旗袍，是在满族妇女服装的基础上改制而成的。中国服装几千年来的历史，是我国各个民族服装相互取长补短、相互融合的发展史。

第二节 外国服装文化的变迁特征

人类在漫长的历史发展过程中，对于服装的要求也越来越高。人们不断地追求舒适、美观、适应身份，适应生活水平的不断地提高。西方服装文化发展史，跨越亚非欧三大洲的疆界而落脚于西欧各国，并形成了自己的鲜明特色。

一、贵族服装和平民服装两极分化

从19世纪开始，欧洲资本主义迅速地发展，一些占有大量财富的资产者，过着奢侈的生活，他们拥有别墅、豪华的住宅、高级的代步工具、仆人成群。太太、小姐、少爷都不善于劳动，因此在服装打扮上下功夫。男装，燕尾服仍是流行的服装，但变化比较大；女装仍以上身贴切，裙子用“裙撑”撑的很大、裙摆拖地，是根本无法做任何劳动的。这些华丽的服装都是上等的面料，如丝绸、织锦、丝绒等等，平民根本无法问津。市民的服装在款式上虽然也有很多的变化，但多是比较低档的面料。“法国大革命寻求的‘自由、平等、博爱’目标虽由于阶级局限而远未实现。但在服装款式上，表面平等是存在的，不再受地位和出身的限制，可以自由穿着，但是高档昂贵的服装当然只能是上层人民购买穿着，而‘长裤汉’阶层，也只能是短上衣、便帽、肥裤腿的低廉深色的粗毛料、亚麻布和棉布所做成的。”（张金梁著《外国服装史》）在服装发展的过程中，逐渐出现了等级差别，这些差别甚至是用标识来分出人的贵贱。随着社会的发展，人们占有的财富出现了极不平等的局面，追求财富使得人们的服饰观念大大地改变。在等级社会里，不仅是穷汉买不起高档服装，上层社会人民可以随心所欲地规定，什么人能穿什么或是不能穿什么，在色彩、款式上都有一定的规定。“在早年的法国，人们鞋尖的长度也成为一种等级的标记。鞋尖的长短通常可以反映出人们的社会地位。根据法律规定，贫苦阶层的鞋尖长度仅为15cm，而王子的鞋尖则可达到60cm，整整成为前者的4倍。”（陈丕西编著《服饰文化》）

二、服装与宗教

服装文化发展的历程中，宗教的作用是不可轻看的。古代服饰常常与巫师、图腾信仰有很大关系，如印地安人各部族用图腾的皮毛制成衣服；宗教信仰经常举行祭祀，于是就出现了祭服，祭服对于一个服饰群体影响是非常大的。在西方基督教影响是比较大的。欧洲在中世纪女子的服饰受到很多限制，就是基督教在其中起了很大的作用。基督教规定女子的身体不能有一点露在外面，因为女子的身体是“魔鬼”制造的，女性身体可以散发出魔鬼的威力，所以必须把全身严密地包裹起来。在服饰方面对妇女的不平等引起了妇女的反抗，因此西方服饰的发展一直处在妇女要求解放的呼声中。

三、工业革命和服装的发展

19世纪在法国出现了缝纫机，服装可以批量的生产。但是手工制作仍然受到人们的欢迎，因为手工制作非常考究。19世纪80年代德国的资本主义工农业发展非常之快，到90年代就赶上了英国。“70年代到80年代完成了工业革命，在三十年中成为现代化的工业国，并在化学工业、电器工业及光学工业等方面在欧洲占领先地位。”（张金梁著《外国服装史》）工业革命大大地影响了服装的发展速度，在服装面料的生产上也迅速地发展，精纺毛织物、混纺面料、透孔织物等。这时，美国的缝纫机械也很发达，出口很多国家。在工业发展过程中逐渐地淘汰了繁杂的手工裁剪技术，服装的生产机械系列化，开始出现的“成衣厂”只是加工一些工作服之类的服装，后来逐渐吸引了众多的消费者，尤其是受到中产阶级的欢迎。19世纪以法国为中心的工业时代，文化艺术也非常发达，整个欧洲都受到了巨大影响，各种文艺思潮涌现出来。这些文艺思潮对服饰的发展来说，无疑是一种强心剂。欧洲的服饰发展与各个时期的文化艺术一脉相通，雕塑、建筑的风格常常影响到服饰的风格，如罗马式艺术风格、哥特式艺术风格、巴洛克艺术风格、罗可可艺术风格、浪漫主义文化艺术风格、印象主义文化艺术风格等。

四、设计师在服饰文化发展中起了推动作用

服装的设计工作可以追溯到19世纪初，不过那时没有真正意义上的职业设计师。到19世纪中叶，英国人伍斯第一个开展个人的时装设计工作，并开设了高级时装商店。伍斯的时装设计在当时影响极大，对于19世纪后半叶时装的发展有很大的影响，被称为“时装之父”。对以后服装设计师的发展有很大的启迪作用。19世纪70年代巴黎的设计大师波烈，对于东方艺术十分喜爱，在设计上他大量借鉴东方艺术。他的作品简洁、明快，在欧洲有很大影响。法国的维奥那特在时装界也有很大影响。她以设计风格潇洒、自然高雅赢得人们的喜爱。后来出现了很多服装大师，对于欧洲以至于世界都有很大影响，他们对西方的服饰发展起了推动作用。如：法国的夏内尔、意大利的夏帕瑞莉、法国的迪奥、西班牙的巴伦夏加、法国的依夫·圣·洛朗、法国的珍妮·朗维、法国的吉恩·帕特、美国的诺尔曼·诺瑞尔、意大利的皮尔·卡丹、法国的纪梵希、意大利的瓦伦蒂诺·加拉巴尼等。这些服装设计大师的成功道路不尽相同，作品的风格、品位不一样，但是他们的作品与时代紧密地结合，受到亿万人民的欢迎。他们都能在时装大潮中起着推动作用、引导作用，甚至主宰着服饰发展、流行的方向。

五、20世纪西方服饰的发展

服装的国际流行趋势影响着世界服装的发展。在国际流行趋势中，西方服饰的发展又往往起着重要的作用。20世纪从20年

代开始，西方的服饰在世界上已经有举足轻重的趋势。从手提包、化妆品的使用普及开始，在服饰发展上有了新的动向。20年代中叶，高级时装新旧交替，雅克·杜塞到让娜·朗万、保罗·普瓦列、卡洛姐妹和夏内尔等的作品使人耳目一新。30年代的埃及萨·斯卡巴列里的粉红色引起了轰动效果。这时出现了人造丝，对于服饰和服饰用品起了很大的推动作用。第二次世界大战以后，服饰又一次快速地发展。40年代新款式服饰不断地推出，长裙、细腰式的女装、披肩大衣等。50年代初，女式无袖连衫裙、连衣筒裙开始流行。1951年迪奥尔发布椭圆型、紧身型，紧接着又在1953年、1954年以后发布郁金香型、H型、A型、Y型、箭型、磁铁型等。这时夏内尔把针织开襟上衣作为正式上衣发布，开了内衣外穿的先河。20世纪50年代后期，自由式两件套型、纺锤型、伊夫·圣·洛朗的梯型、简洁型等；皮尔·卡丹的柴刀型、巴伦夏加的直筒式宽松型等都是曾经风行一时的时装。

60年代开始流行卡丹上窄下宽不对称裙、摩登短裙和男西服；圣·洛朗的衬衫样式和轻便样式；玛丽·克安特短裙等。70年代以后流行的自由化开始，进入了高级成衣时代，卡尔·拉格费尔德、索尼·丽基埃尔、高田贤三、三宅一生、圣·洛朗等先后发布了自己的作品。民族样式、宽大样式、宽松长大衣、中国样式、摩洛哥样式、非洲样式、印第安样式、球形样式、猎装样式、军服样式、西班牙样式、连衣裤样式、海军样式、宽肩样式、传统样式等等都在70年代先后流行。从80年代到90年代服装面料的变化日新月异，各种裙套装、裤套装、毛皮样式、V型样式等款式，使得服饰的流行出现了全新的局面。卡尔·拉格费尔德的装饰艺术风格、米格雷的好莱坞风格、罗密欧·吉里的蚕茧型等都曾风行一时。

第三节　人类服装发展的共同规律

不同民族、不同国家的服装不一样，不同年代、不同时期的服装各不相同。但是，当不考虑地域、年代和人与物时，就能够从千变万化、千姿百态的服装演变中找出服装变迁的共同特征规律。

一、服装演变的起因

1. 顺应环境规律

服装基本上是顺应生活环境而自然产生、发展和变化的。人类的衣生活环境，包括自然环境和社会环境两个方面。自然环境是相对稳定的因素，维持人体生存的基本条件，构成服装基本内容；社会环境是指衣生活对社会的适应，包括人们对政治、经济、宗教、法律、思想意识、风俗习惯、军事及科技等诸多社会因素对服装的影响，反映着装者个人乃至社会集团对服装的顺应。

2. 内因主导规律

人为的社会性制约、强制是外压性的，是服装演变的外部原因。人类本身的内在需要是内发性的，是服装演变的原动力。外界的制约无论强弱如何，总是人的主观意愿占主导支配地位，人类的自身心理变化与需要是服装变革的重要原因。

3. 优势支配规律

服装总是从高文化集团向低文化集团传播，而且，集团势力的优劣比文化高低对服饰的传播往往更具影响性。

二、服装演变的动力

1. 经济的发展

发达的经济会促使人们对衣食住等生

活环境的更新更高追求，因此，必然加速服装的演变进程。

2. 生活方式的更新

随生活水平的提高，生活方式的不断更新，为人们穿着新式样、新功能服装提供了广阔的空间。

3. 教育的普及

随教育的普及，人们素质的提高，人们的穿着观念不断更新，同样促进了服装的发展。

4. 文化的交流

服饰文化是一种非常容易传播的文化。创造交流，加强往来，必然会促进服饰文化的发展。特别是当今世界的文化交流促进服装文化相互融合的事例几乎在每个国家都能够看到。

5. 科技的发展

科学技术的发展直接影响着服饰文化的发展。历史上每一次材料革命都加速了衣料的更新，每一次机器革命都促进了制衣技术完善。

6. 社会事件的发生

服饰的实质也是一种社会行为，所以，社会上的诸多因素都会对服饰产生各种影响，甚至会促进其变化。如社会的变革、某种思潮的流行、名人的穿着示范、重大的社会新闻等，都可能带来服饰的变化。

三、服装演变的形式

1. 渐变与突变

服装慢慢地发生着变化，人们一点点地习惯着，长期积累后就形成了较大的变化。这种服装的渐变惯化现象是一般状态下的变化形式。

服装发生急骤的、突然的变化，是服装演变过程中的突变形式。通常随着军事战争、政治动乱、社会剧变以及重大事件的发生，而迅速出现的明显变化。

2. 民族化与国际化

不同民族、不同地域的服装不尽相同，这些不尽相同的多样化服装相互作用、相互融合、相互并存是各个时代都普遍存在的现象。

近代的西服得到了世界上的普遍承认，占据了国际服的地位，但世界各国的服装仍有其各自鲜明的民族装饰。世界上的人们，一方面穿着各自特有的民族服饰，一方面又穿用着国际性的西服，这已经成为现代服饰的显著特征。随着全球经济一体化进程的加快，必将进一步促进世界服装国际化的趋势。

3. 兴衰与循环

每种服装从产生、形成、成熟、兴盛直至衰亡的过程，体现着一种周期性的规律。以往这种进程是缓慢的，变化规律是不明显的。20 世纪后，服装变化的频率有随着时间流逝而逐渐缩短的倾向，于是产生了现代服装中的时尚周期。并且，某种风格或式样的时尚服装趋向于较有规律的周期性重现。

第十九章　中外服装的穿着观念

服装作为人类共同创造的物质与精神财富，作为人类生存的文化表现形式之一，有着与生俱来的民族差异。我们不仅要把握中外服装在所处环境中发展的脉络，还应该了解它们之间的相互关系，超越我们自己的风俗习惯和传统观念上的局限。通过对中西服装的穿着观念、造型结构、材料工艺、服饰发展等方面进行比较与研究，扬长避短，洋为中用，将会创造出更具时代特色的中式服装。

第一节　概　　述

衣冠服饰是构成人类生活的主要要素之一，又是人类文明的一个标志，它除了满足人们生活的物质需要以外，还代表着一定时期的文化。服装的起源和形成，以及后来在结构上和式样上的不断变换更新，既是本地区、本民族人民长期的历史积淀，又是现实的生活写真，都与当时当地的政治、经济、文化、宗教信仰、生活方式和生活习俗以及穿着观念等密切相关的，是人们文化艺术素质的结晶，其中尤以人们的穿着观念对服装结构和式样变化的影响最大。穿着观念影响着人们的衣着生活和服装式样造型的变换，而服装式样的现实存在又影响着人们穿着观念的更新，两者之间是相辅相成，又互相影响、互相促进的。

古今中外，人们的服装穿着状态、行为以及它的演变和发展都受服装穿着观念的支配。服装的穿着观念由服装个体或群体的主客观多种因素的综合而形成的，它包括自然和生活条件，生活方式、伦理道德、文化传统观念、时尚价值观念以及审美观念等等。不同的人、不同的民族、不同的时代可以形成不同的服装穿着观念，产生不同的服装文化。一个民族或一个国家在各个时期对服装的不同穿着观念，就是这个民族和这个国家的服装发展史，也就是这个民族和国家的发展史。

将中国的与西方的、现今的与过去的服装文化进行比较，就能明显地看出各自的文化特色，清楚地看到彼此之间的长处与短处，发现两者之间的联系与差别。这样能有助于更系统、更深入地认识我国服装文化的历史与现状。在与西方服装文化的比较中找出差距和不同点，进一步更新自己的服装观念，使之洋为中用，古为今用，兼容并蓄，从而提高我国服装文化的理论水平和创作设计能力。

纵观中、西服装的发展历史和现状，表现在服装穿着观念方面的区别可能有很多，从服装的穿着看，中国人讲究仪表的修饰，西方崇尚显露人体的美；中国人的服装行为注重自我调节，所以较保守，少变化，而西方人的服装行为注重自我表演，所以较开放，多变革；中国人对服装重装饰之美，讲究与环境的和谐，西方人对服装重造型之美，讲究与环境的对比。

第二节 讲究修饰与崇尚显露

在中国人的穿着观念中，服装一向是被看作穿着者权力和地位的象征，同时中国又是一个礼仪之邦，非常崇尚传统礼教。孔子曾说："君子不可以不饰、不饰无貌，不貌无敬，不敬无礼、无礼不立。"因此，必须"正其衣冠、尊其瞻视"。可以说，中国人对服装穿着是为了表现礼仪观念，是天的本性与人的心性相融，注重感悟，崇尚修饰。中国人是用"观念"去穿服装的，所以是用一块"精神的布"把身体遮蔽起来，不大强调与形体的关系，只是着重于穿着者的整体修饰。直到今天，人们的穿着观念虽有所改变，但封建等级意识的残余，传统观念的影响还是根深蒂固地留在人们的脑海中。

西方的穿着观念与中国截然不同，西方有崇尚人体的传统，要求服装穿着者能更好地表现和反映人体美。西方的穿着观念是服装穿着必须是为人体服务，通过穿着服装能够使人体显长掩短，把人装点得更美。众所周知，西洋文化的历史渊源是古希腊和古罗马文化，并受雕塑、绘画等造型艺术和审美观的影响很大。因为地中海沿岸温暖优越的自然条件，使人们的服装不必紧裹人体，而显得衣单适体线条流畅。在这些古代西方民族的眼里，人体是最纯洁、最优美、最雄伟的形象。他们觉得男体刚劲雄健，充满勇士的气魄；女体温柔纤细，富有典雅的迷人魅力。因此，就要求服装的造型和服装的穿着能够充分地、完美地反映人体的优美体态，并认为这是人类为什么需要穿着衣服的最直接的缘由和动机。但是，西方这种崇尚显露人体美的穿着观念，在中世纪的黑暗时代也曾受到严酷的禁锢，广大虔诚的基督教徒们轻视现实生活，提倡禁欲主义忽视人，忽视人体美，用修道院的万丈高墙阻止人性的呼唤。基督教戈蒂克雕刻中的人体和服装都是封闭型的，修女们的服装更为典型，她们被罩在黑色宽大的统袍里，用白色的硬领束缚颈部，脸上还蒙着只露眼睛、口、鼻的纱质面罩，以防止视野的扩大，并披着黑色齐肩的披风，衣袖的长度必须把手也罩住，把人体的肌肤完完全全、结结实实地包裹起来。这种可悲的局面一直延续到15世纪。以意大利为中心的文艺复兴运动，从古希腊找到了反对中世纪封建主义和思想禁锢的武器，突破了封闭的、拘谨的中世纪服装，要求从古典简洁、开朗、谐和的造型中再次显示出人体的美，恢复人的尊严。西方的服装式样从文艺复兴开始到19世纪50年代，基本上是一百年一个大变化。进入20世纪50年代之后，随着新工业革命的开始，生产力水平的提高，生活节奏的日益加快，审美情趣也就不断变化，服装式样变换的节奏也随之加快。不过，无论节奏如何加快，服装式样如何翻新，都是按着西方人士穿着观念的支配，都是在围绕着对人体美的重视而旋转。现今，人们都崇尚穿着适体的衣裙，在服装裁制时要求"收省"、"折裥"，做垫肩，系腰带，大坍领或开叉等，以及在裁制女式服装时要求突出胸部的丰满，腰部的纤细，用裙子的长度来调节下肢的比例更符合黄金律的分割等等，都是为了进一步突出和强化人的身体。而这种以人为主体，以服装为陪衬的穿着观念，是一种开放的观念，是进步的观念，是科学的观念，非常值得我们借鉴。

把服装美和人体美紧紧地融合在一起，使之水乳交融、互映生辉，正是21世纪服装设计者的追求。

第三节　注重内省与注重表演

中国人的服装行为注重内省和自我调节，较保守、少变化；西方人的服装行为注重求新和自我表现，较开放、多变革。

中国的服装文化起源于大陆文明·发源地是黄河流域，这里有广阔的平原，农业发达，粮、棉是人们的衣食父母，靠天吃饭、与大自然协调生存，使中华民族追求“天人合一”、安定平稳的农耕生活，自给自足的自然经济具有“鸡犬之声相闻，老死不相往来”的封闭特点，生活方式不是在交流中存在的，这就形成了“四合院”文化意识。中国人崇尚宁静、和谐、稳健、端庄与清虚，一日三省吾身，表现出了内省型的“静”的特点。中国人对服装的穿着一向以“自尊”、“自爱”为主，心理的定向是“内省型”的，对服装的穿着行为不在标新立异而却注重“自我调节”，并往往是在调节新旧观念的冲突和与外界观感的反省中寻求新的和谐。讲究穿着搭配上的协调、渐进与含蓄之美，非常愿意克制自己穿着个性的外露。对绝大多数中国人来讲，甚至直到现今，对服装穿着观念上的认识，还是以为自己身上的服装是“为别人”而穿的，瞻前顾后，免招别人非议的心理负担极重。正因为是在这显得保守的穿着观念影响之下，在服装穿着方面存在严重的随大流现象，缺乏对个性美追求的思想基础，盲目地模仿别人穿着。这种穿着观念是有着根深蒂固的历史渊源。在中国长期封建社会的万世一系，以不变应万变的保守思想统治之下，服装从秦汉到明代，虽有发展，但变化不大，直到清朝，才有所突破。在服装上，具有强烈的“原体”意识，传统意识不容易动摇，吸收异族的服装习惯比较困难，需要特别的外力推动。赵武灵王胡服骑射的改革，就遇到了以公子成为首的贵族势力的强烈反对。深衣制在中国官服中实行了几千年，多次改朝换代也没有太大的变化。唐代人思想开放可以着胡装，但并没从根本上动摇传统服装的正宗地位。清初，满族用血腥的高压手段推行他们的服饰，“留发不留头，留头不留发”是当时一条严格的律制，尽管如此，人们还是以各种方式对抗，迫使当局不得不退而求其次，发布了“男从女不从”等比较和缓的政令。这种突破也仅仅是在民族压迫之下，以这一民族的服装代替或改造另一民族的服装，从其思想看仍然是封建的和保守的。中国大众习惯于接受“习惯”的东西、祖上的东西。清朝的服装式样曾延续三百年之久，一直到建国的前夕，在清朝服装上改造而成的长袍马褂，仍被国民党政府视为国家礼服，人们日常穿着的还是大褂、短袄、大裆裤、旗袍、百褶裙之类。这种长期形成的穿着观念在近年来一部分青年人中，虽有较大的改变，但这种历史积淀而成的民族心理素质，却是很难在短时间里得到改变的。

西方服装文化起源于海洋文明。上古时期，以爱琴海为中心，包括克里特岛、希腊半岛和小亚细亚沿海是欧洲文明的摇篮，这里没有东方大河流域那么多的肥沃土地，在古希腊人口集中的城邦里粮食都不能自给，要从埃及等地进口谷物，而且爱琴海诸岛和希腊半岛有许多天然良港，航海方便，这就带动了工商业的发展。可以说古希腊生产方式、生活方式与对外交流休戚相关，文化本能中就表现着强烈的外向性，充满了躁动、不安、遐思和好奇，具有扩张和冒险的英雄主义色彩。反映在服装上，就是那种不拘一格的“变体”习惯。本地服饰不会有非常顽固的正宗地位，吸收外来款式的障碍不大，服装文化观念比较宽容，种群符号的包袱不沉重。从青铜时代的克里特胯裙上就能看出更古的埃及胯裙的影响痕迹。中古时期，西方列国坦然地接受着汉族丝绸服装的诱人魅力，现代巴黎时装界热情的拥抱着来自世界的服装艺术才子。阿尔及利亚的伊夫·圣·洛朗，日本的森英慧都可以在这里得到平等的待遇。异国风情甚至会在西方形成强劲的时装潮流。人们没有觉得本民族的传统受到冷落是什么了不得的威胁，只要好的，就是我的，美属于全人类，设计师不必承受非要他民族化不可的压力。这种时刻准备容纳一切优秀主体形象的开放意识，使得西方服装设计大师始终占据着世界服装的主宰地位。“一切皆流”的历史传统不只是哲学家们的口号，又是大众生活中最实际的文化动力，人们习惯于接受“不习惯”的东西，可以平静地对待“变体”，这是一种可贵的“社会期待水平”。服装艺术与其他艺术不同是实用艺术。需要广大消费者的配合才能实现，只有百姓们见怪不怪，大师们的自由想象才会充分地展开。

与中国人的服装穿着观念恰恰相反的西方人，对服装追求的价值观念是“个人本位”，以自我为中心，对服装穿着的动机是着重“自我表现”，心理定向是“外倾型”的。他们穿着服装是为己而穿，所以敢于标新立异，我行我素，讲究穿着个性的表露。在街头几乎找不到有两个人穿着完全同样的服装，即使男性也是如此。不是服装的式样不同，就是色彩不同，或是衣料纹样不同。他们认为，服装穿着必须讲究个性，穿着与众不同的服装，是为了表示自己的社会存在，以及自身存在的社会价值。但西方的这种穿着观念也有弊端，那就是容易走向极端，例如前几年西方街头出现的嬉皮士式服装、流浪汉式服装、补丁装和乞丐装等便是一例。有些为了求新求异，故意作种种破坏性的“创新”，这些不值得我们去借鉴和仿效。

中国服装文化属于一元文化范畴，具有整一性和大同观念，着装者注重群体意识，不太强调个体效应。因而，趋向于内在、内向、内省，人们在穿着时习惯于不突出个性。西方服装文化属于多元文化的范畴，显著的特点就是用服装突出个性，显示个性，用服装来表示对自我价值的重视与肯定。

第四节　重装饰讲和谐与重造型讲对比

中国人对服装重装饰之美，讲究与环境的和谐；西方人对服装重造型之美，讲究与环境的对比。

中国人对服装穿着价值的认识，不是在于直接地显示人体的美，而是在于以服装本身的美来代替和掩盖人体的美，并有着想通过服装的穿着，来显示人的社会地位的强烈倾向和愿望。当然，这和我国人民长期以来的内向型文化心态密切相关。因此，中国人对服装美的理解，并不是着重式样造型或结构组合方面，而是非常注意在平面的衣片上面，如何作图案的铺陈和各类装饰工艺的点缀。早在商周时期的制衣时，我们的祖先就在冕服上用彩绘或绣制的形式，以最具有代表资格的十二章为例，据说日、星取其照耀之意；山取其稳重；龙取其应变；华虫取其文丽；宗彝取其忠效；藻取其洁净；火取其光明；粉米取其滋养；黼取其决断；黻取其明辨。不论这种解释是否准确，有一点是肯定的，这些以具象为主的图案是要表现某种抽象含义，最终指向内圣外王的贵族人格，是地道的象征手法。用日、月、星、火、龙、山、华虫等十二章花纹，一是为了显示其社会地位，作为权力的象征；二是对服装的装饰，作为反映服装美的一种最直接的表现。我国的传统服装，不论是什么朝代的都不厌其烦地

"描龙绣凤",着眼于服装的开襟、衣领、袖口等部位的装饰,或在服装的长短宽窄之间做细小变化,而很少从式样造型结构方面去考虑它的改革和创新。这种观念的形成有其历史原因,在我国历来把服装与人同等看待。墨子曾说过:"其为衣服,非为身体,皆为观好",也就是把衣服本身当作一种独立的工艺品来欣赏。无论是"宽衣博带"的深衣或袍服之类的正规衣着,还是平常穿的便服、从繁缛华丽纹样与色彩,到精美绝伦材料与工艺,都是围绕着"装饰"这个宗旨进行的。这种只重装饰的观念,不仅反映在服装上,而且在绘画、建筑等领域也是如此。绘画不讲究透视和质感,建筑只重视群体的平面展开和雕梁画栋的细部装饰。同时,中国人又历来信奉"天人合一",顺应自然,是一种"共生"的美学观。中国文化是和谐文化,具有中庸特点,合力大,愿意走平衡,这份平和可以从佛像的微笑上看出来。

统一与宁静展示的就是和谐感。服装的穿着也讲究顺从和适应环境的需要,使之只求和谐统一,不要求对比跳跃。就是人们的生活规律也是如此,日出而作,日落而息,世代相传,不希望有任何的突破和变更。中国服装文化强调和谐、对称、统一的造型方式。古典服装倾向于端庄与平稳,装饰图案要两两相对,左日右月,上龙下凤,忌讳倾斜感。造型非对称的、色彩对比强烈的款式不容易被接受。现代服装已经走向了世界一体化,但中国人的意识深层里更习惯于接受和谐,西方设计大师们每次到中国来展示他们的作品,都给我们以耳目一新的感觉,认真研究起来,大都是破坏"和谐"的大胆构思引起了撼动。西方见怪不怪的东西,在我们这里常常会引起大惊小怪 ,这就是重偏执、重刺激的"崇高"与重中和、重宁静的"和谐"观念的碰撞。中国服装文化的和谐也有生理基础。黄种人人体的视觉因素集中,黄皮肤、黑眼睛、黑头发,没有白种人那么多的变化。黑色是庄重静穆的,黄色是和顺安宁的。中国人的身材比较矮小,容易表现精巧轻松的造型效果,它限制着崇高设计构思的展开,特别是我国目前的时装前沿在南方,闽粤人的娇小、清秀构筑了实现和谐设计意图的根基。

西方人则认为服装的造型必须为显示人体美而服务,服装是以人体为依附而显示其造型的,他们所重视的是服装造型结构的组合之美,所以服装造型富有变化,经常更新。西式服装的造型特征,是随着人体的运动姿态和穿着者的举止行动,呈现为动态状的时空造型,所以奥格尔称服装是"走动的建筑"。正是这样,西式服装的造型所追求的是在动的变化中产生的立体造型效果。白种人身材比较高大,体积就是一种力量;白种人的发色与眼睛的颜色种类比较多,易于产生冲动的、变化的、多元的对位效果。普列汉诺夫在《艺术与社会生活》中指出:"某一时期,某一社会或某一社会阶级中占统治地位的美学理想,部分地是起源人种发展的生物学条件(这些条件也造成了种族的特点),部分地是起源于这一社会或这一阶级产生和存在的历史条件。"普列汉诺夫的这一看法是有道理的。所以,西式服装的造型大都能适身合体,能符合人体高低起伏曲线变化的需要,能起到充分显露人体美的功能,有时还能显长掩短,修饰某些人体不足之处的特殊效果。在今天,西式立体造型服装所以能受到普遍欢迎,富有时代精神,成为时代潮流的象征,这与西方的服装穿着观念包含有一定的科学性与合理性有关。

在西方,服装造型同样是受到绘画艺术和建筑艺术的影响,西方哥特时期的建筑、洛可可时期的艺术等对西式服装构成的立体造型有着直接的催化作用。欧洲中世纪的民族大迁移,又融合了日尔曼文化。日尔曼民族讲求服装的实用方便,奠定了欧洲近代服装造型的基础。在西洋服装史上,从 13 世纪初就确定了服装的立体裁剪法。20 世纪以来，在巴林夏加、仙奴、圣·洛朗等一大批著名服装设计师的推动之下，西方现代服装的造型美得到淋漓尽致的发挥。同时，西方人重视科学崇尚进取，强调改变自然和征服自然。表现于服装上，四季服装的色彩与时令季节的自然环境形成鲜明对比。五彩缤纷的春季喜欢穿着简练的单色服装；冬季环境单纯沉静，而服装则要求热烈鲜艳。老年人大都喜欢穿得花枝招展，女性服装有时故意裁制成男性化，所有这些均与自然环境和规律相悖。可以说，这是西方人一种心理上的“扩张”和“征服”，这也是和中国人服装穿着观念上显著不同的表征之一。

传统的中国服装在造型上体现出强调和谐、对称、统一的表现手法。服装倾向于端庄、平衡，忌讳倾斜感和非对称性。装饰纹样两两相对，服饰图案精致细腻，宛如秀美的工笔画，色彩淡雅柔和。西方服装造型以抽象的形式美追求服装外在造型的视觉舒适性，表现出非对称性、不协调性的造型方式，常常采用自由、拟动、与习惯冲突、与环境对比的表现手法。

第二十章　中外服装的设计造型

服装，一般是由材料、色彩、造型并通过工艺制作而构成的。其中材料是构成服装的物质基础，色彩虽然都附着在材料上，但它却另有诱人的魅力，而造型则是区别于其他类服装的主要表征形式。中西服装由于穿着观念不同，因此服装式样也就各不相同。事实上，目前人们穿着的中式服装和西式服装从式样结构、造型、色彩选择方面，都有很大差异，各有特点。

第一节　平面结构与立体结构

中式服装结构是整片式平面型的，重视二维空间效果，服装平直宽松；西式服装结构是分割式立体型的，强调三维空间效果，服装比较适体。

中式、西式服装在进行结构设计时，由于选取人体的姿态不同，故形成服装的结构也就不同。中式服装的结构是按照人体站立时的静态姿势设计的。我国传统的中式服装从古代深衣制时就采用了人体两臂平展、两腿稍劈的立姿结构形式。因此，裁制成的服装是直线状、整片式、平面型的，不大注重用服装表现人体的曲线。穿在身上平直宽松、朴素简便、利于劳动。穿着中式服装举手抬腿，蹲坐跨行都很方便，不受拘束。如图 20－1－1 所示，中式服装的结构特征为，上肩没有肩缝，前后衣片相连，甚至连衣袖也是从衣身中连出，如果衣料门幅不够宽，则在左右衣袖的两端再加罩袖，所以在中式上衣中没有袖长这一名词，袖长是由“出手”替代，“出手”是从人体正中开始量向手掌部位的尺寸。按照西式服装的测量方法，“出手”的尺码包括人体的半肩宽与上肢长两个部位的数据。正因为如此，中式上衣在晾晒、折叠、收藏时就很方便。由于中式上衣的结构是独片相连的，所以它是整片式的，前片、后片、左右衣袖都是连在一幅衣料上裁成。它的裁剪方法比较简单，如图 20－1－2 所示，只要将衣料一折成四，将腋下和上腰部位多余的衣料剪去，成一十字形的衣片，然后在前面的衣身中间剪开作为开襟，并修剪出一个桃形的领圈即成。同时，中式服装衣片结构是以直线为主，很少弧线和曲线，缝纫时只要沿着袖底缝和两侧摆缝，将前后衣身对叠缝合即成，所以它又是一种直线状、平面型的服装。在部位结构方面，它不像西式服装那样有胸围、腰围、臀围之分。一般的中式上衣腰部均不作收拢，胸、腰、臀的三围之间形成一条直线，并略有一点斜势，下摆部位略大。我国传统的中式裤、裙的结构也和上衣的结构一样，是属整片式、直线状、平面型的。中式的裤子根本没有侧缝（即俗称腿缝），也是前后裤片相连，不分前后，可以轮番穿着，裤子的腰部是宽腰式的，穿着时腰口要折叠以后再系裤带，裤片的腰部和臀部（中式裤这一部位称横裆）几乎是同样大小，整条裤子是由两块裤片组成。如图 20－1－3 所示，裁剪时也是一折成四，以直线或斜线为主构成。中式裙子的结构更为简易，如图 20－1－4 所示，只是将一幅长方形的衣料在腰口折裥收小以后，围在身上即成。由于这

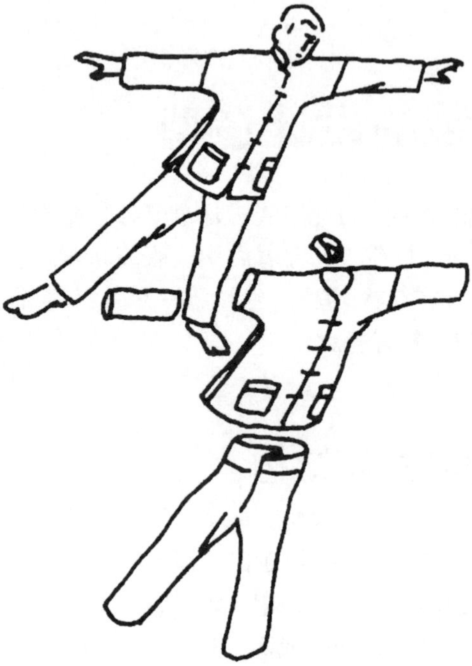

图 20－1－1　中式服装的结构示意

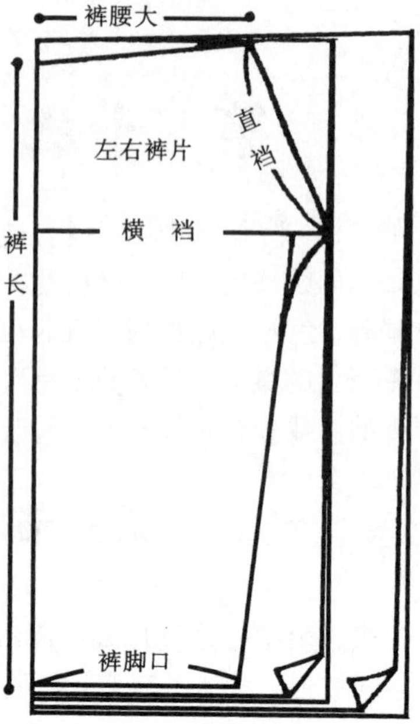

图 20－1－3　中式长裤裁剪示意

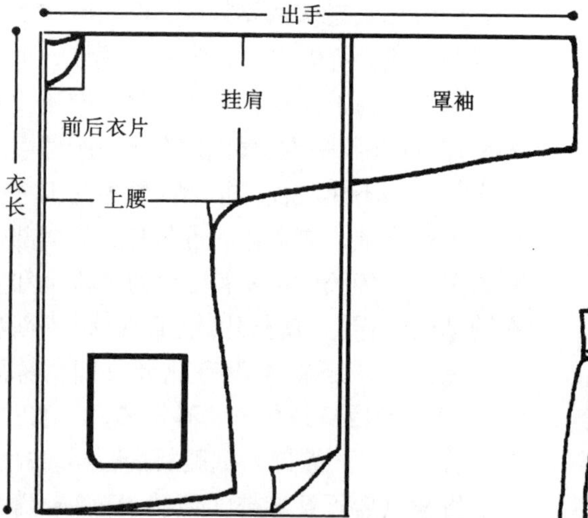

图 20－1－2　中式上衣裁剪示意

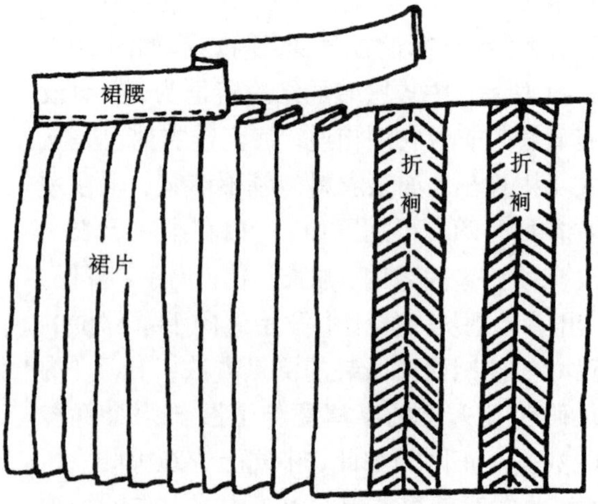

图 20－1－4　中式百褶裙结构示意

类折裥裙的折裥很多，所以在民间就俗称它为“百裥裙”。

如图 20－1－5 所示，西式服装的结构是按照人体自然垂臂或半垂臂，并足站立的姿势进行设计的。由于西式服装非常强调符合体型，因而服装的结构较为复杂。它以人体结构的躯干、上肢、下肢的各个局部，分别设计出领子、衣身、袖子和裤筒等各个主要部件，并加上一些附属部件而构成整件衣服（衣或裤）。而各个主要部件也是按照人体外形轮廓的长短、大小、粗细构成不规则的筒状、管状等形式。如由较粗大的胸围、臀围及较细小的腰围、更小的领围，构成不规则筒状的衣身、圈状的衣领。按臂、腿的外形构成的上粗、下细的袖管、裤筒；从长度上看裤筒长、袖子短、领子更短。如图 20－1－6 所示，西式服装是一种分割式、曲线状、立体型的服装，它最显著的特征是做肩缝、装衣袖、前后衣片分离的分割式，整件衣服由多块衣片组合而成。并且衣片的外形轮廓呈弧线状或曲线状的，就上衣来讲，它是胸围部位宽松，腰围部位收拢，臀围部位放出，肩部有斜度。整件服装的造型富有曲线变化，并且是高低起伏的立体型结构，完全与人体的体型相符合。如图 20－1－7 所示，西式裤子的结构与中式的也完全不同，西式裤子是紧腰式，穿着时要在裤的前、后面或侧旁开襟，否则是穿不进去的。裤子的裤片分前后左右四片，裤的两侧缝有腿缝，裤子的外形轮廓完全按照人体臀部和大腿的形状设计的，上段较大而圆顺，下段较窄而略直。裤的后片大、前片小，剪裁合身的西式长裤（如现今流行的牛仔裤等），其合身的程度几乎是在人体外面紧裹着一层衣料，真是曲线毕露。由于造型结构的非常合身，所以西式的裤子就不可前后轮番穿着。

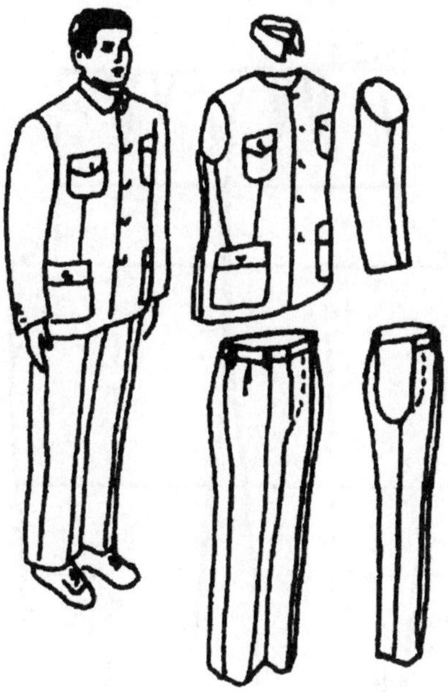

图 20－1－5 西式服装的结构示意

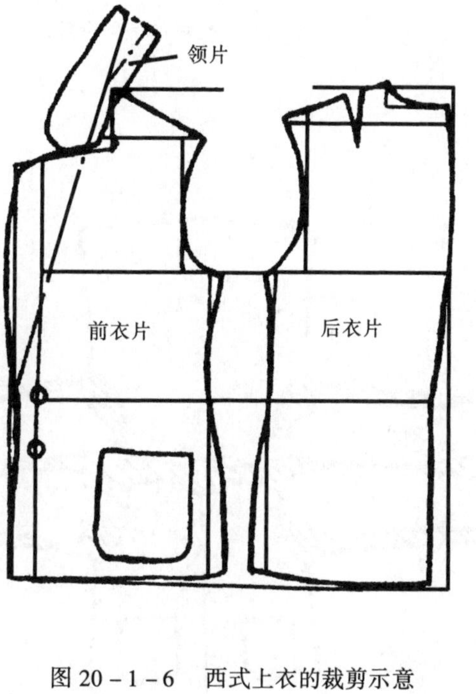

图 20－1－6 西式上衣的裁剪示意

西式服装、中式服装的结构虽然各不相同，但两者结构设计的依据却是一致的，都是以穿着者的人体为依据的。由于中式服装的衣片是整块相连的居多，所以穿着在身上后，腋下和胸围下段等部位褶皱较多、显得空荡；西式服装的衣片是分割散开的，是

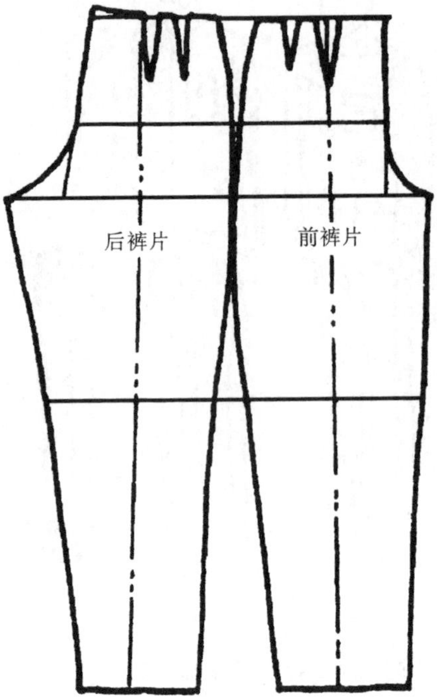

图 20-1-7　西式长裤的裁剪示意

靠衣片与衣片的相互缝合配置而成的服装，所以穿着在身上后，显得非常适体，衣服与人体的空隙部位较少，这样服装折皱也就少了。

中国在服装结构造型上重视二维空间效果，不强调服装与人体各部位保持一致，更不注重用服装表现人体的曲线。因此，采用平面裁剪方法。肩部承受着整个上装，是重要的支撑点，使得人体与衣料间的空隙较大，显得宽松，具有一种“自然穿着的构成”。西方服装强调三维空间效果，在结构上以立体裁剪为主，注重试缝、修订和补正，以求最大程度上的合体，使人体与衣料间的空隙极小，讲究服装的外轮廓线，最大程度地追求用服装突出人体的曲线美。图 20-1-8 所示，是中式与西式上衣结构之比较，图 20-1-9 是中式与西式长裤结构之比较。图中的外形轮廓是中式服装，里面的图形是西式服装，图中的斜线部分即是中式服装穿着后所起的褶皱部位。

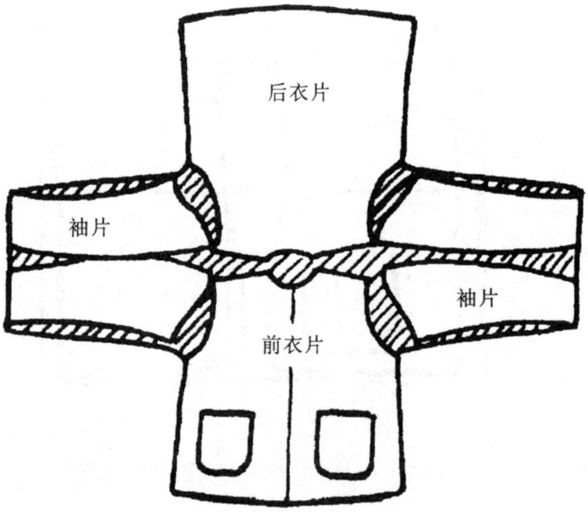

图 20-1-8　中式与西式上衣的比较

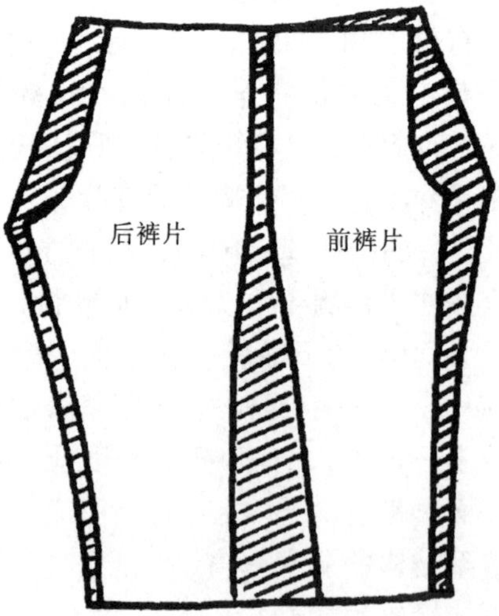

图 20-1-9　中式与西式长裤的比较

第二节 封闭含蓄造型与开放显露造型

中式服装造型封闭、含蓄，西式服装造型开放、显露。

中国的人体文化不发达，造型艺术讲究神韵，没有西方的那种强调科学比例的传统，尚未形成写实的人体艺术土壤。大河哺养的华夏文明，服饰被视为一种“气”的回旋。突出其博大及其掩盖、含蓄的精神，“人惟求旧、器惟求新”、“天人合一”的思想既是古人的人生境界，也是一种审美哲理。一方面强调“尚用”的审美观，另一方面更为强调伦理与自然规律的一致。即美只能存在于人的自然生命的欲望与道德、伦常要求的两者统一之中。在这样的社会里。“礼”是“美”的惟一标准，这种单一化的审美倾向制约着几千年的中华服饰文化。历代封建朝政为了维护统治者的威仪，一代固有一代之制，但服装式样变化往往仅限于款式的长短、肥瘦、色彩和装饰的改易，从审美核心来看，仍然没有理出以“穿衣之礼”为美的范畴。人们对服装的造型始终停留在二维的平面空间，没有悟出立体结构造型的原理。我国是一个有悠久历史的文明古国，非常讲究体面、体统。人们通过对服装的穿着，希望能显示自己的仪表和仪容。因此，要求服装的式样是端正、庄重、严谨、大方，把穿着者的身子包得严严实实。宽衣博带、衣领紧扣，裙长曳地就是中式服饰的式样特征。那些讲究反映体型曲线的紧束适体式样，或是肌肤裸露过多的式样，都是被认为轻浮而有失体面的式样，是不受欢迎和不被接受的。造型，有人也称它为服装的式样或款式，实际上造型和式样两者之间既有联系又有区别。一般讲造型是指服装的外形轮廓，是从大处着眼，如目前流行宽松式的H型或紧身式的X形等等。式样是指服装内部的衣缝分割和组合，是一种细部修饰，应该讲式样是从属于造型的。目前，在我国往往是将服装的造型和服装的式样混为一谈，它既是指服装的外形设计，又包括服装内部的衣缝组合和细部装饰。传统的中式服装造型历来都是要求把人体严严实实地包裹起来，紧扣的衣领、宽空的衣身，长长的衣袖和裤、裙，似乎像一只口袋，把人体装在里面，显得极为封闭、保守、呆板。几千年来不是上下分离的“衣裳制”，就是上下相连的“深衣制”，也不论是男子穿着的袍服，或是女子穿着的襦裙，总是腿裹行藤，衣长曳地，并且里外衣服重叠，俗称“三重衣”或“五重衣”。

西方的人体文化源远流长，古希腊雕塑是世界艺术史上的辉煌的一页，《爱神维纳斯》、《掷铁饼者》等珍品的人体写实效果令人叹为观止，罗丹惊呼它们似乎有人体的温度。西方的人体画从中世纪以后水平就极高了。在欧洲文明里，人体是自然界最上乘的艺术，是上帝的作品，具有崇高的地位。艺术家以科学家、解剖学式的眼光来准确地表现人体生理的合规律性。达·芬奇就是这方面的杰出代表。由于西方社会的穿着观念崇尚显露人体之美，注重自我表现，是为炫耀自身之美和为自己而穿服装。因此，反映在服装的式样方面就显得开放、显露而很有变化。各类袒露、开放的造型是西式服装的造型主流，形形色色的大坦领、V字领、短包袖、马甲袖等等，被频繁地在交替使用着。在裁制夏装或晚装时，妇女们都喜欢选用那些薄而透的衣料，轻盈飘逸，玲珑剔透，犹如轻纱裹身，美妙迷人。按照西方美学家的说法，服装造型上的显露是服装造型美最富有魅力的表现形式之一。在西方，服装也是一种人体艺术，被称为“软雕塑”，强调三维效果。以立体裁剪为本，重视试缝和补正，以求合体，设计大师们的专属模特不只要表现服装成品，在整个设计过程中都需要她们的配合，许多设计师在工作时就把面料直接披在模特身上，所以，出手的作品就有比较强的人体艺术感觉。西式服装的造型除了崇尚袒露以外，也有讲究遮掩的，他们也有各种封闭裹身式的服装，但是他们的裹身与中式服装的裹身性质不同。穿上典型的西方服装，身体与衣料之间的空间极小，如19世纪中以鲸骨制成的紧身胸衣（Corset）使这个空间几乎等于零。服装外轮廓线要沿身体曲线走向形成，十分讲究大造型的作用，注意整体表现准确性，这种写实感是一种“科学”的人体意识。还有一种是“艺术”的人体意识，表现为另一种人本性，不是随顺人体而是塑造人体，日本服装设计师君岛一郎发现的西方服装力图使服装离开身体，使人体产生一些变化，随着时代的不同，强调身体的不同部位，有时夸张臀部，有时夸张胸部，有时夸张肩部。这也在以人体为中心进行服装艺术创作。西式服装的裹身是立体紧束式的，服装紧贴人体能使人体曲线毕露，能充分显露人体的体型之美。如近年来流行的紧臀式牛仔裤，用针织衣料制作的弹力衫或羊毛套裙等，几乎都有这种功能。这些服装的造型虽然是裹身式的，但同样能给人以诱人的美感，给人留下的印象同样是充满青春活力。正像鲁迅先生所说的：“遮掩有时比袒露更有吸引力，遮掩可以说既是遮盖、又是刺激，掩遮阻碍会产生奇妙莫测的心理效果。”所以西式服装的造型不论是袒露还是裹身遮掩，都是服装造型开放的结果，是从属于同一主题的两种表现。

中国服装的传统造型观念具有强烈的封闭性和稳固性。在先秦形成的两种基本服装形制，延续了奴隶社会、封建社会数千年之久。历代的服装就在这两种基本形制的基础上去发展、演变，具有稳定封闭、持久少变的特征。在西方，服装常被看作人体艺术的一个组成部分。在以人体为中心的服装创造中，一方面使服装随人体曲线走向形成不同的外观轮廓，另一方面用服装塑造形体，使自然人体产生人为的变化，从而带来了服装形态的丰富性、复杂性、变异性与创新性。

第三节　偏重色彩伦理与偏重色彩感情

中式服装色彩偏重伦理，要求服装能维系社会秩序；西式服装色彩偏重感情，重视服装对人心理的调节。

色彩是构成服装的主要因素之一，中式服装对色彩的选择和搭配一向较为重视。对衣冠服饰的服饰色彩不求鲜艳跳跃，崇尚和谐之美。我国古代把服色分为正色和间色两种，以青、黄、赤、白、黑为正色，其他为间色，并规定：“衣正色，裳间色。”《诗经》说：“绿兮衣兮，绿衣黄裳。”上身穿绿，下身穿黄，绿与黄为邻近色，穿起来和谐响亮。对服装色彩的重视，还可以从唐代官方经营的织染署的组织之庞大，分工的细致得到更有力的证明。织染署下设二十五个作，其中专门负责染渍色彩的作就有六个：青、绛、黄、白、皂、紫。每个染渍作中又有深浅不同色阶的专业化生产。我国古代对服装色彩的选用，有一个很有社会内涵的现象，先开始于民间，一旦被皇家贵族看中，就禁止民间使用，否则，轻者杀身，重者株连九族。如果一种色彩的服装开始是皇家贵族所穿，后来不穿了成为一般民间服装，则这种服装的色彩立刻被视为卑贱的色彩。这一方面说明了我国古代对服饰色彩的重视，另一方面也说明服装色彩的运用带有明显的阶级性。建国以后，也曾多次出现不分男女老幼，大家都穿蓝、黑、灰、白等少数几种色彩的单调局面。所以会出现这种局面，看来这也与我们对服装色彩的选择是偏重伦理这一穿着观念分不开的。直到最近几年，随着改革开放的深入，人们对服装色彩的选择观念才有改变。现今，人们对服装色彩的选择，偏重个性、偏重穿着需要，从而显得丰富多了。

西方人士对服装色彩的选择也是非常重视的，但是他们偏重的是色彩的感情。西方人士认为色彩是最富有感情的，事实也是如此，当我们看到红色以后，就会使人联想起太阳、火焰、鲜血和生命，会给人有一种热情、浪漫和强烈的感情。在西方会使人想起圣诞节和情人节等等。所以能使人产生这些联想，就是色彩的感情作用。又如黄色是一种明亮的色彩，能激起活力，能使人联想起落日余晖的暖感，是最活泼最引人注目的色彩。对西方人士来讲，紫色是一种高贵和财富的象征。同时，在一般情况之下，红紫色有年轻感；青紫色有优雅的女性感。白色更是纯洁、神圣的象征，是一种魅力的代表，所以西方人均喜欢用白色作为新娘的婚纱礼服。黑色给人的印象是神秘、寂静和严肃，是一种坚实的表现，被认为是最容易和其他色彩搭配的颜色。但有时在西方也被用于沉默、不吉利或悲哀的丧服，所以，黑色有意想不到的复杂及强烈感。正因为各种色彩有以上种种的不同性格，能给人产生各种感情变化和象征，所以西方人对服装色彩的选择和搭配，是非常重视与穿着者的年龄、肤色、体型、身材的密切配合，与穿着用途、穿着环境的相互协调。他们往往会按照自身的各项具体特点，不拘一格地选择服装色彩。所以，反映在服装色彩的选择和搭配上，就显得很有个性、很有见地，很少有一窝蜂现象或盲目跟从的模仿现象，人们的穿着就显得五光十色、多姿多彩。

第二十一章　中外服装的材料工艺

第一节　丝绸与毛料

简单地说，中式服装材料最具代表性的是丝绸，西方服装材料则以毛呢为主。

丝绸最早出现于中国，并得到不断发展，其织造方法之先进，制造工艺之复杂，织品之精湛，品种之繁多，都属世界之罕见，成为中国服装文化之奇葩；成为著名于世的“丝绸王国”；传统的中式服装均以丝绸为主。利用丝绸裁制服装，柔软滑爽、通气性好，夏季穿着凉快舒适，冬季穿着轻盈保暖。按照不同的穿着用途，丝绸有着多种多样的品种。既有薄如蝉翼般的纱类织物和纺类织物；也有厚实硬挺的缎类织物和锦类织物。有平似镜面的纺类织物和绸类织物；也有布面高低起伏的绉类织物和绫类织物；有布面排孔的纱罗组织，也有表面毛茸的起绒织物。同时丝绸衣料色彩鲜艳，纹样图案精致细腻。选用丝绸衣料裁制服装，富有民族特色，并可缀以镶、嵌、滚、绣等各项工艺装饰，穿着以后给人以雍容高贵、窈窕妩媚的感觉。

西方国家，在过去大都是以狩猎为主并以游牧为生的游牧民族，所以在原始社会时期，他们就懂得用兽毛皮来制作衣物，以保护自己和装饰。中世纪以后，西方国家的毛纺和毛织工艺得到迅速发展，特别是英国、意大利等国的毛纺工艺更为精湛，毛呢衣料的穿着日趋普遍。在当时，西方国家的男子服饰大都是用毛呢衣料裁制的，所以他们毛呢织物的品种也很繁多，常用的如细薄柔软的“凡立丁”，粗厚保暖的“麦尔登”，织纹精致的“海立蒙”，以及色彩艳丽的“火姆司本”等等。我国目前穿着的各类毛织衣料如花呢、马裤呢、华达呢、大衣呢等也大都是从西方引进的品种。毛呢衣料的特点是坚实、挺括，可塑性强，所以用毛料裁制成的服装，通过热塑变形和热塑定型(即俗称推、归、拔工艺)处理，可使服装外形有高低起伏的变化，穿着适体，给人以端庄、整齐、风度翩翩、充满朝气和活力感觉。

第二节　工艺装饰与立体塑型

中式服装裁制时注意工艺装饰，西式服装裁制时讲究立体塑型。

中式服装是一种平面型的服装，结构简洁，以直线为主，在造型上较少变化。中国传统服装使用的是平面裁剪方法，重视两维效果，并不强调人体的曲线。肩部挂穿着整个服装，是主要的接触支点，这样身材与纤维之间空间很大，显得很宽松，被西方专家称为“自由穿着的构造”。这就使中国服装与西方不同，不重款式重图案。面料本身的美感具有突出重要的地位，湘绣、鲁绣、苏绣等表面加工技法的精到细腻就是这种传统的反映。一马平川也有风光无限，用一个平面构成的东方服饰则另有一番天地，尤其是用中华国宝丝绸做成的宽衣大袖：偌大的平面着上身后会自然积聚成缕缕衣褶纹线，行云流水般随人体流泻而下，在任人挥洒中处会流转出不尽的风韵。绚丽多姿、精细秀雅的各类工艺装饰也以平面见长，是构成中式服装富有特色和充满魅力的重要手段之一，也是构成整个中国服装文化的重要内容之一。原本是高级富丽的丝绸织物，再加上精美的装饰，淡抹浓妆总相宜，要论中华装饰工艺之魅力可以不提尽善尽美的极品。就看二千年前长沙马王堆汉墓的绣衣服碎片上的刺绣，哪个现代人能不动心！这等衣衫再与中华特有的冠履博带相匹配，就塑造了历史上中华民族的独特风采。我国服装非常重视美化、装饰，很注意在平面上对图案、纹样的布局，在过去的传统服饰中，总是不厌其烦地描龙画凤或拼、镶、嵌、贴，使之重重叠叠，异常的繁琐复杂。如图 21－2－1 所示。在中式服装上最常用的工艺装饰形式有：镶（色）、滚（边）、嵌（线）、盘（花）、刺（绣）等五类，主要被应用于服装的襟、领、袖、摆等边沿部位，有的是一滚二嵌或双滚三嵌。到了清朝晚期，在衣裙的边沿缀用最多的竟有十八滚嵌（道）。刺绣大都被用于衣裙的正面或背面，采用的图案以动物纹样、植物纹样、几何纹样、人物纹样和器物纹样为主。既有抽象的又有写实的，到了明清时期，服装上的装饰纹样注重于写实手法。一簇花朵、一群蝴蝶、往往被刻画得细腻逼真、栩栩如生。此外，还有手绘、蜡染和钉珠片等多种手法。

西式服装是一种立体型的服装，非常讲究衣片组合后的立体塑型。立体塑型工艺就是传统服装缝制工艺所称的归、拔、推。归，就是使织物收拢（即缩短）；拔，就是使织物拉宽（即伸长）；推是归的继续，将归拢后的余势推向一定的位置予以定位的意思。如图 21－2－2 所示，在进行归、拔工艺时，归、拔部位必须喷水，一手握住熨斗，一手拉住衣片的边缘，用力将熨斗向被拔宽的方向推去。现今先进的归拔工艺，已不用熨斗操作，而用专门的蒸汽热塑定型机，定型衣片放在中间，机器开动后，通过蒸汽的热能作用使衣片一次成型，变形和定型同时解决。在西式服装中，归、拔、推工艺最多应用于上衣胸部的推门、背部上端的归拢以及裤子臀部的拔裆和裤脚部位的拔脚等。

图 21－2－1　中式服装上的工艺装饰图

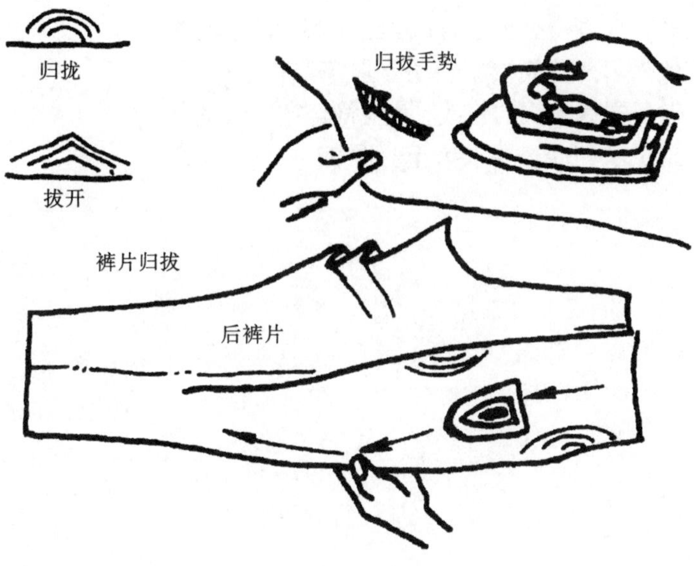

图 21－2－2　西式服装的归、拔示意

第三节 静态制作与动态制作

中式服装的制作是静态的，西式服装的制作是动态的。

传统中式服装的裁制都是平放在案板上进行的，衣片的衣缝均以直线为主，所以衣缝线条等均是用粉线团弹出来的。在衣片中间也不做任何收省或分割组合，衣片是整片的很少有附件或配件。即使有少量的衣袋等附件，也是采用盖贴的形式贴缝上去的。衣片缝合时也只是两块衣片上下对叠后沿边缝合即可，根本不需有试样或修正的过程，所以称这是一种静态式的制作过程。成衣后造型方正、整齐，穿在身上成为一种人体的偶像或礼仪习俗的象征。这种静态制作服装的形成，完全是和中式服装平面型结构有关，也和我国的民族性格喜静不喜动有关。

西式服装的裁制非常讲究动态效果。早在 13 世纪初就确定了服装的立体裁剪法，衣片的衣缝以曲线、弧线为主，并有收省、折皱、做波浪等各类工艺。裁制西式服装的匠师或艺人在裁制服装时，都要把服装试缝后套在人体模型上进行试样、观察，观看动态效果。一些高档服装还要求穿着者来试样，做一次或多次的修改，直至符合穿着者的体型要求和动态要求为止。图 21－3－1 所示为西式服装的立体（动态）裁剪示意。西式服装的裁制是动态的，服装造型追求有体积感、动律感，所以成衣后穿着适身合体，衣缝线条自然、流畅，造型饱满、圆顺，给人的印象是精神振奋、潇洒、舒展、飘逸，充满青春活力和动态之美。

图 21－3－1　西式服装的立体（动态）裁剪示意

第二十二章　中外服饰文化的比较

第一节　服饰的板块缝制与缠绕披挂

中国古代服饰多是简单的板块缝制，注重服制；西方古代服饰比较注重美的形式，主要是缠绕与披挂 。

西方文化的历史渊源是古希腊、古罗马文化。古希腊地处于爱琴海岸，属于地中海式气候，温暖宜人，四季如春，人们根本不用服装御寒，服装无需紧紧裹住身体。另外，古希腊是战争迭起的时代，因此人们极为崇尚体格的健美，并习惯于显露胴体或少量着衣。在古希腊、古罗马，人们不以人体美的显露为羞，形成了西方人服装审美的一种传统观念。总的说来，古希腊的服装是结构十分简单的宽松式长衣，在服装史上被称为“希敦服”(Chiton)。讲究衣服褶皱变化，整齐而协调，有机地充实了人的体态(如图 22－1－1)。古希腊的缠绕长衣是将布料的一端先由左肩垂下来，拖至左侧腰间，再向左肩提起，从肩后朝右侧绕过右手臂拉向身前，然后第二次提到左肩上。或是先覆盖于右肩，缠裹右手臂。还可以使缠绕后的末端覆盖于右前臂，然后向身后甩去。还有一种洒脱、飘逸的短披风更具一种原始的野趣和尚武的精神，如图 22－1－2 所示，它是为狩猎者和护卫随从所穿用。继古希腊之后的罗马文化，在服装款式上，同属于宽大的缠卷衣，以又宽又大的宽松长袍将缠绕艺术推向高潮。古罗马人所穿的外衣是一种十分宽大的半椭圆形布缠穿于身上的袈裟式装束，在服装史上被称为“特袈”(Toga)，这是古罗马人的典型装束，男女皆用。如图 22－1－3 所示，奥古斯都和平祭坛上的浮雕，那些线条向左、向右、向上、向下地折起或垂直，仔细看去，才能分出这是罗马人所着宽松袍上的皱褶以及穿上后所呈现出的凸凹感觉。还有图 22－1－4 所示，著名的奥古斯都演说家雕像，都让我们一睹宽松外袍独特的风采。

正当西方人拼命将衣料在身上实施缠绕艺术的时候，我们的祖先们却表现出奇特的智慧，他们用蚕丝有条不紊地裁制设计出各种复杂的衣服，这些衣服不仅有多变的衣领，还有从窄到阔的袖子，长长的直拖至地的衣裾。衣裾下面露出各种各样、各种名称、各种质料，服于不同季节和场合的鞋子，而不是罗马人那样的赤脚。我国古代服装从深衣起就采用了板块式的缝合，裁制成的服装是直线状、整片式、平面型的。穿在身上平直宽松、朴素简单、便于劳动。它的裁剪方法只是将一块衣料一折为四，将腋下和上腰部位多余的衣料剪去成一十字片，而后在前面的衣身中间剪开作为开襟，并修剪出一个桃形的领圈即成。

西方文化与原始氏族影响的断裂比较彻底，古希腊的城邦制就显示出奴隶主民主制的特点，没有绝对的君王支配社会。所以西方的服装的等级观念比较脆弱，并不严格，除了极其特殊的仪式活动之外，等级差别主要是通过面料的高档与做工的精细来表现。许多贵妇人收买宫廷里的服装工匠，了解王后在将要出席的社交场合穿什么样的衣服，也如样打扮，以显示自己很得宠。王后也允许别人与自己装束一样，这种宽容就使款式、图案、色彩等等服装审美因素没有

图 22－1－1　希腊人的披身长衣

图 22－1－3　奥古斯都和平祭坛上的浮雕

图 22－1－2　希腊人猎手身着短披风

图 22－1－4　奥古斯都演说家的雕像

强烈的权力专属色彩。

中国是拖着原始氏族社会的尾巴进入文明社会的，它的直接后果就是嫡长继承父业的王权比较牢固。中国是礼仪之邦，礼制的目的是为了维护"礼有差等"，而服制就是等级观念的形象表征。中国从周代开始便设有"司马"、"司寇"之类的核心统治职位接近，他们行使着权力使服装成为"严内外、辨亲疏"的工具。所以中国服装文化具有强烈的政治色彩。比如祭之服，大裘是帝王在重大礼节时的穿着。冕冠顶部上的长形冕板的前沿所垂的珠玉（"冕旒"）的数量及质料随贵贱尊卑有别，冕服的形制也是上下有别。不仅颜色不一图案即"章纹"也大不一样。帝王冕服玄衣薰裳，用十二章纹即日、月、星辰、山龙、华虫、宗彝、藻、火、粉米、黼、黻，这些章纹都有其象征意义。帝王在重大场合穿十二章纹，诸侯卿大夫与帝王一起参加祭祀，"从公爵起视帝服一等用之"。公爵衣裳用九章，侯、伯衣裳用七章、五章。之所以对服装做如此繁杂的规定都是为了使贵贱分明、尊卑有序。另外朝代更替特别是异族的入主当权常常对一个国家人们的穿着具有改服易冠的重大变化。例如清朝的"留头不留发"。顺治九年（公元 1652 年），饬礼部制定《服色肩舆永例》，对文武官员的朝服、常服的式样、色彩、纹样等做了详细规定。对平民、商人的服装也有规定，男子服装以袍、马褂、马甲、裤子等为主。清初女服饰较之男子有些自由，基本上沿用了满汉原来的服制，满族妇女多穿旗袍（长袍、坎肩等），汉族妇女后妃命妇都著以凤冠、霞帔，普通妇女以披风、袄裙为礼服。

第二节　盛唐和文艺复兴时期的服饰

盛唐是中国服饰发展史的鼎盛时期，西方服饰的发展在文艺复兴时期显得更加完善。

盛唐是唐朝建立后经过百余年的稳定发展所达到的文化繁荣时期。经过汉唐之际的丝绸之路带来了西域的风采，又经过封建经济的高度发展奠定了丰厚的物质基础，反礼教的活跃的学术空气，加之唐朝注重与外国的文化交往，使唐朝人敢于广收博采，这样就使唐人在穿着方面开创了一个服装史上的新纪元。在服饰方面，既继承了历史上已推行的冠服制度，又开启了后世新的服制形式；文艺复兴，是西方新兴市民阶级通过复兴古典文化的形式掀起的一场以人文主义思潮为主导的反封建的文化运动。新兴的资产阶级迫切要求摆脱教会对于人们思想的束缚，希望结束宗教统领一切的中世纪的黑暗，打倒作为科学和经院哲学基础的一切权威和传统教条，于是以复兴古希腊罗马文化为名开创了一场史无前例的运动。盛唐和文艺复兴相距七八百年，又分属地球东西，但它们有一点相似，就是对人的自我价值的肯定，对人自身形体美的赞赏，对于艳丽装饰的追求和对面料艺术的酷爱。最重要的是人的本性和人世间的生活被认知、重视以及溶于美好的气氛之中。中国南北朝时期和欧洲中世纪宗教人物中的威严、神圣以致近于图腾般的形象，到这时已完全趋向于世俗化。唐代的菩萨赛宫娃、拉斐尔笔下的圣母是一个典型的温柔、慈祥、美丽的少妇。众多宗教人物形象无不健壮、丰美、典雅、充溢着人性和人间的爱。

具体到服装上来说，盛唐和文艺复兴更具颇多的相似之处，人们对于服饰的理解和审美观几近一致。如服装式样，唐朝女子曾创制一种能表现人体丰腴之美的服式，在变化十分丰富的领型中曾有一种袒领衣，这在中国长时期封建社会中，是绝无仅有的一种领型。但唐朝女子却并未满足于这一种开放式领型，她们索性穿上及胸长裙，赤裸着上身而单披一件透明的轻薄的纱罗大袖衫。这种服式显露了人本身的形体之美，强调了女性的天生丽质，说明了人、包括男人和女人形体的存在的价值。在中国服装史上罕见的袒领衣，在西方却早已有之，而且延续时间相当长。距今3700年前，克里特女子就穿这种袒领式裙衣。其中有的大面积袒露胸部，将两个乳房完全显露于外，领口低到几乎没有，再以线绳将胸前的衣服边缘系在乳房之下。其后的罗马时期也曾流行，到14世纪时成为意大利女子最喜欢穿用的过胸前已至双乳上，而领口或呈圆角或呈方形都向两肩放开，甚至于将肩头露出。文艺复兴时的妇女们更是别出心裁，将领口裁成各种花边，以流畅的、多变的曲线衬托出洁白、细腻的、柔润的脖子，从而使优雅的形象更加妩媚迷人。

盛唐与文艺复兴时期的女子的裙子都讲究肥大，但有所不同。唐女的裙装均为与上襦分开的两件之一，而西方女服中颇多连衣裙。其博大宽广的裙身要花费掉大量的衣料，诗人还以“坐时衣带萦纤草，行即裙裾扫落梅”、“长裙随风管”、“裙拖六幅湘江水”惟妙惟肖的诗句记录当时的裙衣之肥之长。西欧诸多油画中描绘的女性形象也提着宽大的裙子，包括拉斐尔的《西斯廷圣母》，裙身都是长裾曳地，被风一吹鼓鼓的像涨满的风帆。中西裙身的肥硕之处相像，但其穿着方式却完全不同。唐女的目的是为了表现身体的丰腴，唐朝女子将裙腰提到腋下，用彩带系在胸前，将惟一能显示女性身体曲线的腰部藏在裙子之中，丝毫也发挥不了作用。西方女子的着装动机中侧重于表现性感，认为衣服应该烘托出健美的体形。所以，她们也追求丰腴，但却注重腰部的收缩，腰下再以大裙身来夸张臀部，加强了人们的感性认识，有的还突出腹部、以形成头、颈、肩、胸、腰、腹、臀之间的优美曲线。

文化艺术飞跃发展的时代，往往是国际间频繁往来，民族之间密切交流的时代，盛唐与文艺复兴同属于这样的时代。追求时髦、标新立异，是这种特定条件下自然产生的一种着装的心理。在这种情况下，各种胡服使唐人服装发生了一个很大的变化，致使宽大的衣袖不见了，代之以紧袖窄口，拖地长裙减少了，换上长裤和齐膝短袍，脱下高头履，换上绣乌靴，鸡心领、掩襟领都改成了大翻领。唐代女子不仅着整身胡服以满足其求新心理，而且还一度流行穿男装。15世纪的西方女子服装也讲究向男装靠近，在许多方面都融合了男装的特点。如男子不戴女子宽大而奇特的头饰，而女子却喜欢戴男子的小罩帽。外衣的束腰，采用一条宽大的彩色腰带，上面还系有铜铃和短剑。其佩戴效果与流行程度无异于唐女喜扎的蹀躞带。西方国家地域相对较小，国与国之间的距离很近，为学习异国服饰提供了十分有利的自然条件。往往是一国率先兴起某种服饰，一旦得到其他国家民众的认可，就会立即在西方各国中蔓延。西班牙的撑箍裙，对于整个西方服装的发展演变曾起到非同小可的作用，其影响之久直达近代。这种裙体呈铃铛形，紧腰，宽下摆，为了使裙身固定成圆圆的立体效果，人们以弯曲的藤条做成圆圈，然后将其牢牢地附在长裙带的外面。靠上方的是小圈，往下依次增大，大约有5至6个圈。这种圆鼓鼓的感觉显然比以前皱褶形成的硕大裙身更具体积感。以后又不断加以改进，将木制圈改成金属的或鲸鱼骨的，固定在裙体里面，再以后还研制出可折叠的裙撑，以便于上车或从小门通过。到19世纪中叶竟发展到极端。裙撑越做越大，一条裙子往往要用1公里长的花边和纱绢网。

盛唐与文艺复兴时期，在学习新鲜事物用以充实自己这一方面，中西方人民表现出同样的热情，但是他们的服饰乃至由此而决定的整体着装风格却迥然不同，尤其是男子。当中国男子头戴幞头、身穿圆领袍衫，脚踩乌皮六合靴，一派文质彬彬时，西方男子的服装却渐趋合体。古罗马的宽身袍不见了，中世纪肥大的外衣也被舍弃，代之而来的是下身长筒袜——一种以毛线编织或以布料缝制的紧包腿部的连脚裤，上身穿短外衣式的夹克，或紧腰身的上衣，有的披上一件罗马式短披风。16世纪虽有所谓的“南瓜裤”的出现，但总的趋势是下装紧瘦，上装适体。

第三节　服饰的精细巧妙与雍容华贵

中国的传统服饰配件精细巧妙，多以天然金、银、珠、玉的打造、雕琢为主；西方服饰配件华贵雍容，多以金属制成，再镶以珍珠、宝石。

人类早就懂得以小饰品来点缀装饰自己的服装，或者应该说在人类还没有衣服时，就懂得以兽骨、羽毛、贝壳等来装饰自己，以求得一种自我表现的娱悦感，并同时满足对原始宗教的信仰和崇拜。在西方，5000余年前的克里特人的金属工艺水平就已经相当高超，能打造出很多动、植物形象的臂环和脚镯。在古埃及，早期的服饰物上就已出现以贝壳、念珠穿成的项链，也有将水晶、玛瑙以及紫石英等宝石雕琢成的圆形或长方形串接成链。以念珠制成的手镯和脚镯，宽大精巧。到了中期，最为杰出的是镶嵌有宝石的王冠和金丝编织的花式王冠，上面均镶有红色玛瑙、绿色长石、贝壳以及镶金的玛瑙和绿松石等。古罗马2400年前，高阶层的贵妇即佩戴着镶有琥珀的金项链。原来作为密封书信和公文之用的金质圆形物渐渐演变成纯装饰品，成为男子所钟爱的戒指。罗马大帝海利欧格巴拉斯曾在颈上佩珍珠项链，手臂上满是金镯，手指上又戴数枚金戒指，头上戴有一顶镶有3串珍珠的环形桂冠。平民百姓在新婚寿诞之日赠送有寓意的金属饰品。古罗马的披挂缠绕式长衣需用固定布料的各种饰针、各种宝石的衣带纽扣也均是由金银材料加饰宝石而成。文艺复兴时期的男女几乎都佩戴着项饰、头饰、衣链等物。饰物造型宽大厚重，装饰也越发复杂。在鲜红或深蓝的天鹅绒外衣上镶有黄金饰边，上面布满了交相生辉的宝石与珍珠。女子服装中的袒领式下，使用的项饰完全裸露在外，给白皙娇美的脖颈增添了玲珑晶莹的美。这一系列的佩件主要是由金属制成，上面镶有珍珠、宝石，以其加工精致、璀璨夺目而闻名于世。巴洛克时期，饰件仍以珍珠、宝石为主，但造型简练、大方、得体，较为朴素而不做作。

与西方贵族相比，中国男子远没有如此金碧辉煌。尽管皇帝冕服上珠旒成串，大臣腰带上以金银玉石来区分等级，但士庶男子一般仅在腰带端部包玉，被称作貂尾，另佩上些小型玉制品，从腰带沿一侧垂下。可是中国女子在佩饰方面的煞费苦心与独特精巧的艺术效果却实在是令西方女子望尘莫及。仅在发髻上插有金、银、玉、翠、玛瑙、象牙制的梳、篦、簪、钗、步摇、翠翘、宝钿、搔头等饰件。这些饰件大多是以天然的金银、玉石打造、雕刻而成。以步摇为例，步摇以金银为首、以桂枝相缠，下垂以珠，用各种兽禽形象点翠作为花胜，将其插于发上，步则摇动。宋代以后，出现了弹簧式的首饰结构，如“镯”，造型是以扁圆形的金银条做成螺旋圈，有的多达数十圈，在圈上还雕刻有精美的花纹。元代的“双龙珠金镯”更是造型纯朴、构思巧妙别致，一对镯子，两个接头处为两个龙头，其中一个龙头的嘴部连着一颗金珠，龙头接环，环与圆珠连成龙的身体，两首相对仿佛是双龙戏珠，整体效果和谐自然、别具一格。明清时期的项圈、项链、璎珞制造得都很讲究，以金包玉，在金上镶嵌宝石等方式。耳坠的造型讲究、用料贵重，制作繁复精巧。钏镯从制作及艺术风格上看有两个相反的特点：一是复杂繁琐集各种名贵于一体，工艺制作的水平也很高。如以金为骨，在其上盘丝垒丝，镶嵌珠宝；有的以玉为骨，包金镶银，精雕细刻，还附加复杂的垂饰。二是极为简朴，不在金、银坯上加饰任何纹样和装饰，金镯银圈或玉环由本身材料的质地展示出自身的美感。

结 束 语

中、西方服装在各个时期的各种特定标记,与不同的地域、社会、种族、阶级的群体紧密相关,归纳起来就是中西各异的服装文化。由于各自的历史渊源,自然地理环境、政治经济、生活方式、伦理道德的差异,导致并形成了各自穿着观念、服装的造型结构和材料裁制工艺的不同。服饰文化流转到世界文化融合愈来愈小,服装形制上的差距已在相当程度上得到消解;服饰审美观念和着装行为已趋于相合的状态。但是我们在缤纷灿烂的世界服装潮流面前,仍应清醒地看到东西方服装文化的差异。服装发展史告诉我们,在各种文化形态导致的差异下,即使服装经历了漫长的发展变化,还是会显示出具有普遍意义的特征。

对中、西服装文化进行比较,能使我们更深刻地看清中、西服装各自的特点、长处和短处,在借鉴西方流行趋势的同时,继承好中华服饰那种素洁、含蓄、委婉、深沉之美,创造出具有时代特色的服装形式。

参 考 文 献

1. [日]青木英夫．服装史．日本:酒井书店,1998
2. [日]鹰司纶子．新版服装文化史． 日本:朝仓书店,1997
3．沈从文．中国古代服饰研究．北京:商务印书馆,1981
4．张博颖．服装文化巡礼．北京:中国科学出版社,1992
5．冯泽民,齐志家．服装发展史教程．北京:中国纺织出版社,1998
6．黄能馥,陈娟娟．中国服装史．北京:中国旅游出版社,1995
7．华梅．中外服饰的演化．北京:中国社会科学出版社,1992
8．许星．服饰配件艺术．北京:中国纺织出版社,1999
9．李当歧．服装学概论．北京:高等教育出版社,1990
10. 周汛,高春明．中国历代服饰大观．重庆:重庆出版社,1995
11. 上海戏曲学校．中国历代服饰．上海:学林出版社,1984
12. 包昌法．服装学概论,北京:中国纺织出版社,1998
13．[美]布兰奇·佩尼．世界服装史．辽宁:辽宁科技出版社,1987
14．[日]原田二郎,丹野郁．西方服饰史．山西:山西人民出版社,1993
15. 朱培初．近代西洋服装艺术．北京:轻工业出版社,1985
16．[俄]兹拉特科夫斯卡雅．欧洲文化的起源．北京:三联书店出版社,1988
17. 宋瑞芝．西方文化史．湖北:湖北教育出版社,1994
18. 郁龙余．中西文化异同论．北京:三联书店出版社,1989
19. 锡保,中国古代服饰史．北京:中国戏剧出版社, 1984
20. 张乃仁,杨蔼琪．外国服装艺术史,北京:人民美术出版社,1992